中國學術思想 研究輯刊

三四編

林慶彰 主編

第9冊

魏晉玄佛二家對傳統儒家教育之批評及影響

曾美雲 著

花木蘭文化事業有限公司

國家圖書館出版品預行編目資料

魏晉玄佛二家對傳統儒家教育之批評及影響／曾美雲 著 -- 初
版 -- 新北市：花木蘭文化事業有限公司，2021〔民 110〕
目 6+326 面；19×26 公分
（中國學術思想研究輯刊 三四編；第 9 冊）
ISBN 978-986-518-492-6（精裝）
1. 佛教 2. 玄學 3. 教育思想 4. 魏晉南北朝
030.8   110010877

ISBN-978-986-518-492-6

9 789865 184926

中國學術思想研究輯刊
三四編 第 九 冊   ISBN：978-986-518-492-6

魏晉玄佛二家對傳統儒家教育之批評及影響

作　　者 曾美雲
主　　編 林慶彰
總 編 輯 杜潔祥
副總編輯 楊嘉樂
編　　輯 許郁翎、張雅淋、潘玟靜　美術編輯　陳逸婷
出　　版 花木蘭文化事業有限公司
發 行 人 高小娟
聯絡地址 235 新北市中和區中安街七二號十三樓
　　　　　電話：02-2923-1455／傳真：02-2923-1452
網　　址 http://www.huamulan.tw 信箱 service@huamulans.com
印　　刷 普羅文化出版廣告事業
封面設計 劉開工作室
初　　版 2021 年 9 月
全書字數 264156 字
定　　價 三四編 14 冊（精裝）新台幣 36,000 元

魏晉玄佛二家對傳統儒家教育之批評及影響

曾美雲　著

作者簡介

曾美雲

最高學歷：國立臺灣大學中國文學研究所博士
現　　職：國立清華大學華文文學研究所助理教授
研究領域：六朝學術文化、魏晉玄學、中國古代性別思想、先秦經子
教授課程：世說新語、列女傳、魏晉玄學、性別文學、古代蒙學專題研究、古代性別思想專題、魏晉思想專題、詩經、史記專題研究、中國思想史、口語表達等

提　要

本文主題在於探討魏晉玄佛二家之教育觀及其對儒家教育之影響，經由筆者一番探討，結果如下：

1. 「尊儒重學」仍為國家主要文教方針，然由於「選士失公、得人非才」，「品課不彰、師資粗疏」，「祖述玄虛、擯避儒典」，「國家多故、訓業不終」等原因，魏晉官學難以振揚，也造成兩漢以來憑藉官學而昌盛的儒家教育，聲勢減弱不少。

2. 魏晉的儒家教育，大約循著－官學、私學、家學、游學四大途徑，或顯或隱的傳承下去；而魏晉人也經由這四種途徑去完成教育。

3. 與兩漢相較，玄佛影響下的魏晉教育，其特徵有六：（一）教育自主性增強，私學、家學發達；（二）才能德性分離，尚智人才觀形成；（三）分科教育確立，儒玄佛並列教材；（四）教、學新法提出，強調性分、頓悟；（五）人才培養與人才選拔分途；（六）學校社教功能動搖，玄佛後來居上。

4. 就教育內在特徵看，魏晉教育對於兩漢教育採取一種批判性的繼承：（一）教育目標方面，由祿利之圖轉為魏晉教育的「清」──玄虛超脫，不經世務的人生觀；（二）教育內容方面，由神學讖緯的兩漢經學，轉為魏晉教育的「通」──儒道佛融和，博學兼綜；（三）治學方法方面，由墨守師法轉為魏晉教育的「要」──崇尚理致、直觀體悟；（四）教育方法方面，由繁瑣章句轉為魏晉教育的「簡」──得意忘言、否定之道。

5. 整體而言，魏晉儒家教育雖在聲勢上不如兩漢繁盛，但在實質上卻有長足的進展。

6. 魏晉玄學教育的歷史意義在於「承先」「立新」與「啟後」。一方面對漢代經學提出反面承繼──反省檢討，獨創思辨哲學、從事社會名教的改革批判，並開啟後世隋唐、宋代學術之先路。

7. 佛教的流行對為魏晉南北朝時期教育內容的影響，相較於玄學，並不明顯。然在後世教育原則和方法的發展上具有重大意義。

8. 魏晉玄佛二家的教育理論與實際，除了在教育史上，開發出一塊與傳統教育相異的園地，加深了中國教育理論的深度，影響後世教育策略、教育方法甚鉅，更可作為現代教育文化整合的借鑑。

目次

前　言

　　本文名為「魏晉玄佛二家對傳統儒家教育之批評及影響」，主題在於探討魏晉玄佛二家對於傳統儒家教育之批評要點，並簡述二家之教育觀及其對儒家教育之影響。

　　定名為「玄學」而非「道家」，一則為免與同時大行的「道教」相混；二則玄學雖以道家思想為主，然其內涵已不同於先秦道家；又玄學家們往往儒道兼修或旁涉他家，實難截然劃分出所謂的「道家」，所以逕以「玄學家」稱謂。至於「教育」，牽涉到研究範疇問題，一般有廣義、狹義兩種定義〔註1〕。中國古代的「教育」觀念，較傾向於廣義說法——即涵括學校、家庭與社會三方面的教育定義〔註2〕。因而文中所談的教育問題，包含此三方面，而不以學校教育為唯一教育途徑。再就教育研究之內容來分，則有「實際」與「理論」兩種情形。教育制度、教育實施狀況及教育者生活等，屬於實際方面；至於政府之教育宗旨、學者之教育學說、時代之教育思潮等，則屬於理論方面〔註3〕。本文論述，大抵兼括二者。至於研究斷限，以魏晉兩百年（220～420 D.C.）為主；與東晉並立的北朝，為免牽連過廣，暫時不予列入。

〔註1〕教育的定義，有廣狹之分。狹義的教育單指「學校教育」而言；廣義的教育則包括「家庭教育」、「學校教育」、「社會教育」等歷程，終人之一生，凡有知識、技藝的授受行為，皆可謂教育。本文所採定義，即傾後者。（《教育概論》，正中，頁1～2）

〔註2〕可參考俞啟定《先秦兩漢儒家教育》，頁250。（齊魯書社，1987）

〔註3〕陳青之《中國教育史》頁1～2說法。（商務，民55）

一、時代背景

　　魏晉時期，被史家稱為離亂年代。政治上，國家分裂，政局不安，連年爭戰，政權更迭頻繁；社會上，門第形成，階層分明；文化上，文、史、科技、藝術，高度發展；學術上，則是玄、佛、儒、道（教）四家並行。總之，呈顯著錯綜複雜的樣貌，這是一個動蕩時代，卻也是新事物萌生的時代。

（一）政治

　　自東漢末，天下大亂，連年混戰。西元 220 年，曹操統一北方，魏文帝曹丕登基稱帝，建立魏國，與南方的吳蜀形成三國鼎立之勢。然未幾即為司馬氏所篡（265 D.C.），先後滅吳蜀，建立西晉，天下暫歸統一。然好景不常，此後一百年，又是一個長期混亂與分裂的時代。

　　晉武帝完成統一大業，但不久，內憂外患相繼而起。惠帝以降，昏主庸臣，接續而來。最後演成一場宗族紛爭、骨肉相殘的悲劇，史稱八王之亂。至懷、愍被虜，西晉遂亡（316 D.C.）。

　　元帝遷都建業，是為東晉。但東晉諸帝，率皆短壽。百三年間，共易十一主〔註 4〕。王既短命，難有所為，也易於招致野心政客的圖謀與異族的侵襲。況八王之亂已種下禍根，先是宗室親王互爭，繼以強臣巨室作亂，如：王敦、蘇峻、桓溫、桓玄之輩，相繼恃權弄兵。故元帝至恭帝，幾無寧日。及至亂平，元氣已損，大勢亦去，帝業遂落入朝廷功臣劉裕之手，改朝「劉宋」，東晉遂亡。

　　在政治派系對立、篡奪時生；政治環境下，在位者多陰狠多忌，殘害異己。士人動輒得咎，命如雞犬。《晉書・阮籍傳》云：「籍本有濟世志，屬魏晉之際，天下多故，名士少有全者，籍由是不與世事，遂酣飲為常。」而向秀在嵇康被誅之後，不得已改變初衷，說出：「巢許狷介之士，不足多慕」之語來，足見當時政場之險惡，士人處身之難。也是許多名士不得已而灰心世事的主因〔註 5〕。

〔註 4〕其中在位最久者為孝武 24 年，最短的只有 2 年，而恭帝尚不及兩年，即禪位給劉裕。

〔註 5〕史傳中，多處提到士人對時局的無力感及隱退全身的意圖，如：

惠帝初，博求清節雋異之士，太守仇馥薦任旭，……。旭以朝廷多故，志尚隱遁，辭疾不行。（《晉書・隱逸・任旭傳》）

離亂之中，百姓流離，身心性命，無可寄託；士宦憂讒畏譏，朝不保夕。故對人生多起無常之感，人生目標及信仰對象，開始有所轉變。

另一方面，國家多事，主權者為了在亂局中立足，並發展自己的勢力，所以多意識到吸附和重用人才的必要性。清人趙翼曾言：「三國之主各能用人，故得眾力相扶，以成鼎足之勢。」〔註6〕能得人，則「謀臣如雲，戰將如林」〔註7〕，發揮人才智、勇，以為功業奠基。曹操接連四次下求賢之令，可見求才之渴。而「用人唯才」的政策，對魏晉人才觀之影響甚大。不但形成魏晉重視人才的風氣，引發才性之辨，也逐漸產生一套具有理論基礎的人才思想。而主政者基於用才之需要，只要時機允許，總是積極興學。

曹魏始行九品官人法，設「中正」以評定士人等級，官府再依此選任官吏。由於各州「中正」由世族擔任，評定等級又多以家世為標準，造成任人唯親、世族壟斷的情況，也阻遏其他階層士人入仕機會。「上品無寒門，下品無世族」正說明此種選士不公、寒門受抑的情形。魏晉非以經術取士，儒學不再為「祿利之途」，對儒家教育造成相當影響。

（二）社會

自人類遠古，階層即已存在。如統治與被治、富人與窮人等，然階級觀念並不明顯。即使到了東漢末年，士族出現〔註8〕，但未壟斷政治，且與平民間，尚無嚴格界線。布衣可以卿相，徵辟可以進仕。然至魏晉，極其嚴密深固的階層體制形成，進入所謂「門閥社會」階段。

門閥形成的源頭，在於學術環境的不普遍、察舉制度的弊端及九品官人法的護持。〔註9〕在社會上，除了壟斷仕途之外，更與其他階層劃定嚴格門

《名士傳》：庾敳……是時天下多故，機事屢起，有為者拔奇吐異，而禍福繼之。（《世說新語‧賞譽44》注引《冀州記》）

（楊）準見王綱不振，遂縱酒，不以官事規意，消搖卒歲而已。（《世說新語‧賞譽58》注引）

（袁）準……世事多險，故恬退不敢求進。著書十餘萬言。（《世說新語‧文學67》注引《袁氏世紀》）

王舒……以天下多故，不營當世名。恆處私門，潛心學植。（《晉書76‧王舒傳》）

登以魏晉去就易生嫌疑，故或嘿者也，竟不知所終。（《晉書93‧孫登傳》）

〔註6〕《二十二史札記》卷七〈三國之主用人各不同〉條。

〔註7〕《資治通鑑》卷62「漢獻帝建安二年」。

〔註8〕如汝南袁氏、弘農楊氏。

〔註9〕胡美琦《中國教育史》頁205～211。

限。「尊嚴家諱、矜尚門第、慎重婚姻、區別流品、主持清議」〔註10〕等五項魏晉社會特色中，與門第有關者居四，可見門第影響社會之鉅。對教育的影響來說，門第世族的存在，也造成貴族與平民教育的分化。國子學與太學並立的「雙軌制教育」之出現，正是明例。

另外，在社會上，兩漢以來的名教之治，已產生名不副實的情況，而魏晉當權者，動輒以名教來剷除異己。提倡名教，卻又違背名教，使得一群明睿之士，不甘名教受污，進而引發社會上一場名教與自然之辯。他們企圖以老莊所主的自然，來取代或調和名教，形成魏晉清談一個核心主題。並引發對於學習傳統儒家教育內容之必要性的爭議，並進一步形成「順性自然」的教育理念。

除此，魏晉社會上所時興的清談論辯風氣，亦不容忽視。此際，清談除了是一種流行的社交活動外，更是表現個人才情的方式。若一個人具有極好的談辯能力，便能得到時人的推許。儼然已成為人物品鑒的要項之一。清談對教育的影響如何，值得深究。

（三）文化學術

依照一般人的理解，亂世似乎不利於教育文化之發展，事實卻顯示：魏晉文化非但不曾沒落，而且還形成中國歷史上，繼先秦而興的文化高度發展時代。魏晉時代，文化甚盛，文學、史學、科學技術、藝術……等方面，除繼承秦漢已有的成就，更有新的突破創發。〔註11〕

〔註10〕明楊慎之語。

〔註11〕文學上，擺脫漢代獨尊儒術的思想束縛而獲得新生，各種文論，似雨後春筍，相繼出現，而具有獨特風格的詩人和文學家紛紛產生，純文學在此期成立。史學上，已不再雜於六藝之末，逐漸形成獨立學科。私家撰史風氣盛行，各抒己見，日益顯示其獨立地位。

科學技術方面，不管是數學、天文曆法、醫學化學、地學等方面也都有重大發展。曹魏劉徽注解《九章算術》、補寫〈重差〉一章。另有《孫子算經》、夏侯陽《算經》、張邱建《算經》等數學專著出現；天文曆法方面，陸績、管輅、郭璞等人，對星曆有專攻；醫學方面，除有完善的醫事制度，更有專著的完成。如：晉人王叔和、葛洪分別著有《脈經》十卷及《金匱藥方》一百卷、《肘後要急》四卷。而皇甫謐更是當時的醫學教育家，著作《甲乙經》，總結了晉以前針灸學的成就。化學方面，東晉葛洪在煉丹過程中，無形的促進化學與藥物學的發展。地學方面，則有裴秀的《禹貢地域圖》，並創「制圖六體」的繪圖程式與技巧，成為後世中國地理、地圖教學的研究的重要資料。

　　學術上，則呈現多家學術並行的景況：魏初，名法頗盛；其後，玄學興起，清談大行；東晉以後，佛教勢力穩固，接續玄學而起。至於道教，自兩漢以來，漸次發展，魏晉時也擁有不少的信仰者。儒家方面，儘管勢力不如兩漢之盛，然就其作為典章制度的理論根據及士族家教、私學普遍學習的教材而言，儒學仍有其重要地位。不同於前代的，魏晉儒學得面臨其他學派的衝擊與挑戰。

　　儒家學術地位的轉變及玄、道、佛的並立，改變魏晉時代的教育生態。魏晉教育，由於四家在社會及民間各有勢力，所以他們彼此之間，藉著清談辯論或其他方式，反覆較量。除了倡導自己的教育主張外，彼此之間也有互動與交融。他們的主張，一方面要適應當時現實的需要，一方面企圖修正兩漢經學教育之弊。他們的主張對於儒家教育所產生的影響及儒家在這場教育的爭鳴中的因應態度及改變，耐人尋繹，故引發筆者探索的動機。

二、前人研究成果

　　早期學者對魏晉教育的研究，似乎並不重視，質、量上也嫌不足。雖有「中國教育史」之類的著作涉及此項主題，然與其他時代相較，針對魏晉教育問題的研究，顯得疏略。在量上，對此期教育的論述，篇幅上明顯縮水；〔註12〕在內容上，這些教育史著作，又多宥限於狹義「教育」觀念及正統儒家立場，論述重心大抵偏重於官方教育、選士制度方面的介紹。魏晉官學既不發達，作者們自然無太多話可說。至於真正承擔魏晉教育主要任務的私學、

　　藝術方面，晉武帝時曾立書博士，設弟子員，教習書法，以鍾、胡為法。東晉王羲之集書法之大成，又獨闢新境，被稱為書聖。另有王曠、衛鑠以書法著名。繪畫方面，東晉顧愷之重視「以形寫神」、「傳神寫照」，標舉人精神之美善。音樂方面，三國杜夔善鐘律與絲竹八音。魏晉名士多善樂器者，如謝鯤、桓子野、阮咸等。而音樂理論之作有阮籍、嵇康、劉劭等人。綜上而言，魏晉文化可謂是高度發展。在生活各個領域，皆呈顯著活潑之氣息。這些實學與學術上的玄學並行，展現出魏晉文化的複雜與多彩。以上資料主要參考余書麟《中國教育史》（師大，民46）及毛禮銳《中國教育通史》（山東教育，1983）二書對魏晉文化之介紹，另可參考王仲犖、林瑞翰的《魏晉南北朝史》，呂思勉《兩晉南北朝史》及萬繩南《魏晉南北朝文化史》等近人著作。

〔註12〕像陳青之《中國教育史》論魏晉教育，「時代背景」3頁，「學風」5頁，「魏晉之教育」則只有4頁；兩漢則有58頁；隋唐有37頁；宋代130頁。陳東原《中國教育史》魏晉加上南北朝共42頁。王鳳喈《中國教育史大綱》魏晉南北朝共20頁。余書麟《中國教育史》論魏晉教育共70頁。

家學和清談，甚少闡發。此外，在當時與儒學並行，勢力盛大，也同樣躋身教育內容、承擔社會教化並影響人心的玄學、佛學，幾乎不見探究，否則便是多負面評價〔註13〕。如此，既失論述角度的客觀公允，亦無法反映魏晉人受教及檢討傳統教育的諸樣實情。

近年來，隨著魏晉學術研究之興起，學者對於魏晉教育問題的研究興趣，也跟著提高。對於玄、佛二家在教育上的影響性，不再忽視。一篇篇學者爬梳整理而出的研究成果，分別為樣貌多樣化的魏晉教育照出盧山一隅。以下簡介近人研究魏晉教育的概況：

1. 教育制度方面

楊承彬《秦漢魏晉南北朝教育制度》一書除敘述官學外，還論及魏晉宮廷教育、私學和夷學，但對清談玄風則加抨擊，論述未盡精詳。

楊吉仁的《三國兩晉學校教育與選士制度》，專述魏晉教育制度。認為受戰亂影響，正規教育不振，賴私學補救；老學雖盛，儒學則仍為學校課程；同時學術自由，名學發達。

程舜英主編的《魏晉南北朝教育制度史資料》一書，以資料為主，說明為輔，儘管文字不多，網羅未盡齊備，然而不失提挈綱領之效，可提供魏晉教育研究一個分類的參考。全書分為學校教育、選士制度、私人教育、家庭教育、文史科技及宗教的發展與教育等方面簡述，其中並針對婦女執教與宗族教育作初步探討。

〔註13〕陳東原《中國教育史》：「玄學之影響有三：第一種影響為縱欲任情思想之產生；第二種影響為過欲養性思想之產生；第三種影響為佛學思想之接受。」（商務，民25）

王鳳喈《中國教育史大綱》：「這種思想對於當時的教育，壞的影響很多。第一，為養成懷疑的態度。他們主張無為，遂懷疑歷史與古代學說。對於教育的功用及價值，亦根本懷疑。第二，為養成當時人厭世的人生觀。對於一切，抱消極態度，無奮鬥精神。第三，養成無氣節的民風。他們排斥道德，反對禮教，結果至禮義廉恥淪亡，社會失其維繫。南朝所以不強，或者此亦為原因之一。」（頁110，正中，民40）

程舜英《魏晉南北朝教育制度史資料》：「玄學清談的風氣，和由之而起的自然放任的教育思潮，阻礙了教育事業的發展。……這種玄學的風氣在教育上的影響，一方面表現為不務實際、不重學習，實際上阻礙了教育事業的發展。」（頁1、163，北京師大，1988）筆者以為：上述說法值得商榷，批評理據未盡充分，且因襲古人成說而未加深察之處不少，此筆者撰述此文，正欲廓清一般人對玄佛教育之誤解。詳見本文「第五章」及「結語」的分析。

高明士《唐代東亞教育圈的形成》的第一章〈學校發展的諸階段〉中，對魏晉教育有自己獨特的看法，比如：以國子學的出現，作為兩晉南北朝與漢魏（太學）間的差別；並證明首度將孔子廟立於學校（國子學），而出現「廟學制」是的時間是東晉孝武帝太元十年。此種「廟學制」不但成為此後傳統學制的形態，也是此後東亞各國的共同形態。

單篇探討魏晉教育制度的論文則有黃彰健的〈論曹魏西晉之置十九博士，並論秦漢魏晉博士制度異同〉，文中專門針對魏晉博士制度作探討。另有余倫先〈南北朝以前之大學〉、黃振球〈中國固有大學教育之演進〉和郭齊家《中國古代學校》，歷述各朝官學的沿革與概況，其中的魏晉部分，對於當時官學的教材與師資，學生入學資格、人數、待遇，規章（考試、修業年限、假期等）有簡明介紹，對於了解識魏晉教育的情況頗有幫助。

2. 教育史方面

毛禮銳等人合著的《中國教育通史》，對魏晉教育有較詳盡而深入的說明。此書由社會概況及文化教育特點說起，再從官學、私學、選士制度、儒家經學、佛教的流行及對教育的影響數端探討；末舉儒、玄、佛三家及道教學者各一家，論述其教育思想及主張，甚具參考價值。

胡美琦《中國教育史》將魏晉定為所謂「門第教育時期」，書中對門第教育有專門且具體的介紹。另外早期的《中國教育史》著作（如：陳東原、王鳳喈、余書麟、陳青之等人），雖然簡略，自有其一家之言，也可參考。

教育與文化互動關係：

錢穆〈略論魏晉南北朝學術文化與當時門第之關係〉，指出當時學術文化高度、複雜的發展，與當時士人的家風家學有關。文中不少論證，涉及門第家庭教育實況，甚具參考價值。

另外劉詠嫻〈魏晉南北朝教育文化的特色〉一文，則分玄、佛、道（教）、儒四方面，從文化角度探討它們個別的教育特色，文簡意賅，較整全的教育面貌大略呈顯。

3. 教育內容方面

馬秋帆主編《魏晉南北朝教育論著選》一書的序中將魏晉教育研究分為三大領域：一是與教育原理有關的才性論、名教與自然兩個重要課題；二是關於經學、道德、審美、家庭、無神論、道教、佛教、科技等方面的教育和體育；三是關於學校教育、選士制度及漢化教育。可供有志者幾個研究的方向。

　　至於教育思想及專家研究部份，目前所見以劉劭、嵇康之研究稍多，其次是傅玄和葛洪。近年來大陸上分類教育通史出版不少，如《中國教育思想史》、《中國大學教育史》、《中國德育思想史》、《中國女子教育史》、《中國佛教教育》、《中國儒學史》、《中國古代家庭教育》等書的魏晉部分，對分科教育的內容則較能有深入與系統化的闡述。

三、研究取向

　　面對魏晉教育這片豐榮、繁複的園地，著實有不知從何下手之感。避開先進業已開發的沃土，我選擇從玄佛二家對儒家教育的批評內容入手，企圖呈顯魏晉時代不同思潮間互動情況的一個切面，略探當時教育之特色所在，並進一步研究二家對於傳統教育的影響及其對後代教育的啟示與貢獻。

　　其中，除了探討魏晉玄學影響儒家教育的過程、內容外，筆者也嘗試解答心中的一個疑惑。魏晉向來被喻為儒學中衰之世，然而，魏晉上承兩漢儒教極盛之世，下接宋明理學極深之學，若謂儒術中衰，如何興起後來的景況。宋明之學，以義理為重，此種學風，非由兩漢章句訓詁之學而來，則所由何自，與玄學有無關係，也希望經由本文之撰作，得到啟示。

　　全文分為六章，綱要如下：

　　第一章　「魏晉以前的儒家教育」，討論傳統儒家的教育觀、兩漢儒家教育特色及其流弊與衰微原因。

　　第二章　魏晉時代之官學教育」，介紹魏晉兩朝的學政、中央官學、地方官學之概況，並淺析此際官學不振之緣由。

　　第三章　「魏晉時代之私學、家學與游學」，探討魏晉官學衰微下，時人如何受教。本文共擇取私學、家學與游學三條主要教育途徑來介紹，以明魏晉教育之概況。

　　第四章　「玄學家之教育觀及其對儒家教育之批評」，此章簡介玄學家對儒家教育的批評意見及其主張之教育原理、教育目標、教學方法、治學態度等內容，以與第二章的儒家進行對照。表明玄學對儒家教育之「破」，及玄學在教育上之「立」。

　　第五章　「魏晉玄學對教育之影響」，此章先分為教育目的、原理、內容、教學方法四方面討論魏晉玄學對教育之影響。其次略論玄學與佛教之過渡關係，以為第五章之前導。

　　第六章　「佛家之教育觀及其對儒家教育之影響」，本章選擇佛家教育觀中與儒家教育有相關者，加以介紹，共分為教育目標、原理、內容、教育方法、學習方法等方面，並討論其對儒家教育之影響。

　　六章之後，尚有「結語」，以收束全文。此部分試圖尋繹出魏晉教育之特徵，論評玄佛教育思想，並探討二家教育思潮影響下的魏晉教育，在教育史上之意義及其足以啟示後世教育之經驗。

四、研究材料及方法

　　研究材料，以《三國志》、《晉書》、《世說新語》及其古注（裴松之、劉孝標）、《高僧傳》、《弘明集》、《廣弘明集》、《出三藏記集》、學者文集、嚴可均《全三國文》、《全晉文》及近人編選的《魏晉南北朝教育論著選》、《中國佛教思想資料選編》、《中國哲學史資料選輯》等為主。由於涉及前後時代比較及影響的探討，材料上有跨越兩代資料以為佐助的情況，更因於史料的繁富零碎，倚用近代學者研究成果處不少，引用時再予以標注。

　　研究方法上，以原典之「解讀」、「歸納」、「分析」為主，輔以「比較」研究之法，雙線進行。這個比較法，主要用於探討前後時代教育的特色及同時代不同學派間教育觀的異同。另外，用以說明魏晉時代某種教育現象或概況的排比性資料，則以「表列法」呈現，以清眉目。

　　本文之架構，分為儒、玄、佛三大主線。其中各針對其教育目標、教育原理、教育內容、教育方法、治學方法、教育行政等各項內容，逐項介紹。

　　論述方法：筆者先對傳統（魏晉以前）儒家教育作概略介紹，以與玄佛影響下的儒家教育對照。再探討魏晉儒家教育的實況，了解導致玄佛盛行的教育背景，及玄佛教育實施之可能性。其次論析玄佛對於儒家教育之批評並探索玄學家理想教育為何，進而探討玄佛對於當時及後世（儒家）教育的影響。最後歸納全文，嘗試勾勒魏晉教育的特色，並對玄佛教育思潮作一論評，總結全文。

第一章　魏晉以前之儒家教育及其特色

第一節　傳統儒家之教育觀

　　「儒」在古代本是掌握某些專門技藝的人，後來演進為以傳習禮樂為職的術士之儒，至孔子才將禮儀發展為禮治或禮教，並在其基礎上創立了儒家學派，成為「由儒術開創了儒學的第一人」[註1]，從此儒家開始在中國歷史舞臺上扮演重要角色。基於將「以禮治國」作為政治的核心內容，從而也確立教育（化）在政治、社會生活中的領先地位：

　　　　導之以政，齊之以刑，民免而無恥；導之以德，齊之以禮，有恥且格。（《論語・為政》）

　　　　善政不如善教之得民也。善政民畏之，善教民愛之。善政得民財，善教得民心。（《孟子・盡心上》）

　　　　禮者，法之大分，類之綱紀也。故學至乎禮而止矣。（《荀子・禮論》）

由上可知：孔子為政理想在於使民「有恥且格」，而達成的方法在於「導之以德，齊之以禮」，其中的「禮」具有相當大的作用。而孟子將「善教」視作為政首要之事，其重要性甚於「善政」。認為善教，則「民愛之」、「得民心」。荀子則特別標舉「禮」之地位，說「禮者，法之大分，類之綱紀也」，且將禮作為「學」之終極。可知，在儒家學說中，「禮、教」（教育、禮治）乃為政之要事，而禮、教總是相提並論，而「禮」也成為儒家教育的一個主要內容，這種

―――――――――――

〔註 1〕侯外廬《中國思想通史》。

―11―

情形除了從荀子學說可看出，更可由後代史籍每將「學校教育」與「禮」歸為一類中發現。〔註2〕

在儒家眼中，禮之作用在於經由定制度、立規矩、決是非、明好惡等措施來達到杜漸防微，使人潛移默化而不自知的達成教化目的。正是《禮記·經解》所云：「故禮之教化也微，其止邪也於未形，使人日徙善遠罪而不自知也。」可見儒家訂立「禮教」的基本用心。以下分為教育目標、教育原理、教育內容及教育方法四項，來介紹傳統儒家之教育觀：

一、教育目標──有才德之君子

儒家在春秋末葉成為一個學派之後，便通過教育活動來擴大影響。孔子在歷史上，是開啟中國平民教育的第一人。他以士作為教育的主要授受者，培育人才，冀其獲得從政機會以實現政治抱負。因此可看出：早期儒家的教育目標就在於將一個士培養成有理想、有道德和治國才幹的君子〔註3〕，即培養一個才德兼備的從政人才。所以也可看出：中國儒家自創立之始，即重視經世濟民；以「行禮治」、「施仁政」為主要目標。此種企圖心，可由論語的兩段話中清楚看到：

> 苟有用我者，期月而可，三年而成。（《論語·子路》）

> 子貢問：「如有博施於民，而能濟眾，何如？可謂仁乎？」子曰：「何
> 事於仁，必也聖乎！」（《論語·雍也》）

兩段引言中，孔子用世之心，濟世之情，溢於言表。

〔註2〕禮與教關係甚密：儒家既推崇禮治，必定重視「禮教」（以禮樂為內容的教育）；而教育又屬禮治之一環。故儒家六經，論及教育的內容多在禮經（且以《禮記》為最）。而後世史籍（《宋書》至《舊唐書》），多將興學設教、祭奠先聖置於〈禮志〉中的吉禮進行闡述，尤其《宋書·禮志》更詳述三國兩晉時期的學校沿革，可見禮、教關係之密切。

〔註3〕依《論語》顯示：孔子的理想人格是君子與聖人。但孔子對聖人既不敢自居（〈述而〉），又歎「不得而見」（〈述而〉），令人覺得聖人似非現世所能成就者；而君子則不然，於論語中提及107次（人格概念，非地位概念之君子），居於首位。次為仁人15次，智者、賢人、聖人各5次，善人4次，大人2次，其餘如善人、惠人、成人、志士仁人、孝者、勇者、剛者、直者、直狂者、狷者、中行者、有恆者各1次。因此，無疑的，君子是孔子在現世中所其望達到的理想人格。據林義正〈論孔子的君子概念〉文中的統計資料（文史哲學報33，民73）。

孟子繼承孔子之傳統，主張用世，提倡濟天下。他曾對齊王說：「王如用予，則豈徒齊民安，天下之民舉安。」〔註4〕並將自己視為承擔平治當世大任之人。〔註5〕「窮則獨善其身，達則兼濟天下」，除了道出孟子個人的理想、懷抱，也成為後世中國士大夫的座右銘與行事準則。

孔孟之後的儒家，亦主入世、用事，就連「正其誼不謀其利；明其道不計其功」的董仲舒，也仍強調「聖人之為天下者，興利也。」〔註6〕此與道家「超脫物外」、批駁禮教及佛家「出世」「捨離」的教育目標，有相當大的距離。

二、教育原理——性相近、習相遠

孔子以士作為主要教育對象及其「有教無類」〔註7〕的作法，不僅改變了西周貴族教育的模式，也導致儒家基本教育思想的產生。孔子的「性相近，習相遠也」〔註8〕，就是一個甚有影響的教育理念，其意義在於：

第一、指出人們先天本能和素質的接近，因而接受教育的權利也當平等。這就是孔子「有教無類」主張的理論基礎，它奠定了儒家教育不拘於門第、身分和地域的基本原則，同時也開闢了從共同、普遍的人性入手探討教育的作用和宗旨的研究方法。

第二、指出造成個體之間差異的主要原因是「習」，肯定後天環境的影響——特別是教育及個人主觀努力的影響，這是儒家重視教育的理論根據。從環境、教育及個人主觀努力在人身上會產生怎樣的影響，以及如何產生影響的考慮出發，形成了各種教育政策、制度及措施，並引發對教育目的、內容和方法的研究。

孔子死後，儒家分為八派。其後在儒家教育上影響最大的是孟、荀，他們對孔子的教學傳統也有不同的繼承與發揮。孟子發展了孔子的仁義思想，提出「性善」主張，認為教育是一種抵制和克服外界不良影響、將善性充份展現的「存心」、「養性」的過程〔註9〕。荀子則發展了孔子的禮樂思想，提出

〔註4〕《孟子·公孫丑》。
〔註5〕同上。
〔註6〕《春秋繁露·考功名》。
〔註7〕《論語·陽貨》。
〔註8〕《論語·衛靈公》。
〔註9〕郭齊家《中國古代學校》，頁36～39。（商務，1994）

性惡主張，認道德行為完全是後天人為的結果。因此教育是一個「化性起偽」
——疏導與糾正人的本性流向惡的過程。

由上可知：傳統儒家在陸續的在發展中，就教育理念而言，已有差異漸
次產生，因此各個儒者在課程的偏重與設計上，也會略有不同。

三、教育內容——道德培養、經籍學習

傳統儒家的教育內容，約可分為道德培養和經籍傳授兩部份。即《漢書‧
藝文志》所概括的：「游文於六經之中，留意於仁義之際」兩大方向。孔門弟
子中已有分別側重於這兩方面的表現，以曾參和子夏為典型，後來的孟荀各
得一端以發揚光大。

在教育內容上，孟子側重倫理道德的培養，以明人倫為其教育目標。至
於荀子，則以記載「先王之遺言」的儒家經籍為主，並主張學習應當「始乎誦
經，終乎讀禮」〔註10〕。非常重視傳統文化知識的教育，因而對漢代儒家經
學研究〔註11〕及儒術獨尊的確立，起過重大作用〔註12〕。

四、教育方法

先秦時代儒家私學時間之長久，從事教學活動精力之集中、私學規模之
宏大，生徒弟子之眾多，教育經驗之豐富，對後世影響之深遠，皆非其他學
派可及。以教育方法來說，在孔子的教學中，他創造出以培養自覺性為中心
的「因材施教法」——注重個性差異、善於啟發誘導、學習與思考結合、學習
與行動結合。〔註13〕至於孔子教法之詳情及孟、荀、《禮記》的教、學方法，
余書麟先生在《中國教學法史》〔註14〕中有詳細分析與舉證，在此僅歸納余
先生所提之方法：

〔註10〕《孟子‧告子》。

〔註11〕《荀子‧勸學》。

〔註12〕荀子私學非常重視傳統文化知識的教育，因而在儒家經典的傳授上，有著特
殊的地位。西漢的許多經學大師，在學術思想上大多淵源於荀子學派。如：
浮邱伯、申公的《魯詩》、毛亨的《毛詩》上承自荀子；《儀禮》大家孟卿，
淵源於荀子；《穀梁》學大家瑕丘江公和《左傳》大師張蒼亦出荀學；田何《易》
學疑出於荀子。可參考程發軔所製〈群經傳授表〉（孔孟學報14）。

〔註13〕以上內容多參考俞啟定《先秦兩漢儒家教育》一書。（齊魯書社，1987）

〔註14〕見余書麟先生在《中國教學法史》頁103～122、149～204、254～332。

（一）適應個性，因材施教；（二）獨立思考，力求主動；

（三）努力敏求，積善成德；（四）興趣原則——好之樂之；

（五）問答得體，宜時宜人；（六）一以貫之，普遍應用；

（七）群學不孤，以友輔仁；（八）統覺原理——重舊經驗。

（九）啟發教學，能近取譬；（十）學思並重，不罔不殆；

（十一）人格感化、以身作則；（十二）集中心意，求其放心；

（十三）循序漸進，不揠不長；（十四）注重環境，不扶而直；

（十五）易子而教、慎擇良師；（十六）虛懷求知，必有我師；

（十七）辯答教學，層層開導；（十八）中道而立，能者從之；

（十九）屏絕主觀——解蔽去私；（二十）由博返約，虛一而靜。

　　余氏所舉出的二十種教法，大致已涵括儒家重要的「教學理論」於其中，亦可使吾人對於儒家教育方法有一初步認識。

　　先秦時代的儒家，以培養士君子實現禮治為其教育目標。由於擁有從事教育活動的理論、系統的教育內容，使得儒家成為提倡和實施教育的主要學派。概觀諸儒思想或有異同，但對待教育的根本態度則無二致——包括從人性角度強調教育的可能性與必要性，從禮治角度論述教育的意義和宗旨、以道德培養和經籍學習為教育內容等。

　　處於先秦這個百家爭鳴的時代，儒家乃是以學派的形式存在且其於學術、教育方面確實有其影響力；然在政治上，始終未能得志，蓋以諸侯力政，普遍欲以謀略富強求得生存發展，儒家此種強調仁政禮治的主張，較難獲致為政者青睞。

　　其後，秦國一統天下，為方便統治民心及思想，頒「禁私學令」，令中規定：一、凡《秦紀》以外的歷史書和非博士所掌詩書、百家著作，一律送官焚毀，僅有醫藥、卜筮和農業用書除外。二、有敢談論詩書者處死，以非古今者滅族。三、以吏、法為師。此即歷史所稱上焚書事件」；此外，於秦始皇晚年又發生「坑儒」之事（219B.C.），致使儒家教育幾至斷絕。基本上，秦代以法律代替教育，以官吏代替教師，對學校教育採取否定態度，否認教育對國家社會所發生的維護作用，因而儒家教育於秦代無甚發展。

　　漢朝繼秦而興，制度上多所沿襲。然在教育上，則有改變。漢初學術本以黃老為主。其後，為替大一統政治尋求適當理論依據，有陸賈〔註15〕、叔

〔註15〕《史記‧陸賈列傳》：「居馬上得之，寧可馬上治之乎！」

孫通〔註16〕、賈山〔註17〕等人提倡儒治，為儒家之登上政治舞臺奠定初步基礎。嗣至漢武帝，乃採董仲舒之議，獨尊儒術，設立五經博士，廣收學徒；儒家地位，自是躍升確立。

兩漢是儒家經學的「昌明」、「極盛」時代〔註18〕，也是儒家教育空前繁盛之時代，故以下將針對兩漢教育稍事介紹。

第二節　漢代教育概況

漢代官學、私學都有發展，學校制度也初具規模，逐漸形成了儒術獨尊的學校教育制度系統，也為以後整個中國古代的學校教育制度奠定初步基礎。〔註19〕

漢代官學分中央官學和地方官學兩大類。中央官學有大學性質的太學，有特殊性質的鴻都門學、四姓小侯學等〔註20〕。地方官學按行政區域的不同，分別設立學、校、庠、序，由其教學內容看，已有程度高低之分。漢代設有專門的教育行政機關，在中央掌管教育的長官稱為太常；地方學校則由各級行政長官兼管。

地方官學之設置方面，漢平帝元始三年（3 D.C.）命令郡國普遍設立學官，規定「學」與「校」設孝經師一人。「學」與「校」相當於中等程度，「庠」與「序」相當於初等程度。地方官學以儒學為教學內容，以推廣教化為主要任務、對地方文化水平的提高，有極大幫助。至於中央官學的情形如下：

一、太學之創立與發展

漢武帝元朔五年（124 B.C.）置博士弟子員（太學學生）五十人，且立太

〔註16〕《史記・叔孫通列傳》：「夫儒者，難與進取，可與守成。」
〔註17〕關於漢代儒家的獨尊及漢代太學設立之宗旨，可參考李偉泰先生〈論漢代太學教材的特色〉一文。
〔註18〕皮錫瑞《經學歷史》。
〔註19〕文中「漢代學制」部分，多參考郭齊家《中國古代學校》（商務，1994）及曲士培《中國大學教育發展史》（山西教育出版社，1993），出處不另標明。
〔註20〕「鴻都門學」創於東漢靈帝光和元年（178 D.C.）因校址在鴻都門而得名。這是一所文藝專科學校，專門招收有寫作尺牘、辭賦能力之人，以及善於書寫鳥篆文字的人當學生。其設置目的、招生對象、任官辦法，均與太學不同。至於「四姓小侯學」，是外戚集團創辦的貴族學校，創設於東漢明帝永平九年（66 D.C.），四姓指樊、郭、陰、馬四大氏族。

學於長安，成為中國漢代的最高學府。到了成帝時，已發展到三千人。王莽執政時，擴大太學，為學者築舍萬區。〔註21〕

東漢光武遷都洛陽，重建太學。校內有「講堂長十丈，廣三丈，堂前石經四部」〔註22〕「起太學博士舍、內外講堂，諸生橫巷，為海內所集」〔註23〕，太學規模比西漢稍大。

東漢和帝以後，外戚宦官鬥爭日劇，政治寖衰，太學日趨衰弱。至安帝時，博士不講學，太學校舍年久失修，殘破不堪；校園內雜草叢生，甚至牧人前來割草砍柴。〔註24〕呈現一幅荒涼景象。

順帝時，由於左雄、翟輔○上書建議，故重新修繕太學校舍，並擴建二百四十房，一千八百五十室。〔註25〕從此，太學規模大大發展，前來求學的人數日益增多。直到東漢末年，太學學生經常保持三萬多人，這在中外教育史上是罕見的。

二、太學教師

太學的教師均由博士擔任，博士原是秦朝的一個官名。擔任此職者，須通曉經史百家，以備皇帝的顧問或學者的咨詢。漢朝仍然使用博士之名，以作為專掌儒家經學傳授的學官。博士各專一經，或《詩》、或《書》、或《易》、或《禮》，或《春秋》，以專精一經而對弟子進行講授。

選用博士的標準如下：博士不僅要熟習經史百家，還要「明於古今，溫故知新，通達國體」〔註26〕。東漢博士限年五十以上。選用博士的方法方面，西漢只採用薦舉，東漢則須通過考試，並寫保舉狀。

博士的主要職責是在太學中講授儒家經學，但有時也奉命到地方視察，或與朝廷官吏商討政事。如此看來，當時的博士很注重通經致用，社會地位很高。

〔註21〕《漢書‧王莽傳》。
〔註22〕陸機〈洛陽記〉。
〔註23〕《漢書‧翟酺傳》。
〔註24〕《後漢書‧儒林傳‧序》。
〔註25〕《後漢書‧儒林傳‧序》。
〔註26〕《後漢書‧成帝紀》。

三、太學學生

因為太學教師由博士擔任，所以稱太學學生為「博士弟子」，或簡稱為「弟子」。到東漢時，常稱「諸生」，或稱「太學生」。

西漢時，太學生的選送辦法與入學資格約有兩種：

1. 由太常在京師地區直接挑選。凡年十八歲以上，「儀狀端正者」，即有被選為「正式生」（博士弟子）的資格。

2. 由郡國、縣選送，凡是「好文學，敬長上，肅政教、順鄉里」，出入不悖者，可被選為「特別生」（受業如弟子）。〔註27〕對於智優少年，則可不受年齡的限制，未滿十八歲也可被選入太學，所以東漢有「童子郎」的稱號。他們的年齡一般在12～16歲之間。

漢代對選送太學生的資格及辦法規定很嚴，如發現有不符規定，負責官員就要受到處分。在當選的太學生中，平民子弟為數不少。東漢則以貴族子弟稍多，但平民子弟也不少。

四、太學教法

太學學生由最初的五十人，發展到三萬人之多。當時的教師，卻只有十幾位。顯然，在這種情況下，要完成教學不是一件容易的事。為了克服這種困難，太學採取一些新的教學方法及上課形式，主要有以下幾種：（一）大班教學；（二）由高年級教低年級；（三）注重課外自修；（四）提倡自由研究。〔註28〕

漢代時，太學中的教學方法，比起春秋戰國時期有了較大進步。主要是由個別口授的問答法教學變為大班上課。太學講堂長十丈、寬三丈，同時聽講的人總在幾百人以上。學生聽課帶有書卷和紙筆，隨時可圈點記錄，累積材料。博士講經之外，另有主事、高第、侍講協助博士講授。〔註29〕學生的學習是以直接聽講與自修並重。從時間分配來看，則大部分時間皆在自修。有的太學生則藉此充裕的自修時間，也有人除在校內聽博士講課外，還拜校外某經的專家為師。〔註30〕

〔註27〕《後漢書・儒林傳・序》。

〔註28〕曲士培《中國大學教育發展史》頁88之意見。

〔註29〕《三輔黃圖》：「五經博士，領弟子員三百六十：六經三十博士，弟子萬八百人，主事、高第、侍講各二十四人。」

〔註30〕一人一師者，如夏侯始昌，分別向夏侯都尉習《尚書》，向轅固生習《齊詩》。一人三師者，如夏侯勝，師事過夏侯始昌、簡卿及歐陽氏；又蕭望之至太常受業，又向白齊問《論語》，向夏侯勝習《禮・喪服》，又學后蒼之《詩》。東

漢代太學的教學制度並不嚴密，未規定學習年限，也不重考勤，但非常注重考試，用以督促和考核學生學習成績。經過考試，發現有不合格或不能通一經，即令退學。只不過考試內容與方式，隨各朝而異，未必全同。武帝元朔五年時，採公孫弘之議，考課辦法如下：「一歲皆輒課：能通一藝以上，補文學掌故缺；其高第，可以為郎中；太常籍奏，即有秀才異等，輒以名聞。其不事學、若下材，及不能通一藝，輒罷之，而請諸能稱者」〔註31〕。平帝時，辦法則有更改：「歲課甲科四十人，為郎中；乙科二十人，為太子舍人；丙科四十人，補文學掌故。東都《五經》立十四博士，皆以家法教授。《古文尚書》、《毛詩》、《穀梁》、《左氏春秋》，雖不立學官，然皆擢高第為講郎，給事近署。順帝增甲乙之科，員各十人」〔註32〕。

太學的教學方法和形式，對官學教育之進行有極大助益，既為當時培養了一批人才，又為後來的大學教育提供了寶貴的經驗。

第三節　兩漢儒家教育的特色

兩漢儒家教育昌盛，對原始儒家有所繼承，也有更革。本文主旨在於探討魏晉儒家教育的實況，魏晉直承兩漢而下，因此對兩漢儒家教育特色作探討，將有助於區別二者異同，且易於掌握並呈顯魏晉教育之特色來。

關於兩漢儒家教育的特色，俞啟定先生在《先秦兩漢儒家教育》書中有詳細探討。文中曾提出傳統儒家教育的特色六項，筆者簡述於下，並略作補充：

一、教育從屬於政治

此項特色指教育為政治服務，也受政治強烈影響。「化民成俗，其必由學」〔註33〕、「建國君民，教學為先」〔註34〕，所以統治者往往將興學設教作為重要的政策，甚至史上有名的昏暴亂世之君亦然〔註35〕。

漢則有劉寬兼習《易》《詩》《書》，班固通《詩》《書》。賈逵父子拜三師習四書。兒寬兼習《歐陽尚書》、孔氏古文。尹敏初習《歐陽尚書》，後受古文，兼習《毛詩》、《穀梁》、《左氏春秋》。

〔註31〕《史記·公孫弘傳》。
〔註32〕胡三省《資治通鑑注·卷70》。
〔註33〕《禮記·學記》。
〔註34〕《荀子·勸學》。
〔註35〕如王莽建太學校舍，漢靈帝辦鴻都門學，晉惠帝確立國子學等。

《禮記・王制》說：「天子命之教，然後為學」，董仲舒則認為「王，承天意以成民之性為任者也」〔註36〕，由此可知：儒家主張由政府辦學，且應由天子親自掌理。而天子之所以為天子，在於能順承天意，施行教化，以成就人民之性。至於具體辦法，在於設立學校。「立太學以教於國，設庠序以化於邑。」〔註37〕，而立學目的在於「教化」，從漢代教育更可明白窺見。

國家辦學，具有統一思想、移風易俗的功能，至於私學雖不由政府直接管理，但國家以儒家德教規範及綱常倫理來統一思想，並經由選士制度廣泛吸收經術和道德之士入仕從政，如此仍能達到有效的控制或影響教育。

前面談到儒家教育目標——君子，其理想乃在出仕以行仁政、禮治。所以儒家自其立教以來，便與政治關係密切。以漢代為例，不但使研究儒家經典之學，上升為官學，而儒生步入仕途，參與政治，更看出教育與政治間的密切關係。國家需要儒學、儒生為政，以維護封建宗法統治；而儒生攻讀經典，需以從政作為他們闡發聖王修、齊、治、平途徑，同時作為進入仕途，獲得利祿的手段。在這種情況下，便形成漢代一股研究、解說、注釋儒家經典的學術風氣，此即漢代經學，亦即經學化的儒學。

漢武興學是「教育」與「政治」結合的開端。日後，以皇帝為中心的政治因素，影響教育的程度漸趨濃厚。直到西晉，此種學、政結合的特質方有改變。

二、道德培養居於首位

好尚道家的司馬談，對於儒家的長處，也給予肯定，他說：「列君臣父子之禮，序夫婦長幼之別，雖百家弗能易也」。〔註38〕認為儒家長於其他學派的特色在於：對倫理、道德的堅持。自孟子開始，儒家教育的宗旨確定為「明人倫」的道德培養。至漢代，更具體化為「三綱」（君為臣綱、父為子綱、夫為妻綱）和「五常」（仁、義、禮、智、信）的封建禮教。並進一步與陰陽五行結合起來，完成「天人合一」理論，使人的道德及禮教，披上神聖不變的色彩。

儒家以道德教育居首，體現在兩方面：一是選拔人才「以德為準」；二是長久存於中國思想界的「義利之辨」，儒家始終以「重義輕利」為正統。可見儒家教育對道德培養的重視。

〔註36〕《春秋繁露・深察名號》。
〔註37〕《漢書・董仲舒傳》。
〔註38〕司馬談〈論六家要旨〉。

談到儒家論才德關係，可想而知的，自然是偏向德行。在政治用人標準上亦如此。若才德無法兼具，寧捨「才士」而用「德士」。《漢書》中的兩個例子，可為佐證：

> 人誠鄉正，雖愚為用；若乃懷邪，知益為害。（《漢書·翼奉傳》）

> 不仁而多才，國之患也。（《漢書·董仲舒傳》）

由上可知，在才德取捨問題上，儒家偏重道德，此與魏晉時代的人才觀念，存在著明顯差異。

另外，談道德教育，必定涉及人性問題。孔子之學，以仁、禮兩大觀念為重心；探究其內在的歸結，實本於道德主體的性。所以儒家的人性論，當以孟子的「性善說」與《中庸》的「明誠說」最能得其精神。兩漢儒者對人性問題，看法既不一致，且未能理解性善真諦。如：董仲舒以「性」為「自然之資」，劉向以「性」為「生而然者」，揚雄以「性」為「善惡混」，王充則將「性」分為上、中、下三品，皆依循告子、荀子一系所持之「自然之性」以立說。如此則開不出德性領域，此「自然之性」的人性看法，也影響到魏晉人性論，開出「才性論」一派。

三、六經為教學主要內容

孔子所謂的「學」，在當時並不專指讀書，還包括道德修養在內。至荀子方將學習過程概括為「始乎誦經，終乎讀禮。」〔註39〕將經書視為學習的主要內容，如王符《潛夫論·讚學》所言：「工欲善其事，必先利其器；士欲宣其義，必先讀其書」，正是以讀書作為「知義」之必要過程。讀書成了入道之基，而教師教書，學生讀書成為教學活動的基本方式。

到了漢代，由於獨尊儒術，便將《六經》推崇到至高無上的地位，也成為教學的主要內容。董仲舒便認為：「夫義出於經。經傳，大本也」。〔註40〕王符、匡衡及徐幹則以經典出自聖人，故其神聖崇高；從師習經，即可有德、智兩方面之增益：

> 六經者，聖人所以統天地之心，著善惡之歸，明吉凶之分，通人道之正，使不悖于其本性者也。故審六藝之旨，則人天之理，可得而知，草木昆蟲可得而育，此永永不易之道也。（《漢書·匡衡傳》）

〔註39〕如王莽建太學校舍，漢靈帝辦鴻都門學，晉惠帝確立國子學等。

〔註40〕《春秋繁露·重政》。

　　索道於當世者，莫良於典。典者，經也，先聖之所制。……及使從
師就學，按經而行，聰達之明，德義之理，亦庶矣。（王符《潛夫論‧
讚學》）

　　六經者，群聖相因之書也。其人雖亡，其道猶存，今之學者勤心以
取之，亦足以道昭明而成博達矣。（徐幹《中論‧治學》）

　　漢初，諸子學未廢，董仲舒奏請「諸不在六藝之科，孔子之術者皆絕其
道，勿使並進」〔註41〕，武帝行之。然此種「絕其道」的作法——以儒術取
士，太學僅以五經教授，直接影響其他學術之發展。其他學術，相對於經學，
則成「不急之言」、「小知」、「小技」、「小能」、「小善」：

　　說不急之言，以惑後進者，君子之所惡也。（董仲舒《春秋繁露‧重
政》）

　　師之貴也，知大知也；小知之師亦賤矣。（揚雄《法言‧問明》）

　　無經藝之本，有筆墨之末；大道未足，而小技過多。（王充《論衡‧
量知》）

　　通經釋義，其事優大，文武之道，所宜從之。乃若小能小善，雖有
可觀，孔子以為致遠恐泥，君子當致其大者遠者也。（張衡，《通典‧
卷16》）

　　不過漢代雖然經學教育昌盛，但經師研究重點在於經學本身，而不在如
何教授，即魏晉以前的教育思想多表現在教育的作用、意義、任務、內容的
研究和辯論，而較少教學理論（如教學法、讀書法）的探討。〔註42〕

　　「道德培養居於首位」與「五經為主的教學內容」的偏重書本教育，似
有衝突，其實未必。仲長統《昌言》：「教化以禮義為宗，禮義以典籍為本。」
所以在儒家教育理論中，道德培養與經籍教授在理論上，仍然被視為統一體
〔註43〕，只是「禮義以典籍為本」的說法，似乎提升了書本知識的地位。造

〔註41〕董仲舒〈對賢良策〉。
〔註42〕宋代則不同，理學家不僅重視讀什麼書，而且重視如何讀書，故有關於讀
　　　　書程序、原則、方法的論述大量出現，而魏晉時代正好處於一個過渡期，為
　　　　宋代研究教學理論開新聲。
〔註43〕儘管事實不一定如此，如鹽鐵會議上，大夫指責：「儒者口能言治亂，無能以
　　　　行之。」《鹽鐵論‧能言》又說：「今文學言治則稱堯舜，道行則言孔墨，授
　　　　之政則不達，懷古道而不能行，言直而行之枉，道是而情非。」（《鹽鐵論‧
　　　　相刺》）

成儒者過於崇尚經籍，普遍存有崇古、法古的情形，也產生脫離現實〔註44〕，不敢突破傳統以創新的保守性格。

　　值得注意的是：漢代雖然獨尊儒術，以六經為教學主要內容，但不代表儒學本身內容便是統一的。在漢代，儒家內部尚有「師法家法之異」及「今文古文之爭」，各為自己所主之理論及所本之經書爭取地位。另外，在經學教育的實施上，漢儒之經學，與原始儒家之經學，事實上已有差距。據李偉泰先生〈論漢代太學教材的特色〉一文的研究結果，差距產生的現象與原因有八。分別是：（一）經書神聖化；（二）以陰陽災異之說解釋經文；（三）以讖緯之說解釋經文；（四）以聲訓之法解釋經文；（五）增字解經及推衍經義；（六）諫書思想影響下的經說；（七）以漢律古；（八）名實分離。〔註45〕因此漢代儒學非先秦原貌，已攙雜不少漢人的思想觀念在內，悖離經書原意或附會過火之處，往往也成為後來魏晉人批評焦點。

四、肯定教育效能，強調積、漸的學習方式

　　關於漢代教育理念，其大者有二：肯定教育效能及強調積、漸的學習方式二者。秦代政權否定教育之效能，反對詩書及諸子、儒家之學。漢代則持相反意見。如漢魏之際的徐幹便相當肯定教育效能。他說：

> 聖人之德非取乎一道。故曰：學者，所以總群道也。群道統乎己心，群言一乎己口，唯所用之。故出則元亨，處則利貞；默則立象，語則成文。述千載之上，若共一時；論殊俗之類，若與同室；度幽明之故，若見其情；原治亂之漸，若指已效。故詩曰：「學有輯熙於光明」，其此之謂也。（徐幹《中論‧治學》）

> 君子心不苟願，必以求學；身不苟動，必以從師；言不苟出，必以博聞。是以情性合人，而德音相繼也。（徐幹《中論‧治學》）

上面這兩段話很能代表一般儒者對學習的看法：肯定學習（教育）的效能，並具體描述學習對人在言行舉止上的影響及功用。且聖人「總群道之德」可經由學習而獲致，然須求學從師。經過經學教育之洗禮，表現在外，則是情性合人，德音相繼。

〔註44〕漢儒致力於研究不大受現實生活變化影響且傳襲多年的古籍，因此在訓詁、考據，探隱索微的文字功夫上，創造了極高成就，但在對自然、社會現象的觀察與研究，則罕有深入。

〔註45〕詳見李偉泰先生〈論漢代太學教材的特色〉頁3～27。

其次，在學習方法上，原始儒家主張學、思並重。但是在經學教育空前發達的兩漢，學者治學多偏於前者，如：賈誼《修政語下》：「明君而君子，貴尚學道而賤下獨思也」，劉向《說苑‧建本》也說：「學聖王之道者，譬如日焉；靜居獨思，譬如火焉。夫舍學聖王之道，若舍日之光，何乃獨思火之明也？……人才雖高，不務學問，不能成聖」。正是此種對聖人言論的過於重視及對師儒經說的恪守，造成儒者普遍以背誦死記作為讀書方式，不敢有己見、新意，更不會思索經書所道是否盡善？他們重視「積」、「漸」的學習方式，抱持著「為學則進」的態度。董仲舒說：「積習漸靡。」〔註46〕劉向說：「學積成聖。」〔註47〕王符也認為：「積善不怠，必致顏閔之賢。」〔註48〕此類觀點顯然源於荀學〔註49〕，而成為兩漢主要學習原則。

五、培養人才與選拔人才緊密結合

前文曾提到：儒家教育的目標在於培養才德兼具足以為政治國的君子。子夏曾說：「學而優則仕」〔註50〕，「學」代表教育活動，「仕」則通過選士制度的途徑來實現。也可看出從原始儒家開始，便著重用世——經世濟民、通經致用。在儒者的觀念中，「學」「仕」並重。而站在統治者的立場，欲使用人才為政，則須先培養人才。董仲舒說：

> 少則習之學，長則材諸位，夫不素養士而欲求賢，譬猶不琢玉而求文采也。（《漢書‧董仲舒傳》）

〔註46〕董仲舒《春秋繁露‧天道》。
〔註47〕劉向《說苑‧建本》。
〔註48〕王符《潛夫論‧慎微》。
〔註49〕荀子論學，頗重積、漸：
學惡乎始？惡乎終？曰：其數則始乎誦經，終乎讀禮；其義則始乎為士，終乎為聖人。真積力久則入。學至乎沒而後止也。（《荀子‧勸學篇》）
積善而全盡，謂之聖人。彼求之而後得，為之而後成，積之而後高，盡之而後聖，故聖人也者，人之所積也。……積禮義而為君子。……故人知謹注錯，慎習俗，大積靡，則為君子矣。（《荀子‧儒效篇》）
雖庶人之子孫也，積文學，正身行，能屬於禮義，則歸之卿相士大夫。（《荀子‧王制篇》）
今之人化師法、積文學、道禮義者為君子；縱性情、安恣睢而違禮義者為小人。（《荀子‧性惡篇》）
今使塗之人伏術為學，專心一志，思索孰察，加日縣久，積善而不息，則通於神明，參於天地矣。故聖人者，人之所積而致矣。（《荀子‧性惡篇》）
〔註50〕《論語‧子張》。

董仲舒的這段話，說明了培養人才和使用人才之間結合的必要。興學為了養士，養士為了求賢。而賢者以「材諸位」——因材能授官，使在各種職位上發揮其才能。

從現實來看：培養人才和選拔人才之間若不能緊密結合，官學培養出來的人才，不為政府選拔錄用，則學校教育在很大程度上要失去意義，也難以吸引學生入學。而國家選士，若無學校培養，所得人才的素質也難以得到保證。所以儒家思想中向來主張由中央興學，教育出來的人才循一定管道出仕為政。對漢人而言，這個「優」，主要指儒家經學的造詣。這樣，培養人才和選拔人才便在儒家經術的統一標準下緊密結合起來。至於學校教育與選士間結合的詳情，待下一章中再作回溯的探討。

在漢代，經學教育與選士、任官間不但密切結合，且有明令。通經可致仕，遂使天下學子，紛然向學。也成為漢代儒家教育的特色之一。

六、學校為社會教育的組成部分

儒家講「教」，通常就整個社會教育而言，又稱為「教化」。孔子將庶、富、教作為立國三大目標〔註51〕；孟子也以善教為得民手段〔註52〕，而他們所稱的教，都是針對廣大民眾而言。《白虎通‧三教》指出：

> 教者，效也。上為之，下效之。民有質樸，不教不成。故《孝經》
> 曰：「先王見教之可以化民。」《論語》曰：「不教民戰，是謂棄之。」
> 《尚書》曰：「以教祇德。」《詩》云：「爾之教矣，欲民斯效。」

另外賈誼、董仲舒、王符亦肯定教育對於社會風俗、教化之作用。《漢書‧賈誼傳》：「使民日遷善遠罪而不自知」，董仲舒看出教化與習俗關係密切，他說：「教化成而習俗美」〔註53〕，而王符也認定人君之治，以道德教化為要〔註54〕。以上三例，皆認為所謂教育，便是在上位者立教，立下典範，使民仿效、遵行之意。人民的本質是樸素無飾、不知禮文的，只有教化方能造就、化成良俗

〔註51〕《論語‧子路》：「子適衛，冉有僕。子曰：『庶矣哉！』冉有曰：『既庶矣，又何加焉？』曰：『富之。』曰：『既富矣，又何加焉？』曰：『教之。』」
〔註52〕《孟子‧盡心上》：「仁言，不如仁聲之入人深也。善政，不如善教之得民也。善政民畏之；善教民愛之。善政得民財；善教得民心。」
〔註53〕《漢書‧董仲舒傳》。
〔註54〕人君之治，莫大於道，莫盛於德，莫美於教，莫善於化。（王符《潛夫論‧德化》）

善民。而教化意義在於防患於未然，通過正面教育的薰陶、典型的示範、環境的感化及輿論的力量，使人們形成良好的道德習慣，不自覺地、不感被迫地將自己的思想行為納入倫理綱常的軌道，建立良好社會風俗，以確保國家的長治久安。

　　古代談到興學，其目的除了培養人才外，有更大的動機在於推行教化。歷代辦學形式相當多樣化：私學、精舍，私辦官助的書院，鄉里家族辦的社學、族學，地方集資的義學及依靠學費收入維持的私塾、書館等皆具教化鄉里扶正民風之功。教學內容或有差異，除了少數傳習專門技能的學校外，均以儒家經籍和倫理道德教育為主，為社教作出相當貢獻。

第四節　兩漢儒家教育之流弊及其衰微

　　兩漢時代是儒家經學教育的鼎盛期，今文經學、古文經學大致是漢代研究儒家經典的主要形式。經學家通過這兩種形式，來闡述修齊治平的王道理論。然而以經學形式存在的儒學，在成為官方的御用之學後，至漢末終於因自身質變及流弊，開始受到批駁；加以客觀環境改變等因素，漸趨衰微。探究造成儒學質變的流弊，約有以下四端：

一、教育目標──祿利之途

　　《論語・衛靈公篇》有：「學也，祿在其中矣」的說法，原本儒家之教育目標即在於修己以治人，學優則仕，方有施展仁政的機會。而出仕任官，必有俸祿，所以說「祿在其中矣」。然而君子們並非以利祿為目的，利祿之來，只是伴隨發生的附加物而已。

　　不過從現實及人情來看，誠如王安石所言：「人情之所願得者，善行、美名、尊爵、厚利也，而先王能操之以臨天下之士。」〔註55〕在初倡某種政策且欲立竿見影，速有成效，則外在的獎掖似乎是不可免的。

> 自武帝立五經博士，開弟子員設科射策，勸以官祿，訖於元始，百
> 有餘年。傳業者浸盛，支葉蕃滋，一經說至百萬餘言，大師眾至千
> 餘人，蓋祿利之路。（班固《漢書・儒林傳贊》）

〔註55〕《臨川先生文集・卷39》〈上仁宗皇帝言事書〉。

班固很清楚的指出,「傳業者寖盛,支葉蕃滋」的景況,乃「祿利之路」使然。再舉實例以明:《尚書》學大師夏侯勝在太學講授時,常告訴那些太學生說:「士病不明經術;經術苟明,其取青紫,如俯拾地芥耳。學經不明,不如歸耕。」〔註56〕這說明士子修習經術,志在居官取利。

由上可知:上位者以官祿而勸經,下面學子為祿利而習經,故進身官學,研儒習經,已為梯榮致顯之途徑。然而弊病也跟著產生,馬宗霍《中國經學史》指出:

> 凡儒生之肄經者,莫不游學京師,受經博士……其由是而出者,行雖不備,猶得補官;非是者,雖經明行修,名亦不顯。故終西漢之世,惟官學大昌,而位愈高者,則徒眾亦愈盛,以為可籍以相援也。
>
> (《中國經學史》,頁51)

原來習經之外,游學京師,拜於名師門下,可不經苦讀而速達。士子本為祿利而學,今有捷徑,何由不採?因於經學為進身之階,學徒無不專力於此。然而,目的既在於此,便不肯真心治學或潛心修己,專尋名大位高之師提拔自己,力圖進入太學受教,深盼官運從此亨通無礙。「敦品」既無益於求官,則專務「勵學」;其下者,連「勵學」也不及,只務交遊汲營,博取虛名。因為不少學者將讀書目標置於祿利上頭,故即使學習獨尊的儒家經籍,也要挑肥揀瘦,以求用力少而收益大。則道德培養與六經的修習,乃為之怠廢。

二、教育內容──陰陽讖緯

傳統儒家教育以《六經》為主要教材,內容多以人事為重。正如《漢書·儒林傳》序所言:「古之儒者,博學乎六藝之文。六藝者,王教之典籍,先聖所以明天道、正人倫、致至治之成法也。」明天道、正人倫、致至治皆有濃厚的現實色彩。然而遷就現實越多,離經書本義便越遠。漢代儒學與先秦儒學相較,二者在本質上,已起了相當大的變化,這可由攙入陰陽五行災異的經說及讖緯之盛行看出。

陰陽家學說,先秦騶衍時已興。秦代著成之《呂氏春秋》、漢初之《淮南子》,明顯的,皆有陰陽學滲入的現象。至於儒家,則以董仲舒〔註57〕及《白

〔註56〕《漢書·夏侯勝傳》。
〔註57〕仲舒治國,以災異之變,推陰陽所以錯行。故求雨,閉諸陽,縱諸陰;其止雨反是。行之一國,未嘗不得所欲。(《漢書·董仲舒傳》)

虎通義》所宣揚的那一套「天人感應論」為主。他們認為：天根據自己的模樣造人，以使人代天進行活動；天又為人類創造萬物，以提供人類活動場所，實現天的意志等。董仲舒曾上給漢武帝〈天人三策〉，主要在論述關於歷代受命的符瑞、災異變化之原因及天人感應的道理。他的理論滿足了漢代封建統治的需要，但隨之而來的是把經學變成神學，經書出現了一些荒誕不經的說法：《易》有爻辰災異；《詩》言六情五際；《春秋》重天人感應；《禮》則主封禪祭祀……。總之皆在推天事於人事。西漢盛行今文，今文學家尤長於陰陽災異，欲藉此說褒貶時政，以為勸善化德之本，而帝王也樂於此道，以作奉天承運理政的依據。自是上下相推，蔚為時尚。

西漢哀平，讖緯又起，其後光武尤好此道。讖，是一種用隱秘語言去預決吉凶的迷信[註 58]；而緯，即緯書，是漢代儒生基於「天人相應」觀念及利用神祕預言對儒家經典所作的解釋和發揮。內容往往荒誕不經，迷信成份濃厚，主政者用人行政，每決於讖，也連帶影響到學術。如孔昱曾對孔季彥說：「今朝廷以下，四海之內皆為章句內學，而君獨治古義。治古義明，則不能不非章句；非章句內學，則危身之道也」[註 59]。可見當時五行災、讖緯經說等內學的盛行，及當政者好尚程度，甚至到了反讖緯則終身陸沉或迕君危命的地步[註 60]。

[註 58] 《後漢書·張衡傳》：「立言於前，有徵於後。故智者貴焉，謂之讖書」；《四庫全書·總目提要·卷六·易緯》：「（讖）詭為隱語，預決吉凶。」「緯者，經之支流，衍及旁義。」另可參考陳槃《論讖緯及其分目》，史語所集刊第 21本。

[註 59] 《後漢書集解·儒林傳》引惠棟語。

[註 60] 《後漢書》有例可證：
是時（光武）帝方信讖緯，多以決定嫌疑。……譚復上疏曰：「……今諸巧慧小才伎術之人，增益圖書，矯稱讖記，以欺惑貪邪，詿誤人主，焉可不抑遠之哉！臣譚伏聞陛下窮折方士黃白之術，甚為明矣；而乃欲聽納讖記，又何誤也。……」帝省奏，愈不悅。其後有詔會議靈臺所處，帝謂譚曰：「吾欲〔以〕讖決之，何如？」譚默良久，曰：「臣不讀讖。」帝問其故，譚遂極言讖之非經。帝大怒曰：「譚非聖無法，將下斬之。」譚叩頭流血，良久乃得解。出為六安郡丞，意忽忽不樂，道病卒。（《後漢書·桓譚傳》）
帝（光武）嘗問興郊祀事，曰：「吾欲〔以〕讖斷之，何如？」興對曰：「臣不為讖。」帝怒曰：「卿之不為讖，非之邪？」興惶恐曰：「臣於書有所未學，而無所非也。」帝意乃解。興數言政事，依經守義，文章溫雅，然以不喜讖故不能任。（《後漢書·鄭興傳》）

　　儘管如此，少數通明之士仍要對不實之讖緯，加以非笑〔註61〕；有識之
士仍要加以聲討。如：桓譚、鄭興、尹敏、王充、張衡、楊充、荀爽、荀悅及
徐幹等人。他們反對的理由大致如下：

　　　　（尹）敏對曰：讖書非聖人所作，其中多近鄙別字，頗類世俗之辭，
　　　　恐疑誤後生。（《後漢書·儒林傳》）

　　　　此皆虛也，案神怪之言皆在讖記，所表皆效圖書。（王充《論衡·實
　　　　知》）

他們反對的主要理由在於：讖緯來源不實，非聖所作〔註62〕；內容夾雜神怪
虛妄之言，疑誤後生，因而要加以質疑、批評。也足見儒學在漢代並不純粹，
夾雜不少迂怪之論與立奇之說。兩漢經學既成如此一門講陰陽讖緯、五行災
異、象數符瑞的神祕之學，於是有大儒對此不滿，進思改革，如鄭康成及荊
州學派，然效果不彰，仍無法廓清儒學本來面目。

三、教育方法——繁瑣章句

　　漢儒為求其學得立官府，別立成家，故在經說上求異取勝。或者析破字
形以解經，或以己意增字解經，往往與經意不同。而且牽合附會，解說甚繁，
使學子皓首不能窮一經。

　　　　古之學者耕且養，三年而通一藝，存其大體，玩經文而已。是故用
　　　　日少而蓄德多，三十而《五經》立也。後世經傳既已乖離，學者又
　　　　不思多聞闕疑之義，而務碎義逃難，便辭巧說，破壞形體，說五字
　　　　之文，至於二三萬言。後進彌以馳逐，故幼童而持守一藝，白首而
　　　　後能言。安其所習，毀所不見，終以自蔽，此學者之大患也。（《漢
　　　　書·藝文志》）

　　　　秦近君能說〈堯典〉篇目兩字之誼，至十餘萬言。但說「曰若稽古」
　　　　三萬言。（桓譚《新論》）

章句即分章節、斷句讀。就教學上而言，經師按照經文的篇章結構，逐字逐
句進行解說，就形成自己的一套章句。由於儒家經典多為先秦的史料或文獻，
年代既久，章句訓詁的解說實有必要。但為了爭立學官，自立家法，不得不

〔註61〕《三國志·魏書·衛顗傳》：「通明之士，每所非笑。」
〔註62〕劉勰《文心雕龍·論說》：「通人惡煩，羞學章句。」

繁辭說經以與人異、以示深閎，然其牽附五行災異，專務碎義，造成經說繁雜，皓首不能窮一經，令學者厭惡不滿。

　　兩漢經學之繁瑣，使學子不得要領。不論是今文經所講的「微言大義」或古文經的章句訓詁，演至後來均流於繁瑣、支蔓。漢光武帝少時也曾身受其苦，因此即位後，命儒臣刪《五經》章句，以作為太子受學之課本。桓榮改四十萬字之《歐陽尚書》為二十二萬，桓郁又刪為十二萬字，足見當時章句冗言之多。

四、治學態度──墨守師法、家法

　　師法之說，起源甚早。《荀子‧性惡篇》曰：「今人無師法，則偏險而不正。」重師法，本為保持學說之純粹，避免游談無根之說。所謂師法、家法者，皮錫瑞曾加以說明：

> 前漢重師法，後漢重家法。先有師法，而後能成一家之言。師法者，溯其源；家法者，衍其流也。……漢人最重師法。師之所傳，弟之所受，一字毋敢出入，背師說即不用，師法之嚴如此。（皮錫瑞《經學歷史》）

由上可以略知師法、家法之意義，至於師法之嚴，則可由下面兩個例子看出：

> 後喜受薦為博士，帝聞喜改師法，遂不用喜。（《漢書‧五行志》）
>
> 臣聞說經者，傳先師之言，非從己出，不得相讓於前，故精思不勞，
>
> 而道術愈章。法異者，令各自說師法，博觀其義。（《漢書‧魯丕傳》）

此處非常明確指出，漢儒講經，一以師法為重，不重自我發揮。即使辯難之時，也必須恪守師法，絕不相讓。不鼓勵學者自出新意，若改師說甚至終身陸沉，可見漢儒執守家法之嚴。另一方面也造成學者因襲師說，不務深思的治學態度，陳陳相因，了無新意。

　　師法、家法在兩漢過受重視，從而產生流弊。王充對此有頗為嚴厲的批評：

> 儒者說五經，多失其實。前儒不見本末空生虛說，後儒信前師之言，隨舊述故。滑習辭語，苟名一師之學，趨為師教授。及時蚤仕，汲汲競進，不暇留精用心、考實根核，故虛說傳而不絕，實事沒而不見，五經並失其實。（王充《論衡‧正說》）

即徒誦讀，讀詩諷術，雖千篇以上，鸚鵡能言之類也。（王充《論衡·
超奇》）

師法源於保存經說純粹，並示己說有根可據。然而演變至王充所評「說
經失實」、「不暇用心」、「鸚鵡能言」地步，則師法家法已蕩然無義矣。

五、兩漢儒家教育之衰微

兩漢經學本身的缺失已見於前，加上儒學獨尊過久，缺乏與其他學派競
爭、觀摩機會，於是故步自封，但知承襲，不知創新，更脫離時勢現狀，趨於
僵化，流於浮華。

漢末鄭玄遍注群經，消弭門戶家法之爭，亦使儒學自此不振——因為無
事可議，無派可爭：

自秦焚六經，經文埃滅。漢興，諸儒頗修文藝；及東京，學者亦各
名家。而守文之徒，滯固所稟，異端紛紜，互相詭激。遂令經有數
家，家有數說，章句多者，或乃百餘萬言。學徒勞而少功，後生疑
而莫正。鄭玄括囊大典，網羅眾家，刪裁繁誣，刊改漏失，自是學
者略知所歸。（《後漢書·鄭玄傳》）

自是學者紛紛投身鄭學門下，而原來興盛一時的各家經說，因為後繼乏人而
逐漸衰弱，皮錫瑞說：

鄭君博學多師，古今文道通為一。見當時兩家相攻擊，意欲參合其
學，自成一家之言。雖以古學為宗，亦兼采今文以附益其義。學者
苦其時家法繁雜，見鄭君閎通博大，無所不包，眾論翕然歸之，不
復捨此趨彼。于是鄭《易注》行，而施、孟、梁丘、京之《易》不
行矣。鄭《書注》行，而歐陽、大小夏侯之《書》不行矣。鄭《詩
箋》行，而魯、齊、韓之《詩》不行矣。鄭《禮注》行，而大小戴
之《禮》不行矣。鄭《論語注》行，而齊、魯之《論語》不行矣。
（《經學歷史》）

此外，漢末黨錮之禍對學者的戕害，造成才俊大損，終使漢代經學趨於
衰敝不可。治中國經學史頗有聲譽的兩位學者——皮錫瑞、馬宗霍皆云：

桓、靈之間，黨禍兩見。志士仁人，多填牢戶；文人學士，亦扞文
網。固已士氣頹喪，而儒風寂寥矣。（皮錫瑞《經學歷史·經學中衰
時代》）

> 兩漢經學之盛，初本皆在官學。官學當之博士；博士傳諸太學諸生。
> 及桓、靈之間，黨議禍起，太學首離其難。所誅黨人，十九皆太學
> 生也。官學之徒，一時幾盡。黨人既誅，其高明善士，多坐流廢。
> （馬宗霍《中國經學史》，頁 16）

二位學者所言甚是，如何休、鄭玄之大儒，已在黜廢之列，其他被刑殺、誅滅之學者，更不計其數，太學師生既多罹難，官學由此遂廢。

第五節　儒學與玄學之過渡

漢代的經學教育，一面由於勸進祿利等政治原因，走向庸俗化；另一方面，又基於以上原因的連鎖反應，使經學研究出現一言解至萬言的不良傾向。東漢經學家雖大力提倡古文經學，以重視訓詁章句的嚴肅學風矯之，終於繁瑣而不能自拔。以上種種原因致使漢代經學教育日益僵化，儒學日漸式微。漢初曾經盛極一時的道家思想，在此際就成為衝破這股沈悶學術風氣的憑藉。

道家思想，在漢末魏初有復起的情形。這種現象，並非偶然。西漢開國之初，黃老曾經一度盛行，幾位開國大臣，如張良、陳平、曹參等，皆好黃老。然而待漢武獨尊儒術後，天下靡然成風以習儒，黃老成為一股伏流。大約到東漢，特別是末葉，習《老》之風復長，一些知名大學者、儒者，也兼習道家之學。（見〈表一〉〔註63〕）由表中略知：兩漢修習道家之人，也有儒者。如嚴君平、揚雄、王充、楊厚、范升、馬融等人；且不少人兼修《易》《老》，如揚雄、楊王孫、嚴君平、向長、折像等。魏晉將三玄並合之情形，東漢末已具雛形。正因為有學者兼修儒道、《易》《老》，玄學才有形成的可能。因為玄學特質，除了在內容上以《易》《老》《莊》三書哲理為研究範疇外，儒道結合的形式也不容忽視；然而要融和，則須兼備二家學養，方有進行之可能。漢末學者，可謂已為玄學之路開啟先聲。故韋政通先生有：「王

〔註63〕兩漢道家，實非先秦《老》《莊》之關注人生，逍遙超脫之面目，而重在《黃》《老》權謀治術之內容，故與真正「道家」有間，而與法家「術」術牽涉。因而在文中表列漢代道家修習狀況，以示道家學術經先秦、兩漢、魏晉數代之變遷情形。以明漢代術儒術之外，漢人修習《黃》《老》之學的概況。不過僅管兩漢、魏晉對《老子》書的詮釋重點、角度有異，但仍可歸為道家一系，而漢人習《黃》《老》，也為道家復起，留下一條引線。

充的自然主義，和揚雄的『玄學』，竟成為助長玄學時代興起的一股伏流」的說法提出。〔註64〕

另外在實質上，如建構理論的方式、哲學範疇的使用方面，如：「本末」、「有無」、「名實」、「才性」等，也可在漢末找到源頭，只是發展未盡成熟、全面、普遍、成體系。

對於兩漢儒學的流弊，當時早有反對的呼聲發出。如：西漢揚雄反對董仲舒為代表的陰陽災異、天人交感的儒學，力主恢復正統儒學。認為若欲發揚儒家正統，就要有所創新。於是秉持「可則因，否則革」的態度，對孔孟之道進行改造。他從先秦道家及諸子選擇性的吸收，再將《老子》的道德之言與儒家仁義禮學融為一體。如此《太玄》就成為一部儒道融合的產物。《太玄》融合了《周易》與《老子》對「玄」的概念，進一步予以詳細的闡發，用以代表宇宙的來源和本體，為魏晉玄學中這些「本末」、「有無」等中心範疇作了準備。〔註65〕

此外，王符、仲長統、荀悅等學者也挺身批判。一方面對社會政治生活進行檢討，另一方面也對哲學問題進行了廣泛的研究，這種探索，成為從兩漢經學到魏晉玄學的過渡環節。經過他們不斷的創新發展，使得漢代由盛行「宇宙論」，逐漸向魏晉玄學的「本體論」轉變。除此之外，他們還廣泛討論到「本末」，「名實」、「才性」問題。漢末「本末」之論雖未達到魏晉玄學的抽象思維高度，但已作為一對重要哲學範疇，廣泛應用於政治社會的各個層面。「名實」問題，在漢魏之際，演變為「名理學」，也是過度到魏晉玄學的橋樑。「才性」問題與「名理」問題關係密切，二者皆起於當時鑑別、選拔和任用官吏的現實政治需要。而以上問題的根本解決，只有等高度概括的理論形式出現才有可能。〔註66〕

漢末，黨錮之禍的發生與道家思想的復起，影響了一批士人的人生觀與態度。「士人既不能復任議論時政、譏評當道的角色，矯厲節操、氣俠相向又為當時所不容，默默含忍以自居於小儒順民，又往往非其所願，然則變氣節

〔註64〕韋政通《中國思想史》頁 600。案：文中揚雄的「玄學」在此指其《太玄》之學」，非與「魏晉玄學」等同。《太玄》一書，仿《易經》而作，以儒者自居，雖有道家形上學觀念，又受陰陽五行家說易之影響，與魏晉玄學大異，故文中筆者僅用「先聲」一語，表二者之間仍有一段相當大的距離。
〔註65〕參考趙吉惠等人合著之《中國儒學史》意見。(中州古籍，1991)
〔註66〕同上。

為風度，化德操為才情，從發揚蹈厲的清流轉為文采風流的名士，無寧是魏代士人最自然的出路」。〔註67〕而「老莊之學既盛，學者之生活思想，遂有特異表現。清談放任，不拘禮制。論者每以東漢學術氣節之盛，不數年間，一變至此，為可歡異。實則玄學家之厭世放任之風，漢末固以啟之。如馬融、蔡邕、孔融、彌衡、仲長統等，並具玄學家無為、超然物外思想〔註68〕。則魏晉名士之產生，士風之轉變，於漢末有跡可尋，非一夕卒然而成可知。

儒學在東漢末，經多位學者的批判之後，弊端充分暴露。因而先秦道家所留下的思想資料，受到人們的注意。此種學術背景下，也導致諸子思想的探討再度復甦，名法、老莊、佛道（教）等思想，也成為衝破儒學沈悶空氣的有利武器。其間，各派為了標榜自身學術的勝處，往往藉著辯論方式批評其他學派觀點，並進一步提出新意見來解決新時代所面臨的問題。魏晉時代，大抵以道家思想居主導地位，佛教則自東晉以後，聲勢強大。故本文三、五章將探討魏晉時代，玄、佛二家對傳統儒家教育的批評要點，及其教育觀點，並探討其對於教育之影響。

表一 〈兩漢修習黃老人士舉隅〉

朝代	姓 名	修習道家	資料來源
西漢	蓋公	善治黃老言。	史記・曹相國世家
	曹參	其治要用黃老術。	史記・曹相國世家
	陳平	少時本好黃帝老子之術。	史記・陳丞相世家
	田叔	學黃老術於樂巨公所。	史記・田叔傳
	漢文帝	本修黃老之言，不甚好儒術。	風俗通・正失・孝文帝
	竇太后	而竇太后又好黃老之術，故諸博士具官待問，未有進者。	史記・儒林傳
	漢景帝	帝及太子、諸竇，不得不讀黃帝老子言。	史記・外戚世家
	司馬季主	通易經、黃帝、老子	史記・外戚世家
	直不疑	不疑學老子言。	漢書・卷46・直不疑傳
	鄧章	以修黃老言諸公間。	漢書・卷49・ 錯傳

〔註67〕引用張蓓蓓《東漢士風及其轉變》意見。（臺大中文所碩士論文，民67）
〔註68〕參考陳東原《中國教育史》頁142～143之意見。

	司馬談	受易於楊何，學道於黃子。	史記・自序
	劉德	少修黃老之術，有智略。	漢書・卷 6・楚元王傳
	嚴君平	嚴君平授老子。	漢書・卷 72
		專精大易，耽於老莊。	華陽國志卷 10
	班嗣	嗣雖修儒學，然貴老莊之術。	漢書卷 100
	元生	元生好黃老。	漢書 50
	王生	善為黃老言。	史記・張釋之馮唐列傳。
	黃生	景帝時與轅固生爭論，司馬談從之學道論。	史記・儒林傳
	汲黯	汲黯學黃老言，治官民好清靜。	漢書卷 50 本傳
	鄭當時	鄭當時好黃老。	漢書卷 50
	楊王孫	學黃老之術。	漢書卷 67 本傳
	揚雄	觀大易之損益兮，賢老氏之倚伏。	太玄賦
		老子之言道德，吾有取焉耳。	法言・問道
		嘗從(嚴)君平受學，通易老而撰太玄。	漢書本傳
	桓譚	老子其心玄遠而與道合。	新論
	王充	試依道家論之。……說合於人事，不入於道意，從道不隨事。雖違儒家之說，合黃老之義也。	論衡・自然篇
	安丘生	修黃老業。	聖賢高士傳，太平御覽・卷 510 引
	徐少季	著老子徐氏經說四篇。	漢書・藝文志
	鄰氏	著老子鄰氏經傳四篇。	漢書・藝文志
	傅氏	著老子傅氏經說三十七篇。	漢書・藝文志
東漢	王伋 耿況	(耿弇)父耿況與王莽從弟王伋，共學老子於安丘先生。	後漢書卷 49
	任光	好黃老言。	後漢紀・卷 2
	任傀	好黃老，清靜寡欲。	後漢書卷 51
	鄭均	少好黃老書。	後漢書・本傳
	范升	習梁丘易、老子，教授後生。	後漢書卷 66
	淳于恭	善說老子，清靜不慕榮名。	後漢書卷 69
	楚王英	晚節更好黃老，學為浮屠齋戒祭祀。	後漢書・卷 7・十王列傳
	傅毅	游心於玄妙，清思於黃老。	七激賦

翟酺	好老子。	後漢書·本傳
蔡勳	好黃老。	後漢書·蔡邕傳
馬融	注老子。	後漢書卷 90
	今以曲俗之差，減無貲之軀，殆非老莊所謂也。	
樊瑞	好黃老言，清靜少欲。	後漢書·樊宏傳
樊融	好黃老。	後漢書卷 107
向栩	恆讀老子，狀如學道。	後漢書卷 111
折像	通京氏易，好黃老言。	後漢書方術傳
馮顥	修黃老。	華陽國志
馮衍	大老聃之貴玄。	顯志賦
向長	性尚中和，好通老、易。	後漢書卷 113·逸民傳
矯慎	少好黃老，隱遯山谷。	後漢書卷 113
高恢	少好老子。	後漢書卷 113 逸民傳·梁鴻
仲長統	安神閨房，思老氏之玄虛。	樂志
	服膺老莊。	後漢書本傳
管寧	娛心黃老。	三國志·魏書·本傳
漢桓帝	祠黃老。	後漢書·桓帝紀
魏倍	祭黃老君。	後漢書·孝明八王傳
劉寵	祭黃老君。	後漢書·孝明八王傳
張角	奉事黃老道。	後漢書·皇甫嵩傳
張修	主以老子五千文。	典略，三國志·張魯傳
張魯	著老子想爾注。	經典釋文·序錄

第二章　魏晉時代之官學

　　魏晉時代的教育，情形異於前代：兩漢官學繁盛，儒家教育勢力昌隆，他家學術無法與之並齊；魏晉則是官學衰微，時興時廢，雖然國家的典章、文教政策仍採儒家學說，然在社會上，卻是玄、佛大行的景況。所以在魏晉教育中，儒學雖具有一定的地位，然一般而言，不及兩漢興盛。而魏晉人接受教育，除了藉由「官學」這條途徑以外，實際上，私學、家學、游學請益，在實施教育、承續文化、研究學術各方面，重要性甚於官學，也是魏晉儒學主要的傳習場所。以下即從此四方面探索魏晉儒家教育之概況。本章先行探討官學之概況，另外三項，下一章再予分析。

第一節　兩朝學政

　　魏晉時代，正值多事之際，亟需人才；又由於儒學具有特定政治效用，所以儘管社會上玄、佛、道各家學說廣泛傳布，儒學仍具有相當的影響力，各朝政府多力倡儒家教育，尊儒重學。在政治上，只要時局稍定，每對教育有所施為。

一、曹魏三國時代

（一）曹魏

　　東漢末年，天下三分，爭戰不絕，儒教衰微。由曹操「喪亂以來，十有五年。後生者不見仁義禮讓之風」之傷，高柔「昔漢末陵遲，禮樂崩壞，熊戰虎爭，以戰陳為務，遂使儒林之群，幽隱而不顯」之歎及魚豢「從初平之元，至建安之末，天下分崩，人懷苟且，綱紀既喪，儒道尤甚」之憂，孫休詔令所謂

「自建興以來，時事多故，吏民頗以目前趨務，去本就末，不循古道」之慮可見一斑。然魏、蜀、吳各國為了鞏固自身勢力，雖面臨漢末以來這種儒衰道弊的情勢，仍在政治上興學，注意吸收和提拔才。

曹操在漢末執政之時，即重視教化。建安八年秋七月，下令興學。通令郡國「各修文學，縣滿五百戶置校官，選其鄉之俊造而教學之」〔註1〕；建安十年，下令整齊風俗〔註2〕。建安八年之學令，明令地方興學，興學目的，在於「欲後生見仁義禮讓之風」，則在教育內容、教育目的上，可明顯看出儒家色彩，當是兩漢以來，儒家經學教育之影響。令中規定滿五百戶之縣設置校官，而學生乃是經過揀擇之「俊造」，對學生素質頗有要求。建安十年整齊風俗之令，亦純然是儒家意識。痛詆「阿黨比周」、「父子毀譽」、「無兄亂倫」、「擅權欺罔」四種惡俗，由此可見，曹操對於善良風俗、人格端整之要求仍存。

然而，建安末年，同出曹操之手的三次「求賢令」〔註3〕，在「人才」的尺度上，卻有了重大改變。建安十五年〈求賢令〉提出「唯才是舉」的用人標

〔註1〕《三國志‧魏書‧武帝紀》。

〔註2〕阿黨比周，先聖所疾也。聞冀州俗，父子異部，更相毀譽。昔直不疑無兄，世人謂之盜嫂；第五伯魚三娶孤女，謂之婦翁；王鳳擅權，谷永比之申伯；王商忠議，張匡謂之左道：此皆以白為黑，欺天罔君者也。吾欲整齊風俗，四者不除，吾以為羞。(《三國志‧魏書‧武帝紀》

〔註3〕建安十五年「求賢令」：自古受命及中興之君，曷嘗不得賢人君子，與之共治天下者乎！及其得賢也，曾不出閭巷，豈幸相遇哉？上之人不求之耳。今天下尚未定，此特求賢之急時也。「孟公綽為趙、魏老則優；不可以為滕薛大夫。」若必廉士而後可用，則齊桓其何以霸世！今天下得無有被褐懷玉而釣於渭濱者乎？又得無盜嫂受金而未遇無知者乎？二三子其佐我明揚仄陋，唯才是舉，吾得而用之。(《三國志‧魏書‧武帝紀》
建安十九年敕有司取士毋廢偏短令：夫有行之士，未必能進取；進取之士，未必能有行也。陳平豈篤行？蘇秦豈守信邪？而陳平定漢業，蘇秦濟弱燕。由此言之，士有偏短，庸可廢乎？有司明思此義，則士無遺滯，官無廢業矣。(《三國志‧魏書‧武帝紀》
建安二十二年舉賢勿拘品行令：昔伊摯、傅說出於賤人；管仲，桓公賊也；皆用之以興。蕭何、曹參，縣吏也；韓信、陳平，負污辱之名，有見笑之恥，卒能成就王業，聲著千載。吳起貪將，殺妻自信，散金求官，母死不歸。然在魏，秦人不敢東向；在楚，則三晉不敢南謀。今天下得無有至德之人，放在民間；及果勇不顧，臨敵力戰；若文俗之吏，高才異質；或堪為將受守，負污辱之名，見笑之行；或不仁不孝而有治國用兵之術，其各舉所知，勿有所遺。(《三國志‧魏書‧武帝紀》)

準；建安十九年敕有司「取士毋廢偏短」，認為「夫有行之士，未必能進取；進取之士，未必能有行也」，明顯與儒家教育之「兼重才德」、「才性同一」理論已有歧異。建安二十二年「舉賢勿拘品行令」更公然對於「負污辱之名，見笑之行；或不仁不孝而有治國用兵之術」之人，亦予採用，直與儒家以「才德兼備君子治國」的理想背道而馳。據曹操自己解釋：「治平尚德行，亂世重智能」，故不必唯「廉士」是用，「有才具」方為要件。有「進取」之實、治國用兵之術，縱有偏短、污辱之名、見笑之行，仍得舉用。曹操此舉乃正式開啟魏晉「尚才」風氣的序幕；魏晉名士，雖未必皆有高行，然每有異才，世人亦因其才而稱揚樂道，足見此風影響實深且鉅。

　　黃初元年，尚書陳群以選用不盡人才，倡立「九品中正制」。各州郡置「中正官」。中正者，擇州郡之賢，且有識鑒者，為朝廷區別人物，品第其高下〔註4〕。設制之原因在於：「天下興兵，衣冠士族，多離本土，欲徵源流，遽難委悉」之故。〔註5〕「九品中正制」之外，黃初二年又頒「察舉」以並行〔註6〕。仿漢代「上計」遺意，每年由郡國選取孝廉、異秀，進貢給朝廷，以實中央人才之需。黃初三年，下「取士不限年詔」〔註7〕，使察舉選士具更大空間，規定「儒通經術，吏達文法，到皆試用」，不限年齡。

　　此外，高柔〈上明帝疏〉及魚豢《魏略》〔註8〕可為操、丕二朝學政，略作補充。

　　　太祖初興，愍其如此，在於撥亂之際，並使郡縣立教學之官。高祖即位，遂闡其業。興復辟雍，州立課試。於是天下之士，復聞庠序之教，親俎豆之禮焉。（《三國志‧魏書‧高柔傳》）

　　　至黃初元年之後，新主乃復。始掃除太學之灰炭，補舊石碑之缺壞；備博士之員錄，依漢甲乙以考課。申告州郡，有欲學者，皆詣太學。太學始開，有弟子數百人。（《三國志‧魏書‧王肅傳》注）

〔註4〕《通典‧卷14》。

〔註5〕《通典》卷十四〈選舉二〉注。

〔註6〕黃初二年初，令郡國口滿十萬者，歲察孝廉一人，其有異秀者，無拘戶口。（《三國志‧魏書‧文帝紀》）

〔註7〕今之計，古之貢士也。十室之邑，必有忠信，若限年然後取士，是呂尚、周晉不顯於前世也。其令郡國所選，勿拘老幼。儒通經術，吏達文法，到皆試用。有司糾故不以實者。（《三國志‧魏書‧文帝紀》）

〔註8〕魚豢《魏略‧儒林傳‧序》，《三國志‧魏書‧王肅傳》注引。

從以上資料，可歸納二人之學政措施：（1）曹操時，令郡縣立學；（2）曹丕以後，興復辟雍；（3）州立課試，使地方官學得以維持水準；（4）修太學、補石經；（5）備博士之員錄、依漢甲乙以考課，此乃復立太學之準備工作；（6）始開太學；（7）太學招生：申告州郡，有欲學者，皆詣太學。諸學政中，值得一提的是太學之設置：黃初五年夏四月詔立太學，制定五經課試之法，並置春秋穀梁博士。〔註9〕其中所謂「置春秋穀梁博士」，非指初立「春秋穀梁博士」，而當為增立，此事待後文討論「曹魏十九博士」設立問題時再予詳論。

太和元年，明帝即位，高柔上疏使「博士遷除限不過長」，長短當隨「學行優劣，待以不次之位，以勸學者」〔註10〕，當是針對部分博士學麤行疏所發，此議明帝納之。太和二年，詔郡國貢士「以經學為先」，志欲「尊儒貴學」。〔註11〕太和三年十月，魏設「律博士」〔註12〕，且詔刑律用鄭氏《章句》。此舉除為承襲曹操以來尚法餘緒之外〔註13〕，亦明帝本人崇尚法術之具體表現〔註14〕。太和四年二月頒令郎吏課試、進用之法〔註15〕，規定郎吏任用，務通一經，期能黜華務實，提振經學。

青龍四年立崇文觀，徵召善文之士任職〔註16〕，此乃當時文學昌盛的表徵。曹氏父子，雅有文才，自己又從事創作，上之所好，下亦效之，也造成魏晉文學之興盛。景初年間，鑑於老儒將謝，乃命高才三十人，向老儒（蘇林、秦靜等）習經。然而，專學不易，老儒不待，至隆等皆卒，無師傳業，學者遂

〔註 9〕《三國志·魏書·文帝紀》。
〔註 10〕《三國志·魏書·高柔傳》。
〔註 11〕尊儒貴學，王教之本也。自頃，儒官或非其人，將何宣明聖道？其高選博士，才任侍中、常侍者，申敕郡國，貢士以經學為先。（《三國志·魏書·明帝紀》）
〔註 12〕太和時，衛覬顗上奏：「刑法者，國家之所貴重，而私議之所輕賤。獄吏者，百姓之所懸命，而選用者之所卑下。王政之弊，未必不由此也。請置律博士，轉相教授。」明帝許之，事遂施行。（《三國志·魏書·衛覬傳》）
〔註 13〕曹操建安十九年令：
夫刑，百姓之命也，而軍中典獄者，或非其人；而任以三軍死生之事，吾甚懼之。其選明達法理者，使持典刑。（《三國志·魏書·武帝紀》）
〔註 14〕明帝常言：「獄者，天下之性命也。」每斷大獄，常詣觀臨聽之。初李悝著《法經》六篇，蕭何益為九篇，後增至六十篇。後人各為章句，馬、鄭諸儒十有餘家，明帝詔用鄭氏章句。（《三國志·魏書·明帝紀》、《資治通鑑·卷71》）
〔註 15〕世之質文，隨教而變。兵亂以來，經學廢絕，後生進取，不由典謨。豈訓導未洽，將進用者不以德顯乎？其郎吏學通一經，才任牧民；博士課試，擢其高第者，亟用。其浮華、不務道本者，罷退之。（《三國志·魏書·明帝紀》）
〔註 16〕《三國志·魏書·明帝紀》。

廢。〔註17〕《三國志·魏書·盧毓傳》又載：「詔曰：選舉莫取有名，名如畫地作餅，不可啖也」，此詔針對當時諸葛誕、鄧颺等人以放浪馳譽，有「四聰」、「八達」之名，明帝惡其任誕不實而發。而「名實」之辨，自是漸成魏晉清談重要名題。

　　魏廢帝正始六年，詔用王朗《易傳》以課試〔註18〕，復下詔普延學士，議立圜丘〔註19〕。然而禮制遺落，時人不習；朝中官員，率多不學，飽食素餐。故其事行難。魏晉儒家官學教育之衰，略見一斑。為興儒學，正始二年，中央乃有刻石經之舉。〔註20〕據《晉書·衛恆傳》所載：漢立（熹平）石經，僅八年而有董卓之亂，宮闕宗廟，盡為灰燼，石經遂零落不全；漢石經僅有隸書一體，而正始石經則有篆書、古文（科斗文）、隸書三體，其旨欲仿漢代故實，振興文教。案正始勒碑與漢碑之異，除字體之外，尚有經文內容。漢碑全為今文經，而正始石經則為古文〔註21〕，此正乃當時古文盛行之反映。

　　高貴鄉公曹髦好尚儒學，甘露元年，行視太學，與諸儒講論《書》、《易》及《禮》，諸儒莫能及。〔註22〕同年，魏詔關內侯王祥為三老，鄭小同為五更。魏王率群臣詣太學，行養老乞言之禮。〔註23〕

　　魏元帝曹奐咸熙二年十二月，司馬炎迫元帝禪位，廢帝為陳留王，易魏為晉，曹魏遂亡。

（二）蜀漢、孫吳

　　劉備定蜀，眼見學業廢弛，在學政上也曾有一番施為。在中央，劉備下

〔註17〕昔先聖既沒，而其遺言餘教，著於六藝。六藝之文，禮又為急，弗可斯須離者也。末俗背本，所由來久。……儒學既廢，則風化曷由興哉？方今宿生巨儒，並各年高，教訓之道，孰為其繼？……其科郎吏、高才、解經義者三十人，從光祿勛隆、散騎常侍林、博士靜，分受四經三禮，主者具為設課試之法。……今學者有能究極經道，則爵祿榮寵不期而至，可不勉哉！（《三國志·魏書·高堂隆傳》）

〔註18〕《三國志·魏書·三少帝傳》。

〔註19〕是時，郎官及司徒領吏二萬餘人，雖復分布，現在京師尚且萬人，而應書與議者，略無幾人。……又是時，朝堂公卿以下四百餘人，其能操筆者，未有十人，多皆飽食而退。（《三國志·魏書·王朗傳注》）

〔註20〕由1957年六月所發現之三體石經殘文「始二年三月」得知。（《文物》，1957第九期）

〔註21〕見王國維《魏石經考·卷三》。

〔註22〕《三國志·魏書·三少帝傳》。

〔註23〕《資治通鑑·卷77》。

令收集圖書〔註24〕，立太學〔註25〕，設學士（博士）〔註26〕，並命令孟光、來敏等人典掌舊文圖籍。

至於州、地方上，設有師友祭酒、典學從事、勸學從事、典學校尉等官職，專司州之學務，以典學從事總領〔註27〕。蜀漢後主建興年間，諸葛亮領益州牧，也曾以譙周為勸學從事〔註28〕，由上可見，蜀國的教育事業並沒有完全廢置。

至於孫吳，於黃龍二年（230）立國學，置都講祭酒，以教學諸子〔註29〕，為江南有國學之始。然爭戰緣故，此詔令並未認真執行。吳景帝孫休本人相當喜好道藝〔註30〕，因而對教育頗為重視。他於永安元年十一月，置立學官，立五經博士，令將吏子弟受業。詔曰：「……其案古置學官，立五經博士，核取應選，加其寵祿。科見吏之中及將吏子弟有志好者，各令就業。一歲課試，差其品第，加以位賞。使見之者樂其榮，聞之者慕其譽。以敦王化，以隆風俗。」〔註31〕

此外吳宗室亦有好學之王侯，自興儒學，或延師儒，或命屬下、子弟就大儒習業。如周瑜厚禮濟陰人馬普，「使二府將吏子弟數百人，就受業（古學）。遂立學官，臨饗講肄」。〔註32〕另外宗室孫奐亦「愛樂儒生，復命部曲子弟就業，後仕進朝廷者數十人」〔註33〕。

〔註24〕《三國志・蜀書・許慈傳》：「先主定蜀，承喪亂歷紀，學業衰廢。乃鳩合典籍，沙汰眾學，（許）慈、（胡）潛並為學士，與孟光、來敏等典掌舊文。」
〔註25〕文立……蜀時游太學，專《毛詩》、《三禮》，師事譙周，門人以立為顏回。（《晉書・儒林傳・文立》）
〔註26〕子（尹）宗傳其業，為博士。（《三國志・蜀書・尹默傳》）此處「學士」當同於「博士」，因同篇傳文後有「子（許）勖傳其業，復為博士」之語，由「復」字，知許慈所任正是博士之職。
〔註27〕先主既定益州，廣漢太守夏侯纂請（秦）宓為，師友祭酒領五官掾，稱曰「仲父」。（《三國志・蜀書・秦宓傳》）
尹默……先主定益州，領牧，以為勸學從事。（《三國志・蜀書・尹默傳》）
來敏……先主定益州，署敏為典學校尉。（《三國志・蜀書・來敏傳》）
〔註28〕譙周……建興中，丞相亮領益州牧，命周為勸學從事。……大將軍蔣琬領刺史，徙為典學從事，總州之學者。（《三國志・蜀書・譙周傳》）
〔註29〕（黃龍）二年春正月，魏作合肥新城。詔立都講祭酒，以教學諸子。（《三國志・吳書・吳主傳》）
〔註30〕休欲與博士祭酒韋曜、博士盛沖講論道藝……（《三國志・吳書・宗室傳》）
〔註31〕《三國志・吳書・三嗣主傳》。
〔註32〕《三國志・吳書・宗室傳》。
〔註33〕《三國志・吳書・宗室傳》。

三國時期，因為局勢的分裂不安，魏蜀吳三國的教育事業雖未消失，然而限於局部或一時，不絕如縷，收效無多。

二、西晉時代

晉武帝開國之初，政治稍安，所以官學一度發達。在學政上頗有建樹：「崇儒興學，經始明堂，營建辟雍，告朔班政，鄉飲大射。西閣東序，河圖、祕書、禁籍。臺省有：宗廟、太府、金墉故事；太學有：石經、古文、先儒典訓，賈馬鄭杜服孔王何顏尹之徒，章句傳注眾家之學，置博士十九人。九州之中，師徒相傳，學士如林。猶選張華、劉寔居太常之官，以重儒教」〔註34〕泰始元年，傅玄請崇禮教，議考課、退虛誕，以肅士風〔註35〕。泰始三年十二月，禁星氣、讖緯之學〔註36〕，皆其施為。

泰始八年（272）更在魏太學的基礎上，設太學，立博士。武帝初，有司奏報太學生有七千多人〔註37〕，令大臣子弟堪受教者入學，其餘遣還郡國，仍有太學生有三千人。〔註38〕泰始九年，立書博士，置弟子教習，以鍾（繇）、胡為法〔註39〕。咸寧二年（276），又立國子學。〔註40〕國子學之編制如下：「至是帝初立國子學，置國子祭酒、博士各一人，助教十五人，以教生徒。」〔註41〕新立之「國子學」與先立之「太學」的差別在於「殊其士庶，異其貴賤耳」〔註42〕，形成雙軌制的教育制度，此乃當時門第社會之產物，亦兩晉教育之一大特色。至於地方教育方面，咸寧二年，武帝曾明令地方興學：「諸縣，率千餘戶置一小學，不滿千戶亦立。」〔註43〕

惠帝時，八王亂起，國學廢置，裴頠請求復立，並寫石經，以效漢魏故事〔註44〕，惜此事未得行。元康三年，始立國子學官品，第五品以上得入國

〔註34〕《晉書 45・荀崧傳》。
〔註35〕《晉書・傅玄傳》。
〔註36〕《晉書・武帝紀》。
〔註37〕據辟雍碑記載，則有萬餘人。其間不免虛誇，見余嘉錫《論學雜著・辟雍碑考證》。
〔註38〕《通典・禮十三》。
〔註39〕《晉書・荀勗傳》。
〔註40〕咸寧二年……夏五月，立國子學。（《晉書・武帝紀》）
〔註41〕《晉書・百官志》。
〔註42〕《南齊書・卷九・禮志》，曹思文上疏之言。
〔註43〕程樹德《九朝律考・卷三・晉令》。
〔註44〕裴頠遷侍中，時天下暫寧，頠奏修國學，刻石寫經。（《晉書・裴頠傳》）

學，六品及其下品、士庶入太學。〔註45〕

永嘉之際，五胡亂華，官學因之而廢。「王彌、劉聰以萬騎至京師，焚二學」〔註46〕，至是，西晉先前所立學政、教育設施，毀於一旦。五胡干戈，民人奔命，中央官學教育由是中斷。

三、東晉時代

元帝建武元年，晉室南渡。局勢稍安之時，王導、戴邈乃請立太學，獲准〔註47〕。即於建武元年十一月，置立史官，立太學於建康〔註48〕。次年（大興元年），將西晉十九博士，減為九人〔註49〕。大興四年，太常荀崧上疏，增立博士。〔註50〕帝准其奏，除《穀梁》一經以「膚淺，不足置博士」未立之外，共奉准設立十二博士，即原有九名博士之外，增立《儀禮》、《公羊》、《周易》博士。其後又將博士增為十六，五經不再分掌，統稱「太學博士」〔註51〕。漢以來博士專經授業之制，至此而廢。此外，選舉孝廉、秀才之辦法在此時亦有更革。元帝初渡，以邊寇未靖，學校陵遲，特聽不試孝廉，而秀才依舊策試。太興元年十一月，詔「秀才、孝廉試經、策，始得署吏」。〔註52〕元帝時

〔註45〕 此事見於南齊國子助教曹思文於永泰元年所上之表：「晉初，太學生三千人，既多猥雜。惠帝時，欲辨其涇渭，故元康三年，始立國子學官品。太學之與國學，斯是晉世殊其士庶，雖其貴賤耳。然貴賤士庶，皆須教成，故國學、太學兩成之也。」（《南齊書‧禮志上》）

〔註46〕 《晉書‧卷100》。

〔註47〕 《晉書‧王導傳》、《晉書‧戴邈傳》。

〔註48〕 《晉書‧元帝紀》注。

〔註49〕 時方修學校，簡省博士。置《周易》王氏、《尚書》鄭氏、古文《尚書》孔氏、《毛詩》鄭氏、《春秋左傳》杜氏、服氏，《論語》、《孝經》鄭氏，博士各一人，凡九人。其儀禮、公羊、穀梁及鄭易，皆省不置。（《晉書94‧荀崧傳》）

〔註50〕 崧以為不可，乃上疏曰：「自喪亂以來，儒學尤寡。今處學，則闕朝廷之秀；仕朝，則廢儒學之俊。……伏聞節省之制，皆三分置二。博士舊置十九人，今五經合九人，準古計今，猶未能半，宜及節省之制，以時施行。今九人以外，猶宜增四，願陛下萬機餘暇，時垂省覽。宜為鄭《易》置博士一人，鄭《儀禮》博士一人、《春秋公羊》博士一人、《穀梁》博士一人……。」元帝詔曰：「……可共博議者詳之。」議者多請從崧所奏。（《晉書 94 ‧荀崧傳》）

〔註51〕 江左初，國子博士減為九人。元帝末，增《儀禮》、《春秋公羊》博士各一人，合為十一人。後又增為十六人，不復分掌《五經》，而謂之太學博士。（《晉書‧職官志》）

〔註52〕 《宋書‧百官志》：「孝秀之法，晉沿漢法。後漢避光武諱，改秀才為茂才。魏復曰秀才。晉江左、揚州歲舉二人，諸州舉一人，或三歲一人，隨州大小、

期雖中央有心振興教育，然朝廷有事，王敦難起（322～324），故建制多未力行。

　　成帝即位，朝臣有感於官學因亂而止，故咸康三年（337）國子祭酒袁瓌、太常馮懷請興學校。〔註53〕成帝從之，乃於立太學、徵生徒。然士大夫習尚老莊，其間又有蘇峻、祖約之反，國家忙於討逆，儒學終於不振。其後的康帝在位二年而卒，穆帝即位，又有桓溫北伐、殷浩西征、謝萬北伐……，教育以軍興罷停，學校遂廢。哀、廢二帝時期，北人屢犯，叛逆時生，國家習弭亂不暇，自然無力顧及教育。

　　晉簡文帝昱在位二年而卒，孝武即位。太元九年，謝石以「學校陵遲，「上疏請興復國學，以訓胄子；班下州郡，普修鄉校」，孝武帝納焉。〔註54〕乃於太元九年四月己卯，增置太學生百人。太元十年春二月，立國學。〔註55〕至於太學，「自穆帝至孝武，並以中堂為太學」，據有司所奏：當時二學（太學、國子學）有學生百二十人，乃取本有之太學生六十人與國子生、權銓大臣子孫六十人所合之數。〔註56〕，並建國子學與太學校舍〔註57〕，修建校舍，且增太學生為百人。然品課無章，學生素質良莠不齊，故士君子恥與為倫。其後殷茂請行淘汰制，制定課程標準，雖獲褒揚，但未施行。安帝、恭帝之時，動亂紛起、世局擾攘。其後劉裕殺安帝，立司馬德為恭帝。二年後，劉裕廢恭帝，建國號宋，晉遂亡。

　　　　並對策問。魏初制：口十萬以上，歲舉一人，有秀異不拘戶口。江左以丹陽、吳會、會稽、吳興並大郡，歲各舉二人。」《晉書·孔坦傳》：「先是，以兵亂之後，務存慰悅。遠方孝秀，到不試策，普皆除署。至是，元帝申明舊制，皆令試經，有不中者，刺史、太守免官。大興三年，孝秀多不敢行。其有到者，並託疾。」《晉書·甘卓傳》：「中興初，以邊寇未靖，學校陵遲，特聽不試孝廉，而秀才依舊策試。」

〔註53〕于時喪亂之後（蘇峻之難），禮教陵遲，瓌上疏曰：「……若得給其宅地，備其學徒，博士僚屬，粗有其官，則臣之願也。」疏奏成帝，從之。國學之興，自瓌始也。（《晉書·袁瓌傳》）

〔註54〕《晉書·謝石傳》。

〔註55〕《晉書·孝武帝紀》。另外《晉書·車胤傳》亦載：「太元中，增置太學生百人，以胤領國子博士。」

〔註56〕《通志·卷58》。

〔註57〕《宋書·卷14》。

四、小結

經由學政之施行或頒布，可反映出當時教育之風尚、教育之概況及面臨之問題。舉要如下：

1. 當局勢處於穩定狀態，「尊儒重學」仍是國家文教方針，不論蜀漢、曹魏或是兩晉皆然。「尊儒」之舉，如：魏文帝立五經課試之法；魏明帝下「貢士以經學為先」詔、「郎吏通經，才任牧民」的進用法令、譴高才向老儒習經；魏廢帝刻石經；晉元帝令「孝秀」試經策，始得署吏……等皆是。「重學」，則以興立國學為最明顯表現。兩朝之間，立學者有魏文帝、吳大帝孫權、漢昭烈帝劉備、晉武帝、晉元帝、晉孝武帝等。明令地方興學者，則有魏武帝曹操、晉孝武帝等。

2. 對社會之人心風俗，仍力倡儒家名教內容。

3. 人才觀念的改變，由傳統儒家「才德兼備君子」，轉為「唯才是舉」；對於用人，在政治上也曾引起一場「名實」之辨（魏明帝與盧毓）。

4. 九品選士制度的確立，加強門閥社會之漸趨穩固，也間接促成雙軌學制（太學、國子學並立）的形成。

5. 太學師資，博士資格，每被提出討論，顯示頗有問題。

6. 專科教育之設立，有律博士、書博士以授弟子。

7. 官學施行，每因戎事而廢，故多處於時興時廢狀態。

8. 晉武禁星氣讖緯，與漢代作法截然不同。

總之，魏晉時期的學政，雖不乏興設，然國家多故，訓業難成，收效實微。以下介紹兩朝官學之實際概況。

第二節　中央官學

一、教育目的

一般而言，官學的教育目的，在於「養士」，即在於培養統治人才，發揮統治作用。〔註58〕如孫休在永安元年十一月的詔書中就提到：「古者建國，教學為先，所以道世治性，為時養器也。」〔註59〕傅玄在晉武之初奏立太學，也說：「自士已上子弟，為之立太學以教之，選明師以訓之，各隨其材優劣而

〔註58〕陳東原《中國教育史》主張。
〔註59〕《三國志・吳書・三嗣主傳》。

援用之。」〔註60〕另外《晉書‧食貨志‧序》更有「治經入官，則君子之道焉」的說法，足見中央興學，志在培養治國政才。

傳統儒家的觀念中，學而優則仕，明言教育目標在於培養有治事幹才的君子，因此「治經入官」，自然是天經地義，列為君子之道。做為一個君子，如何真正發揮其在政治上的作用呢？《皇朝文獻通考‧學校考》中已明白地指出：「朝廷所以優待士子者，以其讀書明理，立品修身，足為庶民之坊表，且備登進之選，為國家有用之材也」，則其發生作用的途徑有二：第一、進而在朝，擔任具體統治工作。第二、退而在野，發揮移風易俗的教化作用。先論前者：

> 明堂所以祀上帝；靈臺所以觀天文；辟雍所以修禮樂；太學所以集儒林……。（《三國志‧卷十三‧王朗傳》注）

> 夫平世尚文，遭亂尚武，文武遞用，常久之道。……今或以天下未一，非興禮學之時，此言似之而不然。夫儒道深奧，不可倉促而成。古之俊乂，必三年而通一經。比天下平泰，然後修之，則功成事定，誰與制禮作樂者哉？（《晉書‧戴邈傳》）

王朗、戴邈都指出（儒家）教育對統治工作的貢獻。主要在訂定與施行國家禮樂（教化）制度上，此正為政治安定所不可或缺；而作為治理國家基礎的禮樂制度或統治理念，亦可藉由官學的教授而下達，並培養執行此種理念的人員，進而符合主政者的要求。至於移風易俗之效，王導曾加以說明：

> 夫治化之本，在于正人倫；人倫之正，在乎設庠序。庠序設而五教明，則德化洽通，彝倫攸敘，有恥且格。父子兄弟夫婦長幼之序順，而君臣之義固矣。……今若聿遵前典，興復教道，使朝之子弟並入於學，立德出身者，咸習之而後通，德路開而偽途塞，則其化不肅而成，不嚴而治矣。明博修禮之士以為之師，隆教貴道，化成俗定，莫尚乎斯也。（《晉書‧王導傳》）

興學設教，可收不落歧途、不長浮華、修身自好、澄淨風俗之效。清淳教化，則是透過「啟蒙」、「修身」、「正人倫」此種「下學上達」功夫達成。積極來說，可以勉人為善、啟導才思〔註61〕；消極方面，則可阻遏浮華，諸惡不作。

〔註60〕《晉書‧傅玄傳》。
〔註61〕帝王之至務，莫重於禮學。是以古之建國，有明堂辟雍之制，鄉有庠序黌校之儀，皆所以抽導幽滯，啟廣才思。（《晉書‧戴邈傳》）

對安邦化俗，自有大效〔註62〕，故官方每欲興學。

二、入學資格

　　黃初立太學於洛陽，當時之學制，與漢朝（漢武元朔五年公孫弘所奏請）有因有革。漢制要點見公孫弘奏表：

> 為博士官置弟子五十人，復其身。太常擇民年十八以上，儀狀端正者，補博士弟子。郡國縣官，有好文學，敬長上，肅政教，順鄉里，出入不悖，所聞令、相、長、丞，上屬所二千石。二千石謹察可者，常與計偕，詣太常，得受業如弟子。……制曰：「可。」（《史記·公孫弘傳》）

漢代學生員額有定，每位博士有五十名學生，皆可免除徭役。學生由太常挑選，文中強調「擇民」以補弟子，可見並無階層、地位之限制，只有在學生材質上有所考量，須儀狀端正，主動好學、品行純良，再由地方或太常推選入學。曹魏之入學規定見《魏略》：

> 備博士之員祿，依甲乙以考課。申告州郡，有欲學者，皆詣太學。
> 太學始開，有弟子數百人。（《三國志·魏書·王肅傳》注）

先王之教也，崇典訓以弘遠代，明禮學以流後生。所以導萬物之性，暢為善之道也。（《晉書53·袁懷○》）
又貴遊之子，未必有斬將搴旗之才，亦未有從軍征戍之役，不及盛年，講肆道藝，使明珠加磨瑩之功，荊璞發採琢之榮，不亦良可惜乎？（《晉書·戴邈傳》）

〔註62〕以下數例，可為儒者對風教之影響作一佐證：
陳元方年十一時，候袁公。袁公問曰：「賢家君在太丘，遠近稱之，何所履行？」元方曰：「老父在太丘，彊者綏之以德，弱者撫之以仁，恣其所安，久而益敬。」《世說新語·政事3》
陳寔……，字仲弓，潁川許人。為聞喜令、太丘長，風化宣流。（《陳寔傳》，《世說新語·德行6》注）
任嘏……及邑中爭訟，皆詣嘏質之，然後意厭。其子弟有不順者，父兄竊數之曰：汝所行，豈可令任君知邪！其禮教所化，率皆如此。……累遷東郡、趙郡、河東太守，所在化行，有遺風餘教。（〈嘏別傳〉，《三國志·魏書·王昶傳》注）
徐苗……性抗烈，輕財貴義，兼有知人之鑒。弟患口癰，膿潰，苗為吮之。其行已純至，類皆如此。遠近咸歸其義，師其行焉。（《晉書·儒林傳》）
（顧）劭……年二十七，起家為豫章太守，舉善以教民，風化大行。（環濟《吳紀》，《世說·雅量1·注》）上舉諸人，或者當位，或者在野，皆有功風俗教化，故中央每欲興學。

曹魏時的太學，學生不分階級，若欲學者，由州郡遣詣太學。再由蔣濟所奏：「凡學受業，皆須十五以上；公卿大夫子弟在學者，以年齒長幼相次，不得以父兄位也。」及正始中劉靖上疏，欲令「二千石以上子孫，年十五皆入太學」〔註63〕之議之不見從，可知魏初之太學，一如漢制，是不論位階身份。不同者在於：漢代有專門審核入學資格的官員，入學條件規定較嚴；魏代只言「欲學者」，在資格要求上似乎較鬆，故太和、青龍間有學生避役而來，無能學習之情事。

西晉情形則有改變。中央官學並設太學與國子學。太學，是為平民而設；國子學，則為貴族學校。《晉書・禮志》云：「國子學者，國之貴游子弟，受授於師者」，明白指出國子學生的貴族身份；而潘岳〈閑居賦〉也有：「兩學齊列，雙宇如一。右延國胄，左納良逸，祁祁生徒，濟濟儒術」〔註64〕，說到國子學居右，用以「延國胄」；太學居左，用以「納良逸」，明白指出二學學生在身份上的差異。

武帝泰始八年，由於太學學生人數過多，曾制定兩項資格標準：（一）凡經考試及格者，可繼續就學；（二）大臣子弟堪受教育者，亦可留校聽講。其餘遣送回鄉〔註65〕。自此，太學性質漸由平民而趨於貴族化。惠帝元康元年，又以國學猥雜，而限制學生入學資格，即須品秩在五品以上者之子弟，始可入學。六品以下，則入太學。〔註66〕

由前面學政的簡介可知，晉穆帝至孝武年間，太學仍存，而國學中止，故於太元九年復立國學。孝武時復立，規定以兩千石公卿之子弟為招生對象，與太學之間，涇渭分明。這種雙軌制的教育，適可反映當時社會上門閥、寒素區別嚴明的景況。不同於漢魏者，在於學生結業之後，並無轉任為官、舉用於政的辦法規定，至多只作為一項九品中正官評定等級時的資歷參考，因此吾人可云此際的學校教育與選士制度，乃處於分途而行之狀態。

綜上所言，就入學資格來看，漢魏學制較為接近；兩晉演為貴族、平民教育分立的情形，屬於教育史上的另一階段。

〔註63〕《三國志・魏書・劉靖傳》。
〔註64〕《晉書・卷55・潘岳傳》。
〔註65〕《宋書・禮志》。
〔註66〕《晉書・禮志》、《通典・卷53・禮典》。

三、教育內容

除魏立「律博士」、「書博士」外，中央官學的教育內容仍以儒家經典為主。從曹魏立十九博士，掌教十一書——《周易》、《尚書》、《毛詩》、《周禮》、《儀禮》、《禮記》、《左傳》、《公羊》、《穀梁》、《論語》、《孝經》及以《五經》課試的制度看來，曹魏時代官學以儒典為主要教材，其中又以王肅之學佔優勢，取代漢末鄭學全盛局面〔註67〕。

兩晉官學教材，由兩晉官學博士所掌教經書可知其梗概。西晉（武帝咸寧四年）十九博士，掌教十二書，較於曹魏，多出一書，此乃《尚書》分作今、古文之故。東晉元帝大興四年立十二博士，凡立十一書，比之曹魏，缺《穀梁》一書；而《尚書》仍分今、古文為二，故合為十一書。其後博士不再分經執教，通稱為「太學博士」，五經皆授。至於漢、魏、晉三朝之經書立於學官的情形，可由《表二》窺其梗概〔註68〕：

表二 〈漢、魏、晉三朝經立學官、博士比較表〉

朝 代			西漢元帝		東漢光武		曹魏文帝		西晉武帝		東晉元帝	
經 書	師 法		家法 / 人數									
易	今文易	田何（今）	施讎	1	施讎	1						
			孟喜	1	孟喜	1						
			京房	1	京房	1						
			梁丘賀	1	梁丘賀	1						
							鄭玄	1	鄭玄	1	*鄭玄	1
	古文易	費直（古）					王弼	1	王弼	1	王弼	1
書	今文尚書	伏生（今）	歐陽高	1	歐陽高	1						
			夏侯勝	1	夏侯勝	1						
			夏侯建	1	夏侯建	1						

〔註67〕王肅……善賈馬之學，而不好鄭氏。采會同異，為《尚書》、《詩》、《論語》、《三禮》、《左氏》解，及撰定父朗所作《易傳》，皆列於學官。（《晉書·王肅傳》）

〔註68〕此表參考程元敏先生《中國經學史講義》。西晉武帝立十九博士，此處有二十人，與之相違。程先生案：「凡立二十人，不符十九之數，其中當更有數書共立一人者。」

經	類	傳經者										
							賈逵馬融	1	賈逵馬融	1		
							鄭玄	1	鄭玄	1	鄭玄	1
							王肅	1	王肅	1		
	古文尚書	孔安國（古）							（偽）孔安國	1	（偽）孔安國	1
詩	魯詩	申培公（今）	申培公	1	申培公	1						
	齊詩	轅固生（今）	轅固生	1	轅固生	1						
	韓詩	韓嬰（今）	韓嬰	1	韓嬰	1						
	毛詩	毛亨（古）					鄭玄	1	鄭玄	1	鄭玄	1
							王肅	1	王肅	1		
禮	儀禮	高堂生（今）	戴德	1	戴德	1	鄭玄	1	鄭玄	1	*鄭玄	1
			慶普	1			王肅	1	王肅	1		
	禮記		戴聖	1	戴聖	1	鄭玄	1	鄭玄	1	鄭玄	
							王肅	1	王肅	1		
	周禮	孔安國（古）					鄭玄	1	鄭玄	1	鄭玄	
							王肅	1	王肅	1		
春秋	公羊	胡毋生（今）										
		董仲舒（今）	嚴彭祖	1	嚴彭祖	1						
					顏安樂	1	顏安樂	1	顏安樂	1	顏安樂	1 *
							何休	1	何休	1	何休	
	穀梁	瑕丘江公（今）	博士江公	1								
							尹更始	1	尹更始	1		
	左傳	張蒼（古）					服虔	1	服虔	1		
							王肅	1	王肅	1	王肅	1
											杜預	1

			鄭玄	1	鄭玄	1	鄭玄	1
論語			王肅		王肅		王肅	
孝經			鄭玄		鄭玄		鄭玄	
小計	15家 15人	14家 14人	22家 19人		24家 20人		14家 12人	

（＊表示大興四年所增立。）

由表可知，不管博士員額如何增減，立於官學之專書如何改變，皆不脫儒家經典範圍〔註69〕。值得注意的是：兩漢時期，從未立於學官的古文經，在魏晉終得出頭。正始刻經以古文經為版本，也可看出古文經在當時盛行情況與地位。古文經的平實，終於獲得魏晉儒家學者的重視與喜好，可視為魏晉人對兩漢今文經學之繁瑣、神化反感的表現。

四、師資來源

前文曾簡介過兩漢太學之師資來源，魏晉時代略有不同。根據《通典》、《晉書・荀崧傳》、《職官志》及程樹德《九朝律考・晉令》之資料，可知〔註70〕：

1. 漢博士唯舉明經之士，選任遷職皆憑本資，並無地位官品之限制。經學若明，白衣可以致公卿。

2. 魏晉則多由官員轉任，雖然侍中、常侍、太子中庶子諸職，與學術不無相關〔註71〕，然未必經學最優，因此任博士之職，能否親授，使學子有得，值得懷疑。

〔註69〕此處所言不含王莽一朝。由於政權未被承認，為時又暫，故新莽雖曾立《古文尚書》、《毛詩》、《左傳》及《周禮》，不為考慮。至於西晉據毛禮銳說法，西晉官學的教授內容，有經學、玄學和佛學，不詳其根據為何。總的來說，儒家的經學仍居主導地位。見毛禮銳《中國教育通史二》頁313。

〔註70〕案兩漢舊事，博士之職，唯舉明經之士，遷轉各以本資，初無定班；魏及中朝，多以侍中、常侍、儒學最優者領之。職雖不同漢氏，盡于儒士取用，其揆一也。（車胤上言，《通典・卷53》）

昔咸寧、太康、永嘉之中，侍中、常侍、黃門，通洽古今，行為世表者，領國子博士。一則應對殿堂，奉酬顧問；二則參訓門子，以弘儒訓；三則祠儀二曹及太常之職，以得質疑。（《晉書94・荀崧傳》）

晉承魏制，置博士十九人。及咸寧四年，武帝初立國子學，定置國子祭酒、博士各一人，助教十五人，以教生徒。博士皆取履行清淳、通明典義者。若散騎常侍、中書侍郎、太子中庶子以上，乃得召試。（《晉書・職官志》）

祭酒博士當為訓範、總統學中眾事。（程樹德《九朝律考・卷三・晉令》）

博士祭酒掌國子生師事。祭酒執經，葛巾單衣，終身致敬。（程樹德《九朝律考・卷三・晉令》）

〔註71〕《晉書・職官志》。

3. 綜合上述，理想狀況下，**魏晉**時期對於博士資格的規定，可得數端：
（一）履行清淳；（二）通明經典；（三）曾任散騎常侍、中書侍郎、太子中庶
子以上職官者。

4. 初步人選，還得經過召試，始得入官。

5. 博士人選以儒士為制，三朝皆同。也可了解到中央官學之教育內容，
本以儒學為先。

由上看來，官學對博士的條件，似乎頗能兼顧品、學，而且要經過召試，
看來非常嚴格。不過卻有官階的限制，使得所謂的「寒門儒素」是少有機會
的，博士多由公府臺閣裡選試，這又可看出魏晉門閥政治壟斷教育的事實
一面。同時，官位高者，學問就堪為太學或國學之師，由九品入仕的制度來
推想，可能值得懷疑。怪不得車胤以寒素任國子祭酒之後，要上言「請擇經
學最優者領博士」，且特別強調「不繫位之高下」，可略闚其中端倪。〔註72〕

當然，朝廷也有經由荐舉或徵召，延請民間一些志節清高、飽學隱逸者
任教，如樂詳、庾峻、謝沈等。但學者每以世變多故，欲明哲保身之考量，屢
徵不就，如：魯勝、翟湯、韓績、郭荷、虞喜、任旭、杜夷、邴郁等人皆是。
師嚴而後道尊，教育興衰，繫於師資之良窳，良師、大儒不願出任，此魏晉官
學教育不逮兩漢之主因之一。至於師資麤疏，後文再論。

五、教學形式與方法

曹魏太學仿漢制，以「五經課試」之法，進行教學之評量。其辦法如
下：

> 備博士之員錄，依漢甲乙以考課。（《魏略》，《三國志‧魏書‧王肅
> 傳》注）

> 時慕學者，始詣太學為「門人」。滿二歲試通一經者，稱「弟子」，
> 不通者罷遣。弟子滿二歲，試通二經者，補文學掌故；不通者，聽
> 隨後輩試；試通二經者，亦得補掌故。滿三歲，試通三經者，擢高
> 第，為太子舍人，不第者，隨後輩復試，試通亦為太子舍人。舍人
> 滿二歲，試通四經者，擢其高第，為郎中。郎中滿二歲，能通五經

〔註72〕今博士八人，愚謂宜依魏氏故事，擇朝臣一人，經學最優者，不繫位之高下，
常以領之。每舉，太常共研厥中，其餘七人，自依常銓選。（車胤上言，《通
典‧卷53》）

－53－

者，擢高第，隨才敘用；不通者，隨後輩復試，試通亦敘用。（《通
志·卷五十九·選舉志》）

考課任官辦法，最早見於公孫弘上漢武帝奏表；此外，又有「漢甲乙之制」，
主要指漢平帝、順帝時所頒布的考課、任官辦法。若以兩漢、曹魏相較，則二
朝皆規定通經可任官，所不同者在於：漢代只由所通「一經」之等第高低以
定職等，而魏代則視通經多寡而任職；且將太學分成預科和本科兩階段，每
兩年考試一次，層層篩選。此法若能落實，對於提高和保證太學教育品質自
是有意義的。

至於晉代的考課辦法，由於文獻不足，只能據《唐六典》知道：武帝泰
始年間曾有律令頒布，內容共有四十篇目，「學令」屬二，惜多散亡，今存逸
文有：「諸生有法度者及白衣試在高第，拜郎中」之語〔註73〕，僅能粗知其制。

至於各個博士、教師的教學形式，史傳記載並不多。據《晉書·百官志》：
「初立國子學，置國子祭酒、博士各一人，助教十五人，以教生徒。」的資料
中可知：博士以下有助教十五人，以協助博士教學。至於教學形式，多在講
堂之上〔註74〕，且席地而授〔註75〕。在學習方法方面，官學之中，頗重誦讀。
如《晉書·祈嘉傳》載：「祈嘉……西至敦煌依學官誦書，……遂博通經傳，
精究大義。」教、學之法多方，此處僅言其「誦書」，知其為官學主要教學法。

第三節　地方官學

魏晉時代，中央曾明令地方興學，各州郡也設有執掌地方教化的行政組
織。明令地方興學者，如：建安八年，曹操所下興學之令、晉孝武頒令州郡普
修鄉校等等。表示主政者對於地方官學，有一定程度的重視。至於掌理地方
教化之組織，簡述於下：

〔註73〕程樹德《九朝律考·卷三·晉令》。

〔註74〕劉廙……戲於講堂上，司馬德操拊其頭曰：「孺子，孺子，黃中通理，寧自知
　　　　否？」（《三國志·魏書·劉廙傳》注）
　　　　祁祁生徒，濟濟儒術。或升之堂，或入於室，教無常師，道在則是。（潘岳〈閑
　　　　居賦〉，《晉書·卷55·潘岳傳》）
　　　　由上可知，太學有講堂之設，亦為講學之所在。

〔註75〕「惟詳五業並授，其或難解，質而不解。詳無慍色，以丈量地，牽譬引類，
　　　　至忘寢食，以是獨擅名於遠近。」（《三國志·魏書·杜恕傳》注引《魏略》）
　　　　案：丈可及地，表師生席地而授，一如古制。此項教學形式之提出，可欲後
　　　　來佛教講學上座之法相對照。

　　魏晉地方行政分州、郡、縣三級，各有官員掌管文教事業。曹魏時代，州教育行政事務方面，設有文學從事及大中正各一人，前者掌學務，而後者主選事。郡則有中正、文學掾、與文學祭酒。其中中正主選務，後二者掌教化。至於縣級教育由何人主掌，缺乏史料可據〔註76〕。不過縣下之鄉，則有三老、五更〔註77〕之職，乃承漢制而來，均由才德兼備及耆宿者居之，意在彰明禮義，教化鄉民。

　　然因魏晉時代地方秩序紛亂，人民生活不安，政府治亂未暇，豈有餘力顧及州郡學校之設。而民眾則生存立命為要，鮮有受教之興趣與需要，《三國志·吳書·孫休傳》即提到：「時事多故，吏民頗以目前趨務，去本就末，不循古道」正為此種現實之寫照。故地方雖有學官設置，興辦學校與否，端看行政首長心力與意願。一般而言，視學令為具文者多，認真辦理者少，因而地方官學成效不彰。至於少數願意主動興學的地方良吏，則造福地方學子不少。據史籍所載，張軌（鎮涼州）、杜預（鎮荊州）、羊祜（鎮南夏）、范汪（守東陽）、范甯（知豫章）、庾亮（鎮武昌）皆嘗憑藉己力興學，教化之功，誠不可沒。

　　地方立學，既無定制，多由地方官員自動創辦。因而學校性質、規模、師儒延請辦法等方面，多所紛歧。以下根據史傳，擇要說明。

表三　〈魏晉地方官員立學舉例〉

官　員	修設學校記載	資料來源
孔融	崇學校，設庠序，舉賢才，顯儒士。	三國志·魏書·孔融傳注引續漢書
王基	明制度，整軍農，閒修學校。	三國志·魏書·王基傳
劉馥	聚諸生，立學校。	三國志·魏書·劉馥傳
楊俊	遷南陽太守，宣德教，立學校。	三國志·魏書·楊俊傳
范汪	為東陽太守，在郡大興學校。	晉書·范汪傳
范甯	為餘杭令，在縣興學校，養生徒。	晉書·范甯傳
	為豫章太守，在郡立鄉校教授，恒數百人。	晉書·儒林傳·范宣傳
虞溥	除鄱陽內史，大修庠序，廣招學徒。	晉書·虞溥傳

〔註76〕參考楊承彬《秦漢魏晉南北朝教育制度》（商務，民67）。
〔註77〕老人眾多，未必皆賢，不可悉養。故父事三老，所以明孝；宗事五更，所以明敬。（《晉書·段灼傳》）

羊祜	出鎮南夏，開設庠序，綏懷遠近。	晉書‧羊祜傳
庾亮	便處分安學校處所，籌量起立講舍。…進臨川、臨賀二郡，並求修復學校，可下聽之。	宋書‧卷14
張軌	出為涼州刺史。……徵九郡冑子五百人，立學校。	晉書‧張軌傳
武昭王	又立泮宮，增高門學生五百人。	晉書‧武昭王暠傳

一、教育目的

　　探求地方興學，主要目的並不在提倡學術，而是移風易俗，敦淳教化。王沈說：「俗化陵遲，不可不革。革俗之要，實在敦學。……將吏子弟優閑家門，必至遊戲，傷毀風俗矣。」〔註78〕虞溥在移告屬縣時也說：「學所以定情理性，而積眾善者也。情定於內而行成於外；積善於心而名顯於教。……宜崇尚道素，廣開學業，以讚協時雍，光揚盛化。」〔註79〕他們二人，皆力興地方官學，在提到興學之必要時，一致認同「革俗」、「積善」等教化之用，得知地方官學的教育目的在於教化與風俗。

　　地方官學的教材，以《五經》為主，如《晉書‧范甯傳》所載：「并取郡四姓子弟，皆充學生，課讀五經。」又因地方興學旨在教化，因而有些地方官學，將益於風化的古禮列為教育內容。如《晉書‧虞溥傳》載有祭酒要求虞溥更起大屋以行禮之事〔註80〕；又張軌興學「春秋行鄉射之禮」〔註81〕，由例可知部分地方官學有以古禮為教育內容者，此對禮樂典章之保存，可謂有功。

二、延設官、師

　　學校設立之後，須有專人執行校務。教育事務之推行要靠兩方面的人員完成：一是主管該校教育行政的官員；二是從事教學的師儒。因而延聘教師、設立學官，乃興學要務之一。不過也有地方是直接由教師兼任行政情形，因地而異。

　　設立學官，如張軌「置崇文祭酒，位視別駕」〔註82〕；庾亮「建儒林祭

〔註78〕《晉書‧王沈傳》。
〔註79〕《晉書‧虞溥傳》。
〔註80〕除鄱陽內史，大修庠序，廣招學徒。……時祭酒求更起大屋行禮。溥曰：「君子行禮無常處也，故孔子射於矍相之圃，而行禮於大樹之下。況今學庭庠序高堂顯敞乎？」（《晉書‧虞溥傳》）
〔註81〕《晉書‧張軌傳》。
〔註82〕《晉書‧張軌傳》。

酒，使班同三署，厚其供給」[註83]等，史書還說庾亮選擇學官「皆妙選邦彥，必有其宜者，以充此舉」，足見其對教育行政之重視。

在師資方面，若本地或外地有名師，則加延聘，如杜畿之延樂詳[註84]。若本地無師可授，則先從培養師資做起，或派人至太學受教，或至名儒私學受業，學成後返鄉教授。如牽招「簡選有才識者，詣太學受業；還相教授，數年中庠序大興」[註85]之例，及令狐邵「歷問諸吏，有欲遠行就師，輒假遣，令詣河東，就樂詳學經，粗明乃還，因設文學。」[註86]還有一種情形，即是由首長親授學業。當然此位官員，必是學識豐博，否則無力承擔此任，如杜畿、賈洪、唐彬諸人，即是明例[註87]。

三、招生辦法

為廣風教，招生對象，自以地方學子為主，且多不限身份地位。不過有少數地方學校，如張軌涼州立學，「徵九郡冑子五百人」[註88]，專收貴族子弟。范甯則是平民、大族子弟兼收[註89]。

為嘉惠學子，某些地方有減免徭役的優待，如顏斐為京兆太

守，「起文學，聽吏民欲讀書者，復其小徭」[註90]，即是一例；然又恐學子性非好學、品行不端，僅為避役而來，故庾亮限定「若非束修之流，禮教所不及，而欲階緣免役者，不得為生。」[註91]

〔註83〕《宋書・卷14》。
〔註84〕博士樂詳，由畿而升。至今河東特多儒者，則畿之由矣。（《三國志・魏書・杜畿傳》注引《魏略》）
〔註85〕《三國志・魏書・牽招傳》。
〔註86〕《三國志・魏書・倉慈傳》注引《魏略》。
〔註87〕是時天下皆殘破，河東最先定，少耗減。畿治之，……百姓勸農，家家豐實。畿乃曰：「民富矣，不可不教矣。」於是冬月修戎講武，又開學宮，親自執經教授，郡中化之。（《三國志・魏書・杜畿傳》）
　　洪歷守三縣，所在輒開除廄舍，親授諸生。（《三國志・魏書・賈洪傳》注）
　　以彬持節監幽州諸軍事……兼修學校，誨誘無倦，仁惠廣被。（《晉書・唐彬傳》）
〔註88〕《晉書・張軌傳》。
〔註89〕在縣興學校，養生徒，絜己修禮，志行之士，莫不宗之。……改革舊制，不拘常憲，遠近至者千餘人。……并取郡四姓子弟，皆充學生，課讀五經。（《晉書・范甯傳》）
〔註90〕《三國志・魏書・倉慈傳》注引《魏略》。
〔註91〕《晉書・庾亮傳》。

至於學費部分，公費或自資，無有定制，視地方財力及首長心力而定。如祈嘉入學，乃屬自費，「貧無衣食」只好打工賺取學費〔註92〕。至於餘杭子弟則幸運多了，范甯「在縣興學校，養生徒」，又「大設庠序，遣人往交州採磐石，以供學用。……資給眾費，一出私祿。」〔註93〕

由上可知：地方官學的規模、制度，一任當地官員理想而定，殊無定準。在數量上，就筆者翻閱《三國志》（含裴注）、《晉書》結果，配合〈表三〉以計，若相較於全國郡縣，實嫌不足。且所立地方學校的興廢，常是人亡而政息，故成效雖存〔註94〕，止於一時、一地，究竟有限。

第四節　官學衰微原因

前文已將魏晉時代之學政、中央官學及地方官學作過粗略介紹，以下且將史料中，明載受過官學教育之人士，列為《表四》。由表，可看出魏晉官學教育的一些現象：

1. 學生入學年紀，多在少年，十餘至二十歲左右。

2. 官學教材，不管中央或地方，均以《五經》為主，旁及文字訓詁及《論語》等學，大體上，屬儒家之學。

3. 今存魏晉史書雖然有限，但列傳述及人物多達千百，而遍尋官學出身之士子，為數不多。魏晉二百年，僅得十數人，比例上偏低。

〔註92〕西至敦煌依學官誦書，貧無衣食。為書生都養（一本作廝役）以自給。（《晉書94·祈嘉傳》）
〔註93〕《晉書·范甯傳》。
〔註94〕期年之後，風化大行。自中興已來，崇學敦教，未有如甯者。（《晉書·范甯傳》）
　　　由是江州人士，並好經學，二范（范宣、范甯）之風也。（《晉書·儒林傳·范宣》）
　　　令狐邵……，出為弘農太守。……舉善而教，恕以待人。……是時，郡無知經者，乃歷問諸吏，有欲遠行就師，輒假遣，令詣河東，就樂詳學經。粗明乃還，因設文學。由是弘農學業轉興。（《三國志·魏書·倉慈傳》注引《魏略》）
　　　是時天下皆殘破，河東最先定。……於是冬月修戎講武，又開學宮，親自執經教授，郡中化之。（《三國志·魏書·杜畿傳》）
　　　以彬持節監幽州諸軍事……兼修學校，誨誘無倦，仁惠廣被。（《晉書·唐彬傳》）
　　　招乃簡選有才識者，詣太學受業；還相教授，數年中庠序大興。（《三國志·魏書·牽招傳》）

4. 出身官學人士，雖不乏大學者，如管輅、高堂隆、文立、束皙之流，然非代表魏晉風流之人。當時在政治、社會上出類拔萃、引領風騷之士，多非官學出身。此中人士亦非時人所仰慕之對象。相對於後文即將討論的私學、家學，官學之作為才俊培養場所的重要性，不及私學、家學。

何以官學培養的人才如此有限？官學為何無法發揮其培養治才、引領學術風潮之效？此乃由於魏晉官學本身之不振。至於官學衰微之因，試為析論。

表四 〈魏晉受教官學人士表〉

學　生	年　齡	求學處	原　文	教　材	資料來源
鍾會	15	太學	十五使入太學，問奇文異訓。	小學	三 28 本傳注
陶謙	少時		少好學，為諸生。		三 8 本傳
管輅	15	官舍*	始讀詩、論語及易本，便開淵布筆，辭義斐然。	詩、論語、易	三 29 本傳注
杜安	13	太學	至十三，入太學，號曰神童。		三 23 杜襲傳注
高堂隆	少時		少為諸生。		三國志·本傳
文立		蜀太學	蜀時游太學，專毛詩、三禮。		晉書·儒林傳。
趙至	14	太學	年十四，入太學觀…		嵇紹·趙至敍，世說·言語 15 注引 3
張邈	少時	太學	少游太學，學兼內外		三 11 本傳
索靖范衷張翹索玠索永	少時	太學	靖少有逸群之量，與鄉人范衷、張翹、索玠、索永俱詣太學，馳名海內，號稱敦煌五龍。		晉 61 索靖傳
霍原	18	太學	年十八，觀太學行禮，因留習之。貴游子弟聞而重之。	禮	晉 94·隱逸傳·霍原
孫放	地方官學		庾公建學校，君年最幼，入學為學生，班坐諸生後。……		世說·言語 50 注引孫放別傳
束皙	少	太學	少游國學。或問博士曹志曰：當今好學者誰乎？志曰：「陽平束皙廣微，好學不倦，人莫及也。」		晉書本傳
祈嘉	20 餘	學官	少清貧好學，年二十餘，……西至敦煌依學官誦書。	經傳	晉 94 本傳

＊ 三：《三國志》　晉：《晉書》　魏：〈魏書〉　蜀：〈蜀書〉　吳：〈吳書〉　數字：卷數

一、選士失公，得人非才

　　雖然曹操在人才政策上，作了一些改革——用人唯才，不論德、位，卻無法改變自東漢末葉以來，士族在政治上所占有的壟斷地位〔註95〕。尤其自黃初元年，曹丕施行「九品官人法」後，更助長此風轉熾。

　　揆諸九品之設，本有其現實需要。《通典》云：「後漢建安中，天下興兵，衣冠士族，多離本土，欲徵源流，遽難委悉。……吏部不能審定，核天下人才士庶，故委中正銓定等級，憑之授受，謂免乖戾及法弊也」〔註96〕；《宋書‧恩幸傳‧敘》也提到成立九品原因：「漢末喪亂，魏武始基，軍中倉卒，權立九品。蓋以論人才優劣，非為世族高卑，因此相沿，遂為成法。自魏至晉，莫之能改。」大致說出施行「九品中正」的原因：

　　1.「九品中正」乃是一種「官人之法」——即任用官吏之法。

　　2.「九品中正」非創於陳群，魏武之時，已在軍中實行過，其主要目的在於「論人才優劣」，而不像後來淪為世族高卑之區別而已。

　　3.　兩漢選士有鄉舉里選，漢末天下大亂，衣冠士族，多離本土，吏部實難由其所居鄉里風評以知其人，所以將「知人」、「識人」、「品人」任務分給中正去執行，代替過去由鄉里故居風評而知人的舊法。

　　4.　吏部再憑著中正所評等級用人——授官任職。

　　5.　施行本旨在「免乖戾及法弊也」，本為軍中倉促中所用權宜之法，然成定制後，自此相沿，自魏至晉，莫之能改。成為魏晉時代主要選士辦法。

　　關於九品中正官人法要旨如下〔註97〕：

　　1.　魏氏革命，州郡縣俱置大小中正，各以本處人任諸府公卿、及臺省郎吏，有德充才盛者，為之區別所管人物，定為九等。通典所謂「州郡之賢有識見者，為之區別人物，第其高下」者也。〔註98〕

　　2.　其有言行修著，則升進之。或以五升四，以六升五；儻或道義虧缺，則降下之。或自五退六，自六退七矣。

〔註95〕孫楚曰：「九品漢氏本無，班固著《漢書》，序往代賢智，以條九品，此蓋記鬼錄次第耳。而陳群依之品生人。又魏武拔奇，決於胸臆，收人才不問階次，豈賴九品而後得人？今可令大小中正，各自品其編戶也。」（《太平御覽》引《孫楚集》）
〔註96〕《通典‧卷14‧選舉二》及其注。
〔註97〕《通典‧卷14‧選舉二》注。
〔註98〕《通典》卷十四。

原其立法本意甚美，因此沿用甚久。其優點如《晉書‧石季龍載記》所云：「魏始建九品之制，三年一清定之。雖未盡弘美，亦縉紳之清律，人倫之明鏡。從爾以來，遵用無改。」

不過由於中正官「能定九品，高下任意，榮辱在手」〔註99〕，所以未必真能「中正」；而「知人」之事誠難，所以造成後來「唯能知閥閱，非復辨其賢愚」〔註100〕的選士不公現象。針對弊端，不少人士提出批評與意見〔註101〕：

劉毅指出：「魏立九品，權時之制。未見得人，而有八損。」而最大的弊端在於中正品評之不公。他說：「今之中正，不精才實，務依黨利；不均稱尺，務隨愛憎。」指出中正品人之弊：一在私利；二在主觀。因為「高下逐強弱，是非由愛憎」，受評者之地位、勢力與中正所能收受私利有關，所以品級高下隨家族勢力而定；而受評者之是非優劣，也受中正本身的主觀喜好有關。有了這兩項負面因素夾在制度中間，則中正「所欲上者，獲虛以成譽；所欲下者，吹毛以求疵。」為私利，所以品評高下「隨（家）世興衰，不顧才實。衰則削下，興則扶上。一人之身，旬日異狀。或以貨賂自通，或以計協登進。附託者必達，守道者困悴。無報於身，必見割奪；有私於己，必得其欲。」主觀則緣於「人物難知」、「愛憎難防」及「情偽難明」三端。因而九品之制所造成「上品無寒門，下品無勢族」的選士不公情形〔註102〕。

九品中正之制，加深門第與平民之間的差距。對於仕途之壟斷，批駁者更多。熊承遠說：「又舉賢不出世族，用法不及權貴，是以才不濟務，奸無所懲」〔註103〕；熊遠謂「用人不料實德，惟在白望，不求才幹。鄉舉道廢，請託交行。有德而無力者退，脩望而有助者進。」〔註104〕陳頵甚至認為「中華所以傾弊四海，所以土崩者，正以取才失所，先白望而後實事。浮競驅馳，互相貢薦。言重者先顯，言輕者後敘，遂相波扇，乃至陵遲。」〔註105〕將九品中正所造成「得人非才」的情形，與西晉之亡劃上等號。可謂痛切之陳。《宋書‧恩幸傳‧敘》則云：「州都郡正，以才品人。而舉世人才，升降蓋寡，徒

〔註99〕《晉書‧劉毅傳》。
〔註100〕《通典‧卷14‧選舉二》注。
〔註101〕如晉人衛瓘、李重、劉毅等人對九品中正利弊，皆有深入指陳與分析，也反映出此制所造成的許多現實問題。
〔註102〕《晉書‧劉毅傳》。
〔註103〕《晉書‧元帝紀》。
〔註104〕《晉書‧熊遠傳》。
〔註105〕《晉書‧陳頵傳》。

以藉世資，用相凌駕。……歲月遷偽，斯風漸篤，凡厥衣冠，莫非二品。自此以還，遂成卑庶。……魏晉以來，以貴役賤，士庶之科，較然有辨。」

以上批評指出了九品中正制內在、外在的缺失，而其最大的弊病，在於「選士不公，得人非才」。選任官人，皆是門第貴族子弟，久之甚至形成「上品無寒門，下品無世族」的嚴明社會階層區隔及人才壟斷現象。這對士人心理產生極大影響，也直接影響學子求學動機；而百官子弟可以不修經藝、未知蒞事而坐致天祿」〔註106〕所以百官子弟亦不欲學。《宋書》嘗明白指出人們不學之心態：「人情重交而輕財，好逸而惡勞。學業致苦，而祿答未厚；由捷徑者多，故莫肯用心。」也就造成「洙泗邈遠，風雅彌替，後生放任，不復憲章典謨」之教育衰象。〔註107〕

由於門第成為仕進之新路，門第出身士人，無須研習困人的儒家思想和繁縟禮法，而有餘力研習曠達玄虛的《老》《莊》之學，玄學成為士人「新寵」。而有心仕進之人，務於交游，忙於造作聲名，以得高「品」，自然無暇入學、苦讀，官學教育因之而不興。

二、祖述玄虛，擯避儒典

基於兩漢儒家經學本身流弊——祿利之趨、神學讖緯、章句繁瑣、墨守家法，及學術運會之趨使，使得原本在兩漢不甚流行的道家思想，有復起的情形。這種現象，並非偶然。西漢開國之初，黃老即曾一度盛行，幾位開國大臣，如張良、陳平、曹參等，皆好《黃》《老》。待漢武獨尊儒術後，天下靡然成風以習儒，黃老成為一股伏流。大約到東漢，特別是末葉，習《老》之風復長，一些知名大學者、儒者，也兼習道家之學〔註108〕。嗣至東漢末季至曹魏初年，則可視為道家復興的一個過渡、關鍵時期。至於《老》《莊》大盛，蔚成風尚，玄學特質之形成，則是由何晏、王弼為首的一群清談名士所啟導〔註109〕，開創所謂正始時期的玄學。

〔註106〕《晉書·傅玄傳》。
〔註107〕《宋書·卷14》。
〔註108〕詳見第一章第五節之〈兩漢修習道家人士表〉。
〔註109〕自魏太常夏侯玄，步兵校尉阮籍等，皆著〈道德論〉。于時侍中樂廣、吏部郎劉漢，亦體道而言約；尚書令王夷甫講理而才虛；散騎常侍戴奧，以學道為業；後進庾剴之徒皆希慕虛曠。(《世說·文學12》注引《晉諸公贊》)

　　逮至兩晉，以道家為主要思想內容的玄學大盛，已威脅到官學與儒家經學教育之成績。《晉書・儒林傳序》云：「有晉始自中朝，迄於江左，莫不崇飾華競，祖述玄虛。擯闕里之典經，習正始之餘論。」《晉書・愍帝紀》云：「學者以莊老為宗而黜六經；談者以虛蕩為辨而賤名檢。」益州刺史應詹曾上疏曰：「元康以來，賤經貴道。以玄虛宏放為夷達，以儒術清檢為鄙俗。宜講崇儒官，以新俗化。」〔註110〕《宋書・禮志》載晉成帝興學之效曰：「由是議立國學，徵集生徒。而世好《老》《莊》，莫肯用心儒訓」，更明言因官學因《老》《莊》之興而衰。世好《老》《莊》，而官學專以儒典授業，既與學子喜好不同，故不好入官學。

　　由此看來，《老》《莊》玄學勢力已是如日中天，而衝擊最大的，便是政府官學、儒家經學。以下將魏晉時代修習老莊者，擇要表於此處，以利於吾人了解玄學在當時之盛況：

表五　〈魏晉修習玄學人士表〉

姓　　名	習玄記載 （修習道家經典《老》、《莊》）	資料來源	重要經歷或學術活動
鍾繇	為周易、老子訓。	世說・言語 11 注	歷大理、相國、遷太傅。
王弼	好論儒道……注易及老子。	三國志鍾會傳	正始中為尚書郎，且為當時清談名士。
何晏	好老莊，作道德論。	三國志・本傳	散騎侍郎、吏部尚書，主選舉達十一年，為當時居高位又善清談之玄學領袖。
	何平叔注老子始成，詣王輔嗣。……	世說・文學 7	
夏侯玄	自魏太常夏侯玄，步兵校尉阮籍等，皆著道德論。	世說・文學 12 注引晉諸公贊	散騎常侍中護軍、征西將軍、大鴻臚。清談名士
鍾會	著老子道德論注	隋書經籍志	尚書中書侍郎、關內侯、司隸校尉、　司徒
虞翻	又為老子、論語、國語訓注。	三・吳書・虞翻傳	吳之富春長，騎都尉，後放交州講授為務
董遇	初，遇善治老子，為老子作訓注。	魏略，三國志王肅傳注引	魚豢譽為儒宗，黃門侍郎、郡守、侍中、大司農
荀融	與王弼論易、老義。	荀氏家傳，三國志荀攸傳注	尚書、太常卿、吏部尚書

荀粲	尚玄遠而好言道。	荀粲傳，三國志荀彧傳注引	與其兄俁論易象；與傅嘏、夏侯玄論才性；參與太和談座。
荀融	與王弼、鍾會論易老義，傳於世。	荀氏家傳，三國志荀攸傳注	洛陽令，參大將軍軍事
寒貧	常讀老子五千文及諸內書。	三國志·胡昭傳注	隱士
裴徽	能釋玄虛，每論易及老莊之道。	輅別傳，三國志·方技·管輅傳注	冀州刺史。參與太和談座。
	善言玄妙。	三國志·裴潛傳	
裴楷	尤精老、易。	三國志本傳	侍中中書令、光祿大夫、開府
阮籍	行己寡欲，以莊周為模則。	三國志阮瑀傳	尚書郎、從事中郎、關內侯、東平相、步兵校尉。竹林名士。
	著通易論、通老論，達莊論。	全三國文卷44～46	
嵇康	文辭壯麗，好言老莊。	三國志·本傳	郎中、中散大夫。竹林名士。
向秀	雅好老莊之學。	晉書·本傳	竹林七賢、黃門侍郎、散騎常侍
	作莊子隱解二十卷。		
王濟	善易及老莊。	晉書·本傳	中書郎、驃騎將軍、侍中
石秀	博涉群書，尤善老莊。	晉書·本傳	為簡文帝所重，寧遠將軍、江州刺史、鎮蠻護軍、西陽太守
殷融	尤善玄言，與叔父融俱好老、易。	晉書·殷浩傳	太常卿
殷浩	浩善老易，能清言。	世說·文學27注引浩別傳	建武將軍、揚州刺史、中軍將軍
	尤善玄言，與叔父融俱好老、易。	晉書·殷浩傳	
山濤	性好老莊。	晉書·本傳	吏部尚書、僕射太子少傅、司徒
	好莊老，與嵇康善。	世說·政事5注引虞預晉書	
晉明帝	能清言玄理。	晉書·明帝紀	亦善談論
晉簡文帝	清虛寡欲，尤善玄言。	晉書·簡帝紀	經常召集名士高僧清談理詠

郭象	好老莊，能清言。	晉書・本傳	東海王越之太傅主簿
	子玄有儁才，能言老莊。	名士傳，世・賞32注引	
庾亮	性好老莊。	晉書・本傳	妹為明穆皇后、都亭侯、中領軍、護軍將軍、中書令、督六州諸軍事、領三州刺史、征西將軍、鎮武昌、司徒、揚州刺史
江惇	儒玄並綜。	晉書・本傳	不應徵辟，與阮裕、王濛游處。
王衍	妙善玄言，唯讀老莊為事。	晉書・本傳	太尉，玄學貴無派代表，西晉談宗
王濛	與支遁、謝安、許詢共道莊子漁父。	世說・文學55	長山令、中書郎、司徒左長史。簡文帝之入室之賓。參與王導談座。
劉惔	雅善言理，尤善老莊。	晉書・本傳	丹陽令，當時一流談家，簡文帝之入室之賓
盧諶	好老莊……注莊子。	晉書・本傳	太尉、石龍之中書侍郎
阮瞻	回答王戎聖人名教與老莊自然同異。	晉書・本傳	東海王記室參軍
阮脩	好易、老，善清言。	晉書・本傳	鴻臚丞、太子洗馬
	好老易，能言理。	名士傳，世・文18注引	
阮放	放侍太子常說老莊，不及軍國。	晉書・本傳	除太學博士、太子中舍人、庶子
謝鯤	好老易。	晉書・本傳	東海王軍事、王敦長史
謝安	神情秀悟，善談玄遠。	世說・文學55注引文字志	司馬、侍中、吏部尚書、中護軍、尚書僕射、揚州刺史、都都十五州軍事、建昌縣公
庾顗	嘗讀老莊，曰：與人意闇同。	晉書・本傳	豫州長史
殷浩	浩善老、易，能清言。	世說・文學27注	建武將軍、揚州刺史、中軍將軍
殷仲堪	能清言，每云：三日不讀道德論，便覺舌本間強。	晉書・本傳	參軍、尚書郎長史、荊州刺史
王湛	剖析玄理，妙有奇趣。	晉書・本傳	秦王文學、太子洗馬、尚書郎、太子中庶子、汝南內史

衛玠	玠少有名理，善通莊老。	世說·賞譽45注引玠別傳	洗馬
王淪	醇粹簡遠，貴老莊之學。	世說·排調8引王氏家譜	為老子例略、周紀，歷大將軍參軍
袁悅	少年時讀論語、老子，又看莊、易。	世說·讒險2	有寵於會稽王
諸葛宏	年少不肯學問……，後看莊老……	世說·文學13	司空主簿，清談與王衍相抗衡
褚爽	好老莊之言。	續晉陽秋,世說·識鑒34注引	累遷中書郎、義興太守，女為恭思皇后，與殷仲堪善。
羊孚	雅善理義,乃與仲堪道齊物。	世說·文學62	太學博士、州別駕、太尉參軍
孫綽	託懷玄勝，遠詠老莊。	世說·品藻36	歷太學博士、大著作、散騎常侍
孫盛	著老子非大聖論、老子疑問反訊。	晉書·本傳	著作郎、瀏陽令、散騎常侍。著魏氏春秋、晉陽秋
桓玄	桓南郡與道曜講老子。	世說·排調63	桓溫少子，南郡公、太子洗馬、義興太守。
王羲之	曾向支遁問莊子逍遙義。	高僧傳·卷4	秘書郎、征西將江州刺史、右軍將軍、會稽內史
	每仰詠老氏、周任之誡……。	晉書·本傳	
徐苗	又依道家，著玄微論。	晉書·儒林傳	儒宗、講學不應徵辟
許詢	與支遁、謝安、王濛共道莊子漁父。	世說·文學55	不應徵辟
葛洪	精辯玄賾，析理入微。	晉書·本傳	伏波將軍、後遂不仕

從《表五》可知：

1. 從修習者之數量，可知玄學興盛於當時。

2. 若與兩漢比較：兩漢道家於兩漢初與東漢末兩期較盛。而魏晉時代自何王開正始玄學大盛以下，勢力雖有消長，然及東晉，甚至南朝，此風未息。影響學術文化，為期甚長。

3. 從修習人士身份來看，兩漢道家人士，多非社會名人、時人崇尚之典範；魏晉則不然，多的是公卿大臣，名流高士、當代學者，而他們確為魏晉引領風騷之人。

4. 他們修習玄學，非入學宮而得，多由自修而來。而修習方式有：研讀《易》《老》《莊》；訓注（如鍾繇、王弼、何晏、夏侯玄、鍾會、虞翻、董遇、

阮籍、向秀、盧諶等人）；清談（如王弼、荀融、荀粲、裴徽、嵇康、王濟、殷融、殷浩、晉明帝、晉簡文帝、王衍、王濛、阮瞻、謝安、郭象、殷浩、王湛、羊孚、桓玄、王羲之、葛洪等人）其中研讀為修習之基礎，清談為最習用的學術表達形式。

此外，我們可藉由時人所崇尚之人格典型，窺出真正代表時代精神的人物與學術。就史料所顯示：人們對傳統儒家所標榜的聖人形象的興趣，似乎比不上對修習道家的玄學人士來得深。如《晉陽秋》：「于時（七賢）風譽扇於海內，至于今詠之。」七賢風譽扇於海內〔註111〕，而竹林七賢多修習道家思想、善玄談。王中郎曾問張天錫過江諸人經緯及江左軌轍之偉異，張天錫答以「研求幽邃，自王何以還」〔註112〕，顯見時人對王弼、何晏之推許。王弼早卒，無政治事功可言，其受尊崇，乃在玄學。何晏死於政爭，史傳著墨不多，知其成就亦非事功，其受時人推尊，亦以玄學。又《晉書・外戚傳》、《王衍傳》亦載時人對玄談大家王濛、劉惔、王衍的推崇：「王濛有風流美譽，與劉惔齊名友善。凡稱風流者，皆舉王濛、惔為宗焉」、「武帝……問王戎曰：『夷甫當世誰比？』戎曰：『未見此比，當從古人中求之。』」由此可知，魏晉人對於玄學家之看重。從道家人士深得時人之心，此可見玄學之盛。

復就學者方面來看：魏晉史家，列舉魏晉名士，每以玄談之士充之，而非經世濟民之儒者，如袁宏「以夏侯太初、何平叔、王輔嗣為正始名士；阮嗣宗、嵇叔夜、山巨源、向子期、劉伯倫、阮仲容、王濬冲為竹林名士；裴叔則、樂彥輔、王夷甫、庾子嵩、王安期、阮千里、衛叔寶、謝幼輿為中朝名士」〔註113〕這段記載，更可明白看出這些名士，多為修習道家經典的玄學人士。知玄學人士為當世所重，玄學勢力可曉。而代表魏晉風流之人物之特質內涵，是道家的，而不是傳統儒家形象。

社會習尚玄學，儒學並非風尚所好，加上已非取祿之資，因而魏晉人士紛紛轉治道家，儒家官學因之不振。

〔註111〕 陳留阮籍，譙國嵇康，河內山濤，三人年皆相比，康少亞之。預此契者：沛國劉伶，陳留阮咸，河內向秀，琅邪王戎。七人常集于竹林之下，肆意酣暢，故世謂竹林七賢。（《世說新語・任誕1》）

〔註112〕 《世說・言語99》。

〔註113〕 《世說新語・文學94》 「袁彥伯作名士傳成」劉注。

三、品課不彰,師資粗疏

在介紹學政之時、曾略微提到魏晉官學的師資、品課問題。事實上,官學之不振,其主因在於本身之運作問題,具體來說,即「品課不彰」、「師資粗疏」兩大癥結上。傅玄曾指出學校振興要素:「儒學者,王教之首也。尊其道,貴其業,重其選,猶恐化之不崇。……貴其業者,不妄教非其人也;重其選者,不妄用非其人也;若此,而學校之綱舉矣」〔註114〕,文中提及振興學校的要件——「師嚴道尊」及「適才適性」。有良師,方能「尊其道」;審慎核定入學資格,有能力、適合讀書者,方令受學,這是「貴其業」,才不會浪費教育資源。若純為避役,而不顧性之可否,雖久習亦無成。重其選者,強調良好師資之重要。學校教育之興衰關鍵,在此已明。然而魏晉官學,始終不振,其原因即出於師生素質及教學評鑑上所出現問題。

先說師資問題。魚豢在《魏略·儒林傳·序》就提到:「于時太學初立,博士十餘人,學多偏狹,又不熟悉,略不親教,備員而已。」又說「諸博士率皆麤疏,無以教弟子。」已對師資提出嚴厲批評。徐邈更貶稱:「自魏以來,多使微人教授,號為博士,不復尊以為師。」〔註115〕博士學官們既「學多偏狹,又不熟悉」、「率皆麤疏,無以教弟子」、「略不親教」,則師失其所以為師,學生亦無可學者。探究師資麤疏之源,則選任制度之偏差,難逃其咎。前文曾提及魏晉乃以官資任師,此誠難招致真才實學者;又良師每因世亂不願出仕教授〔註116〕,學校不可無師,只得令虛士入於官學,濫竽充數。崔洪曾舉發欺世盜名的博士祭酒馮恢,正為明例〔註117〕。

學生方面的問題主要在於素質良窳不齊,考課不嚴。魚豢、劉馥皆曾對學生入學心態作過說明:「太和、青龍,中外多事,人懷避就。雖性非解學,多求詣太學,諸生有千數。……弟子本以避役,竟無能習學。冬去春來,歲歲如是。」〔註118〕劉靖上疏則曰:「自黃初以來,崇立太學,二十餘年而寡有成

〔註114〕《晉書·傅玄傳》。

〔註115〕《晉書·儒林傳·徐邈》。

〔註116〕(戴)逵不樂當世,以琴書自娛,隱會稽剡山。國子博士徵,不就。(《世說新語·棲逸12》 引《續晉陽秋》)

〔註117〕時常樂馮恢,父為弘農太守,愛少子淑,欲以爵傳之。恢父終服闋,乃還鄉里,結草為廬,陽闇不能言。淑得襲爵。恢始代為博士祭酒。散騎常侍摯虞,薦恢高行遁俗,侔繼大烈,(崔)洪奏恢不敦儒業,令學生番直。……遂免虞官。(《晉書15·崔洪傳》)

〔註118〕魚豢《魏略·儒林傳序》。

者，蓋由博士選經，諸生避役，高門子弟，恥非其倫，故無學者。」〔註119〕心態有偏，學習效果可想，殷茂說：「自學建彌年，而功無可名，憚業避役，就存者無幾。或假託親疾，真偽難知，聲實混亂，莫此之甚……而中者混雜蘭艾，遂令人情恥之。」〔註120〕《晉書·孝武紀》中更記載當時太學生素質表現之差：「太元十年二月，立國子學，損國子助教為十人。學生多頑囂，因風放火，焚屋百餘間」，而「賞黜無章」，而教師無法可循，學生有恃無恐。終於造成官學「有育之名，無收實之實。」

曹魏初立，曾明布「五經課試法」，若嚴格執行，對教學素質的維持有一定的作用。兩晉時代，亦有學令〔註121〕，令中自當有「考課之規章」，然執行未力，故學生「逐淫利而離其事，徒繫名於太學，然不聞先王之風」〔註122〕，故董養以「文飾禮典」譏之，深對太學教育成效提出質疑。〔註123〕

由上可知，魏晉雖有官學之興辦，但甚許多學生純為避役而來，非是有心向學，所以學業難成。加以博士所學粗疏，師資不齊，因此形成「學者雖有其名而無其人，雖設其教而無其功」，也才會有「崇立太學二十餘年，而成者蓋寡」的情形出現。士人以入學為恥，自然減低修習儒學的意願。師生素質低落，成效不彰，官學自然沒落。

四、國家多故，訓業不終

學政介紹之時，已約略提及魏晉官學教育衰微的另一項原因，即學校教育每因國有亂事而止歇之事實，此對官學教育的影響尤鉅。殷茂指出：「自大晉中興，肇基江左，崇明學校，修建庠序，公卿子弟並入國學。尋值多故，訓業不終。」〔註124〕國家多故，則延師不易更無暇顧及教育，如明帝時「王導啟立學校，選天下明經之士。旭與會稽虞喜俱以隱學被召。事未行，會有王

〔註119〕《三國志·劉馥傳》。

〔註120〕《宋書·禮志》。

〔註121〕武帝時有「泰始學令」之頒布，其後（據現存史料來看）則似乎未聞。或者因學令頒布過久，人事屢遷，早不為太學所取。

〔註122〕《晉書·傅玄傳》。

〔註123〕泰始初，（董養）至洛下，不干祿求榮。及楊后廢養，因游太學。升堂而歎曰：「建斯堂也，將何為乎？每覽國家赦書，謀反大逆皆赦，至於殺祖父母、父母不赦，以為王法所不容也。奈何公卿處議，文飾禮典，以至此乎！天人之理既滅，大亂作矣。因作〈無化論〉以非之。（《晉書94·董養傳》）

〔註124〕《宋書·禮志》。

敦之難，尋而帝崩，事遂寢。」〔註125〕

　　此外，國家喪亂對於官學教育之延續落實、社會風俗之與浮淳，影響亦深。王導說：「自頃皇綱失統，禮教陵替，頌聲不興，於今二紀。……先進漸忘揖讓之容，後生惟聞金革之響。干戈日尋，俎豆不設。先王之道彌遠，華偽之風遂滋。」〔註126〕袁瓌上疏曰：「疇昔皇運陵替，喪亂屢臻，儒林之教漸頹，庠序之禮有闕」。正是這種「國學索然，墳籍莫啟。有心之徒，抱志無由」〔註127〕的教育環境，使志學之士，只有向私學、家學去求知，也帶起家學、私學的盛況。

〔註125〕《晉書‧任旭傳》。
〔註126〕《宋書‧禮志一》。
〔註127〕《晉書‧袁瓌傳》。

第三章　魏晉時代之私學、家學與游學

　　魏晉官學基於「選士失公、得人非才」,「品課不彰、師資粗疏」,「祖述玄虛、擯避儒典」,「國家多故、訓業不終」等原因,一直難以振揚。然而,國家依然求才若渴,門第家業須仰賴佳子弟維繫,所以儘管學校教育衰微不振,人們仍有受教學習的需要與自覺,因而轉往私學、家學,甚至清談講座上去求取學習機會。教育史上,這種廓然擺落儒家官學為唯一的拘限,轉向私學、家學、社會談座上蓬勃發展的教育情況,誠為殊異。

第一節　私學

　　自春秋時代起,中國便存在著兩種教育制度:一是官學;一是私學。其後中國講學之風綿延不絕,每當各個王朝的官學時興時廢,或有名無實之際,私學便肩負起傳授文化知識與培養人才的重任,為古代教育做出重大貢獻。這是因為而當社會變革與動亂時期,統治者對學術掌控力減小,使學術思想得以自由發展,進而出現百家爭鳴的局面。如此背景,成為私學發達的重要原因。

一、私學盛行

　　漢代時私學即已相當發達,原因在於受國家「以經術取士」的影響,天下學子,習儒成風。然而官學名額有限,一般學子若要習經,只得轉求私學。而東漢末年,政治衰弊,大批儒者對現實產生悲觀失望之情,無意仕進,於是隱居教授,閉門著述,專門從事學術性的經學活動。不似過去,將經學作

為干祿手段。魏晉時代，動亂頻仍，政治官場環境險惡，學者出仕意願更低，每每不應徵辟，隱居山林，教授為務，也成為魏晉私學發達的直接原因。

其次，就教授內容來看。因為官學博士多專一經，墨守章句，少有撰述。而私人講學束縛較少，可兼授數經，學習的範疇較廣。像一些東漢經師，不僅精通儒典，更兼授天文、曆法、算學、律學〔註1〕，民間私學還有傳授科學和技術者。〔註2〕。若相比較，官學的課程往往呈現高度的保守性，多半不能完全符合社會學術的變遷與脈動。私學則不同，它不但在課程設計上擁有較多自由空間；且私學教育，學生得以擇師，則私學教師必須學有所長，學子方欲就之受學。因之私學的教育師資、教學品質，不讓官學。

當然，魏晉官學本身的衰微不振，也趨使著一批批真心向學的士子湧向私學。基於以上幾種因素，魏晉私學相當發達。由史傳中每每記載私學受業門人數千之況，可知其繁盛情形。後文附有〈魏晉私學授業概況表〉，可明其概況。

表六 〈魏晉私學授業概況表〉

教 師	教授地點	教 材	學 生	資料來源
國淵	遼東山巖	經學（鄭學）		三國志・本傳注
邴原	遼東	禮樂、詩書	數百	三國志・本傳注
管寧		詩書		三國志・本傳注
樂詳	本國		數千	《魏略》，三國志・杜恕傳注
向朗	成都	古義		三蜀・本傳
虞翻	交州		數百	三・吳・本傳
鍾皓		詩律	千有餘	三11・鍾繇傳注
張裔	常山	內外之學	數百	三11本傳
徵崇	會稽	易、左傳、內術	數人	三53本傳注
步騭				三52・吳・本傳
張休		漢書	孫登	三52・吳・本傳
唐固		國語、公羊、穀梁	數十人	三53本傳

〔註1〕如何休善曆算，鄭玄通《易》、《公羊春秋》、《三統曆》、《九章算術》。

〔註2〕如華陀以「剖破」和針灸傳授弟子（《三國志・方技傳》）；涪翁傳「針經膜診法」；樊英、段翳、廖扶等精通星占、天文，皆傳弟子。

王修	父墓側屋		千餘人	三 11 本傳注
劉焉	陽城山			三 11 劉二牧傳
董遇		老子、左氏傳		三 18 本傳
隗禧	家中	經學、星官	甚多	三 15 本傳
欒文博	長安	詩、書	數千	三 11・胡昭傳注
華佗		醫術	吳普、樊阿	三國志・方技傳
唐彬	家		數百	晉 42 本傳
皇甫謐			摯虞、張軌、牛綜、席純	晉 51 本傳
步熊	家中學舍	卜筮、數術	甚盛	晉 95 本傳
楊軻		易	數百	晉 94 本傳
祈嘉	海渚		百餘	晉 94 本傳
范平	吳		姚信、賀邵	晉書・儒林傳
劉兆	青土		數千	晉書・儒林傳
徐苗	青土			晉書・儒林傳・氾毓
杜夷	廬江	儒學	千人	晉書・儒林傳
郭瑀			千餘	晉書・儒林傳
郭琦		五行、天文、穀梁、京氏易	王游等人	晉 95 本傳
王裒			千餘	晉 88 本傳
任旭				晉 94 本傳
續咸		春秋、鄭氏易	數十人	晉 94 本傳
宋纖	酒泉南山	經緯	三千餘	晉 94 本傳
王嘉	東陽谷		數百人	晉書・藝術
王長文	家			晉書本傳
束皙	家鄉			晉書本傳

＊　三：《三國志》　晉：《晉書》　魏：〈魏書〉　蜀：〈蜀書〉　吳：〈吳書〉
　　數字：卷數

　　由〈表六〉可知：

　　1. 投身私學教學行列的學者甚多，且多為當世大儒。如：國淵、邴原、管寧、王烈、董遇、賈洪、隗禧、薛夏、蘇林、樂詳、邯鄲淳〔註3〕、管輅、

───────────────

〔註 3〕董遇、賈洪、隗禧、薛夏、蘇林、樂詳、邯鄲淳七人，被魚豢譽為儒宗。並稱

向朗、虞翻等人。兩晉則有束皙、范平、劉兆、徐苗、續咸、杜夷、霍原、范宣、宋纖等人。

2. 私學與地方官學相異者在於教師非為官職,且教授地點不在官設講堂,多在自己家中。所以各州各郡不定,較能收普及教育之效。

3. 其次,教授之內容來看,比官學多變化。經學仍為大宗,然也有律學(如鍾皓)、內學(如張臶、徵崇、步熊、宋纖)、道家(如董遇)、史籍(如張休授《漢書》)、天文(隗禧、郭琦)……等。

4. 學生受業人數相當龐大。學生數百者,如邴原、虞翻、張臶、唐彬、楊軻、祈嘉、王嘉等人;多達千數者,如樂詳、鍾皓、王修、欒文博、劉兆、郭瑀、宋纖等,直逼官學。若與晉孝武時之國學、太學相較(各有百二十人),則私學繁盛遠遠超過官學,嘉惠學子也多。

二、私學學生

私學學生數量往往龐大,學生從何而來?私學招收學生,多無特別規定,老師首肯即可,一般以平民、寒門較多。不過亦有教師基於特別考量,而加以限制者。如劉殷收徒「士不修操行者,無得入其門。然滯理不申,解籍殷而濟者,亦以百數。」〔註4〕而徵崇則基於維護教學品質立場,對學生人數加以限制,「所教不過數人輒止,欲令其業必有成也」。〔註5〕上例中的劉殷基於教學素質的考量,對學生的人品有一定要求,但對於純粹請益的學子,則不拒絕。徵崇則對人數加以限制,期望學生學習有一定成效。此外,更由於私學性質的差異,可能對學生的年齡,也會加以限制,所以接下來要介紹私學的種類。

私學乃是泛稱,相對於官方的公立學校。事實上私學性質並不一致,並非同層級的學府。一般說來,有蒙學性質的書舍,也有深研經典的精舍(或稱為精廬)〔註6〕。

「貴乎數公者,各處荒亂之際,而能守志彌敦者也。」(《魏略‧儒林傳序》,《三國志‧魏書‧王肅傳》注)

〔註4〕《晉書‧劉殷傳》。

〔註5〕(徵)崇字子和,治易、春秋左氏傳,兼善內術。……好尚者從學,所教不過數人輒止,欲令其業必有成也。(《三國志‧吳書‧程秉傳》注引《吳錄》)

〔註6〕「精舍」在漢魏時代,指學舍而言,後來才用指僧侶清修之地,如《後漢書‧黨錮傳》:「劉淑……少學明五經,遂隱居,立精舍講授,諸生常數百人。」及「檀敷……立精舍教授,遠方至者常數百人。」《三國志‧孫策傳》:「時有

　　先說學館、書舍。在《三國志・魏書・邴原傳》注載有「原十一而喪父，家貧，早孤。鄰有書舍，原過其旁而泣。師問曰：童子何悲？原曰：孤者易傷，貧者易感。夫書者，必皆具有父兄者。一則羨其不孤，二則羨其得學。心中惻然而為涕零也。師亦哀原之言而為之泣，……曰：童子苟有志，我徒相教，不求資也。於是遂就書。一冬之間，誦《孝經》、《論語》。……及長，金玉其行，欲遠游學，詣安丘孫崧。」知「書舍」乃蒙學性質，學生年齡較小，課程教材深度也比較淺。課程以《孝經》、《論語》為主。長大之後若欲深造，則須游學遠方，另拜業師。

　　另外《晉書・王育傳》載：「少孤貧，為人傭牧羊。每過小學，必歔欷流涕。時有暇，即折蒲學書。」知「小學」階段，已重習書（寫字）之訓練。另外《三國志・魏書・鍾繇傳》載：「繇嘗與族父瑜俱至洛陽，道遇相者，曰：『此童有貴相，然當厄於水，努力慎之。』行未十里，度橋，馬驚，墮水幾死。瑜以相者言中，益貴繇，而供給資費，使得專學。」〔註7〕可知書舍屬自費性質，學生必須付費方能受學。前引邴原傳中，書舍老師云：「童子苟有志，我徒相教，不求資也。」表示受學亦須自費。邴原因故才免，自費方是常制。

　　在進入書舍蒙學接受過淺近經典的研習階段後，大致已具有讀寫能力，長大之後若欲深造，則須游學遠方，另拜其他私學業師，此階段則以專經修習及深研經學為主。前面〈表六〉所列私學多屬精舍專修階段的私學。相當於大學程度，老師多為大學者，招收的學生年齡較長，研習程度較深的經典。〈表七〉可使我們對此問題有更明析的概念：

表七　〈魏晉受教私學人士表〉

學　生	年　齡	求學地	教　師	教　材	資料來源
公孫度	十八		師		三8本傳
公孫瓚		涿郡	盧植		三8本傳
夏侯惇	十四		師		三9本傳

　　道士……往來吳會，立精舍，燒香談道書，制作符水以治病。」《慧苑音義・上》解釋得最為清析：「精舍者，非以舍之精妙名精舍，由其精練行者所居，故謂之精舍。」可知只要是精研某學、某道者所居，皆可謂之精舍。私學教師學有專精，其所居，自是精舍。學生受學，多於教師居處，故授學處亦稱精舍。

〔註7〕《三國志・魏書・鍾繇傳》。

國淵			鄭玄		三魏 11 本傳
邴原	11	書舍		孝經、論語	三魏 11 本傳
	及長	陳留	韓子助		
孟仁	少時	南陽	李肅		三・吳本傳
王烈		穎川	陳太丘		三 11・魏・王烈傳注
荀慈明		穎川	陳太丘		同上
李元禮		穎川	陳太丘		同上
韓元長		穎川	陳太丘		同上
寒貧		長安	欒文博	詩、書	三國志胡昭傳注引魏略
王雍	十八		宋忠	太玄	三 13 本傳
崔琰	29		鄭玄		三 12 本傳
公孫方			鄭玄		三 12 崔琰傳
樂詳		南　郡	謝該	左氏傳	三 16 杜恕傳注引魏略
李典	少			左氏春秋	三 18 本傳
牽招	十餘	同縣	樂隱		三 26 本傳
管輅		利漕	郭恩	周易、春秋仰觀	三 29 本傳注
董扶	少		楊厚	數經 圖緯	三 31 劉二牧傳注
劉備	十五	同郡	盧植		三 32 本傳
尹默		荆州	司馬德操 宋衷	古學	三 42 蜀本傳
李仁		荆州	司馬徽 宋忠		三 42 蜀李譔傳
杜瓊		廣漢	任安		三 42 蜀本傳
杜微	少	廣漢	任安		三 42 蜀本傳
周舒	少	廣漢	楊厚		三 42 蜀本傳
許慈			劉熙	鄭氏學	三 42 蜀本傳
顧雍			蔡雍	琴書	三・52 本傳
皇甫謐		同鄉	席坦		三・52 本傳
張昭	少		白侯子安	左氏春秋	三 52 本傳
薛綜	少		劉熙		三 53 本傳
趙達	少		單甫	九宮一算之術	三 63 本傳
潘濬	弱冠		宋仲子		三 61 本傳

唐彬	晚年	東海	閻德		晉 42 本傳
侯史光	幼	同縣	劉夏		晉 45 本傳
摯虞	少		皇甫謐		晉 51、世說文學 73 注
羅憲			譙周		晉 57 本傳
續咸		京兆	杜預	春秋、鄭氏　易	晉書・儒林傳 61
徐苗 徐賈	弱冠	濟南	宋鈞	儒學	晉書・儒林傳 61
文立 李虔 羅憲		蜀	譙周		晉書 61・儒林
陳壽	少	同郡	譙周		晉 82 本傳
李密			譙周		晉 88 本傳
范喬	弱冠	樂安 濟陰	蔣國明 劉公榮		晉書・范粲傳
吳猛	四十	同邑	丁義	神方	晉 95 本傳
韓友		會稽	伍振	易	晉 95 本傳
王謐	二十餘	鄉里	席坦	受書	世說・文學 68 注
戴逵			范宣	讀書、學畫	世說・巧藝

＊　三：《三國志》　　晉：《晉書》　　魏：〈魏書〉　　蜀：〈蜀書〉　　吳：〈吳書〉
　　數字：卷數

　　〈表七〉所列之人，每為各領域之精英：或為政治有成之幹才，或為著名學者，或為有清談名家，或為當時名士，或為有著名方技大師、藝術家……。這些出身私學之人，相較於前文所提及出身官學人士，從在數量上、才能上，及對社會、文教的貢獻上來看，超乎官學，乃是不爭之事實。

三、私學師資

　　翻閱史傳及〈魏晉私學授業概況表〉可知：魏晉時代曾任私學教師者甚夥。三國時代，魏有國淵、邴原、管寧、王烈、董遇、賈洪、隗禧、薛夏、蘇林、樂詳、邯鄲淳、管輅等；蜀有向朗，吳有唐固、虞翻等人。晉則有束皙、李密、王裒、范平、劉兆、徐苗、續咸、杜夷、霍原、郭琦、董景道、范宣、趙至、楊軻、張忠、宋纖、郭瑀、祈嘉、孔衍、張重華等人。若針對這些私學教師的資歷加以歸納，約有以下來源：

　　1. 有博學清望、亮潔高風，不染世污，退隱山野，招納學生，傳其道業

者。如邴原「州府辟命，皆不就」，在遼東一年中，往歸原居者數百家；游學之士，教學之聲不絕」〔註8〕；又如王嘉「隱於東陽谷，鑿崖穴居。弟子受業者數百人，亦皆穴處」〔註9〕；宋纖「沉靖不與世交。隱居於酒泉南山，明究經緯，弟子受業三千餘人」〔註10〕。

2. 有免官告老之後，往歸原居，開館授業者。如樂詳「至正始中，以年老罷歸於舍，本國宗族歸之，門徒數千人」〔註11〕；范輯「自免歸，亦以教授為事。義熙中，連徵不至」〔註12〕。

3. 有在朝為官，公暇之餘，在家教授者。如步騭「代陸遜為相，猶誨育門生，手不釋書」〔註13〕；又公車司馬令南郡謝該善左氏傳，樂詳乃從南陽涉許，從該問疑難諸要〔註14〕；孔衍被王敦貶調廣陵郡，郡鄰接西賊，猶教誘後進，不以戎務廢業」〔註15〕。

4. 游學遠方，學成返鄉授業之人。如管寧「往見公孫度，語惟經典，不及世事。還乃因山為廬，鑿坏為室，……遂講《詩》《書》」〔註16〕；董扶「少從師學，兼通數經，善《歐陽尚書》，又事聘士楊厚，究極圖緯。遂至京師，游覽太學，還家教授，弟子自遠而至」〔註17〕；另有邴原、唐彬、續咸亦然。〔註18〕

儘管資歷不一，但他們仍有相似之處——多是當時著名學者，潛心學術，治學嚴謹，且熱愛教育工作，可由他們的教學準備情形，窺得一斑。如：劉兆

〔註 8〕《三國志‧魏書‧邴原傳》。
〔註 9〕《晉書‧卷九十五‧藝術傳》。
〔註 10〕《晉書‧隱逸傳》。
〔註 11〕《三國志‧魏書‧杜恕傳》注引《魏略》。
〔註 12〕《晉書‧儒林傳‧范宣》。
〔註 13〕《三國志‧吳書‧步騭傳》。
〔註 14〕《三國志‧杜恕傳》注。案：步騭、謝該各有其官職，非學官，知其為公暇授業。
〔註 15〕《晉書‧儒林傳》。案：孔衍位居廣陵郡守，身為武官；教誘後進，亦當公餘所為。
〔註 16〕《三國志‧本傳》注引《傅子》。
〔註 17〕《三國志‧劉二牧傳》注。
〔註 18〕邴原自反國土，原於是講述《禮》《樂》，吟詠《詩》《書》，門徒數百，服道數千。（《三國志‧本傳》注）
唐彬……隨師受業，還家教授，恆數百人。（《晉書‧本傳》）
續咸性孝謹敦重，履道貞素，好學，師事京兆杜預，專《春秋》、《鄭氏易》，教授常數十人。（《晉書‧儒林傳》）

為思一義，參酌諸家之說以觀異同，使大義無乖〔註19〕；向朗潛心典籍，孜孜不倦，細心校勘，積聚書籍〔註20〕。虞翻忘懷得失，講學不倦，勤於著述〔註21〕，皆可謂勤勉有加。甚者，以專勤之故，不妄交游，至於不出戶庭數十年，可敬可佩〔註22〕。

四、私學教材

私學教材視私學性質而定，若是蒙學性質的書舍，則以內容較為淺近的儒典，如：《孝經》、《論語》、《詩》、《書》等為主。除淺近儒典的傳習外，漢代以後的書舍也多半將識字、文字課程視為教學的一大重點。漢代童蒙讀物、教材已相當有發展。發展至南北朝，則有范岫著《字訓》、王褒寫《幼訓》，皆具有童蒙課本的性質〔註23〕。

至於精舍教材，以儒家經典大宗。由於私學教學自由，故往往兼授其他學術，如：管寧「講詩書，陳俎豆，飾威儀，明禮讓」〔註24〕；邴原「講述禮樂，吟詠詩書」〔註25〕；續咸「專《春秋》、《鄭氏易》，教授常數十人」；〔註26〕范宣「博綜眾書，尤善《三禮》。……常以講誦為業」〔註27〕。如此看

〔註19〕劉兆………以春秋一經而三家殊塗，諸儒是非之議紛然，互為讎敵，乃思三家之異合，而通之《周禮》有調人之官，作《春秋調人》七萬餘言。皆論其首尾，使大義無乖。時有不合者，舉其長短以通之。(《晉書‧儒林傳》)

〔註20〕向朗……免官還成都，……更潛心典籍，孜孜不倦。年逾八十，猶手自校書，刊定謬誤，積聚篇卷，于時最多。……開門接賓，誘納後進，但講論古義，不干時事。(《三國志‧蜀書‧向朗傳》)

〔註21〕虞翻……性疏直，……(孫)權積怒非一，遂徙翻交州。雖處罪放，而講學不倦，門徒常數百人。又為《老子》、《論語》、《國語》訓注，皆傳於世。(《三國志‧吳書‧虞翻傳》)

〔註22〕劉兆「博學洽聞，溫篤善誘，從受業者數千人。……安貧樂道，潛心著述，不出門庭數十年。(《晉書‧儒林傳》)
杜夷「博覽經籍、百家之書；算曆圖緯，靡不畢究。寓居汝潁之間，十載足不出門。年四十餘，始還鄉里，閉門教授，生徒千人」(《晉書‧杜夷傳》)
臺產……少專京氏易，善圖讖祕緯、天文洛書、風角星數、六日六分之學，尤善望氣、占候、推步之術。隱居商洛南山。兼善經學，汎情教授，不交當世。(晉書‧卷九十五‧藝術傳)

〔註23〕參考郭齊家《中國古代學校》(商務，1994)。

〔註24〕《三國志‧魏書‧管寧傳》。

〔註25〕《三國志‧魏書‧邴原傳》。

〔註26〕《晉書‧儒林傳‧續咸》。

〔註27〕《晉書‧儒林傳‧范宣》。

來，魏晉時代的私學教育，仍以儒家經典為主。在官方儒學因戰亂遭到嚴重破壞之際，此期的私學，擔負起承續儒學的任務。

私學除講授儒學之外，也有小部分私學兼授天文、曆算之學如郭琦「博學，善五行，作《天文志》、《五行傳》，注《穀梁》、《京氏易》百卷。鄉人王游等皆就琦學。」〔註28〕而教師們也有兼修老莊、佛學者，如三國的虞翻曾注《老子》。值得注意的是：與東晉同時的北朝私學，已有宋纖、張忠以道家經典授業，而非兼授。嗣至南朝，私學授業的課程，更加不一致。南朝時期，不僅有儒家私學、道家私學，同時還出現佛家私學及儒、道、佛家兼綜的私學〔註29〕，亦可見私學課程的自由性和多樣化。

五、教、學方法

程舜英在《魏晉南北朝教育制度史資料》書中有一節，專門介紹魏晉私學的教、學特色，文中提出六項要點，除了其中一點屬於南北朝所有——「兼持經疏以講經」超出魏晉教育範疇，此處暫不討論外，其他五項，大致都可以在史籍中找到相當例證：（1）重視背誦；（2）艱苦自學；（3）無常師；（4）辯論疑難；（5）專精覃思。〔註30〕。筆者且擇史傳實例以闡之，並發其所未明者。

1. 重視誦、讀

《三國志·注》載：曾有從學者問董遇學習之法，董遇性訥，告訴欲學者「讀書百遍義自見」，未必不是他讀書經驗所得，只是學子不解其意〔註31〕；戴逵學於范宣，「范讀書亦讀書，范抄書亦抄書」〔註32〕，范宣乃當時有名的私學教師，《世說》側面記錄了范宣教學的方法——讀書，即使已是大學者，仍不廢誦讀。

誦讀為記憶之主要方法，熟誦爛讀之後，內容熟稔，方能深思，並對向之所學加以綜合或分析。所以在史傳中提到求學歷程，多有誦讀之描述，且舉兩例以證。《晉書·儒林傳》云：「范隆……博通經籍，無所不覽。晝勤耕

〔註28〕《晉書·儒林傳·郭琦傳》。
〔註29〕此部分待第五章第三節再詳述。
〔註30〕程舜英《魏晉南北朝教育制度史資料》頁179～187。
〔註31〕董遇字季直，性質訥而好學。……人有從學者，遇不肯教，而云：「必先讀百遍，言讀書百遍義自見。」（《三國志·魏書·李典傳》注引《魏略》）
〔註32〕《世說新語·巧藝6》。

稼，夜誦書典」；又《王延傳》：「晝則傭貨，夜則誦書，遂究覽經史」即是明例。

2. 艱苦自學、專精覃思

魏晉私學的學生，不乏寒素及貧困出身之子弟，然或能克服逆境，艱苦自立，勤學不倦。或者雖為世家，仍能專心致志，不落浮華，閉門讀書。惟此方可靜心覃思，學有所得。且舉五例以明。隗禧「南客荊州，不以荒擾，擔負經書。每以採稆餘日，則誦習之。」〔註33〕孟仁「讀書夙夜不懈」〔註34〕郗鑒「博覽經籍，躬耕壟畝，吟詠不倦。」〔註35〕徐邈「勤行勵學，博涉多聞，以慎密自居。……下惟讀書，不游城邑。」〔註36〕趙昱「歷年潛志，不闚園圃，親疏希見其面。」〔註37〕皆是艱苦自學之例。至於專精覃思可據《三國志‧趙達傳》為例：「趙達……少從漢侍中單甫受學，用思精密。」

3. 不因性氣，誨之以道

在品德教育方面，傳統儒家服膺「性相近，習相遠」之說，孟荀也都肯定後天教育之效，魏晉也有承襲者。如魚豢就說過曰：「學之資於人也，其猶藍之染於素乎！故仲尼猶曰「吾非生而知之」者，況凡品哉？……當顧中庸以上，材質適等，而加以文乎？」〔註38〕因此魏晉私學之師儒，教學之時，也重視德行之模塑改造：

> 王烈……以典籍娛心，育人為務，遂建學校，敦崇庠序。其誘人也，皆不因其性氣，誨之以道，使之從善遠惡，益者不自覺；而大化隆行，皆成寶器。」（《三國志‧魏書‧王烈傳》注引《先賢行狀》）

王烈在教導學生時，較不重視學生舊經驗、先前習氣所染及個別差異，皆授以道，以期成就儒家理想的學行。

4. 弟子以次相授

私學雖有書舍、學館與精舍、精廬的區別，不過也非全然如此的。儒家既主「有教無類」、「自行束脩以上，未嘗不誨」之理念，則學生拜師，老師若無特殊原因，多半首肯。然學生程度資質終究不一，因而不少教師採用

〔註33〕 《三國志‧隗禧傳》注。
〔註34〕 《吳錄》，《三國志‧卷48》注。
〔註35〕 《晉書67‧本傳》。
〔註36〕 《晉書‧儒林傳》。
〔註37〕 《三國志‧陶謙傳注》。
〔註38〕 《魏略‧儒林傳‧序》，《三國志‧魏書‧王肅傳》注引。

「以次教授」之辦法，即由高第弟子，代教程度較低的學生，待程度相當，方由老師親授。這對於動輒百人的私學而言，實有必要。不但可以解決程度不一的困擾，學生也較能吸收。如《晉書‧隱逸傳》中就有一個例子：「楊軻……學業精微，養徒數百。……雖受業門徒，非入室弟子，莫得親言。欲所論授，須旁無雜人；授入室弟子，令遞相宣授」，正是使用這種以次相授的教學法。

5. 其他

至於「辯論疑難」、「無常師」兩項，在後文將有較詳細的探討，此處暫略。

第二節　家學

一、家教與家學

魏晉時期，經學受到玄學的衝擊，加上國家推行九品中正以取士，導致經學在社會教育中的地位開始動搖。至此，我們或許認為：豪門士族的子弟既可憑藉門第入仕，仕宦之家當可不受儒家教育。事實並非如此，由於學校教育的時興時廢，仕宦之家若想保持士族家業，就不得不加強家庭教育。

家學本是家庭教育之一環。家庭教育，指經由家庭、家族所施行的教授行為。通常由父母或其他年長者對子孫、晚輩進行的教育，同時也指家庭成員間的互相影響及外聘師傅在家啟蒙、教授的情況在內。探討魏晉文化學術的傳承發揚問題，則家學的重要性較其他時代更為顯明。魏晉士人的風格塑造、風度的形成，往往也與家庭教育息息相關。因此要探索魏晉時期的教育的實況，家學是不可忽視的一環。

在漫長傳統階級社會演變中，家庭教育也形成其階級的特徵：有以皇家宗室為主體的貴族家庭教育；有以士人為代表的士、宦家庭教育，以及生活在廣大社會底層的平民家庭教育。它們之間不但存在著差異，而且反映在教育內容、目的、方式等方面。同時由於家庭受文化、習俗、地理環境、職業、宗教方面的影響，其家庭教育自然有所區別。〔註 39〕

〔註 39〕 參考畢誠《中國古代家庭教育》（1994，商務）。

　　皇家貴族教育主要在培養儲君，所以皇太子及儲王子教育受到特別的重視，乃至成為國家政治的一件大事。皇家家教具有特權性，在措施上：（1）盡一切力量把全國圖書蒐集在皇家圖書館，壟斷文化以作為皇家宗室的教材。（2）延請天下第一流學者充當宮廷教師〔註40〕，（3）建立一套宮廷教師制度和完備教學制度。

　　官宦之家的教育，其目的在造就其子孫的才、學、識、德，教學內容主要是為官之道，所以十分強調儒家經典的學習。自漢代推行以經術取士和任官的制度之後，經藝在官宦之家的家教中占有重要地位。官宦之家子弟，自幼就學習《禮》、《樂》、《詩》、《書》、《春秋》、《論語》和《孝經》。其家庭教師也多是當地名儒。除此之外，部分官宦子弟或出外求師，或跟隨父兄習業。

　　平民之家的家教，各因經濟條件與文化環境背景的不同而有所區別。富商大戶或從事教育職業的文人之家，一般重視儒術教育。他們希冀子孫通過讀聖賢書而成為官吏。但大多數的平民百姓之家，多以傳授社會生活知識和生產技藝為主要的內容；道德教育上，其內容與統治階層所推行的封建綱常教化並無二致，以孝悌之教為宗〔註41〕。因為家教範疇甚廣，故此章以有「學」可傳的士階層為主。

二、家教的目的

　　魏晉兩朝，政府亂於上，朝代更迭，非己力所及，門第中人遂置之不問。然而為了門第之自保，則須賴於家有賢父兄、子弟，而此須藉著適當的教育來達成。另外是為了一些次要的理由，如：保持世代的優越地位、點綴大家之門面、滿足優閒生活之需要等〔註42〕。

（一）欲振家聲，持業恆長

　　魏晉人對於治家有成者，常抱以推崇之意。如陳仲弓、荀淑二家為當時

〔註40〕愍懷太子……，時望氣者言廣陵有天子氣，故封為廣陵王。邑五萬戶，以劉定為師，孟珩為友，楊準、馮蓀為文學。惠帝即位，立為皇太子。盛選德望以為師傅，以何劭為太師，王戎為太傅，楊濟為太保，裴楷為少師，張華為少傅，和嶠為少保。元康元年，出就東宮。又詔曰：「……今出東宮，惟當賴師傅、群賢之訓，其游處左右，宜得正人，使共周旋，能相長益。……（《晉書53・愍懷；子傳》）

〔註41〕同註1。

〔註42〕參考周谷城《中國社會史論》p.932。周氏認為貴族與士人之家教目的：一、維持身份；二、講求治術。

著名家族，子弟輩出。二家聚會，太史喻為「賢人聚」〔註43〕。另外陳紀兄弟孝養，閨門雍和，士人推恭，表示乃當時士人所希冀〔註44〕。若家能如此，必聲名遠播，家業不墜。又夏侯湛〈昆弟誥〉中，深深以「熙柔家道，丕隆先緒」為念。而其振興之道，便在於發展家學：

> 上以熙柔我家道，丕隆我先緒。自《三墳》、《五典》、《八索》、《九丘》、《圖緯》、《六藝》，自百家萬流，罔不探賾索隱。（夏侯湛〈昆弟誥〉，《晉書55・本傳》）

陳氏兄弟以品德門風聞名；夏侯湛家族則以家學持業，因而墳典百家悉覽，目的正是欲振家聲，持業恆長。然而不管以「家風」或「家學」傳家，皆須賢子弟以為之，因而家中族長、父兄，深以子弟良窳為慮。魏晉史料中，每見當時人對家族是否有賢子弟的挂懷，與人言談，亦常論及子弟良窳問題，足見魏晉對家族人才的重視。顧和總角出名，族人器愛〔註45〕；傅瑗二子皆有才，然郗超以保家者為上〔註46〕；王家每以子姪不令深歎〔註47〕；時人樂道諸家雋才之子〔註48〕；誰家兄弟並登宰府，賢才相係〔註49〕？吾家子弟是否與人齊驅？〔註50〕由此可看出，人們樂道人家賢子弟。林下諸賢，各有家教，其子各有不同風格。人士比論，津津於比較不同門第子弟間的異同，五荀、五陳、八裴、八王之數由此而生，則知此家族教育成功，門第隆盛。

〔註43〕陳仲弓從諸子姪造荀氏父子，于時德星聚，太史奏：「五百里內賢人聚。」（檀道鸞《續晉陽秋》，《世說新語・德行6》注）

〔註44〕紀兄弟孝養，閨門雍和。後進之士，皆推恭其風。（《後漢書・陳寔傳》，《世說新語・德行10》注）

〔註45〕和總角出名，族人顧榮，雅相器愛，曰：「此吾家之麒驥也，必振衰族。」（《世說新語・言語33》注引《顧和別傳》）

〔註46〕郗超與傅瑗周旋，瑗見其二子並總髮。超視之良久，謂瑗曰：「小者才名皆勝；然保卿家，終當在兄。」即傅亮兄弟也。（《世說・識鑒25》）

〔註47〕王右軍在南，丞相與書，每歎子姪不令。云：「虎犻、虎犢，還其所如。」（《世說新語・輕詆8》）

〔註48〕林下諸賢，各有雋才子：籍子渾，器量弘曠；康子紹，清遠雅正；濤子簡，疏通高素；咸子瞻，虛夷有遠志；瞻弟孚，爽朗多所遺；秀子純、悌，並令淑有清流；戎子萬，有大成之風，苗而不秀；唯伶子無聞。（《世說新語・賞譽29》）

〔註49〕《晉諸公贊》稱（王）覽素有至行……子孫繁衍，頗有賢才相係，奕世之盛，古今少比焉。（《三國志・王祥傳》注）
卞壺，父粹，以清辯鑒察稱。兄弟六人，並登宰府，世稱卞氏六龍，玄仁無雙。（《晉書70・卞壺傳》）

〔註50〕敦嘗謂羲之曰：「汝是吾家佳子弟，當不減阮主簿。」裕亦目羲之，與王承、王悅，為「王氏三少」。（《晉書80・王羲之傳》）

　　魏晉人之所以重視家教，目的欲以振興家族，保持家業。家業靠賢子弟以維持。然子弟非天然生成，還需後天教養學問。所以車育有良子，王胡之勸令學問，以成門戶[註51]，故知家教之重要。而魏晉士人於落拓挫敗之餘，每願居家教養子弟，亦見子弟對重振、維持家聲的重要。如羲之與謝萬書曰：「雖植德殊邈，猶欲教養子孫，以敦退讓」[註52]；又「葛洪既被廢，杜門不出，終日講誦，教授子弟」[註53]亦然。

（二）維持身份，不落凡俗

　　《晉書·羊曼傳》載：「聃字彭祖，少不經學，時論皆鄙其凡庸。」羊聃不習經學，時論鄙之。知經學可使人超凡離庸，亦知凡庸乃世族所恥。即使子弟不必有輝煌事功，然而不落凡俗，卻是必須。從《世說新語·言語92》、《世說新語·賞譽85》、張璠《漢紀》記事[註54]可知：若有子弟之風度如芝蘭玉樹、為玉、似龍[註55]，具有風格不凡之子弟，則可維持家族之雍容，顯示身分之特出。另外如衛玠的穎識通達，天韻標令；庾冰的檢操，皆令家人、時論者器重欣賞，增顯家族之聲望[註56]。

（三）明珠加磨，不敗風俗

　　前述二項屬於積極的教育目的，當然從消極方面來說，家教之實施可令子弟不敗風俗，如王沈就曾說過：「將吏子弟優閑家門，必至遊戲，傷毀風俗

[註51]　（車）胤……父育，為郡主簿。太守王胡之有知人識裁，見謂其父曰：「此兒當成卿門戶！宜資令學問。」胤就業恭勤，博覽不倦。（《世說新語·識鑒 27 》注引《續晉陽秋》）

[註52]　《晉書79·王羲之傳》。

[註53]　《晉書77·葛洪傳》。

[註54]　《世說新語·德行6》注。

[註55]　謝太傅問諸子姪：子弟亦何預人事，而正欲使其佳？諸人莫有言者，車騎答曰：「譬如芝蘭玉樹，欲使之生於階庭耳。」（《世說新語·言語92》）
　　　　會稽孔沈、魏顗、虞球、虞存、謝奉，並是四族之雋，于時之傑。孫興公曰：「沈為孔家玉，顗為魏家玉，虞為長、琳宗，謝為弘道伏。」（《世說新語·賞譽85》·淑有八子……淑居西豪里，縣令苑康曰：「昔高陽氏有才子八人。」遂署其里為「高陽里」，時人號曰「八龍」。（張璠《漢紀》，《世說新語·德行6》注）

[註56]　玠穎識通達，天韻標令，陳郡謝幼輿敬以亞父之禮。論者以為出王眉子、平子、武子之右。世咸謂：「諸王三子，不如衛家一兒。」（《世說新語·言語32》注引《玠別傳》）
　　　　庾冰，太尉亮之弟也。少檢操，兄亮常器之曰：「吾家晏平仲。」（《世說新語·方正41》注引《晉陽秋》）

矣」〔註57〕。所以家教的效用，就消極方面來看，正有遏惡之功。

另外，儘管子弟有良質美才，也須藉著讀書教育的程序，發其潛能，使如明珠磨瑩，光耀彰顯。戴邈認為：貴遊之子，既無從軍征戍之役，又未必有任職大將之才，所以顯示才能最佳的方式便是「講肆道藝」〔註58〕，一樣能為家族謀光。而《世說・文學99》有一段記載：「殷仲文天才宏贍，而讀書不甚廣。謝靈運歎曰：「若使殷仲文讀書半袁豹，才不減班固」，可以看出：魏晉人普遍認為教育有「益才」之效，故多謹於家教，嚴訓子弟。

簡言之，積極方面，家教可振揚家聲；消極方面，則令家族子弟知書識禮，言行合宜，不為奸宄。而子弟有才，更可藉教育之功，磨瑩成材，此為家教之第三目的。

（四）充實幹才，綢繆仕路

具有儒家傳統觀念之人多認為「治經入官，則君子之道焉」〔註59〕。學問乃為經世、濟民，所以部分家族仍以「入仕」為其家教目的。除了父兄在朝為官，在家以實務相授外，更藉由經典之研讀，學習聖人治國良法。這些均有助於充實幹才，並為將來之仕路綢繆、準備。

魏晉雖無「以經入官」的直接規定，但對於士族為官仍有助益。如魏文帝時，三府議：「舉孝廉本以德行，不復限以試經。」華歆卻以為：「喪亂以來，六籍墮廢，常務存立，以崇王道。夫制法者，所以經盛衰。今聽孝廉不以經試，恐學業遂從此而廢。若有秀異，可特徵用。患於無其人，何患不得哉？」文帝從其言。意即當時孝廉須經試方得錄用。又晉元帝時，有復孝秀試經策之規定。若無經學，則難錄取。

從另一角度來看，儘管社會上盛行玄佛，然而朝廷仍重儒典，故有不少士人因經學為官。如劉卞「從令至洛，得入太學，試經為臺四品吏」〔註60〕；陳邵「以儒學為徵為陳留內史」〔註61〕；夏侯湛敘述經歷時說到：「承門戶之業，受過庭之訓，是以得以接冠帶之末，充乎士大夫之列」〔註62〕，其中明

〔註57〕《晉書・王沈傳》。
〔註58〕又貴遊之子，未必有斬將搴旗之才，亦未有從軍征戍之役，不及盛年，講肆道藝，使明珠加磨瑩之功，荊璞發採琢之榮，不亦良可惜乎？（《晉書・戴邈傳》）
〔註59〕《晉書・食貨志序》。
〔註60〕《晉書・劉卞傳》。
〔註61〕《晉書・儒林傳》。
〔註62〕〈抵疑〉，《晉書・卷55・夏侯湛傳》。

白指出自己受教之事。「承門戶之業」是指「家學」,「受過庭之訓」是指「家風」。而家教之養成,使其後來得以「接冠帶之末,充乎士大夫之列」而任官,此正可為家學「充實幹才,綢繆仕路」之用作註腳。由於選士制度中,孝、秀皆須試策或試經,為入仕之故,家庭教育也須有經典、家學之授受。

(五)博涉兼通,清談爭鋒

魏晉時代盛行清談,上至帝王將相,下至婦孺僧侶,皆有談者〔註63〕。南渡之後,漸為門第中人用以社交應酬。蓋清談可以出言玄遠,不及時事,且可見思理,徵才情,正是門第中人自求表現之工具。若周孔禮法,家門孝謹,雖敦篤奉行,卻不宜在社交場合、宴會群聚中作為談論之資〔註64〕。又魏晉世亂,既不能在政治事功上有所貢獻,便在文辭言談間樹異標新,以表現自我之才情。〔註65〕

清談在魏晉時代,除了是一種學術討論的形式之外,本身的社教色彩也相當濃厚。若在交際場合不擅此藝,便是失禮,有損顏面。因此清談所需之言語技巧〔註66〕,作為談資之學養,亦成為魏晉家教之內容。

清談並不是隨便談談,清談尚理致曉然,重言簡辭暢,這些皆須靠平時訓練。欲為談士,學問根柢不可缺少。諸葛宏年少不肯學問,始與王夷甫談,

〔註63〕 可參考林麗真先生〈魏晉清談名士之類型及談風盛況〉一文(書目季刊17:3)。

〔註64〕 諸名士共至洛水戲,還,樂令問王夷甫曰:「今日戲,樂乎?」王曰:「裴僕射善談名理,混混有雅致;張茂先論《史》《漢》,靡靡可聽;我與王安豐說延陵子房,亦超超玄著。」(《世說新語‧言語23》)
裴散騎娶王太尉女,婚後三日,諸婿大會。當時名士、王、裴子弟悉集。郭子玄在坐,挑與裴談。子玄才甚豐贍,始數交未快,郭陳張甚盛,裴徐理前語,理致甚微,四座咨嗟稱快,王亦以為高。謂諸人曰:「君輩勿為爾,將受困寡人女婿。」(《世說新語‧文學19》)
羊孚弟娶王永言女,及王家見婿,孚送弟俱往。時永言父東陽尚在,殷仲堪是東陽女婿,亦在坐。孚雅善理義,乃與仲堪道〈齊物〉。殷難之,羊云:「君四番後,當得見同。」殷笑曰:「乃可得盡,何必相同?」乃至四番後一通,殷咨嗟曰:「僕更無以相異」。歎為新拔者久之。(《世說新語‧文學62》)
由上面三例,可看出清談的社交活動色彩。

〔註65〕 可參考錢穆〈略論魏晉南北朝學術文化與當時門第之關係〉之十三節及尤雅姿〈世說新語所記錄之休閒活動及其意義探究〉二文對清談之社交、休閒性質的分析。

〔註66〕 可參考唐翼民〈試論魏晉清談的形式和語言〉(東方雜誌2:11、2:12)及梅家玲〈世說新語名士言談中的用典技巧〉(臺大中文學報2)二文。

便已超詣。王歎曰：「卿天才卓出，若復少加研尋，一無所愧。」宏後看《莊》《老》，更與王語，便足相抗衡。〔註67〕「潘京與樂廣談，廣深歎之，謂曰：『君天才過人，若加以學，必為一代談宗。』京遂勤學不倦」〔註68〕王衍、樂廣皆魏代有名之談士，他們一致肯定學問之有助於談辯。而王僧虔〈誡子書〉中，更對清談須備條件有清楚之說明：

> 談何容易？……專一書，轉誦數十家注。……汝開《老子》卷頭五尺許，未知輔嗣何所道，平叔何所說，馬鄭何所異，《指例》何所明，而便盛於麈尾，自呼談士，此最險事。設令袁令命汝言《易》，謝中書挑汝言《莊》，張吳興叩汝言《老》，端可復言未嘗看邪？……且論注百氏、荊州八衰，又「才性四本」，「聲無哀樂」，皆言家口實，如客至之有設也。……（《南齊書・王僧虔傳》）

由這段文字可以了解到：想成為一位清談名士，在社交論辯中出類拔萃，則非但儒典，甚至《老》《莊》、傳注及重要清談論題皆須熟習，方能致勝。故為增家譽，清談理勝而立名，接受家教自有其必要。

三、家學施教者

　　家教的施行者，主要由家族父兄擔任，有一部分人是由母親教授學業；也有一些家庭是由外聘的家教老師負責家族兒童的啟蒙任務；還有一些其他的人也有機會擔任家學之施教者。當然，誰來施教取決於此家族中是否有相關人才。若無，則外聘，或上私學，或負笈他鄉，以就名師。總之，依據學生不同年齡、程度及教育內容之異同，施教者角色，也就有所變化。

　　關於父親、（叔、伯）施教之例，如：夏侯湛〈昆弟誥〉提到提到雙親教誨情形，匡正言行誤失，使其對於纖介小疵也能知曉，進而「敬忌於厥身」〔註69〕。而《世說新語》提到教兒次數最多者，乃是謝安。他教的事不少，或講論文義，或儀範訓家，或戒約子侄……〔註70〕；至於庾冰、殷仲堪史傳

〔註67〕《世說新語・文學13》。
〔註68〕《晉書・潘京傳》。
〔註69〕湛若曰：我之肇於總角，以逮於弱冠，暨于今之二毛，受學於先載，納誨於嚴父慈母。予其敬忌於厥身，而匡予之纖介，翼予之小疵，使予有過，未嘗不知。（《晉書・卷55・夏侯湛傳》）
〔註70〕謝太傅寒雪日內集，與兒女講論文義。（《世說新語・言語71》）
謝安，……處家常以儀範訓子弟。（《晉書79・謝安傳》）

上也記載著他們教導子弟簡約清慎、安貧守常之事〔註71〕。由上看出，父親在家教上面的重要地位及教導內容之廣泛。

至於兄長施教，且舉兩例。庾冰「以雅素垂風諸弟，相率莫不好禮，世論所重」；相反的「祖逖，年十四、五，猶未知書，諸兄每憂之」，憂心者為諸兄，足知兄長亦負有教養子弟之任〔註72〕。

值得注意的是，史傳中甚多母親施教之例。儘管身為女流，然而對於子女教養影響深重，在品德之養成上尤其重要。如劉惔之母教其官場進退之則；陶侃之母，戒子燕飲；嚴氏育子，以禮度植〔註73〕；鍾會母氏「性矜嚴，明於教訓。會雖童稚，勤見規誨」〔註74〕。……可為明例。她們皆在德行上對子女有所教導、規箴，或以禮度為教，使之成立。而受教子女年齡皆在少幼，可見母教對於子女啟蒙的重要性。

更有一些婦女，學有所專，於學術方面有相當涵養，故能擔負起子女啟蒙或經師之任。如鍾會母，授其《孝經》、《論語》、《詩》、《尚書》，《春秋左氏傳》、《國語》、《周禮》、《禮記》，《成侯易記》等書，學問豐博，可見一斑〔註75〕；夏侯湛齔齒，母羊姬授其書學〔註76〕；何承天母徐氏，出身儒學之

謝公夫人教兒，問太傅：「那得初不見君教兒？」答曰：「我常自教兒。」（《世說新語‧德行36》）

安嘗戒約子侄，（玄）因曰：子弟亦何豫人事，而正欲使其佳。（《晉書79‧謝玄傳》）

〔註71〕冰天性清慎，常以儉約自居，中子襲，嘗貸官絹十四，冰怒捶之市，絹還官。（《晉書72‧庾冰傳》）

殷仲堪每語子弟云：「貧者，士之常。」（《晉書84‧殷仲堪傳》）

〔註72〕至於兄長施教二例出處：

冰以雅素垂風諸弟，相率莫不好禮，世論所重。（《晉書‧庾冰傳》）

祖逖，年十四、五，猶未知書，諸兄每憂之。（《晉書62‧祖逖傳》）

〔註73〕母親施教之例：

劉惔……其母聰明婦人也，謂之曰：「此非汝比，勿受之。」（《晉書‧卷75‧劉惔傳》）

母湛氏，賢明有法訓。侃在武昌，與佐吏從容燕飲，飲常有限。或勸猶可少進，侃悽然良久，曰：「昔年少，曾有酒失，二親見約，故不敢踰限。」（《世說新語‧賢媛20》引《侃別傳》）

杜有道妻嚴氏，撫育二子，以禮度植，遂顯名於時。（《晉書‧烈女傳》）

〔註74〕《三國志‧鍾會傳注》。

〔註75〕《三國志‧鍾會傳注》。

〔註76〕母羊姬……宣慈愷悌，明粹篤誠，以撫訓群子。厥乃我齔齒，則受厥教于書學。不遑惟寧，敦《詩》《書》《禮》《樂》，孳孳弗倦。（《晉書‧卷55‧夏侯湛傳》）

家，「儒史百家，莫不該覽」，故其年幼，已浸訓義〔註77〕；韋逞母宋氏，繼父《周官》之學，「逞時年少，宋氏晝則樵採，夜則教逞，然紡績無廢」，逞遂學成〔註78〕。

另外杜不愆就外祖學；田疇、王延為宗族教師；許子章為子延師至家，並使王育同學，亦皆家教施教者之來源〔註79〕。

綜上可知：父兄是家庭教育的主要實施者，而部分婦女在兒童啟蒙教育則佔相當的地位。而也因為父兄施教，各有自己的家學、家教，而教育方法、內容，也各有特色。故受學的同族子弟往往展現出某一家族或其父兄的儀範或風格。謝中郎曾提出：王脩載樂託之性，出自門風〔註80〕；世人懷疑庾太尉之風儀偉長，不輕舉止，乃為假扮。而人觀其子如之，乃斷亮之風儀為天性〔註81〕；又王右軍看諸葛恢小女，「猶有恢之遺法」〔註82〕。從三例之推論過程，可知悉魏晉人之教育觀點——父子（女）風儀可傳。也正因為家有家教，風貌各異，成功的家教能造就出合乎家族要求的子弟，進而「有家風」、「有父風」、「有兄風」，於是乎成為魏晉用以稱許他人的熟語。

〔註77〕何承天五歲失父，母徐氏，廣之妹，博學。承天幼，漸浸訓義，儒史百家，莫不該覽。（《宋書·何承天傳》）

〔註78〕屬天下喪亂，宋氏諷誦不輟。其後為石季龍徙之山東，宋氏與夫在徙中，推鹿車，背負父所授書（周官）依膠東富人程安壽，壽養護之。逞時年少，宋氏晝則樵採，夜則教逞，然紡績無廢。……逞遂學成。（《晉書96·烈女傳·韋逞母》）

〔註79〕杜不愆，少就外祖郭璞學易卜，屢有驗。（《晉書·方技傳》）
田疇……率宗族、他附從者百人。……乃為約束之法。興學校講授之業。（《三國志·田疇傳》）
王延……農蠶之暇，訓誘宗族，侃侃不倦。（《晉書·王延傳》）
少孤貧，為人傭牧羊。每過小學，必歔欷流涕。時有暇，即折蒲學書。忘而失羊，為羊主所責，育將鬻己以償之，同郡許子章，敏達之士也，聞而嘉之，代育償羊，給其衣食，使與子同學，遂博通經史。（《晉書·王育傳》）

〔註80〕《世說新語·賞譽122》。

〔註81〕庾太尉風儀偉長，不輕舉止，時人皆以為假。亮有大兒數歲，雅重之質，便自如此，人知是天性……或云：「見阿恭，知元規非假。」（《世說新語·雅量17》）

〔註82〕諸葛恢大女，適太尉庾亮兒，次女適徐州刺史羊忱兒。……于時謝尚書求其小女婚，恢乃曰：「……不能復與謝哀兒婚。」及恢亡，遂婚。於是王右軍往謝家看新婦，猶有恢之遺法：威儀端詳，容服光整。王歎曰：「我在遺女裁得耳。」（《世說新語·方正25》）
注引《恢別傳》：「恢少有令問，稱為明賢。」

表八　〈魏晉重視家風舉例〉

人　物	關於家風的記載	資料來源
袁渙	有父風。	三國志・袁渙傳
鍾毓	機捷談笑，有父風。	三國志・鍾毓傳
來忠	亦博覽經學，有敏風。	三國志・來敏傳
山簡	有父風	晉書 43・本傳
	平雅有父風。	虞預・晉書，世說新語・賞譽注引
何璋	子璋嗣，亦有父風。	晉書 45・何譽傳
劉暾	正直，有父風。	晉書 43・本傳
張楟	好學謙敬，有父風。	晉書 36・本傳
司馬略	孝敬慈順，小心下士，少有父風。	晉書 37・宗室傳
劉智	素有兄（劉寔）風。	晉書 41・本傳
徐豁	邈長子豁，有父風，以孝聞名。	晉書・儒林傳
阮孚	風韻疏誕，少有門風。	中興書，世說新語・賞譽注引
王徽	邁上有父風	澄別傳，世說新語・賞譽 52 注引
潘岳	作家風詩	晉書・卷 55・夏侯湛傳、世說文學 71

四、家教內容

　　毛漢光在《兩晉南北朝士族政治之研究》中曾提到發展為大族的三途徑，其一便是憑藉術業世傳。在他研究兩晉南北朝的五十個大世族發現：除少數例外，似乎皆經學文章相繼，道德品行傳家。以另外兩條途徑發展為世族者，若要長久維持家聲，也須從學業與品德下功夫，因此重視學、行，成為當時士族的特性。

　　儒學不振，只就一般學術風氣而言。惟在門第士族中，則仍以儒學為依歸。族中子弟莫不修習經書以備見用；修養德行以自立，練習清談以自現。家教之內容可引《世說新語・紕漏 5》為例：

> 有問秀才（蔡洪），吳舊姓何如？答曰：「……凡此諸君（吳府君、朱永長、嚴仲弼、顧彥先、張威伯、陸士衡），以洪筆為鉬未，以紙札為良田，以義理為豐年，以談論為英華，以忠恕為珍寶，著文章為錦繡，蘊五色為繒帛，坐謙虛為席薦，張義讓為帷幔，行仁義為室宇，修道德為廣（《世說新語・紕漏 5》）

「吳舊姓」皆為世家大族，蔡洪概括的說明當時家族行身治學之要項：「洪筆」「紙札」「文章」「談論」屬於「家學」；「義理」「忠恕」「謙虛」「義讓」「仁義」「道德」屬於品德教育——「家風」。以下即分此兩大項介紹家教之內容。

（一）品德教育——家風

家風之立，須靠品德教育。魏晉品德教育則可分為三大內容：一為禮法，二為處世，三為孝道。

1. 禮法

禮法方面，儘管社會上玄風大盛，然而大部分家族中人，仍以禮法持守。不管是治家、教子、修身，一皆如此。謹守禮法，則為人所稱道。如鍾郝為娣姒，郝氏以「法」、鍾氏以「禮」治家，時人稱之〔註83〕。此處「禮」「法」當為互文，以禮法治家，則二人所同；陳登禮敬陳元方兄弟及華子魚，以其「夫閨門雍穆，有德有行、有禮有法」〔註84〕；庾亮「風格峻整，動由禮節。閨門之內，不肅而成。時人或以為夏侯太初、陳長文之倫也」〔註85〕。以上諸例，明示禮法之為家庭所重。能以禮法治家，乃以上諸人所以見稱之故。下面數例，則說明施行的具體情況：

> 華歆遇子弟甚整，雖閒室之內，儼若朝典；陳元方兄弟恣柔愛之道。而二門之裡，兩不失雍熙之軌焉。（《世說新語‧德行10》）

> 裴潛……以父在京師，出入薄軬車；群弟之田盧，常步行；家人小大，或并日而食；其家教上下相奉，事有似於石奮。其履檢較度，自魏興，少能及者。（《三國志‧本傳》）

> 既殷斯虔，仰說洪恩。夕定晨省，奉朝侍昏。宵中告退，雞鳴在門。孳孳恭誨，夙夜是敦。（潘岳〈家風詩〉，《世說‧文學71》注）

華歆教育子弟甚為嚴整，雖家居內室，舉措上依然要求莊重若臨朝禮節。裴潛則以檢度領諸弟，勤儉團結，上下以家教相奉，故馳名魏代。潘岳之詩道出家教之平常禮範，如：晨昏定省、孝養親人，恭行訓誨，夙夜不怠等事項，亦屬禮法範疇。

〔註83〕《世說語‧賢媛16》、《晉書‧列女傳》。
〔註84〕《三國志‧陳矯傳》。
〔註85〕《晉書‧庾亮傳》。

2. 修身處世

家中父兄往往以自己修身處世之儀則教導子弟：或藉由家戒以訓勉〔註86〕，或家信以告知，或利用情境以教育〔註87〕，或口頭以勸誡〔註88〕。如杜恕與李秉，藉由評論時人，教導子孫處世之方，而其內容不外謹言慎行之類〔註89〕。殷仲堪曾教子弟以安貧，謝安虛託其事、引己之過，而使胡兒自省其過，亦德教之良方。至於其他例子，可參考〈表九〉所列內容。

值得注意的是家族中處世態度的轉變。王昶與杜恕的〈家誡〉中可以覺察到此種現象：部分家族的教育目標不再以入仕為官為上；取而代之的是避禍全身，謹言慎行，玄默謙退，振持家聲：

> 欲使汝曹立身行己：尊儒者之教，履道家之言。故以玄默沖虛為名。欲使汝曹顧名思義，不敢違越也。（王昶〈戒兄子及子書〉，《三國志·王昶傳》）

> 杜恕著《家戒》稱閭曰：「張子臺，視之似鄙人，然其心中不知天地閒，何者為美，何者為好？敦然似如與陰陽合德者。作人如此，自可不富貴，然而患禍當何從而來？世有高亮如子臺者，皆多力慕，體之不如也。」（《三國志·邴原傳》注）

> （李）秉嘗答司馬文王問，因以為《家誡》曰：「凡人行事，年少立身，不可不慎；勿輕論人，勿輕說事，如此則悔吝何由而至，禍患無從而至矣。」（王隱《晉書》，《三國志·李通傳》注引）

王昶期望子弟「尊儒者之教，履道家之言」，故以道家理想境界用字來為子弟命名，顧名思義，立身行事不要違越道家義理；杜恕〈家戒〉稱美張子臺高

〔註86〕 詳見後文「教學方法」。

〔註87〕 謝虎子嘗上屋熏鼠，胡兒既無由知父為此事，聞人道：癡人有作此者，戲笑之。時道此非復一過。太傅既了己之不知，因其言次，語胡兒曰：「世人以此謗中郎，亦言我共作此。」胡兒懊熱，一月日閉齋不出。太傅虛託引己之過，以相開悟，可謂德教。（《世說新語·紕漏5》）

〔註88〕 殷仲堪既為荊州，值水儉，食常五碗，盤外無餘肴。……每語子弟曰：「勿以我受任方州，云我豁平昔時意；今吾處之不易。貧者士之常，焉得登枝而捐其本？爾曹其存之！」（《世說新語·德行40》）

〔註89〕 杜恕著《家戒》稱閭曰：「張子臺，視之似鄙人，然其心中不知天地閒，何者為美，何者為好？敦然似如與陰陽合德者。作人如此，自可不富貴，然而患禍當何從而來？世有高亮如子臺者，皆多力慕，體之不如也。」（《三國志·邴原傳》注）

亮，而張子臺之所以高亮，正以其純任自然，泯除是非，敦然與陰陽合德的道家性行；李秉則告誡子弟，謹言避禍之道。「尊儒者之教，履道家之言」，此種綜合儒道的新教育目標及處世態度，乃魏晉教育一大特色。

3. 孝道

重視教子則重孝道。家教之所以能振揚或維繫家業，泰半歸功於孝道教育之成功。重孝，則家庭之內「父父子子」、井然有序；「立身行道，以顯父母」，以振家聲。孝道對家道及世風之隆替，貢獻不小。《晉書‧孝友傳序》謂：「晉代始自中朝，逮於江左，雖百六之災薦及，而君子之道未消。孝悌名流，猶為繼踵。……孝用之於國，動天地而降休徵；行之於家，感鬼神而昭景福。」認為魏晉之立，得孝之功。

家族之興，孝不可沒。自《晉書》起，史傳均有〈孝友傳〉，足見魏晉之重孝道。而史傳中孝友之例更是不勝枚舉。不同於其他時代者，魏晉人頗重真情：臨父母喪，悲痛逾恆，哀毀骨立者，每每見之。或不拘外在禮法形式，真痛流露；或不限年齡，從孩幼至耆老，純孝動人。魏晉人對於孝道相當看重，若有孝行，則稱誦無已。也因為家教之成功，魏晉孝子甚多。如趙昱、李密、王祥、荀顗、何曾、賈充、羊祜、王沈、王戎……等，皆以孝聞名〔註90〕。

〔註90〕（趙）昱年十三，母嘗病，經涉三月。昱慘戚消瘠，至目不交睫，握粟出卜，祈禱泣血，鄉黨稱其孝。（謝承《後漢書》，《三國志‧趙昱傳》）

李密……事祖母以孝聞。其侍疾，則泣悌側息，日夜不解帶；膳飲湯藥，必自口嘗。（《華陽國志》，《三國志‧楊戲傳》注引）

王祥性至孝，早喪親，繼母朱氏不慈，數譖之，由是失愛於父。……父母有疾，衣不解帶，湯藥必嘗。母常欲生魚，時天寒冰凍，祥解衣，將剖冰求之，冰忽自解，雙鯉躍出，將之而歸。……有丹李結實，母命守之，每風雨，祥輒抱樹而泣，其篤孝純至如此。（《晉書‧王祥傳》）

顗性至孝，年逾耳順，孝養烝烝。以母憂去職，毀幾滅性。（《晉書‧荀顗傳》）

（何）曾性至孝，閨門整肅。……初司隸校尉傅玄著論稱曾及荀顗曰：「……古稱曾閔，今日荀何。內盡其心以事其親，外崇禮讓以接天下。孝子，百世之宗；仁人，天下之命。有能行孝之道，君子之儀表也。」（《晉書‧何曾傳》）

賈充……少孤，居喪以孝聞名。（《晉書‧賈充傳》）

祜年十二喪父，孝思過禮。（《晉書‧羊祜傳》）

沈少孤，養於從叔司徒昶，事昶如父，事繼母、寡嫂以孝義聞。（《晉書‧王沈傳》）

戎性至孝，母喪，不拘禮制，飲酒食肉，或觀奕棋，而容貌毀悴，杖而後起。（《晉書‧王戎傳》）

　　門第為續家業，無不重視孝悌、敬頌祖德、敦厚、禮法以利持家，而這些德行，皆儒家教育所倡導，因此門第以儒學傳家，良有以也。

（二）家學

　　經學與門第之間本有密切的關係，因門第形成之要件中，經學傳襲是主要原因。古代學術環境不普遍，所以知識的傳授往往限於少數的私家。而兩漢入仕，多須先進學校讀書，方得補吏；成績優良，才獲察舉。所以家族中只要有人讀書入仕，則其家族之子弟亦因此比他人易於獲得讀書的機會，於是憑藉世代的經學，進而形成世代公卿，直是一種變相的世襲貴族了。〔註91〕

　　漢代自實施獨尊儒術及以經術取士之後，仕宦之家的家庭教育日益屏棄雜家學說而崇尚經學。漢代士人的家庭教育，大體說來有初、中、高三種程度〔註92〕，以儒家經學教育為主，以章句教學為重心。時至魏晉，家學內容或有稍變，如：不再以章句作為治學主要方式及增加其他少數特殊家學的傳習。然其以儒學傳家的基本型態，無甚改變。因為中國封建社會的仕宦之家，素有書香門第之稱。即使不能世代為官，卻也不失為縉紳之士。一般說來，不論仕宦之家是否能在政治上榮顯，但他們多有世代家傳的家學教育。而這些是不輕易廢棄或傳與他人的，因為除了是作為治家修身處世的規範依據，更往往是入仕進身、建立功業的憑藉〔註93〕。

〔註91〕胡美琦《中國教育史》205～206。

〔註92〕據畢誠《中國古代家庭教育》的研究指出：初等程度的教育是啟蒙教育，主要在家館進行。家館類似後世的私塾。其由仕宦或富豪之家設立，聘請書師來教授本家、本族適齡入學的兒童。學習的內容主要有《倉頡》、《凡將》、《急就》、《元尚》諸篇。目的在學習識字與習字，此外也兼學《九章算術》。中等程度是誦讀經書。所謂經書，是儒家的經典著作。在漢代主要學習《孝經》、《論語》、《易》、《尚書》等。而這些儒家經典因為教學的需要，多被分以章句，所以中等程度的教學內容主要是章句教學。其教學目標在於要求學生粗知文義或略通文義。而主要教學形式便是誦讀。誦讀的要求甚高，它不僅指能順讀下來，還要能講述章句大意，而且要熟練到足以背誦的程度。因此，死記硬背是此一階段的主要教學要求。高級階段的學習是專經學習。專經研習的階段在漢代非常流行。「遺子黃金滿籯，不如教子一經」的說法，可為注腳。因為只要精通一經，即可飛黃騰達。不過要專精一經也不容易。當時習儒者甚多，各家各派對儒家經典的微言大義都有不同見解，形成學術觀點歧異的師法、家法，加上今古文經學的紛爭，因此要精通一經，便要聘請對經學有相當造詣的人為師。若請不到經學大師，就讓自己的子弟出門拜訪名師，以就其學。（1994，商務）

〔註93〕尹默……子宗傳其業，為博士。（《三國志·尹默傳》）

除了儒學之外，家學的形成，其術不一。只要家族精通某一經術，或者在文學、史學、天文、曆算、醫學等某一方面有絕藝，就可視為傳家寶，世代相傳，形成某家家學。

1. 儒學、經學

《顏氏家訓·勉學》說：「士大夫子弟，數歲以上，莫不被教。多者或至《禮》傳，少者；不失《詩》論。」說出魏晉時士大夫教育的概況，基本上仍以儒家之詩禮為教。另外虞翻、譙周、來敏、賀循、韋逞……等人，皆以儒家經典傳家[註94]。分別傳有《孟氏易》，《六經》、天文，《左傳》、《倉》《雅》、訓詁之學，《慶氏禮》學及《周官》之學，對於魏晉時代之儒學之保存與傳揚，厥功甚鉅。而像「劉殷有七子：五子各授一經，一子授《太史公》，一子授《漢

劉繇祖父本，師受經傳，博學群書，號為通儒。舉賢良方正，為般長，卒官。寵字榮祖，受父業，以經明行修，舉孝廉，光祿大夫察四行，除東平陵令。（《三國志·劉繇傳》注引《續漢書》）

范平……研覽墳索，遍該百氏。……三子爽、咸、泉並以儒學至大官。（《晉書·儒林傳》）

徐苗……累世相承，皆以博士為郡守。（《晉書·儒林傳》）

以上諸公，皆以家傳學術而致仕，可知家學之有用於進身，故為不少門第、家族所重視。

[註94] 臣高祖光，少治孟氏易；曾祖父成，纘述其業；至臣祖父鳳，為之最密。亡考歆，受本於鳳，最有舊書，世傳其業，至臣五世。（《三國志·虞翻傳》注）
案：傳孟氏易。

譙周……三子，少子同頠好周業，亦以忠篤質素為行。（《三國志·譙周傳》）
案：周善《六經》、天文。

來敏……子忠，亦博覽經學，有敏風。（《三國志·來敏傳》）
案：敏善《左傳》、《倉》《雅》、訓詁之學

賀循，其先慶普，漢世傳《禮》，世所謂「慶氏學」。族高祖純，博學有重名。（《晉書68·賀循傳》）
案：傳《慶氏禮》學。

韋逞母宋氏，家世以儒學稱。宋氏幼喪其母，其父躬自養之。及長，授以周官音義。謂之曰：「吾家世學《周官》，傳業相繼。此又周公所制，經紀典誥、百官品務，備於此矣。吾今無男可傳，汝可受之，勿令絕世。」（《晉書·烈女傳》）
案：傳《周官》學。

至於史傳僅言傳習儒業，未詳何學者如下：

鄭渾……高祖父眾，眾父興，皆為名儒。（《三國志·鄭渾傳》）

（鮑）信父丹，……世以儒雅顯。雖遭亂起兵，家本修儒，治身至儉，而厚養將士，居無餘財，士以此歸之。（《三國志·鮑勛傳》注引《魏書》）

何承天五歲失父，母徐氏，廣之妹，博學。承天幼，漸浸訓義，儒史百家，莫不該覽。（《宋書·何承天傳》）

書》」，則是有心的計畫家學傳承的例子，故其「一門之內，七業俱興。北州之學，殷門為盛。」〔註95〕

2. 特殊家學

魏晉家學除了儒家經典為主外，在當時社會中，伴隨其他學術（如玄學、緯候、藝術、書學、史學）的盛行，家學的教育內容也有甚大的歧異。

由於社會崇尚玄學清談，玄學遂成為家教內容。趙翼《二十二史劄記》說：「當時父兄師友之講求，專推究《老》《莊》以為口舌之助，《五經》中，惟崇《易》理」〔註96〕，可知玄學清談已成為重要家學內容。修習《老》《莊》可參看前一章第四節所附〈魏晉修習玄學人士表〉，至於父兄口談見於《世說新語》：「江左殷太常父子（案：叔侄）並能言理，亦有辯訥之異。楊州口談至劇，太常輒云：『汝更思吾論』」之例。而家庭中的清談訓練往往自小而始，耳濡目染自父兄清談而能：

> 劉尹至王長史許清言，時苟子年十三，倚床邊聽；既去，問父曰：
> 「劉尹語何如尊？」長史曰：「韶音令辭，不如我；往輒破的，勝我。」
> （《世說新語·品藻48》）

> 司空顧和與時賢共清言，張玄之、顧敷是中外孫，年並七歲，在床邊戲。于時聞語，神情如不相屬；暝於燈下，二小兒共述客主之言，都無遺失。顧公越席而提其耳曰：「不意衰宗，復生此寶。」（《世說新語·夙慧4》）

> 賓客詣陳太丘宿，太丘使元方、季方炊。客與太丘議論，二人進火，俱委而竊聽，炊忘著箄，飯落釜中。太丘問：「炊何不餾？」元方、季方長跪曰：「大人與客語，乃俱竊聽；炊忘著箄，今皆成糜。」太丘曰：「爾頗有所識不？」對曰：「髣彿之。」二子長跪俱說，更相易奪，言無遺失。太丘曰：「如此，但糜自可，何必飯也。」（《世說新語·夙慧1》）

從上面例中，子弟長於清談，謂為家寶；好清談而小失，雖糜亦可；而王長史父子，悠然討論清談優劣。知清談已成為魏晉家教之內容，亦此際教育之特色之一。

〔註95〕《晉書·劉殷傳》。
〔註96〕趙翼《二十二史劄記》「六朝清談之習」條。

自曹氏父子，以上位高倡文學、從事創作，於是競相創作，文士輩出，蔚為風氣〔註97〕，文學也成為家學重要教育內容。時風既盛文學，故仕宦之家的家教注重詩歌文賦；謝公與兒女講論文義，潘尼父子俱以文名，知其有父學相承〔註98〕。

另外，高光以「形理」傳家業，形理之內容當接近於名家形名之學，有別於儒學〔註99〕；王隱因先父所遺舊文，故對西晉典章諳究，東晉行事，每多諮詢，並以致高位〔註100〕；周群受學於父，專心候業，又傳子巨，三代以緯候之學傳家〔註101〕。又社會審美意識興起，書法作為審美藝術也在家庭教育中占一席地。如東晉王羲之集書法之大成，時稱書聖。其子王獻之從小隨之學習書法，也有造詣，號為「小聖」〔註102〕。……皆屬特殊家學。

五、教育方式

各種教育途徑中，家教為時最久，入人最深。而其教育方式，隨著教育內容的不同而有變化。而相同的教育內容，又可採取相異的教法，所以運用之妙，存乎其人，實難以一端括之。讀者可參酌〈表九〉，知其大概。

1. 正式講習

如：鍾會母親之教習經典，周舒習父緯候，譙周傳子經史，謝公兄弟私庭講習，劉殷授經史於七子，及王羲之教子書法等例皆屬之。內容上以書本知識或技藝之傳習為主。

2. 口頭訓誡

如：曹操誡任城王，劉備遺言劉禪，李昭王誡諸子以諸葛亮《家誡》為法，殷仲堪訓勉子弟安貧處世等可為例，以誡勉修身處事儀則為主。

〔註97〕自魏之三祖，更尚文詞。忽君人之大道，好雕虫之小技。下之從上，有同影響，遂成風俗。(《李諤書奏》，《文獻通考・選舉考》引)
〔註98〕謝太傅寒雪日內集，與兒女講論文義。俄而雪驟，公欣然曰：「白雪紛紛何所似？」兄子胡兒（謝朗）曰：「撒鹽空中差可擬。」兄女曰：「未若柳絮因風起。」公大笑樂。(《世說・言語77》)
潘尼……祖勗，尚書左丞；父滿，平原太守，並以文學稱。尼少清才，文詞溫雅，初應州辟，終太常卿。(《世說新語・政事5》注引《文士傳》)
〔註99〕高光，少習家業，明傳形理。(《晉書41・高光傳》)
〔註100〕王隱，受父遺業，西都舊事，多所諳究。(《晉書82・王隱傳》)
〔註101〕群少受學於（父）舒，專心候業。子巨，頗傳其業。(《三國志・周群傳》)
〔註102〕獻之……七八歲時學書，羲之密從後掣其筆不得。(《晉書・王獻之傳》)

3. 隨機教學、問答討論

「謝公因子弟集聚，問《毛詩》何句最佳？」例中，「因」字表示此次集聚非出於刻意，純屬隨機。而問答法為常見方式，內容也相當自由，然深富教育意味。如謝安、謝玄曾與子侄討論過兩個問題。一是「晉武帝每餉山濤恆少」，二是「子弟亦何豫人事，而正欲使其佳」，則屬道德教育範圍。但不同於傳統父兄說教方式的是，它們先讓子弟發表自己的意見，而後以討論的形式說出自己的意見。有批判、有深思，則容易收效。謝家父兄長於家教，故謝家子弟，人才輩出，盛極一時。

4. 潛移默化，儀範垂風

且舉兩例明之。「謝公夫人教兒，問太傅：『那得初不見君教兒？』答曰：『我常自教兒。』」〔註103〕又「劉子真，清潔有志操，行己以禮。而二子不才，並瀆貨致罪，子真坐免官。客曰：『子奚不訓導之？』子真曰：『吾之行事，是其耳目所聞見，而不放效，豈嚴訓所能變邪？』」〔註104〕上面例子，說明在魏晉人的觀念中「潛移默化」、「身教習染」確為品德教育之重要方式，此法不同於課堂的純然說教，是一種「不教之教」。

5. 家誡家書

魏晉家庭教育的形式多樣，由上表中，可看出另一項重要的方式——家書。所謂家書，就是家信。運用此種方式以教誡子弟，自漢代以來就已成為古代仕宦家教的一大傳統〔註105〕。

古代家長以家書、家誡方式指導子女修身進學之家教方式，其表明士大夫對子女成長的深切關懷和期望，當時人守身治學家之理想及其規矩繩墨之所重。尤就其效果來看，家書的內容多彩多姿，不管是指導進學修業，或是輔導道德修養，都遵循因材施教的原則，效果頗佳。由表中家誡之作的眾多，或可為證吧！

〔註103〕《世說新語·德行36》。

〔註104〕《世說新語·德行36》劉注案。

〔註105〕漢代名臣給自己子女寫家書手論教誨者，不乏其人。如劉向有〈戒子歆書〉；東漢名將馬援在交趾任職，寫家書訓誡兄子馬嚴、馬敦，欲其敦厚周慎。(《後漢書·馬援傳》)魏晉之後，此風不衰。如南朝雷次宗有〈與子侄書〉，顏延之有〈庭誥〉，王僧虔、張融有〈誡子書〉，徐勉有〈戒子書〉，孫謙有〈誡外孫荀匠〉，魏收有〈枕中篇戒侄〉，梁元帝《金樓子》有〈戒子篇〉，後魏張烈有〈家誡〉千餘言，甄琛有《家誨》二十篇，習雍有《教戒》二十餘篇，北朝顏之推有《顏氏家訓》二十篇，後人視為家教典範。

表九 〈魏晉家庭教育概況表〉

施教者	身份	教育方式	受教者	教育內容	資料來源
曹操	父	口頭訓誡	子－任城王彰	課讀詩書	三國志・卷 19
曹丕	父	家書誡子	子	改過之必要	太平御覽卷 459
鍾會母	母		子	孝經、論語、詩、書、易、春秋、左傳、國語、周禮、禮記、成侯易記	三國志・鍾會傳注引鍾會母傳
				家事、恭儉	同上
周舒	父		子－周群	候業	三國志・周群傳
譙周	父		少子	經、史	三國志・本傳注
劉備	父	遺詔	劉禪	修身、學業	先主遺詔,三國志・蜀書・先主備傳
劉基	兄	身教	弟	夜臥早起,不妄交游,門無雜賓,諸弟敬憚。	三國志・劉繇傳注引吳書
王修	父	家書	子	誡子	藝文類聚・卷 13
王昶	父叔	家書	兄子、子	玄默沖虛以立身、寶身全性	三 27 本傳
	父	家誡	子	立身謙退、治家戒積、奢	藝文類聚・卷 23
王朗	父	家書	子	戒子	全三國文
王肅	父	家誡	子		藝文類聚・卷 23
李秉	父	家誡	子	行事立身以慎	三・15 注
諸葛亮	父	家誡	子	靜以修身,儉以養德	諸葛亮集
		家書	外生	勉立志	
向朗	父	遺言	子	誡子尚和	三・本傳注
姚信	父	家誡	子	勸為善,不為名	藝文類聚・卷 23
杜恕	父	家誡	子		三・魏書・邴原傳注
嵇康	父	家誡	子	處世慎密	嵇康集校注
夏侯湛	父兄	家書	昆弟	昆弟誥	晉書本傳
謝安	父、從父	講論	兒女	文義	世說新語・言語
		身教為訓	子弟	儀範	晉書本傳

		問答	子弟	時事：晉武帝每餉山濤恆少	世說新語・德行
		問答討論	子姪	家教必要性	晉書79・謝玄傳
	兄弟	私庭講習	弟兄	孝經	世說新語・文學92
庾冰	兄	垂風	諸弟	雅素、禮	晉書本傳
劉殷	父		七子	五經、史、漢	晉書本傳
王羲之	父		子	書法	晉書80・王獻之傳
李昭王	父	訓誡	諸子	諸葛亮家誡	晉書87・本傳
殷仲堪	父	口頭訓誡	子弟	安貧處世	晉書84・殷仲堪傳
羊祜	父	家書	子	誡子書	全晉文
王祥	父	遺令	子孫	訓子孫遺令	全晉文
陶潛	父	家書 詩 家書 疏	子 子 子 子	命子十章 責子詩 戒子書 與子儼等疏	陶淵明集

＊　三：《三國志》　　晉：《晉書》　　魏：〈魏書〉　　蜀：〈蜀書〉　　吳：〈吳書〉
　　數字：卷數

六、小結

　　前文已將魏晉時代之家庭教育作了一番介紹，其中包括家教的目的、家學施教者、家教內容及、教育方式等方面。特別要提出說明的是教育內容方面。（一）品德教育（二）家學，此二端為魏晉家教的主要內容。其原因，林瑞翰先生曾提出解釋：

　　　　蓋東漢光武崇尚氣節，孝廉察舉多以經術、德行入選，蔚為累世公卿，而成漢末以來之世族。故世族、德行、經術三者之關係，密切不可分。〔註106〕

吾以其說為然。至於魏晉家學的評價，陳寅恪先生認為：自漢氏學校制度廢弛，博士傳授之風氣止息以後，學術中心移於家族。〔註107〕由陳先生之言，可知家族對魏晉學術傳襲的重要性，而家教之重要性，不管對於魏晉教育之實施、人格之養成及學術之傳衍，皆較其他時代顯著，此不可不察。

〔註106〕林瑞翰〈晉史試析〉　p.64　（文史哲學報32）。
〔註107〕陳寅恪〈隋唐制度淵源略論稿〉。

大體說來，仕、宦之家的家學，在過去，是以傳授為官之道為核心；雖然涉及文化學術，且以之為教學內容，但目的不在發展學術文化本身，而在入仕之門與晉升之階。魏晉時代，政治氣候大變，不宜出仕，家學成為維持家業不墜之憑藉；然而從另一個角度看：兩朝的國家典章、社會禮教、儒學傳承，也賴之保有而持續，故家學實有功於教育文化。

第三節　游學請益

一、博學兼治之學風

游學二字，最早似乎見於《史記‧春申君列傳》：「游學博聞」，蓋謂其因游學所以能博聞也，﹝註108﹞道出游學首要大效。若貫通古籍以觀游學，其義有三：（1）周遊各地以授、受學術﹝註109﹞；（2）離家而至外地求學﹝註110﹞；（3）受學、受業﹝註111﹞。本文所用，以第二義為主。

漢末，天下大亂，儒術無以周世用，因而諸子復起，學者或兼儒、墨，或合名、法，或以道家清靜自守。而最早復興於漢魏之際者為名、法之學﹝註112﹞。曹操、曹丕尚名法，諸葛亮在蜀地也曾實施法術之治。不過他們雖然崇尚名法，仍不廢儒學﹝註113﹞。正始之後，持續漢末以來對儒家經學的反感，流行於民間的《老》《莊》道家思想，有日益活躍之趨勢。《晉書‧向秀傳》稱：「儒墨之跡見鄙，道家之言遂盛。」可為寫照。其後，《老》《莊》思想逐漸與儒學結合，產生了在魏晉、乃至其後對思想界有重大影響的玄學。

﹝註108﹞ 本節參考呂思勉《讀史札記‧魏晉南北朝卷》「游學」條。
﹝註109﹞ 如《韓非子‧五蠹》：「是故服其事者簡其業，而游學者日眾，是世之所以亂也。」
﹝註110﹞ 如《史記‧陳丞相世家》：「有田三十畝，獨與兄伯居，伯常耕田，縱平使游學。」《後漢書‧鄭玄傳》：「玄自游學，十餘年乃歸鄉里。」
﹝註111﹞ 如《漢書‧揚雄傳贊》：「時有好事者，載酒肴從游學，而鉅鹿侯芭常從雄居，受其《太玄》、《法言》焉。」
﹝註112﹞ 今之學者，師商、韓而上法術，竟以儒者為迂闊，不周世用。（《三國志‧杜恕傳》）
魏武初霸，術兼名法。（《文心雕龍‧論說篇》）
近者魏武好法述，而天下貴刑名。（《晉書‧傅玄傳》）
﹝註113﹞ 治平尚德行，有事尚功能。（《三國志‧武帝紀》）
治定之化，以禮為首；撥亂之政，以刑為先。（《三國志‧高柔傳》）
國家有事，以刑法之功能為政；待天下一統，則以德行禮教為治，倡行儒術。
武帝、高柔二人看法，顯然是建立在儒法兼施，儒名法合流的基礎上的。

　　諸子復興，實學術之一大變也；而諸學合流，則為魏晉學術的大勢，學者身處其間，接觸眾學，難免有好之、治之者。職是之故，造成魏晉時代一股博學兼治之學風。如「嵇康……家世儒學，少有俊才，曠邁不群……，學不師受，博洽多聞。長而好老莊，恬靜無欲。」〔註114〕由例可知：儒學乃一般家學、私學所傳，故大部分學者，皆具有儒學基本素養；待成長後接觸眾學，因其所好，性之所近，染於風氣，而有兼治情形產生。下面〈魏晉兼治數家人士表〉，可明此風梗概。

表十　〈魏晉兼治數家人士表〉

時代	姓　　名	兼修項目					兼治情形	資料來源
		儒學	史學	玄學	佛學	其他		
曹魏	曹丕	＋	＋			＋諸子百家	1. 少誦詩論，及長而備歷五經、四部、、史、漢、諸子百家之言，靡不畢覽。	典論自序，三國志‧魏書‧文帝紀
	鍾繇	＋		＋			1. 家貧好學，為周易、老子訓。	世說‧言語 11 注
	劉劭	＋		＋		＋名法	1. 受詔集五經群書，以類相從。 2. 正始中，執經講學。	三國志魏書本傳
							3. 兼陳黃老申韓之說，其理弗乖於儒者也。	四庫全書總目提要‧雜家一‧人物志
	何晏	＋		＋			1. 正始八年秋七月奏章引書經並建議少帝「講論經義，為萬世法」	三國志‧少帝紀
							2. 好老莊，作道德論。	三國志‧本傳
	王弼	＋		＋			1. 好論儒道。 2. 注易及老子。	三國志‧鍾會傳
	董遇	＋		＋			1. 常挾持經書，投閒習讀。 2. 初，遇善治老子，為老子作訓注。又善左氏傳，更為作朱墨別異。	魏略，三國志‧夏侯玄傳注
							3. 亦歷注經傳。	三國志‧王肅傳
	寒貧（石德林）	＋		＋			1. 德林亦就學，始精詩、書。 2. 常讀老子五千文)及諸內書。	魏略，三國志胡昭傳注
	虞翻	＋		＋			1. 又為老子、論語國語訓注。	三‧吳書‧虞翻傳
	尹默	＋	＋				1. 皆通諸經史，又專精於左氏春秋。	三國志‧本傳

〔註114〕《嵇氏譜‧嵇康傳》，《三國志‧本傳》注引。

朝代	人名					內容	出處
	尹宗	+	+			1. 子宗傳其業，為博士	三國志·尹默傳
	來敏	+			+ 小學	1. 涉獵書籍，善左氏春秋。 2. 子忠，亦博覽經學，有敏風。 3. 小學：尤精於倉、雅訓詁，好是正文字。	三國志·來敏傳
	譙岍	+			+ 圖緯	1. 治尚書，兼通諸經及圖緯。	三國志·譙周傳
	譙周	+			+ 天文	1. 研精六經，尤善書札，頗曉天文	三國志·譙周傳
	李譔	+			+	1. 五經、諸子，無不該覽。 2. 加博好技藝：算術、卜數、醫藥、弓弩機械之巧，皆致思焉。	三國志·李譔傳
	張裔	+	+			1. 治公羊春秋，博涉史、漢。	三國志·蜀書·本傳
	郤正	+			+ 文章	1. 安貧好學，博覽墳籍。 2. 弱冠能屬文，…尤耽意文章。 3. 依則先儒，假文郤　正　見意，號曰〈釋譏〉。	三國志·本傳
	孫權	+	+		+ 兵書	1. 孤少時歷詩書、禮記、左傳、國語，惟不讀易。 2. 至統事以來，省三史、諸家兵書，自以為大有所益。	三國志·吳書呂蒙傳注
	陸績	+			+ 星曆 算數	1. 幼敦詩書，長玩禮易。 2. 博學多識，星曆算數，無不該覽。	三國志·吳書·本傳
	徵崇	+			+	1. 治易、春秋左氏傳，兼善內術。	三國志·本傳
	胡昭	+	+			1. 躬耕樂道，以經籍自娛。 2. 初，昭善史書，與鍾繇、邯鄲淳昭、韋誕並有名。	三國志·本傳
西晉	阮籍	+		+		1. 行己寡欲，以莊周為模則。	三國志·阮瑀傳
						2. 昔年十四五，志尚好詩書。被褐懷珠玉，顏閔相與期。	詠懷詩 15
	嵇康	+		+		1. 文辭壯麗，好言老莊。	三國志·本傳
						2. 家世儒學，少有俊才，曠邁不群…，學不師受，博洽多聞。	嵇氏譜·嵇康傳，三國志·本傳引嵇喜·康傳
						3. 長而好老莊，恬靜無欲。	
	向秀	+		+		1. 雅好老莊之學。	晉書·本傳
						2. 弱冠，著儒道論。棄而不錄，好事者或存之。	世·言 18 注
						3. 向子期以儒道為一。	謝靈運，辨宗書

朝代	姓名					內容	出處
	范隆	+			+ 祕曆 陰陽	1. 博通經籍，無所不覽。 2. 頗習祕曆陰陽之學。	晉書·本傳
	陸雲	+		+		1. 寄宿，見一少年美風姿，共談老子。	晉書本傳
						2. 儒雅有俊才。	陸雲別傳
	張華	+	+			1. 論史漢，靡靡可聽。	世說·言語23
						2. 華庶族儒雅。	晉書本傳
	鄭沖	+	+	+		1. 清虛寡欲。 2. 喜論經史。	世說新語·政事6注
	范平	+			+ 百氏	1. 研覽墳索，遍該百氏。	晉書·儒林
	徐苗	+		+		1. 弱冠與弟賈，就博士濟南宋鈞受業，遂為儒宗。 2. 又依道家，著玄微論。	晉書·儒林傳
	杜夷	+			+	1. 世以儒學稱。 2. 博覽經籍、百家之書。 3. 弄　曆圖緯，靡不畢究。	晉書·儒林傳
	續咸	+			+ 文學 刑律	1. 專春秋、鄭氏易。 2. 高才，善文論。 3. 又修陳杜律，明達刑書。	晉書·儒林傳
	郭琦	+			+ 天文	1. 博學，善五行，作《天文志》、《五行傳》。 2. 注《穀梁》、《京氏易》百卷。	晉書·郭琦傳
	郭璞	+			+ 小學 曆算 文學	1. 璞好經術。 2. 好古文奇字。 3. 妙於陰陽弄　曆 4. 詞賦為中興之冠。	晉書72
東晉	晉簡帝	+		+		1. 清虛寡欲，尤善玄言。 2. 留心典籍。	晉書·簡帝紀
	庾亮	+		+		1. 性好老莊，風格峻整。動由禮節。	晉書·本傳
	戴邈	+	+			1. 少好學，尤精史漢。才不逮若思，儒博過之。	晉書·本傳
	江惇	+		+		1. 孝友淳粹，高節邁俗，性好學，儒玄並綜。	晉書·本傳
	謝安	+		+	+ 名家	1. 謝安年少時，請阮光祿道白馬論。	世說新語·文學24
						2. 謝公因子弟集聚，問毛詩何句最佳。	世說新語·文學52

姓名					內容	出處
					3. 孝武將講孝經，謝公兄弟與諸人私庭講習。	世說新語‧言語 90
					4. 神情秀悟，善談玄遠。	世說‧文學 55 注引文字志
王羲之		+		+	1. 羲之雅好服食養性。 2. 每仰詠老氏、周任之誡。	晉書卷 80 本傳
					3. 曾向支遁問莊子逍遙義。	高僧傳‧卷 4
范甯	+			+	1. 崇儒抑俗，率皆如此……既免官，家於丹陽，猶勤經學。	晉書本傳
					2. 范甯作豫章，八日請佛有板。	世說‧言語
袁悅	+	+	+		1. 少年時讀論語、老子，又看莊、易，此皆病痛，事當何所益邪？天下要物，正有戰國策。	世說新語‧讒險 2
蔡謨	+	+		+ 小學	1. 博學於禮儀。 2. 總應劭以來注班固漢書者，為之集解。 3. （謝）尚曰：卿讀爾雅不熟，幾為勤學死。	晉書‧本傳
吳隱之	+	+			1. 博涉文史，以儒雅標名。	晉書‧本傳
王延	+	+			1. 遂究覽經史，皆通大義。	晉書‧本傳
虞喜	+			+ 天文讖緯	1. 喜專心經傳，兼覽讖緯。 2. 乃著安天論，以難渾、蓋。 3. 又釋毛詩，略注孝經。	晉書‧儒林傳
范宣	+		+		1. 十歲能誦詩書，尤精三禮。 2. 客曰：君言不讀老莊，何由識此？宣笑曰：小時常一覽。	晉書‧儒林傳
臺產	+			+ 內學	1. 少專京氏易……兼善經學。 2. 善圖讖祕緯、天文洛書、風角星弄、六日六分分之學，尤善望氣、占候、推步之術。	晉書‧藝術傳
殷浩			+	+	1. 殷中軍被廢東陽視維摩詰，疑般若波羅蜜太多；後見小品，恨此語少。 2. 殷中軍讀小品，下兩百籤，皆是精微，世之幽滯。嘗欲與支道林辯之，竟不得。 3. 殷中軍被廢，徙東陽，大讀佛經，皆精解，唯至事數處不解，遇一道人，問所籤，便釋然。	世說新語‧文學篇
					4. 浩善老、易，能清言。	世說‧文學 27 注‧
					5. 浩能言理，談論精微，長於老易	世賞 86 注

						內容	出處
阮裕			+	+	+ 名家	1. 阮思曠奉大法，敬信甚至……兒遂不濟結恨釋氏，宿命都除。	世・尤 11
						2. 終日頹然，無所修綜，而物自宗之。	世說・品藻注引中興書
						3. 謝安年少時，請阮光裕道白馬論。	世說・文學 24
孫綽	+		+	+		1. 作喻道論，宣明佛義。	弘明集卷 3
						2. 遂初賦敘曰：余少慕老莊，仰其風流久矣。 3. 卻感於陵賢妻之言，悵然悟之！乃經始東山，建五畝之宅，帶長阜，倚茂林，孰與坐華慕擊鐘鼓者，同年而語其樂哉？	世說・言語 84 注引
						4. 有北來道人好才理，與林公相遇於瓦官寺，講《小品》。于時竺法深、孫興公悉 5. 託懷玄勝，遠詠老莊。	世說新語・文學 40 世說・品藻 36
殷仲堪			+		+ 道教	1. 少奉天師道，又精心事神，不吝財賄，而忘行仁義，吝於周急。及玄來攻，猶勤請禱。	晉書・本傳
						2.（羊）孚雅善理義，乃與仲堪道齊物。	世說・文學 62
						3. 喜讀道德論，其談理與韓伯齊名	晉書・本傳
王珉	+			+		1. 時有外國沙門，名提婆，妙解法理，為珉兄弟講毗曇經。珉時尚幼，講未半，便云已解。即於別室與沙門法綱等數人自講。法綱歎曰：大義皆是但小未精耳。	晉書 65・王導傳、世說新語・文學篇、出三藏記集卷 13
						2. 歷國子博士	晉書・本傳
許詢			+	+		1. 晚出山陰，講《維摩經》。遁為法師，許詢為都講。	高僧傳・卷四・支遁傳
						與支遁、謝安、王濛共道莊子漁父	世說・文學 55
王坦之			+	+		1. 初，坦之與沙門竺法師甚厚，每共論幽明報應。便要先死者，當報其事。後經年，師忽來云：貧道已死，罪福皆不虛。惟當勤修道德，以升濟神明耳。言訖不見。	晉書本傳
						2. 著廢莊論	
王恭	+			+		1. 讀左傳至「奉王命討不庭」，每輟卷而歎。 2. 尤信佛道，調役百姓修營佛寺，務在壯麗，士庶怨嗟。臨刑猶誦佛經，自理鬢鬢，神無懼容。	晉書 84・本傳

| 葛洪 | ＋ | | ＋ | ＋ 道教 | 1. 精辯玄賾，析理入微。
2. 少好學，……遂以儒學知名。
3. 尤好神先導養之法，從祖玄，吳時學道得仙，……以其煉丹祕術授弟子鄭隱，洪就隱學，悉得其法焉。 | 晉書本傳 |

由〈表十〉，可以發現：

1. 儒家學者，治經之外，每多治史。漢代以前，史學未興，只為經學之附庸（《春秋經》），魏晉以降，隨著私人撰史之浸增及家系譜牒之發達，史學已獨立成為一門學術。經史兼治情形，相當普遍。如表中之尹默父子、張裔、孫權、胡昭、張華、鄭沖、戴邈、袁悅、蔡謨、吳隱之、王延等。

2. 儒道兼修，漢末已有。如跨漢魏二代之虞翻、鍾繇、董遇已然。何王之時，兼習道家人士激增，如：劉劭、寒貧、徐苗、晉簡帝、庾亮、江惇、謝安、袁悅、范宣、孫綽、葛洪等。

3. 兼修佛、儒者，西晉以前極少，東晉以後增多，此與佛教勢力之漸盛有直接關聯。如：王恭、王珉、孫綽、范甯等。

4. 魏晉二朝，兼習天文、星曆、算數等內學者不少；如譙周、陸績、徵崇、范隆、郭琦、郭璞、虞喜、臺產等。然兩晉治讖緯者數量較少，想來與晉室下詔禁止可能有關。

5. 至於其他學術，如名家、法家、兵家、小學、道教，也有學者兼習，顯現了魏晉時代百家爭鳴的實況來。

6. 從中可偵測到學術變遷之大勢。正始《老》《莊》始盛，世所貴焉；至過江，佛理尤盛。旁及其他學術及文學。

此種學術變遷情形，《續晉陽秋》有段話可為說明：

> 正始中，王弼、何晏好《莊》《老》玄勝之談，而世遂貴焉。至過江，佛理尤盛。故郭璞五言，始會合道家之言而韻之。詢及太原孫綽，轉相祖尚，又加以釋氏三世之辭，而《詩》、《騷》之體盡矣。（《世說新語·文學85》引《續晉陽秋》）

上面這段文字，雖是對漢魏兩晉文學發展的概述，然而與上表中所顯現的學術現象，則無二致。

二、游學之目的

博學兼治之風盛行，然則何以致之？欲兼通諸學，則須游學多處，轉益

多師；式瞻名家清談，刺激自我思維，或可致之。此游學之必要者，一也，李譔即是明例〔註115〕。

其次，就專學儒家而言，亦有游學之必要。因為魏晉雖不乏碩學鴻儒之士，然一般不擔任少數學生的家庭教師，而是自立精舍教授。若自身家鄉無有碩學鴻儒可師，則須負笈他鄉，游學遠求。此游學之必要者，二也。如董景道、樂詳家鄉或無可師，故須千里追師，遠涉他地以問學請益〔註116〕。

再者，由於中央官學不盛，招生人數有限，學子未必能入官學受教。而宿學名師，有感世亂政紛，往往不就官學授業，因而欲學之士，只得追師所在，游其門下，或結友請益，方能受業。此游學之必要者，三也。

此外，伴隨清談之盛行，也帶動魏晉時代的游學風氣。此游學之必要者，四也。如東海王曾敕其子向清談名士王安期學習，側面點出游學對清談之必要〔註117〕。因為游學可就名士、良師，體其風範，式瞻儀形，親承音旨，啟發思維，對清談、立身皆有大益。

三、游學之概況

魏晉游學之風的興起及其原因，已介紹於前；接著想藉由表格方式探討魏晉游學的實際概況。〈表十一〉中包含游學者之年齡、地點、游學請益之對象、內容，並列出部份（史籍明言）游學結果。

〔註115〕 李譔……父仁，字德賢。與同縣尹默俱游荊州，從司馬徽、宋忠等學。李譔具傳其業，又從默講論義理，五經、諸子無不該覽；加博好技藝，算術、卜數、醫藥、弓弩、機械之巧，皆致思焉。（《三國志・蜀書・李譔傳》）

〔註116〕 王安期作東海郡，吏錄一犯夜人來。王問：「何處來？」云：「從師家受書還，不覺日晚。」（《世說新語・政事10》）
案：此犯受學師家，日晚而返，學舍必在其家不甚遠，或同縣或同郡。
樂詳字文載，少好學。建安初，詳聞公車司馬令南郡謝該善《左氏傳》，乃從南陽步涉詣許，從該問疑難諸要。今《左氏樂氏問七十二事》，詳所撰也。所問既了，而歸鄉里。時杜畿為太守，亦甚好學，署詳文學祭酒，使教後進，於是河東學業大興。（《三國志・魏書・杜恕傳》注引《魏略》）
董景道……少而好學，千里追師。所在惟晝夜讀誦，略不與人交。（《晉書・本傳》）

〔註117〕 東海王鎮許昌， ……敕世子毗曰：「夫學之所益者淺，體之所安者深；閑習禮度，不如式瞻儀形；諷味遺言，不如親承音旨。王將軍，人倫之表，汝其師之。」（《世說新語・賞譽34》）
王承字安期……沖淡寡欲，無所脩尚，累遷東海太守。為政清靜，吏民懷之。避亂渡江，是時道路寇盜，人懷憂懼。承每遇艱險，處之怡然。（《世說新語・政事9》注引《文士傳》）

表十一 〈魏晉游學概況舉例〉

姓 名	年 紀	地 點	游學內容		結 果	資料來源
			人	事、物		
管寧		異國	陳仲弓	敬善		三國志本傳
		遼東	公孫度	經典	遂講詩書	本傳注引傅子
華歆		異國				三國志華歆傳注引魏略
邴原		異國				魏略，世德 10 注
扈累						三國志‧胡昭傳注
樂詳		南郡	謝該	左氏傳疑難諸要	歸鄉里，教後進。	三國志‧杜恕傳
程秉			劉熙	大義	博通五經	三國志本傳
魚豢			隗禧	左氏傳、詩		三國志王肅傳注引魏略
袁徽			士燮	左傳、尚書諸疑		三國志士燮傳
（後生）			譙周	咨疑		三國志‧譙周傳
文立		蜀太學	譙周	門下受學	專毛詩、三禮	晉書儒林傳
劉巴		荊北		就教私學		三國志‧本傳注
好古慕德者		青土	氾毓	諮詢		晉書儒林傳
李勝	少	京師			與曹爽善	三國志‧曹爽傳
王脩	20	南陽				三國志本傳
薛夏		京師		遊逸		三國志本傳
邴春	少			慕名	無學業，流離遠外	三國志‧王脩傳注
王基	17	琅邪		求學		三國志本傳
華佗		徐土			兼通數經	三國志‧方技傳
費禕	少	蜀		求學		三國志本傳
士燮	少	京師	劉子奇	治左氏春秋		三國志本傳
張紘		京都	韓宗	治京氏易、歐陽尚書		三國志‧吳書本傳及注

		外黃	陽闔	受韓詩、記、左氏傳禮		
譙周			杜瓊	問天文	觸類而長之，預言應驗。	三國志·杜瓊傳
康子 袁宏			王坦之	疑難	莫不厭服	晉書·王坦之傳
范晷	少	清河		求學		晉書本傳
遠近人			范粲	請益		晉書范粲傳
王彌	少	京師		游俠		晉書本傳
庾峻	少	京師	蘇林			晉書本傳
束皙	少	國學	曹志			晉書本傳
李仁 尹默		荊州	司馬徽 宋忠	求學		三國志·李譔傳
謝尚	少時		殷浩	清言	動心駭聽	世說·文學28
衛玠	總角		樂廣	問夢		世說·文學14
謝安	年少		阮裕	白馬論		世說·文學14
魏隱 兄弟	少		謝奉			世說·賞譽112

　　由表所載，可略見魏晉游學、請益之盛況。相較於閉門不出，苦讀寒窗之法，游學博聞亦為魏晉人士所崇尚。至於游學之內容，據上表，可得數端：

　　1. 游學可以疑難滯義，就教有名學者，如表中的樂詳、程秉、魚豢、袁徽、譙周、康子、袁宏、衛玠、謝安等皆是。不同於後面（3）者，只在於時間之長短，而第（1）項的請益也往往是正式拜師入門之前奏。

　　2. 游學可以參與談座，磨鍊論辯技巧、訓練思辨能力，如：謝尚。

　　3. 游學可以拜於門下，長期隨師游習經藝，此則與私學無異。如：管寧、文立、劉巴、王基、華佗、費禕、士燮、張紘、范晷、庾峻、束皙、李仁、尹默、魏隱兄弟等。

　　4. 游學更可以縱覽風土、結交人物，開拓心胸，增廣見識。如李勝、薛夏、王彌等。

　　至於師儒、學者，對於遠道而來的游學之士，未必全納之。因為大有非為博聞力學，而徒為好名而至者，因而對游學者，諸業師態度並不一致：氾

毓不收學生，但對於誠心好學的請益者，仍傾懷開誘〔註118〕；至於劉殷則依人而定，操行不佳，無得入門。原因可能在於防制像表中邴春之類浮華之徒，為求虛名而來〔註119〕。

四、清談、游學與儒家教育

傳統儒家數年不窺園之學習方式，就清談來看，並不適合。因為理想的清談，有許多要件，如：拔新領異、理中、辭約旨達、辭條豐蔚、風度優雅、語音節奏之美等〔註120〕，並非全然可由書本獲得。請益名家疑難、滯義，游學多與談座，方能習得如應變、風度、思辨、新想、音韻等能力，故游學有其必要。

王弼弱冠即詣名家〔註121〕，參與談座，集眾談家名士之才智、理思，故後來能馳譽正始談座。其《易》、《老》注能有如此完整、精密之思想體系，未必非清談、請益之助。

清談是一種流行於魏晉，相當普遍、簡易可行的智力活動；從另一角度來看，清談也不失為一種相當開放的學術活動。它具有心智娛樂、社交色彩的一面，也兼有藝術性、學術性的一面。就儒學而言，清談的學術性，對傳統儒學頗有助益。因為清談乃為一種活動形式的名稱，而活動內容，則無拘限。雖說魏晉清談談題以玄學為大宗，然針對儒家的談題也不少，藉著清談的研討、論辯、切磋，許多過去視為理所當然的禮教問題、經學滯義，或得到新的詮釋，或探知其所以然，對儒學可謂有功。〈表十二〉列出魏晉清談的重要儒學談題，將有助於我們了解儒學在當時談座上被探討之情形〔註122〕。

〔註118〕氾毓……奕世儒素。……于時青土隱逸之士劉兆、徐苗等，皆務教授，惟毓不授門人，清靜自守。時有好古慕德者諮詢，亦傾懷開誘，以三隅示之。(《晉書・儒林傳》)

〔註119〕士不修操行者，無得入其門；然滯理不申，解籍殷而濟者，亦以百數。(《晉書・劉殷傳》)

〔註120〕採唐翼明《魏晉清談》頁 71～80 之說法。(東大民 81)

〔註121〕王輔嗣弱冠詣裴徽，徽問曰：「夫無者，誠萬物之所資。聖人莫敢致言，而老子申之無已，何邪？」弼曰：「聖人體無，無又不可以訓，故言必及有；老莊未免於有，恆訓其所不足。」(《世說・文學 8》)此外又與何晏論聖人；與荀融辯大衍義。並見(《三國志・鍾會傳》注引何劭〈王弼傳〉)

〔註122〕參考林麗真先生《魏晉清談主題之研究》頁 426～430。

表十二 〈魏晉清談的重要儒學談題〉

類別	時代\談題\	曹 魏	西 晉	東 晉
易	易數術論	管輅與單子春、郭恩、劉長仁、諸葛原、裴徽、何晏、鍾毓、劉邠、石苞、徐季龍等論「五行、鬼神、災異、風角、音律、鳥鳴諸事。		
	易象意論	・荀粲與諸兄辯言象不盡意論。 ・王弼倡忘言忘象得意論。 ・嵇康倡周易言不盡意論	・歐陽建倡言盡意論。 ・張韓倡不用舌論。	・王導喜談言盡意論。 ・庾闡主著龜論。 ・殷融倡象不盡意論。
	易本體論	・王弼與荀融論大衍義	・顧榮與紀瞻辯易太極論。	・殷仲堪與釋慧遠辯易體論
	易象論	・荀顗難鍾會易無互體論。		・孫盛與殷浩、劉惔辯易象妙於見形論。
禮	喪禮、祭禮、婚禮、朝禮諸論	・王肅與尚書等辯合帝 異同衡、許猛、虞 ・時人屢辯便同姓婚論。 ・劉邵與荀彧等辯日蝕否宜否廢朝論。	・東平王司馬懋與眾博士謝溥、秦秀、程咸、陳壽、李苞、荀勖等論王昌前母服議。 ・時人屢辯同姓婚論。	・（康帝）庾冰與蔡謨辯日蝕宜否廢朝論。 ・（穆帝）王彪之又與殷浩同辯此論。
尚書	論堯典	・高貴鄉公與庾。	峻論堯典諸疑	
詩經	論風雅正變之義	・何劭與庾峻論風雅正變之義。		
春秋	論公羊左氏優劣	・鍾繇與嚴幹論公羊左氏優劣。		
論語、	仁孝論	・邴原與群賢辯忠孝先後論。・荀顗與司馬駿辯便仁	・潘京與刺史辯忠孝可否兩全論。	・晉簡文帝與許詢辯忠孝可否兩全論。

孝經		孝孰先論。		
儒學	聖人有情無情論	·何晏與王弼辯聖人有無喜怒哀樂論。		·王脩與僧意辯聖賢有情與否論。
	聖賢顯隱之道論		·石崇與人論許巢隱讓之德。	·謝萬與孫綽辯八賢出處論。
	聖賢致太平論	·司馬朗與鍾繇、王粲論聖賢能否致太平。		

博學兼治之學風，帶動游學的盛行。游學的盛行，也助長兼治學風。正因為有博學兼治之基礎，在各家各派互相爭論短長之時，方有人能站在「了解的」的立場，予以的批評與會通。故博學兼治之學者，可說是諸學（儒、玄、佛各家）進一步交融流通的要件。如此既促進諸學自身學術思想的發展與繁榮，同時也充實了儒學本身的內涵。而諸子學對於教育理念、目標、教學內容、方法的歧異，也直接刺激了儒家及當時教育思想與教育理論的發展。

第四節　小結

綜合前文所述，或可對魏晉教育有一個較明析的輪廓。過去教育史作者對於魏晉教育史，總以學校教育不振，簡單略過。事實上，若能撇開以學校教育為單一教育的狹隘概念，事實上，魏晉時代之教育並未止歇。繁盛的私學、家學已為魏晉教育的延續傳承擔負起重責大任，且成為培育人才的主要途徑。除此之外，因應學術潮流及之清談盛行而產生的游學、請益之新途，也發揮其深究學術、風度養成之教育功效。

魏晉官學部分：「尊儒重學」仍是國家文教方針，不論蜀漢、曹魏或是兩晉皆然。這是由於儒學具有特定政治效用，所以儘管社會上玄、佛、道各家學說廣泛傳布，儒學仍具有相當的影響力。

一般而言，官學教育的目的，在於「養士」，即在於培養統治人才，發揮統治作用。其發生作用的途徑有二：第一、進而在朝，擔任具體統治工作。第二、退而在野，發揮移風易俗的教化作用。就學制來看，漢魏較為接近，招生資格無分貴賤；兩晉官學並設太學與國子學，演為貴族、平民教育分立的情形，屬於教育史上的另一階段。教材方面，除魏立「律博士」、「書博士」外，

兩朝中央官學的教育內容仍以儒家經典為主。至於地方官學，其規模、制度，一任當地官員理想而定，殊無定準。且所立地方學校的興廢，常是人亡而政息，故成效雖存，止於一時、一地，究竟有限。又基於「選士失公，得人非才」、「品課不彰，師資粗疏」、「祖述玄虛，擯避儒典」、「國家多故，訓業不終」種種因素，魏晉官學教育整體而言，成效不彰，當時人才多非官學出身。

魏晉私學相當發達，其種類大約可分為蒙學性質的書館與深研學術的精舍。私學的教材，以儒家經典大宗，由於私學教學自由，故往往兼授其他學術，如：天文曆算、《老》《莊》、佛學等。值得注意的是：相較於官學，投身私學教學行列的學者甚多，且多為當世大儒。私學教授地點，多在教師家中，各州各郡不定，較能收普及教育之效。就其教育效果來看：學生受業人數相當龐大，學生數動輒千百。魏晉人才，不少出自於此。史傳曾稱管寧「高潔而熙熙和易，因事而導人以善。善於傳君子之心矣」；王夫之《讀通鑑論》亦云「惜乎無可事之君，而寧僅以此終；非然，將與伊、傅而比隆矣！」盛讚其教化之功〔註123〕。由管寧之例，可見魏晉私學對當時教化影響之正面與深廣。

魏晉家學的探討，對於了解魏晉文化學術的傳承發揚問題，有不容忽視的重要性。家教的目的不外：「欲振家聲，持業恆長」、「維持身份，不落凡俗」、「明珠加磨，不敗風俗」、「充實幹才，綢繆仕路」、「博涉兼通，清談爭鋒」數端。家教的施行者，主要由家族父兄擔任，有一部分人是由母親教授學業；也有一些家庭是由外聘的家教老師負責家族兒童的啟蒙任務。至於教育內容方面有二：（一）品德教育；（二）家學。品德教育又可細分為禮法、修身處世與孝道三大內容。家學教材雖然也以儒家經典、思想為主，但伴隨其他學術（如玄學、緯候、藝術、書學、史學）的盛行，家學的教育內容也有甚大的歧異。至於家學施行方式可得五端：1. 正式講習；2. 口頭訓誡；3. 隨機教學；4. 潛移默化；5. 家誡家書。在各種教育途徑中，家教為時最久，入人最深，而其教育方式也最富有變化。

〔註123〕史稱管寧高潔而熙熙和易，因事而導人以善。善於傳君子之心矣。世之亂也，權詐興於上，偷薄染於下，君不可事，民不可使，而君子之道幾窮。……夫君子之視天下也，……知其惡之所自熏，知其善之所自隱；其熏也非其固然，其隱也則如宿艸，霜凋而根荄自潤也。無事不可因，無因不可導，無導不可善，喻其習氣之橫流，即乘其天良之未喪，何不可與以同善哉？此則盎然之仁，充滿於中，時雨灌注而宿艸榮矣。惜乎無可事之君，而寧僅以此終；非然，將與伊、傅而比隆矣！（《讀通鑑論‧卷十‧28》）

博學兼治之學風，帶動游學的盛行，而游學的盛行，也助長兼治學風。正因為有博學兼治之基礎，提供諸學（儒、玄、佛）進一步交融流通的可能。

若就受教途徑加以比較，魏晉教育與前代不同者在於：兩漢官學特盛，私學次之；而魏晉時代，私學昌盛，官學沒落。至於家學則自漢代以來，漸次的形成之中。而魏晉家學相對於其他時代，其對於學術的重要性較其他時代更為顯明。另外不同者，尚有多重選擇教育途徑及教育內容之特色。學子或擇其一，或兼採。教育途徑上有官學、私學、家學、游學多種（可參考〈表十三〉）；教育內容上，則是諸學並興，隨性之所好而擇之，故其文化樣貌得以多姿多彩。

再就儒家來看，其教育亦藉此四大途徑——官學、私學、家學、游學，或顯或隱的傳承下去。魏晉學術，是呈顯著玄佛道儒多家學術並行的景況。魏晉儒家，儘管勢力不如兩漢之盛，然就其作為典章制度的理論根據及士族家教、私學普遍學習的教材而言，儒學仍有其重要地位〔註124〕。不同於前代的，魏晉儒學得面臨其他學派的衝擊與挑戰。

魏晉教育，由於四家在社會及民間各有勢力，所以他們彼此之間，藉著清談辯論或其他方式，反覆較量。除了倡導自己的教育主張外，彼此之間也有互動與交融。以下的幾章將從玄、佛入手，探討二家的教育主張及其對於儒家所產生的影響。

表十三 〈魏晉士人受教途徑舉隅〉

姓名	年齡	受教途徑	地點	教師	教材	資料來源
邴原	11	私學	書舍		孝經、論語	三國志·魏書·本傳
	及長	私學	陳留	韓子助		
		游學請益	穎川	陳仲弓		
		游學相友	汝南 涿郡	范孟博 盧子幹		
管寧		游學敬善	異國	陳仲弓		三國志·魏書·本傳
		游學相友		華歆 邴原		

〔註124〕表十四可為魏晉儒學未廢之事實，作一佐證，亦可見當時人才不廢儒學之情況。

趙至	12	私學			誦書	世說新語・言語 15 注引嵇紹・趙至敘
	14	太學				
	15	佯病狂走				
	16	游學	洛陽	嵇康	逐康歸山陽	
王烈		私學	潁川	陳太丘		先賢行狀，三國志本傳注引
		相友		陳太丘二子		
王朗		私學		司馬德操		襄陽記，三國志本傳注
		游學相友		徐元直韓德高龐士元		
董扶	少	私學		師	數經，歐陽尚書	益部耆舊傳，三國志・劉二牧傳注
		私學		楊厚	圖緯	
		游覽	京師太學			
程秉		私學		鄭玄		三國志本傳
		請益		劉熙	考論大義	
李譔		家學		父－李仁	經學	三國志・蜀書本傳
		私學		尹默	五經、諸子	
管輅	15	官舍			詩、論語、易	三國志方技傳
		私學	利槽	郭恩	易	
			義博		仰觀	
葛洪		請益	千里	師	尋書問義	晉書本傳
		私學		鮑靚	內學、醫術	

表十四　〈魏晉修習儒學人士表〉

姓　　名	習儒記載	資料來源
五梁	以儒學節操稱。	三國志本傳
文立	少治毛詩、三禮，兼通數書。	華陽國志（三國志・周傳注引）
許猛	猛禮樂儒雅，當時最優。	晉諸公贊（三國志・侯玄傳注）
賈洪 邯鄲淳 薛夏	魏略以（董）遇、賈洪、邯鄲淳、薛夏、蘇林、樂詳等七人為儒宗。	魏略，三志夏侯玄注引

蘇林 樂詳		
杜恕	好禮無違，存心經誥。	兗州記，國志‧本注引
虞翻	又為老子、論語國語訓注。	三‧吳書‧虞翻傳
尹默	皆通諸經史，又專精於左氏春秋。	三國志‧本傳
尹宗	子宗傳其業，為博士。	三國志‧尹默傳
來敏	涉獵書籍，善左氏春秋。	三國志‧來敏傳
譙岍	治尚書，兼通諸經及圖緯。	三國志‧譙周傳
譙周	研精六經，尤善書札，頗曉天文。	三國志‧譙周傳
郤正	安貧好學，博覽墳籍。	三國志‧本傳
闞澤	以儒學勤勞，封都鄉侯。	三國志本傳
許慈	善鄭氏學，治易、尚書、三禮、毛詩、論語。	三國志本傳
鄭小同	學綜六經，行著鄉邑。	華歆奏表（三國志‧帝紀引）
董遇	常挾持經書，投閒習讀。	魏略，三國志夏侯玄傳注
袁渙 袁霸 袁徽	渙從弟霸，霸弟徽，以儒素稱。	三國志袁傳注引
袁粲	（霸子亮）亮子粲，文學博識，累為儒官。	晉諸公贊
荀粲兄	粲諸兄並以儒術論議，而粲獨好言道。	晉陽秋，國志‧荀傳注引
涼茂	論議常據經典。	三國志本
鮑丹	世以儒雅顯。	魏書，三志‧鮑勛注引
鮑信	雖遭亂起兵，家本修儒，治身至儉	魏書，三志‧鮑勛注引
任嘏	年十四始學，疑不再問；三年中誦五經，皆究其義。	嘏別傳，國志‧王傳注引
魏少帝	正始二年，帝初通論語。……五月癸己，講尚書經通，……冬十二月，講禮記通……。	三國志‧少帝紀
趙戩	質而好學，言稱詩書。	典略，三志‧蜀書先主傳注
褚陶	清談閑默，以墳典自娛。語所親曰：聖賢備在黃卷中，捨此何求？	褚氏家傳（世說‧賞9注）
賀循	好學博聞，尤善三禮。	盧預‧晉
	博覽眾書，尤精禮傳。	晉書本傳
王朗	以通經，拜郎中，除蒥丘長。	三國志本

來忠	子忠,亦博覽經學。	三國志・敏傳
張裔	治公羊春秋,博涉史、漢。 涉史、漢。	三國志・蜀・本傳
胡昭	躬耕樂道,以經籍自娛。	三國志・本傳
陸雲	儒雅有俊才。	陸雲別傳
陸績	幼敦詩書,長玩禮易。	三國志・吳書・本
裴憲	及弱冠,更折節嚴重,脩尚儒學。	晉書本傳
顧榮 楊彥明 謝行言	會稽楊彥明、謝行言,皆服膺儒教。	晉書顧榮傳
刁協	少好經籍,博聞彊記,……累轉太常博士。	晉書本傳
張華	華庶族儒雅。	晉書本傳
司馬虓	少好學,研考經記。	晉卷37
司馬駿	年五、六歲,能書疏,諷誦經籍。	晉書本傳
司馬攸	愛經籍。	晉書本傳
劉寔	起為國子祭酒,……雖禮教陵遲,而行己以正。自老及少,篤學不倦,……尤精三傳,辨正公羊。	晉書本傳
劉智	以儒行稱,著喪服釋疑論。	晉書本傳
魏舒	習一經因而對策。	晉書本傳
侯史光	光儒學博古。	晉書本傳
王濬	博涉墳典。	晉書本傳
傅玄	經論政體,有重儒教。足以塞楊墨之流,遁齊孫、孟於往代。	晉書本傳
閭纘	博覽墳典,訪通物理。	晉書本傳
庾純	博學有才義,為世儒宗。	晉書本傳
孔安國	亦以儒素顯。	晉書本傳
	少而孤貧,能善樹節,以儒素見稱。	世說・德行46注引續晉陽秋
陳邵	以儒學為徵為陳留內史,累遷燕王師,撰周禮評,甚有條貫。	晉書・儒傳
崔遊	儒術甄明。	晉書儒林
范弘之	以儒術該明,為太學博士。	晉書本傳
劉沉	敦儒道。	晉書本傳

裴憲	及弱冠，更折節嚴重，修尚儒學。	晉書本傳
范平	研覽墳索，遍該百氏。	晉書·儒林傳
范甯	既免官，家於丹陽，猶勤經學。	晉書本傳
鄭沖	喜論經史。	世說新語·政事6注
江惇	孝友淳粹，高節邁俗，性好學，儒玄並綜。	晉書·本傳
郭璞	璞好經術。	晉書72
蔡謨	博學於禮儀。	晉書·本
范隆	博通經籍，無所不覽。	晉書·本傳
吳隱之	博涉文史，以儒雅標名。	晉書·本傳
王延	遂究覽經史，皆通大義。	晉書·本傳
張華	論史漢，靡靡可聽。	世說·言語23
	華庶族儒雅。	晉書本傳
續咸	專春秋、鄭氏易。	晉書本傳
虞喜	喜專心經傳，兼覽讖緯。 又釋毛詩，略注 孝經。	晉書·儒林傳
杜夷	世以儒學稱。博覽經籍、百家之書。	晉書·儒林傳
臺產	少專京氏易……兼善經學。	晉書·藝術傳
郭琦	注《穀梁》、《京氏易》百卷。	晉書·郭琦傳
李譔	五經、諸子，無不該覽。	三國志·李譔傳
寒貧 （石德林）	德林亦就學，始精詩、書。	魏略，三國志胡昭傳注
徵崇	治易、春秋左氏	晉書本傳
劉聰妻 劉氏	每與諸兄論經義，理趣超遠諸兄。	晉書烈女傳
袁喬	博學有文才，注論與及詩。	晉書本傳
龔壯	研考經典，譚思文章。	晉書本傳
庾峻	時重老莊而輕經史，峻懼雅道陵遲，乃潛心儒典。	晉書本傳
裴秀	秀儒學洽聞，且留心政事。	晉書本傳
荀顗	博學洽聞，……明三禮。	晉書本傳
王敦	高朗疏 率，學通左氏。	世說·豪爽3
范堅	雖經學不及堅，而以才義顯於當世。	晉書本傳

任旭	臨海任旭、會稽虞喜，並絜靜其操，歲寒不移，精研墳典。	晉書儒林
王恂	建立二學，崇明五經。	晉書本傳
劉兆	兆儒德道素，青州無稱其字者。	晉書儒林
氾毓	亦世儒素。……合三傳為之解注，撰春秋釋疑、肉刑論。	晉書儒林傳
徐苗	弱冠與弟賈，就博士濟南宋鈞受業，遂為儒宗。	晉書儒林傳
董景道	明春秋三傳、京氏易、馬氏尚書、韓詩，皆有精究。	晉書儒林傳
孔衍	年十二，能通詩書。……衍經學深博，又練識舊典。朝儀軌制，多取正焉。	晉書儒林傳
孔坦	善春秋，有文辯。	世說・言語 43 注
韋言叟	雅好儒學。	晉書儒林
王歡	歡守志彌固，遂為通儒。	晉書儒林
荀爽	年十二，通春秋、論語，耽思經典。	三國志本注引漢紀
沈珩	少綜經藝，尤善春秋內、外傳。	三國志吳傳注引吳
孫和	講校經義，綜察是非。	三國志吳五子傳注
唐固	修身積學，稱為儒者，著國語、公羊、穀梁傳注。	三國志本傳
郗鑒	少有體正，耽思徑籍，以儒雅著名。	世說新語德行 24 注
	博覽經籍，……以儒雅著名。	晉書本傳
范宣	年十歲，能誦詩書。	世・德 38 注

第四章　玄學之教育觀及其對儒家教育的批評

第一節　玄學名義與流派

何謂「玄學」？語出何處？顏之推《顏氏家訓・勉學篇》可為解惑：「何晏、王弼，祖述玄宗，遞相誇尚，景附草靡。……洎乎梁世，茲風復闡，《莊》、《老》、《周易》，謂之三玄」。由上可知，「玄學」大致是魏晉南北朝時期一種崇尚《易》、《老》、《莊》義理的思潮。然〈勉學篇〉僅及「玄宗」、「三玄」，尚無「玄學」之名。「玄學」一詞之最早出處〔註1〕，據湯一介先生言，乃出於梁朝沈約所著的《宋書》中：

> 時國子學未立，上留心藝術，使丹陽尹何尚之立玄學，太子率更令何承天立史學，司徒參軍謝元立文學，凡四年並見。（《宋書・雷次宗傳》）

「玄學」就其字面上看，為「玄」「學」。就「玄」字的用法去探究，它包含三層涵義：一是玄理、玄論、玄言；即不講具體的道理，而講抽象的本體學說。二是玄妙、玄化；即不談文句及具體名物，而講一般的義理。三是玄靜、玄曠；是指一種精神上、人格上的玄遠。至於各家學者，對玄學的義涵、本質

〔註1〕見湯一介《郭象與魏晉玄學》（谷風，1987）。書中另附一段說明，也許有更早出處，見《晉書・陸雲傳》：「雲本無玄學，自此談老殊進。」《晉書》係唐時所出，若其所記乃實錄晉時語，則西晉時或已使用玄學一詞。

的界定，存在極大的歧異。〔註2〕如果從魏晉玄學的論述及玄學家思想資料加以深思，則玄學的義涵應可如是看待：玄學，從所據經典來說，是發端於《易》、《老》、《莊》三玄之學，但卻不是三玄本身〔註3〕。以實質來說，是以道家思想為主。從其哲學內容來說，則是著重探討本體論的玄遠之學。

　　林麗真先生曾就玄學探討對象、論題、內容、目的、方法及思維形式等方面，提出玄學作之六項特色，此或有助於我們掌握玄學本質〔註4〕：

　　一、以「三玄」為探討對象。

　　二、以辯證「有無」之問題為中心。

　　三、以探究「世界本體」為其哲學基本內容。

　　四、以解決「自然」與「名教」的關係問題為其哲學的目的。

　　五、以「得意忘言」為方法。

　　六、以「辨名析理」為其哲學的思維形式。

　　古籍中比較全面涉及玄學之範圍及內涵者，是《南齊書・王僧虔傳》所引〈誡子書〉。文中談及的《老子》、《莊子》、《周易》、以及論注百氏、「荊州八帙」、「才性四本」、「聲無哀樂」七個方面，正是玄學的基本內涵。亦見魏晉玄學範圍之廣。其中涉及道家著作《老》、《莊》，儒家哲學著作《周易》，及各家對三書的大量注釋；才能與本性關係、自然與感情關係等問題的論述，也包括其間。何啟民先生則據此將玄學內容分作三方面〔註5〕：

　　一、書：如《易》、《老》、《莊》。

　　二、注：如《易》注、《老》注、《莊》注。

　　三、論：如〈聲無哀樂論〉、〈才性四本論〉。

〔註2〕有將魏晉時期的哲學、思想皆稱為玄學者；則傅玄、歐陽建、楊泉也入玄學；有以清談即為玄學者，如侯外廬。則清談所涉及之儒學經義、人物品評也當屬於玄學？也有將玄學視為本體（性）之學，為本末有無之辨之學。如湯用彤、許抗生等人。趙書廉《魏晉玄學探微》（河南人民出版社，1992）曾有專文批評，此處不再贅述。

〔註3〕先秦的老莊是反對儒家禮教的，而魏晉玄學家所解釋的老莊，除了嵇康、阮籍之外，一般是主張調和儒道，或主儒道合一。如王弼以老子思想解釋論語，認為儒家的禮教，是道家無為之道的表現；郭象則以為名教即自然。在其學說中，儒道乃合二而一的。老莊在哲學上皆主「有生於無」之說，魏晉玄學則講「以無為本」或萬物自生、獨化。這是玄學與老莊不同的地方。

〔註4〕林麗真先生講授「魏晉玄學」之課堂講稿。

〔註5〕何啟民〈魏晉思想與士族心態〉（政大歷史學報，p.29）。

以此三者構成玄學全部的內容。我認為不失為一種簡明的分法。《易》、《老》、《莊》三書，由於皆具有發人深省，復待闡發之有關天道、地道、人道問題存在，內容豐富，故成為提供玄學論析題材的三部主要著作。注，以注此三書為主。魏晉人注書，未必盡符原書，然而書注正可表現學者個人思想，反映出魏晉思想之特殊風貌。論則未必全出自三玄，但多有相關。因為書中任何一點問題，皆可擴大推演，發展為一個論題，如《周易》之互體，老氏之無名及《莊子》之逍遙。不過，雖說《易》、《老》、《莊》三書是玄的基本成分，然實際扮演玄學主角的是論、注，也最能顯示當時人的哲學意趣與造詣來。

玄學派別甚多，最粗略的分法，是根據其討論之課題，分為二大系統：一是魏初盛行「才性派」；二是正始以後，一直盛行至南北朝，以老、莊學為主的「玄理派」〔註6〕。「才性派」只在魏初數十年間流行，其後玄學，以「玄理派」為主。由於玄理派盛行時間頗長，本身在義理、哲理方面有所流變，為了研究方便，一般將其分為四期〔註7〕：

一、正始時期：何晏、王弼為代表。

二、竹林時期：嵇康、阮籍為代表。

三、元康時期：裴頠、郭象為代表。

四、東晉時期：道安、張湛為代表。

分期標準大致依學術發展變遷而劃分的，思想重心、中心論題各有特色。近代研究玄學史的學者，如湯一介、許抗生、趙書廉等〔註8〕，針對「有無」問題的主張，認為可以分成數派：

（一）何晏、王弼為代表的貴無論派

何、王是曹魏政權的支持者與官方哲學家，他們最重視和喜好《老子》學說，也好《周易》、《論語》，並以《老子》思想去闡釋儒家觀念。何王思想體系的重心是是論證名教必須合乎自然，才能發揮作用。自然是本、是無，由此提出「本無」的本體論。

〔註6〕如牟宗三（《才性與玄理》頁44）、勞思光（《中國哲學史‧卷二》）等。

〔註7〕湯一介《郭象與魏晉玄學》頁34。

〔註8〕在此主要引用趙書廉《魏晉玄學探微》書中之意見。（河南人民，1992）

（二）嵇康、阮籍為代表的自然論派

嵇、阮屬曹魏集團，而處司馬氏當政時代，因而採取消極的不合作態度。他們喜好並宣揚莊子的逍遙思想，與何王著重老學不同，不過對老、易仍同樣推重。他們針對司馬氏虛偽的儒家說教、教條，提出崇尚自然的主張，藉以求得精神上的解脫與自由。在哲學思想方面，則傾向於元氣自然論，與其他玄學家不同，但其思想的基調乃為道家的，則是無可置疑的。

（三）裴頠為代表的崇有論派

西晉中期，司馬氏的政權已趨穩定，裴頠以當朝名士之身份，著崇有論，批評嵇、阮的放達與王衍之流的任誕之風，然而也主張道家道德之說，強調不可去有以存無，棄用而談體。體現了調和儒、道思想的趨勢。

（四）郭象為代表的獨化論派

郭象直接承繼向秀與裴頠之說，而遠紹何王思想。通過《莊子注》而發明新旨。進一步調和儒道之學及有無之說。郭象與嵇、阮超脫世俗事務的思想不同，他強調游內與弘外，內聖與外王是完全統一的。為了論證這種主張，他提出自生獨化說，認為一切事物都是忽然獨化而生，各以自身的性分為根據。所以每一事物，只要能充分發揮其自性，足性便能逍遙，且不相妨。

（五）張湛為代表的貴虛論派

張湛思想乃是對上述諸人進行綜合，並加以發揮。認為萬物的本體是無，不具任何形態，又不附著於任何形體之上。一切有具體形態的萬物，皆隨代謝而遷革，而只有支配生滅過程的生生者，才是無變化的。而這個絕對不變本體不是他物，而是能為萬變宗主的「虛無」。張湛哲學處於玄學衰弱期的最後一個玄學體系，也標誌著玄學的暫時終結。以下之玄學，主要由佛學家所接續，使本末有無問題進入另一個嶄新的階段。

魏晉玄學的產生有其極深刻的政治社會、學術思想的根源。它既非外來佛學影響的產物，也非我國以往傳統思想孤立演變的結果，而是基於當時政治現實需要，繼承、改造與發展先秦、兩漢以來道、儒各家思想的一種新思潮。其內容廣含了政治、倫理、道德、哲學、文化等諸方面的問題。教育問題也涵括其間。玄學家對教育問題的探討，依其派別也各有偏重：名理派的看法見於「才性論」；玄理派則表現於其對「自然」與「名教」關係的爭辯。

　　介紹過玄學重要流派的後，我們知道，各家雖同名為「玄學」，事實上，彼此在許多問題上仍然存在著相異的見解，因而在探討其教育理念時，也必然要面對這個難題。因此筆者在處理這個問題的原則是「取其大同」；歧異過大時，若能加以分類，則並存之；然而某些見解雖為孤掌之鳴，因其識解之有開創意義者，則不遺珠割愛。在前面介紹儒家教育思想、內容時，曾包括教育原理、目標、內容、方法等方面，故筆者此章之論述，亦循此例逐一分析。

第二節　教育目標──體道無為之聖人

一、玄學家對傳統儒家的批評

　　「聖人」在中國思想史上，一直是作為理想人格的代表。不但儒家用以稱許理想人物，以道家思想為主的魏晉玄學家，亦不例外。然而玄、儒二家在聖人的本質、內涵上，則相去實遠。

　　儒家聖人是內有德智，外有事功的一種內聖外王的典型。其人格不但已臻至極成熟圓滿的境地，更重要的還具有博施濟眾的能力及事功〔註９〕。而儒家教育目標──君子，乃是以聖人之言為楷模而終日戒慎恐懼以行者〔註10〕。所以（儒家）聖人，基本上乃是儒者（特別是以君子自期者）所企慕奉行的行為楷模。

　　反觀道家，他們不以形軀為貴，不以認知為重，不以德性為價值終極，進而主張離形去知，不追求德性自我的呈現，是一種極自在的心靈境界，對現實社會採取超脫的態度。玄學既以道家思想為主軸，因此在面對儒者截然相異的立身、為學樣態，自不免有所批評：

　　　　孔丘之博學，堯舜之義讓，湯武之干戈，羲農之簡樸，此皆聖人因
　　　　應時務之麤跡，非所以為聖者。所以為聖者，固非言跡之所逮者。
　　　　（張湛《列子注‧仲尼》）

〔註９〕子貢曰：「如有博施於民而能濟眾，何如？可謂仁乎？」子曰：「何事於仁，
　　　　必也聖乎！堯、舜其猶病諸！夫仁者，己欲立而立人，己欲達而達人。能近
　　　　取譬，可謂仁之方也已。」（《論語‧雍也》）
〔註10〕《論語‧季氏》：「孔子曰：君子有三畏：畏天命，畏大人，畏聖人之言。」

> 法聖人者，法其跡耳。夫跡者，已去之物，非應變之具也，奚足尚
> 而執之哉！執成跡以御乎無方，無方滯而跡至矣。（郭象《莊子注·
> 胠篋》）

> 若夫知、見，可以欲為而得者，則欲賢可以得賢，為聖可以得聖乎？
> 固不可矣。（郭象《莊子·人間世》注）

郭象、張湛在注中提出：一般法聖者，僅是學習其用以因應某個特定時空問
題的已去行跡。今日已非彼時，聖人見於言行所載者之外在表現（如：孔丘
之博學，湯武之干戈，羲農之簡樸），並不值得後人拘執篤行。聖之所以為聖，
在於他們懂得應變、御於無方，因此，尚法古聖，不能從言、跡方面去法，而
應該進一步去體會聖之所以為聖的道理，得其本然，才不致眩惑於聖跡，無
所適從，徒勞無功。此外，聖賢是不可學的，聖不是「為」而可得，「尚法」
也無濟於成聖。玄學家何以如此主張？聖或非聖，其理安在？此則本節所要
探討的重點。

其次，玄學家也露骨的批評那種為求利祿、唯恐遺失的拘拘小儒：

> 天下之貴，莫貴於君子。服有常色，帽有常則，言有常度，行有常
> 式。立若磬折，拱若抱鼓，動靜有節，逐步商羽，進退周旋，咸有
> 規矩。心若懷冰，戰戰慄慄；束身修行，日慎一日；擇地而行，唯
> 恐遺失。誦周孔之遺訓，嘆唐虞之道德。唯法是修，唯禮是克。手
> 執規璧，足履繩墨。行欲為目前檢，言欲為無窮則。少稱鄉里，長
> 稱邦國。上欲三公，下不失九牧。故挾金玉，垂文組，享尊位，取
> 茅土，揚聲名於後世，齊功德於往古。奉事君上，牧養百姓，退營
> 私家，育長妻子。卜吉宅，慮乃億祉，遠禍近福，永堅固己。此誠
> 士君子之高致，古今不易之美行也。（阮籍〈大人先生傳〉）

文中揭示了儒者治學目標及人生理想——功成名就，也提及儒家教育所重視
的禮法內容。但阮籍將其一一戳破，前面種種榮華盛名，終難恆常，「進求
利以喪生，營爵賞而家滅」，絕非遠禍近福之道。眼前安適，不過如虱處褌
中〔註11〕，自欺欺人而已。

玄學家認為儒者「心若懷冰，戰戰慄慄；束身修行，日慎一日；擇地而
行，唯恐遺失。誦周孔之遺訓，嘆唐虞之道德。唯法是修，唯禮是克」的情

〔註11〕阮籍〈大人先生傳〉。

態，根本失去人之自在與逍遙。因此他們所欲「成就」的人生目標，絕非在此。「治經入官，則君子之道焉」〔註12〕的儒家教育目標，便受到批判。也因為如此，激烈一點的玄學家，甚至連湯武、周孔也加以非薄〔註13〕。原因除了人生目標、境界型態的迥異之外，世人徒效聖跡、拘守無已、自苦無己的表現，更使向來主張「個體自在心靈境界」的玄學家不禁要發出反對之聲來。

　　儒家之志既不可行，教育目標當如何呢？玄學家所提出人生典範一樣是「聖人」，名稱雖同於儒家，但在本質內涵上，大不相類。至於在玄學著述中常提及「至人」、「神人」、「大人」，名稱異於「聖人」，所指實同：

　　　　夫神人，即今所謂聖人也。（郭象《莊子注‧逍遙遊》注）

　　　　且大人，聖人也。（徐幹《中論‧智行》）

　　另有賢、君子，則為次於聖人的人格表現，雖不及聖人，但在某些方面也有聖人之質，只是具體而「微」──神明不如聖人之茂罷了。徐幹說：「蓋君子通於賢者也。聰明惟聖人能盡之，大才通人有而不能盡也」〔註14〕；王修〈賢人論〉云：「賢人誠未能闇與理會，然居然體從。比之理盡，猶一毫之領一梁。一毫之領一梁，雖於理有損，不足以撓梁。賢有情之至寡，毫有形之至小；毫不至於撓梁，於賢人何有損之者哉？」〔註15〕孫盛〈老聃非大聖論〉則云：「夫大聖乘時，故跡浪於所因；大賢次微，故與大聖而舒卷。……至於中賢，第三之人，去聖有間，故冥體之道未盡，自然運用，自不得玄同」〔註16〕，說明了聖、賢、君子之別。

二、玄學家論聖人的特質

　　魏初，王弼與何晏曾就聖人特質問題，進行論辯。何晏以為聖人沒有喜怒哀樂，此種說法，獲得鍾會等人的信服，且加以傳述，王弼則不如此認為。論中，他提出聖人的多項特質：一是神明茂；二是聖人體無（沖和）；三是聖人有情；四則是聖人無累〔註17〕。這幾個觀點，頗能代表魏晉玄學家對聖人

〔註12〕《晉書‧食貨志序》。
〔註13〕嵇康〈與山巨源絕交書〉：「每非湯武而薄周孔。」
〔註14〕《世說‧文學83》注引《王修集》
〔註15〕徐幹《中論‧智行》
〔註16〕《廣弘明集‧卷五》
〔註17〕何晏以為聖人無喜怒哀樂，其論甚精，鍾會等述之。弼與不同，以為：聖人茂於人者，神明也；同於人者，五情也。神明茂，故能體沖和以通無；五情

特質的看法。其中意見比較分歧的是「聖人有情、無情」的這個問題。以下分別說明：

（一）神明茂

在王弼與何晏論難之辭中，王弼首先標舉聖凡之別——神明。聖人之神明茂於常人，常人雖有神明〔註18〕，但不如聖人之茂。從王弼注加以歸納，其所謂「神」、「明」乃屬同一層次，「神」似乎是指一種能覺察神妙事物、體會無形不測道體的能力。當它不蒙物累、不牽於外欲，則終日所為可與道同體（不違道），聖人能體會道體之神妙，故行事合道，百姓也因之自服。至於明，老子曾說：「知常曰明」〔註19〕。「知常」指能認識到萬物的本根起源，及運動變化的反復律則，就叫「明」〔註20〕。若指一種能力而言，則「明」指見小、察微、無所窒礙的體悟、察識能力〔註21〕。

而聖人此種能力何來？可學否，答案可能是否定的。郭象認為：「聖人者，物得性之名也，未足以名其所以得也」。〔註22〕聖人是萬物中，將其自然天賦發揮得最極致相得之人，但是其所以得是無法以名言加以稱說的。

同，故不能無哀樂以應物。然則聖人之情，應物而無累於物者也。今以其無累，便謂不復應物，失之多矣。（何劭〈王弼傳〉，《魏志・鍾會傳》注引）

〔註18〕然而，神明何謂也？
至於玄覽，能不以物介其明，疵其神乎？則終日與玄同也。（王弼《老子注・10章》）
不以物害其神。（王弼《老子注・32章》）
神，無形無方者。（王弼《老子注・29章》）
神則無形者也。不見天之使四時，而四時不忒；不見聖人使百姓，而百姓自服也。（王弼《周易注・觀象》）

〔註19〕《老子・16章》。

〔註20〕「常」何指？王弼說：
常之為物，不偏不彰，無皦昧之狀，無溫涼之象，故曰：「知常曰明」也。（王弼《老子注・16章》）
靜則復命，故曰復命也。復命得生命之常，故曰常也。（王弼《老子注・16章》）
歸根曰靜。（《老子・16章》）
凡有起於虛，動起於靜，故萬物雖並動作，卒歸於虛靜。（王弼《老子注・16章》）

〔註21〕至明四達，無迷無惑，能無以為乎？（王弼《老子注・10章》）
見大不明，見小乃明，……顯道以去民迷。（王弼《老子注・52章》）
夫察見至微者，明之極也。……能盡及明，匪唯聖乎？（王弼《老子指略》）
夫明足以尋極幽微，而不能去自然之性。（王弼〈答荀融書〉）

〔註22〕郭象《莊子注・逍遙遊》注。

　　嵇康則從「自然元氣論」觀點看聖人特質。他說:「夫元氣陶鑠,眾生稟焉。賦受有多少,故才性有昏明。唯至人特鍾純美,兼周外內,無不畢備」。〔註23〕認為眾生之性乃直接得自元氣的陶鑠,在稟受之時,則有多寡之不同,因此造成才性有昏明的不同。至人(聖人)所受特別,乃純者、美者之氣所聚,故其表現於外,乃是兼周外內,無不畢備。

　　劉劭則以「中庸」、「中和」、「平淡」為人的最高品質〔註24〕,最高的道德標準是「以無為德,以虛為道」。並賦予聖人「無名」、「不偏」、「兼備」、「無方」、「能達」等道家義涵。

　　因為聖人乃天成材質,早與一般人有別,故其神明、中和非學可致。聖人生知,所以孫齊莊會說:「不慕仲尼而慕莊周。」〔註25〕。

(二)聖人體無

1.「體無」與「言無」之別

　　王弼弱冠時曾詣裴徽。裴徽問弼曰:「夫無者,誠萬物之所資。聖人莫敢致言,而老子申之無已,何邪?」王弼說:「聖人體無,無又不可以訓,故不說也。老子是有者也,故恆言無所不足」〔註26〕此段對話中包含幾個重點:

　　(1)裴徽「夫無者,誠萬物之所資」,是以一個直述句形式出現,表此項命題,已為裴徽、王弼所肯定不疑。此亦魏晉玄學之理論基礎。

　　(2)「聖人莫敢致言」,此處聖人與老子對舉,知老子在二人眼中,絕非聖人。此處聖人當指孔子而言,此承漢而來,魏初,儘管玄學興盛,尚不敢對孔子加以否定、批評。

〔註23〕嵇康〈明膽論〉。
〔註24〕中庸也者,聖人之目。(劉劭《人物志‧九徵》)
　　　　夫中庸之德,其質無名,故鹹而不鹻,淡而不醶,質而不縵,文而不纈;能威能懷,能辨能訥,變化無方,以達為節。(劉劭《人物志‧體別》)
　　　　若夫溫而能屬,威而不猛,恭而能安,斯名之理全矣。故至和之調,五味不形;大成之樂,五聲不分;中和備質,五材無名也。(王弼《論語釋疑‧述而37》)
〔註25〕《世說‧言語50》:
　　　　孫齊由、齊莊二人少時詣庾公。……公曰:「齊莊何字?」答曰:「齊莊。」公曰:「欲何齊?」曰:「齊莊周。」公曰:「何不慕仲尼而慕莊周?」對曰:「聖人生知,故難企慕。」庾公大喜小兒對。
〔註26〕《世說‧文學8》的記載與此稍異,列於此處,可為參考王輔嗣弱冠詣裴徽,徽問曰:「夫無者,誠萬物之所資。聖人莫敢致言,而老子申之無已,何邪?」弼曰:「聖人體無,無又不可以訓,故言必及有;老莊未免於有,恆訓其所不足。」

（3）此處區分了體無與言無的區別，也正是聖與不聖的取決標準——無。體之為聖；能言之而具體行動不符無者，非為聖。

（4）《老子·第一章》云「道可道，非常道；名可名，非常名。」而老子「恆言無所不足」，是「言無」，既有言，則落入有的層次，非「體無」之聖者。

（5）「聖人體無，無又不可以訓，故不說也」，不說，方合乎「無為」之精神。

文中的「無」，指的是「道」。魏晉時代，「道」、「無」可通，皆是作為宇宙萬物之本體、根源的代稱。落於人事，則為最高的行事準則。聖人因能體無，故行事亦本「無」以行：

> 若夫聖人，名無名，譽無譽，謂無名為道，無譽為大。（何晏〈無名論〉，〈列子·仲尼〉注引）

> 是以天地雖廣，以無為心；聖王雖大，以虛為主。（王弼《老子·38章》注）

> 夫大人者，乃與造物同體，天地並生，逍遙浮世，與道俱成。（阮籍〈大人先生傳〉）

> 夫聖人，無我者也。……恢詭譎怪，則通而一之。使群異各安其所安，眾人不失其所是，則幾不用於物，而萬物之用用矣。物皆自用，則孰是孰非哉。（郭象《莊子注·齊物論》）

道是無名無譽的，聖人體道，以無名為名，以無譽為譽。天地廣大，然其行也，以無為其主宰；聖王尊大，也以虛（無、道）為主宰。而大人者，亦聖人之屬，由於體無，精神境界上已與造物（道）同體，與道俱成。而郭象心目中的聖人，則已全然與無為一，連自己也「無」掉，以與萬物一齊，對外物不加以施為，使其自用而已，以上皆為聖人體無之表現。

探討「體無」與「言無」的問題，涉及魏晉人心目中的聖人典範為誰？玄學以道家為本，則玄學家追慕之聖人為道家聖人？事實並非如此，除了何晏〈無名論〉中以老氏與堯皆主無名，而將之等同之外〔註27〕，大多數玄學家，仍以傳統儒家的聖人為理想典型的代表人物，然而其特質則已被轉為道家型態。（如以孔子為體無，以堯主無名之類……。）

〔註27〕《世說·文學10》注引《文章敘錄》：
　　自儒者論，以老子非聖人，絕禮棄學。晏說與聖人同。著論行於世也。

　　《老》、《莊》為「三玄」之二，然其著者老子、莊子在魏晉人眼中，尚不足以稱為聖人：

> 「道沖而用之，或不盈。和其光，同其塵。」盛以為老聃可謂知道，非體道也。……伯陽……既處濁位，復遠導西戎，行止則狷其跡，著書則矯狂其言。和光同塵，固若是乎！（孫盛〈老聃非大聖論〉，《廣弘明集‧卷五》）

> 夫莊子者，可謂知本矣。故未始藏其狂言，言雖無會而獨應者也。夫應而非會，則雖當無用；言非物事，則雖高不行。與夫寂然不動，不得已而後起者，固有間矣。斯可謂知無心者也。……然莊生雖未體之，言則至矣。……其言宏綽，其旨玄妙。（郭象《莊子注‧序》）

　　孫盛、郭象的批評，事實上仍沿著王弼路線走──以其「知」道、「未體無」而不得列聖人之位。孫盛以為老子「行止則狷其跡，著書則矯狂其言」，非體無之表現；而郭象也以莊周雖知事物之本體，但仍把它當作認識對象。把本末割裂為二，且未能融會為一，所以郭象不認為莊周是聖人。老莊一般是被視為次聖者，或賢人〔註28〕。從王弼到郭象之論聖人，可看出魏晉時代，往往都把聖人老莊化，而不以老莊為聖人。

2. 自然無為

　　聖人體無，然而並非無事可為。聖人之「為」是「為無為」，不以「有為」為「為」。

> 不見聖人使百姓，而百姓自服也。（王弼《周易注‧觀‧象》）

> 主德者，聰明平淡，總達眾材，而不以事自任。（劉劭《人物志‧流業》）

> 若道（中庸之道）不平淡，與一材同用好，則一材處權，而眾材失任矣。（劉劭《人物志‧流業》）

> 夏侯玄曰：「天地以自然運，聖人以自然用」。（何晏〈無名論〉，〈列子‧仲尼〉注引）

〔註28〕孫放以莊周為次於聖者，見《世說‧言語50》注引〈孫放別傳〉：
　　放曰：「仲尼生而知之，非希企所及；至於莊周，是其次者，故慕耳。」公謂賓客曰：「王輔嗣應答，恐不能勝之。」孫盛則以老子中賢而已。詳見〈老聃非大聖論〉。

聖人有則天之德，所以稱「唯堯則之者」，唯堯於時全則天之道
也。……故則天成化，道同自然，不私其子而君其臣。凶者自罰，
善者自功；功成而不立其譽，罰加而不任其刑。百姓日用而不知所
以然，夫又何可名也。（王弼《論語釋疑·泰伯19》）

聖人在上，非有為也，恣之使各自得而已。（郭象《莊子注·天運》）
唯聖人無跡，故無弊也。……夫聖人因物之自行，故無跡。然則所
謂聖者，我本無跡，故物得其跡。跡得而強名聖，則聖者乃無跡之
名也。（郭象《莊子注·讓王》）

是以聖人居中履和，視目之所視，聽耳之所聞，任體之所能，順心
之所識，故智周萬物，終身全具者也。（張湛《列子注·仲尼》）

從以上對聖人為政、行事的描述，可看出其以「自然」「無為」作準則，此亦
其「體無」的具體表現。所謂的「自然無為」，指聖人「則天成化」、「道同自
然」。以「不使」、「無措」、「無名」、「不居功」、「不私」、「恣之」、「聽任」、「順
物」、「同物」的方式，讓「凶者自罰，善者自功」，眾材皆達；而聖人「不以
事自任」。

（三）聖人無累

1. 有情與無情之辯

前面提到，王弼與何晏曾對「聖人有情無情」進行辯論，此處再予分析：

何晏以為聖人無哀樂，其論甚精，鍾會等述之。弼與不同，以為：
聖人茂於人者，神明也；同於人者，五情也。神明茂，故能體沖和
以通無；五情同，故不能無哀樂以應物。然則聖人之情，應物而無
累於物者也。今以其無累，便謂不復應物，失之多矣。（何劭〈王弼
傳〉，《魏志·鍾會傳》注引）

（1）從何劭〈王弼傳〉的本文中即可知，所謂「情」，指喜怒哀樂等心理
作用而言。

（2）兩人之異，在於何晏主「聖人無情」，而王弼主「聖人有情」之說。

（3）兩人之同，在於聖人無累。

（4）至於無累的原因，何晏以為是聖人無情之故。因為喜怒哀樂所發，
乃物動使然，有情則累生。今聖人無累，知其無情。

（5）王弼則以為：聖人既是人，就當有常人所具之五情。聖人生於世間必與物接，聖人則以五情來應物。不能因聖人無累就說他無情，言下之意似乎聖人對於情，已經特殊轉化功夫，故能無累。

2. 游內弘外、內聖外王

劉劭認為：聖賢之所以值得稱美，正在於他們具有過人的聰明之質，然而聰明之所以受到重視，那是因為可以用來知鑒人材〔註29〕。能知人，正是聖人明智之表現。若然，則因其材而授任，各得其所，則政事可以興隆。劉劭的聖人，因襲傳統儒家，不過偏重於聖人之聰明，而非德行。以得良才為聖人要務，知其入世尚智色彩極濃。

再由王弼注中，聖人也有極明顯的入世思想。如「治國」、「因俗立制」、「推誠訓俗」、「始制官長」、「定名份尊卑」、「移風易俗」〔註30〕……等，基本上皆屬「有」之領域、外王之事業，然而王弼並不似傳統道家，力主出世以自適。換句話說，王弼認為，只要能消除執著與纏累，稟持無執無累的自然心態，仍可優遊於刑名禮教的領域。

在前文已提及一些玄學家理想中聖人的特質，儘管聖人可以有情、言有、用有，然聖之所以為聖，基本上不在事功之多寡，而在其心靈境界是否已達到「無累」，「體無」且「用有」的道（無）境。在哲學上，王弼主「有無並觀」、「貴無而不賤有」立場。若拘於無，則又是另一種「有」。

〔註29〕夫聖賢之為美，莫美乎聰明。聰明之所貴，莫貴乎知人。知人誠智，則眾材得其序，而庶績之業興矣。（劉劭《人物志‧序》）

〔註30〕以道治國，崇本以息末。（王弼《老子注‧57章》）
夫喜懼哀樂，民之自然。應感而動，則發乎聲歌。所以陳詩採謠，以知民志風；既見其風，則損益基焉。故因俗立制以達其禮也。矯俗檢刑，民心未化，則又感以聲樂，以和神也。若不採民詩，則無以觀風。風俗乖異，則禮無所立；禮若不設，則樂無所樂；樂非禮，則功無所濟。故三體相扶，而用有先後也。（王弼《論語釋疑‧泰伯》）
夫推誠訓俗，則民俗自化。求其情偽，則儉心茲應。是以聖人務使民歸厚，不以探幽為名；務使奸偽不興，不以先覺為賢。故雖明並日月，猶曰不知也。（王弼《論語釋疑‧泰伯》）
始制，謂樸散始為官長之時也。始制官長，不可不定名份以定尊卑，故始制有名也。（王弼《老子注‧33章》）
樸，真。真散則百行出，殊類生，若器也。聖人因其分散，故為之立官長。以善為師，不善為資，移風易俗，復使歸於一也。（王弼《老子注‧28章》）

若乃廔然以獨高為至，而不夷乎俗累，斯山谷之士，非無待者也。奚足以語至極而遊無窮哉？（郭象《莊子注·逍遙遊》）

夫能令天下治，不治天下者也。……夫治之由乎不治，為之出乎無為也。取於堯而足，豈借之許由哉！若謂拱默乎山林之中，而後得稱無為者，此莊老之談所比見棄於當塗。（郭象《莊子注·逍遙遊》注）

夫神人，即今所謂聖人也。夫聖人雖在廟堂之上，然其心無異於山林之中。（郭象《莊子注·逍遙遊》注）

夫大聖乘時，故跡浪於所因；大賢次微，故與大聖而舒卷。……至於中賢，第三之人，去聖有間，故冥體之道未盡，自然運用，自不得玄同。然希古存勝，高想頓足，仰慕淳風，專詠至虛，故有棲峙林壑，若巢許之倫者；言行抗響，如老彭之徒者。亦非故然，理自然也。（孫盛〈老聃非大聖論〉，《廣弘明集·卷五》）

（謝）萬善屬文，能談論。萬《集》載其四隱四顯，為八賢之論。謂漁父、屈原、季主、賈誼、楚老、龔勝、孫登、嵇康也。其旨以處者為優，出者為劣。孫綽難之，以為「體玄識遠者，出處同歸」。（《中興書》，《世說新語·文學91》注）

那些隱士們，世俗截然劃分，廔然以獨高為至，就郭象認為，並非修道之至境。聖賢處世當能出處同歸，無入而不自在，乘時因物方是聖人之境：

聖人不得已而臨天下，以萬物為心。在宥群生，由身以道，與天下同于自得。穆然以無事為業，坦爾以天下為公。雖居君位，饗萬國，恬若素士接賓客也。雖建龍旂，服華袞，忽若布衣之在身。故君臣相忘於上，烝民家足於下。豈勸百性之尊己，割天下以自私？以富貴而崇高，心欲之而不已哉？（郭象《莊子注·大宗師》）

聖人以道德為心，不以富貴為志；以無為用，不以人物為事。尊顯不加重，貧賤不自輕，失不自以為辱，得不自以為榮。木根挺而枝遠，葉繁茂而華零。（阮籍〈大人先生傳〉）

夫理有至極，外內相冥，未有極遊外之致而不冥於內者也。故聖人常遊外以冥內，無心以順有，故雖終日見形，而神氣無變；俯仰萬機而淡然自若。（郭象《莊子注·大宗師》）

是以聖人未嘗獨異於世，必與時消息。（郭象《莊子注・天地》）

聖人……乘理而無心，常與萬物遊。（張湛《列子注・天瑞》）

若乃萬變玄一，彼我兩忘，即理自夷，而實無所遣。夫冥內游外，
同於人群者，豈有盡與不盡者乎？（張湛《列子注・天瑞》）

所以聖人可以治國，然而是以不得已的心情為之，以萬物為心、由身以道，
以無為用，要能「遊外以冥內，無心以順有」，聖不聖，全在一個「無心」的
心境上。若然，則雖終日見形，而神氣無變；俯仰萬機而淡然自若。大抵魏晉
玄學家皆有如此共識：超現實的精神境界的達成，在於以「無心以順有」的
態度對待一切現實的問題，而且超現實的境界只能實現於現實之中。

三、小結

　　自劉劭《人物志》，由材質角度論聖人內涵，所言與傳統儒家說法比較，
已有相當程度的變化。他一方面認為聖人是明《易》象、敘《詩》書、治禮
樂，行教化於天下之人；另一方面，又以中和平淡、中庸無名來形容聖人材
質。顯然他不僅對儒家所崇尚的「內聖外王」的特質有所繼承，同時又以「平
淡無味」釋聖人的中和之質，以「無為無名」釋聖人的中庸之德。由此可知，
儒道兩家涇渭分明的聖人觀，至此出現了融合的趨勢。

　　至於劉劭大多以「無」來進行對聖人之質的描述，與日益形成以「無」
為本的本體論的觀點相符，致使聖人論成為魏晉玄學的主要論題之一，且周
孔與老莊相結合的說法，也成為魏晉玄學探討聖人特質時的通說。

　　玄學家的（自我、受教）教育理想典型，也是聖賢，然而玄學家眼中的
聖賢，不同於儒家那種踐履名教、人倫道德的聖人，而是一個能體道識玄的
主體。簡言之，即是道家化的聖人。儘管如此，玄學家眼中的聖人皆具老莊
色彩，然而他們卻不以老莊為聖人。

　　從前文說明，可約略了解到玄學家期望的聖人形象。基本上，他是一個
已經體驗道體的人；指實以言，其理想中聖人，仍是堯、舜、孔子，然特質已
轉變為與無同體，與自然合德的境界我典型──老莊筆下的聖人型態。他有
一般人所具備的感情，但已不被牽累──在認知上，已不存個人主觀愛惡是
非；在心境上，則能超脫世俗名利貴賤榮辱、捨離甚、奢、泰，並超越死生、
憂樂，甚至時空之限，進而觀照至高智慧、達到與物情通的化境。在政治表

現上，乃是一個不執無為、無功無名、不爭不恃、因民自化、順任自然，以無為用而不責於人的自然主義者。玄學家這種以無同體，不以世務嬰懷、精神自由的聖人，與傳統儒家所標榜之汲汲經世致用的聖人，可說是存在著相當大的差異。

值得一提的是；儒、道二家聖人固有異同，然而在玄學家手中，二家聖人特質有部分融和的傾向。聖人有情、顯身廟堂、致世太平，顯然與道家超世精神略異，而與儒家博施濟眾的用世色彩相接，這不能不說是一魏晉玄學對傳統儒、道聖人之轉化與融通。儒道融和，本是魏晉玄學一項極大的特色，從聖人論的探討，可得到印證。

第三節　教育原理

玄學派別甚多，魏初盛行「才性」名理，正始以後，盛行何、王以老莊為主的「玄學」名理。二派對於教育各有不同意見。名理派的看法見於「才性論」；玄理派則表現於對「自然」與「名教」關係的爭辯。

一、才性四本論與自然名教之爭

研究人性，大約有三條進路：物性、心性以及才性〔註31〕。物性路線在中國，似乎從未發展開來；兩漢以訖魏晉，人性論上較受重視的乃是「才性論」。「才性論」和「心性論」，皆欲為人性找存在根據。過去傳統儒家的人性論約有數家，章炳麟〈辨性〉曾提到儒者研性之五家〔註32〕，這五家儘管對性的性質看法不同，但多以「倫理道德」的觀點來看人性。魏晉時代則不然，論性的角度已有所轉變，多就「氣質」論性，走所謂「才性」的路線。「才性論」中，「才」指才能，而「性」的定義就隨各家思想之異而有所紛歧。

隨著各家對「性」的不同理解，再加上與「才」之間關係的討論，即構成於魏初流行一時的「才性之辨」。其後，玄理派學者，在「性」方面也各

〔註31〕物性的研究進路在西方較為發達。可參考唐君毅《中國哲學原論——原性篇》（學生，民78）及勞思光《中國哲學史‧卷二》。

〔註32〕儒者研性有五家：「無善無不善」，是告子也；「善」，是孟子也；「惡」，是孫卿也；「善惡混」是揚子也；「善惡以人異，殊上中下」，是漆雕開、世碩、公孫尼、王充也。（章炳麟〈辨性〉）

有發揮，只是相與討論的對象不再是與「才」的同異離合問題；而是轉為「性」「情」體用關係的論述，且「性」的定義也與才性之「性」有相當差異。

才性論爭的興起，大致有兩種說法。一種主張與實際的選舉制度有關；一種以為是品鑒之風的自然發展。〔註33〕但總的來說，才性問題的發生並非一個純粹哲學問題，而是有其現實背景的，這主要是由政治上選拔人才問題所引發的。漢魏之際，政局混亂，人民流離失所遷徙者甚眾，故無法復行鄉舉里選制度。於是產生對人才優劣評定及辨識標準問題的爭論。而官場的黑暗，使士人無意仕進，縱情自我。自是人才價值的評定標準，無法再由外在事功評定〔註34〕，轉向就個人才性特質加以評斷的人才觀，新舊人才觀念之間必有不同及衝突處，故有才性之辯的盛行。

才性問題雖說不是漢魏之際才提出來的，但此時，它卻成為一個普遍被重視的課題。漢末僅就具體人物的才性高下進行論評，至魏晉時代，則進為對評論人物的標準及評論原則加以討論。對抽象的人物標準進行討論，必然要用「辨名析理」的辦法，因而才性論者，又被稱為「才性名理」派。而對「才性」問題的討論中，以「才性四本論」最具代表性。

〔註33〕1. 選舉說：
此說主張才性之辯乃與實際選舉制度有關。東漢察舉中早有孝廉、秀才之分。一重操行（性），一重才能。在東漢名教猶盛之時，二者關係尚能一致。唯時日一久，飾偽萌生，名不副實、有才無行、有行無才情況，日趨嚴重。漢靈帝中平以後，用才或用德便成為政治選舉上爭議的問題。至曹操「重才輕德」詔令一下，「才性離」或「才性異」之說，便倡導開來，以與傳統、保守的「才性合」、「才性同」說相抗。
2. 品鑒說：
就談辯史的眼光來看，才性論的發生，乃品鑒之風的自然發展。東漢品藻人倫之重實才、實德、實功，至魏晉之重情韻風格，其發展有一定的脈絡相承的關係。品鑒方法既由臧否高下、走向名理玄虛，則才能和性行的關係，自然也是審定人物風格的切要問題了。
關於才性之爭的興起，主前一說的學者如陳寅恪、唐長孺；主後一說者如林麗真師。三人意見分見於〈書世說新語文學類鍾會撰四本論始畢條後〉、〈魏晉才性論的政治意義〉、《魏晉清談主題之研究》頁230〜232。
〔註34〕王充《論衡・逢遇》：「賢不賢，才也；遇不遇，時也。或才高行潔，不遇，退下流；薄能濁操，遇，在眾上。……處尊居顯未必賢，遇也；位卑在下未必愚，不遇也。」劉劭・人物志・流業》：「能傳聖人之業，而不能幹事施政，是謂儒學，毛公、貫公是也。」

　　至於自然與名教之爭方面，所謂「自然」，是說宇宙本體、世界本源、宇宙萬物之本然。引申開來，包含一切非人為造作之狀態及自在無執的心靈。所謂「名教」，乃是「因名立教，其中包括政治制度、人才配合及禮樂教化等等。」〔註35〕自然與名教之爭的產生，是有其政治及學術背景的。

　　儒術獨尊以後，在位君主多以儒家學說作政教指南及最高原則。但到了東漢末年，這個儒家名教開始動搖。原因在於：第一、施行名教，然而世局仍紛亂不止，故名教已無法維繫人心；第二、根據名教標準選拔出來的官吏，有盜竊虛聲及名不副實的情形。這些皆造成儒教難以維持其過去的尊嚴，且其所主張的名教之治，也被認為應該重新評量其效能。

　　再從學術背景看：魏晉時期興起的玄學思潮，是以道家思想為主。道家在精神上主自然無為，使得玄學家們在面對行徑迥異的儒家名教之治時，便不同程度的對儒家名教進行批判。因為表面上，名教是從儒家所倡言的仁義禮智信等德目所發展出來；然而事實上，有許多皆是人為衍生出來的限定〔註36〕。若以道家所主張的全神抱一、自然素樸的觀點來看，一切名教皆是後起的、外在的、失真的，唯有歸反自然無為，方能保性全真。因此在老莊思想大盛，與儒家爭鋒的魏晉時代，名教存在的意義，自然招致懷疑。

　　不過就玄學家所抱持的立場來看，他們批評名教的目的，不在刻意造成對立、引發紛爭，而是想為政治社會尋找一個新的出路。在當政者仍以儒家綱常名教為準繩的條件下，他們一方面要任自然，一方面又竭力論證自然與名教並不矛盾。並且努力為二者的統一，尋找理論的根據，作出新的論證。名教與自然的問題牽涉頗廣，就教育而言，此問題也可說是玄儒二家對教育之存在與消亡問題的爭議。當時教育何去何從，或興或廢，眾說紛紜。前文

〔註35〕唐長孺〈魏晉玄學之形成及其發展〉，《魏晉南北朝史論叢》頁312。
〔註36〕荀悅《申鑒‧政體》：
　　　　「君子之所以動天地、應神明、正方物而成王治者，必本乎真實而已。」真實被提出，表示當時虛偽之風盛。徐幹《中論‧考偽篇》：「於是惑世盜名之徒，因夫民之離聖教日久也，生邪端，造異術，假先王之遺訓以緣飾之。文同而實違，貌合而情遠，自謂得聖人之真也。各兼說特論，誑謠一世之人。誘以偽成之名，懼以虛至之謗，使人憧憧乎得亡，恍恍而不定，喪其故性，而不自知其迷也。」「其處道之心不明，而執義之意不著，雖依先王，稱《詩》《書》，將何益哉？以此毒天下之民，莫不離本趣末，事以偽成，紛紛擾擾，馳騖不已。」

論及原始儒家以禮教立學，可知儒家必定是站在維護名教的立場。至於玄學內部則包含前後期、相異派別的不同意見。

二、才性論者的教育主張

才性論曾是魏晉清談諸大名題之一，但現存史料多偏重在描寫其爭論時的盛況〔註37〕，而極少述及才性論的具體內容。目前僅有袁準的〈才性論〉殘文〔註38〕及《世說新語・文學5・注》裡的一條資料提及「才性四本論」之內容：

> 四本者，言才性同、才性異、才性合、才性離也。尚書傅嘏論同，中書令李豐論異，侍郎鍾會論合，屯騎校尉王廣論離。文多不載。
> 〔註39〕

資料雖短，然從中可知：在鍾會時代，學術界盛行論辯「才性」，最後獲致四種結論範疇──才性同、才性異、才性合和才性離。「四本」，指有四種最終範疇的意思，而所舉人名，只是代表，並非每一範疇只有一人專論〔註40〕。由於文多不載，所以論辯的具體內容，不易得知。近人林顯庭先生經由史籍旁證資料，擬測出較清析的四本論內容，可為參考。大致上，持不同觀點的學者，他們對才性的理解、定義也有差別〔註41〕：

1. 才性同

持此觀點者，以蔣濟〔註42〕、袁準〔註43〕為代表。他們認為性指資質，而資質的外現即是才。它們不但把把才性看成同一，又把才性看成天賦的。

〔註37〕 以下內容多參考劉學智、田文崇〈魏晉才性四本論之辨述略〉及林顯庭〈魏晉時代與才性四本論〉二篇論文的意見。

〔註38〕 如陳壽《三國志・傅嘏傳》、傅玄《傅子》、孫盛《魏氏春秋》、《世說新語・文學5、34、51、60》、魏徵等所著之《晉書・阮裕傳》、李延壽《南史・顧歡傳》、蕭子顯《南齊書・王僧虔傳》等處，皆記錄當時人熱烈討論才性四本論的情況，然而卻無一處涉及四本論本身的實際內容。

〔註39〕 《藝文類聚》卷十一載有袁準〈才性論〉，《全晉文・卷54》收錄此文。

〔註40〕 《世說新語・文學5》「鍾會撰四本論始畢」條劉注引《魏志》。

〔註41〕 見林顯庭《魏晉清談及其名題之研究》頁157～207及〈魏晉時代的才性四本論〉一文所述。

〔註42〕 夫兵者，變化之物，而遷移倚伏之事也。或守法而得用。故知兵者，性知者也；用兵者，性能用之也。（蔣濟〈萬機論〉）

〔註43〕 賢不肖者，人之性。賢者為師，不肖者為資師資之才也。然則性言其質也，才名其用，明矣。（《全晉文・卷54・袁準》）

另有一系亦主張「才性同」,代表人物為傅嘏〔註44〕、阮武〔註45〕。他們傾向把「才」定義為「人的所有表現」,而「性」即「才的全部」。換言之,一個人的「性」如何,須待「才能」完全顯露,足以特立,「性」才算成立。

2. 才性異

以李豐〔註46〕、嵇康〔註47〕、夏侯玄〔註48〕、徐幹〔註49〕為代表。此派主張「性」指德行,「才」則指藝能、才幹。二者領域不同,職司各異,互不相干。此種觀點似可追溯到漢朝的王充〔註50〕。而曹操唯才是舉的求賢之令,

---

〔註44〕昔先王之擇才,必本行於州閭,講道於庠序。行具而謂之賢,道修則謂之能。(《三國志‧魏書‧傅嘏傳》)

(荀粲)常謂(傅)嘏、玄(夏侯玄)曰:「子等在世塗間,功名必勝我,但識劣我耳!」嘏難曰:「能盛功名者,識也。天下孰有本不足而末有餘者?」(《三國志‧魏書‧傅嘏傳》)

〔註45〕阮武……謂恕曰:「相觀才性,可以由公道,而持之不屬;器能,可以處大官,而求之不順;才學,可以述古今,而志之不一,此所謂有其才而無其用。」(《三國志‧魏書‧杜恕傳》)

〔註46〕毓於人及選舉,先舉性行,而後言才。黃門李豐嘗以問毓。毓曰:「才所以為善也。故大才成大善,小才成小善。今稱之『有才而不能為善』,是才不中器也。」豐等服其言。(《三國志‧魏書‧盧毓傳》)從盧毓回答李豐之語——「今稱之『有才而不能為善』」,知為李豐之觀點。顯然主張人的德行、事功與個人才能不一定一致。

〔註47〕明膽異氣,不能相生。……夫元氣陶鑠,眾生稟焉。賦受有多少,故才性有昏明。……或明於見物,或勇於決斷。人情貪吝,各有所止。譬諸草木,區以別矣。(嵇康〈明膽論〉)

明於見物是才,勇於決斷是德之一種,屬於性。在此嵇康認為,明膽不能相生,故才與性亦不是一體一物。依人情不同,各有所長。才性不同、明膽相異,譬諸草木,區以別矣,不容混淆。

〔註48〕官長各以其屬能否獻之臺閣,臺閣則據官長能否之第,參以鄉閭德行之次,擬其倫比,勿使偏頗。(《三國志‧魏書‧夏侯玄傳》)

〔註49〕問曰:「士或明哲窮理,或志行純篤,二者不可兼,聖人將何取?」對曰:「其明哲乎!夫明哲之為用也,乃能殷民阜利,使萬物無不盡其極者也。聖人之可及,非徒空行也,智也。(徐幹《中論‧智行》)

……是故聖人貴才智之特能立功立事,益於事矣。(徐幹《中論‧智行》)

徐幹認為才智、德行,不可得兼,他寧取才。因為他以為:聖之所以為聖,在於能立功立事、殷民阜利,若徒有純篤德行,則無濟於成。清楚的,徐幹已將才、德(性)視為不統一的二者。

〔註50〕王充說:「臨事智愚,操行清濁,性與才也」。認為一個人遇事能否冷靜而正確的加以判斷,及時有妥當的加以處置,可看出其才識智能的高低。而一個人品行的清濁與否,則說明了其性行的厚薄純雜。性是由先天氣稟所決定,而才是後天學習所決定。在此,已將才、性作了明顯的區分。(王充《論衡‧命祿》)

則是主張才性異的具體作法。

3. 才性合

劉劭〔註51〕、盧毓〔註52〕、鍾會、孫登〔註53〕主之。他們大致認為：才、性雖分屬不同領域，但才性若能相合，才是最理想的狀況。

4. 才性離

主張者有荀粲〔註54〕、呂安〔註55〕、王廣、山濤妻〔註56〕。此派人士主張「才」由「性」出，但自此分道揚鑣，各自發展，「才」還有可能超越、挣脫「性」的主導、範限，而擴大到主控人生的大部分活動面向。主才性離者，多能立足現實，崇尚事功而不尚空談。其中蘊含著才能非直接由天賦本性決定，二者不一定同時為用，各有發展的觀點。

大抵看來，主同者，多以「本質」為性，本質之「表現在外」為才；主異者，以「操行」為性，以「才能」為才；離、合二家則以性為「操行」，才為「才能」，然後比較二者之關係。

將才性論落到教育上來看，則衍為才能與德行、現象與本質、才能與性格、才能與氣質、天賦與教育諸類問題。不過還是以「才能」、「德行」之爭，

〔註51〕聰明秀出謂之英，膽力過人之謂雄。……若校其分數，則牙則須，各以二分。取彼一分，然後乃成。何以論其然？夫聰明者，英之分也。不得雄之膽，則說不行；膽力者，雄之分也，不得英之智，則事不立。是故英以其聰明謀始，以其明見機，待雄之膽行之；雄以其力服眾，以其勇排難，待英之智成之。然後乃能各濟其所長也。……體分不同，以多為目，故英、雄異名。然皆偏至之材，人臣之任也。故英可以為相，雄可以為將。若一人之身，兼有英雄，則能長世。……乃能役英與雄。能役英與雄，故能成大業也。（劉劭《人物志‧英雄》）

〔註52〕毓於人及選舉，先舉性行，而後言才。黃門李豐嘗以問毓。毓曰：「才所以為善也。故大才成大善，小才成小善。今稱之『有才而不能為善』，是才不中器也。」豐等服其言。（《三國志‧魏書‧盧毓傳》）

〔註53〕火生而有光，而不用其光，果然在於用光；人生而有才，而不用其才，果然在於用才。故用光在乎得薪，所以保其曜；用才在乎識物，所以全其年。今子才多識寡，難免於今之世矣。（《文士傳》，《世說新語‧棲逸》注）

〔註54〕粲曰：「功名者，志局之所獎也。然則志局自一物耳，固非識之所獨濟也。我以能使子等為貴，然未必齊子等所為也。」（《晉陽秋》，《三國志‧荀彧傳》注）

〔註55〕呂子……以為「人有膽可無明；有明便有膽矣」。（呂安，嵇康〈明膽論〉引）

〔註56〕山公與嵇、阮一面，契若金蘭。山妻韓氏，覺二公與二人異於常交，問公。……他日，二人來，妻勸公止之宿，具酒肉，夜穿墉以視之，達旦忘返。公入，曰：「二人何如？」妻曰：「君才致殊不如，正當以識度相友耳。」公曰：「伊輩亦常以我度為勝。」（《世說新語‧賢媛》）

最引起注意。就教育上的意義來說，才性離、合這兩派對教育的看法較具新意。教育固然能培養出一批才性結合、才德兼備的人，且以之作為教育的理想目標，但成功者終為少數。事實是──有更多的人，才有所偏。有人長於道德，有人長於才能，這是無可勉強的。所以教師在教學之前，要能明識學習者的才、性本然如何，方能因材施教。以下簡述才性論者的教育觀與學習論。

由於現存才性論資料甚少，故以徐幹《中論》及劉劭《人物志》為主，探討才性論者的教育思想：

（一）天賦才性，由形觀質

主「才性合」觀點的劉劭，將人的本性依據陰陽二氣分為兩類，先依五行說，細分為五質，再拿五常（仁義禮智信）、五德（木火土金水）與之相配。認為有何種資質，由外在表現即可窺出。內在資質如何，外在形體、才能表現也因之有異。這種劃分，是以「人的內在質性」和「外在形體才能」為統一的觀點為根據的：

> 蓋人物之本，出於情性。……凡有血氣者，莫不含元一以為質，稟陰陽以立性，體五行而著形；苟有形質，猶可即而求之。（劉劭《人物志·九徵》）

> 五質內充，五精外章，是以目彩五暉之光也。故曰：物生有形，形有神精；能知精神，則窮理盡性。性之所盡，九質之徵也。（劉劭《人物志·九徵》）

人之「情性」，既通過陰陽五行以解釋，則其了解情才性中絕無「主體性」成分。而指被決定之材質，此為才性論者的基本立場。才性既屬已決定者，故論者少提及改造的問題。而「九徵」之說，即從外在的表現去掌握被觀察者的才性特色，也由此評定人物高低。

前文曾探討才性論者對人才的看法，而主才性同、合者，大都相信才性統一，故可因性量才。而如何體察一個人的性（德）？歐陽建指出，它們多半採取整體直觀的方法：

> 世之論者，以為言不盡意，由來尚矣。至於通才達識，咸以為然，若夫蔣公之論眸子，鍾（會）、傅（嘏）之言才性，莫不引此為談證。（歐陽建〈言盡意論〉）

以言不盡意為其談證，即以一種整體直觀的方法，通過體會言外之意，來觀察一個人的思想境界、道德修養。蔣濟「觀其眸子，足以知人。」即通過意會

方式來觀察人物的道德品質，亦以此判斷其才能如何。由此看來，他們既主張用言不盡意的直覺方式觀察人物才性，也即說明了他們排斥了外在客觀的實踐依據，從而把人性才性都看成人先天稟賦的東西。

（二）才有偏至，成有早晚

由於才性天賦，因而「成有早晚」皆是就性分之內而論。而在此前提之下，劉劭展開他的人才教育觀：

> 其為人也，質素平澹、中叡、外朗、筋勁、植固、聲清、色懌、儀正、容直，則九徵皆至，則純粹之德也。九徵有違，則偏雜之材也。三度不同，其德異稱。故偏至之材，以材自名；兼材之人，以德為目；兼德之人，更為美號。（劉劭《人物志‧九徵》）

> 是故兼德而至，謂之中庸；中庸也者，聖人之目也。具體而微，謂之德行；德行也者，大雅之稱也。一至謂之偏材，偏材，小雅之質也。一徵謂之依似；依似，亂德之類也。一至一違，謂之間雜；間雜，無恒之人也。無恒依似，皆風人末流；末流之質，不可勝論，是以略而不概也。（劉劭《人物志‧九徵》）

上面引文包含幾個重點：

1. 關於九徵等表現的組合方式大約有三種類型（三度）：偏材、兼材及兼德。偏材指一個人只有某一方面的才能；兼材指具有兩種以上特質的人，至於不同能力的組合或某些才、德要素的組合，皆是兼材。兼德者是才、德兩方面各種要件都具有者。

2. 其次以三度的「量」作為標準，將人物分為五等：

兼德而至　　—　中庸　　—　聖人
具體而微　　—　德行　　—　大雅
一至　　　　—　偏材　　—　小雅
一徵　　　　—　依似　　—　亂德
一至一違　　—　間雜　　—　無恒

兼德而至就是五德〔註57〕皆備，九徵全足；具體而微，是具備五德、九徵，但不充分完備；大雅、小雅指人材的大小而言；一至只是在某一方面獲得圓

〔註57〕「五德」見劉劭《人物志‧九徵》：「是故溫直而擾毅，木之德也；剛塞而弘毅，金之德也；願恭而理敬，水之德也；寬栗而柔立，土之德也；簡暢而明砭，火之德也。」

滿；一徵者，是具某方面特質，卻未完成之偏材。一至一違，是說善惡參混的
人，時而表現對，時而不對。

> 凡偏材之人，皆一味之美。（劉劭《人物志·材能》）
>
> 體分不同，以多為目，故英、雄異名，然皆偏至之材。（劉劭《人物
> 志·英雄》）
>
> 偏至之材，以勝體為質者也。（劉劭《人物志·九徵》）
>
> 凡偏至之性，二至以上，則至質相發，而令名生焉。（劉劭《人物志·
> 八觀》）

聖人九徵皆備，兼德而至，但終是少數，大部分人多為偏才。儘管如此，
才性論者，並沒有特別崇拜聖人，因為乃天生使然，非學可至。對偏至的常
人，仍從整體的品鑒眼光予以個性的尊重，而無貶抑味道：「凡偏材之人，皆
一味之美」，偏至之才只是在個體之體分中，含藏某種資質較多、所以他們「以
多為目」，「以勝體為質」；更有些人，有二種以上的材質較他人特殊，劉劭說
他們若能「至質相發」，則一樣會有好的聲名產生。

至於怎樣資質的人，適合擔任怎樣的工作；他們在性格才能上各有何長
處與缺失，如何去改善或克服，在《人物志》的〈體別〉、〈材理〉、〈材能〉、
〈接識〉〈七謬〉、〈流業〉……等篇，有詳細的說明，其中透顯出來的重要觀
點是「材能既殊，任政亦異」（《人物志·材能》），絕不同於傳統儒家「德才」
相提，任政無別。才性論者如劉劭，無不顯示出尊重個性的思想來。《人物志·
材能》有更清楚的說明：

> 或曰：「人材有能大而不能小，猶函牛之鼎，不可以烹雞。」愚以為
> 此非名也。夫能之為言，以定之稱，豈有能大而不能小乎？凡所謂
> 能大而不能小，其語出於性有寬急。性有寬急，故宜有大小。……
> 以實理寬急論辯之，則當言大小異宜，不當言能大不能小也。人材
> 各有所宜，非獨大小之謂也。夫人材不同，能各有異。……夫能出
> 於材，材不同量，材能既殊，任政亦異。（劉劭《人物志·材能》）

劉劭以為：性只有寬急之分，其間並無善惡或價值高下之意義。與寬急相應
的是表現於外的材力，然材力的區分，也只有宜大、宜小之別。才而一般幹
事之才能，出於材力，材力既有大小不同，則在政治上所宜擔任的事務也不
會相同。如此可知：劉劭的性，乃指質性或本性，而材指應事能力，且此能力
直接由性而來。

由於個人材質不同，教育歷程中的發展，也不盡相同：

> 夫人材不同，成有早晚。有早智而速成者；有晚智而晚成者；有少
> 無智而終無所成者；有少有令材，遂為儁器者，四者之理，不可不
> 察。夫幼智之人，材智精達，然其在童齓，皆有端緒。故文本辭繁；
> 辯始給口；仁出慈恤；施發過與；慎生畏懼；廉起不取。早智者，
> 淺惠而見速；晚成者，奇識而舒遲；終暗者，並困於不足；遂務者，
> 周達而有餘。而眾人之察，不慮其變，是疑於早晚者也。（劉劭《人
> 物志・七謬》）

由上可知：在性分之內的前提下，劉劭對人的學習理論是抱持著一種發展的
觀點，除了注意到「人材不同，成有早晚」，更要眾人之察，能夠「慮其變」，
不要老和別人相比，「疑於早晚」，言下之意，正是要教育者，去注意個別差
異問題，不要忽略，也不要揠苗。以免有「早拔多誤，不如順次」、「遺賢有
濟，恨不早拔」的遺憾（《人物志・七謬》）。

（三）才性異合，尚智愛才

在四本論中，「才性異」與「才性合」二種觀點皆肯定「才」、「德」之不
能兼具。在「才智與德行分途」的觀點為人接受之後，下一個涉及的主題便
是「才智」與「德行」孰輕孰重的問題：

> 或問：「聖人之所以為貴者，才乎？」曰：「合而用之，以才為貴；
> 分而行之，以行為貴。舜禹之才而不為善，邪甚於桀紂矣；舜禹之
> 仁，雖亡其才，不失為良人哉。」（荀悅《申鑒・卷5》）

> 或問曰：「士或明哲窮理，或志行純篤，二者不可兼，聖人將何取？」
> 對曰：「其明哲乎！夫明哲之為用也，乃能殷民阜利，使萬物無不盡
> 其極者也。聖人之可及，非徒空行也，智也。伏羲作八卦，文王增
> 其辭，斯皆窮神知化，豈徒特行善而已乎？易離象稱「大人以繼明
> 照於四方」，且大人，聖人也。其餘象皆稱君子，蓋君子通於賢者也。
> 聰明惟聖人能盡之，大才通人有而不能盡也。書美唐堯，欽明為先。
> 驩兜之舉共工，四嶽之薦堯，堯知其行，眾尚未知，信也。若非堯，
> 則裔土多凶族，兆民長愁苦矣。明哲之功也如是。（徐幹《中論・智
> 行》）

> 是故別而論之，各自獨行則仁為勝；合而俱用，則明為將。故以明
> 將仁，則無不懷；以明將義，則無不勝；以明將理，則無不通。然
> 則苟無聰明，無以能遂。（劉劭《人物志・八觀》）

他們不取志行純篤之士的原因可能在於已將德行視為某種人特具的一種才
性。與他人之區別，只有「事實意義」，而無「規範意義」之故〔註58〕，即具
「才」者與有「德」者，各是個人獨特的天賦材質，只有性質的不同，而無高
低之別。這與傳統儒家重德的想法，有相當大的歧異，也顯示魏晉時代重才
性、審人物的品鑒眼光。「智者，德之帥也」（劉劭《人物志・八觀》），這句
話，則更容易窺出魏晉人才觀的尚智傾向。

（四）學不及材，道應無方

儒家一般認為，人的本性可經後天教育而加以改變。如傅玄就有「人之
性如水焉，置之圓則圓，置之方則方，澄之則淳而清，動之則流而濁。先王知
中流之易擾亂，故隨而教之。謂其偏好者，故立一定之法。」〔註59〕

> 學猶飾也，器不飾則無以為美觀，人不學則無以有懿德。……人雖
> 有美質，而不習道，則不為君子。故學者，求習道也。（徐幹《中論・
> 治學》）

> 君子心不苟願，必以求學；身不苟動，必以從師；言不苟出，必以
> 博聞。是以情性合人，而德音相繼也。（徐幹《中論・治學》）

徐幹是抱持近於傳統儒家的教育觀點，認為從師習道，可致懿德與博聞。不
過他也提到「人雖有美質，而不習道，則不為君子」，似乎已考慮到資質對學
習的影響問題，不過並不加以凸顯。基本上，仍對後天學習，持以肯定態度。
至劉劭，則相當注重個別差異的問題，他說：

> 夫學所以成材也，恕所以推情也。偏材之性不可移轉矣。雖教之以
> 學，材成而隨之以失；雖訓之以恕，推情各從其心。信者逆信，詐
> 者逆詐。故學不入道，恕不周物，此偏材之益失也。（劉劭《人物志・
> 體別》）

教育的最高典型是兼德之聖人，但大部分的人都只是偏材或好一點的兼材而
已。偏材之性，不是後天所能輕易改變的。他們在學習時，往往還是基於原

〔註58〕勞思光《中國哲學史・卷二》頁152。
〔註59〕傅玄，《意林》引。

來特質去統覺新經驗，所以成效甚微。所以才性論者言學，皆不過指在其才性限度內的發展而已。既然難以移轉，那麼就順其才性，使他們從事最適合他們的工作。引申到教育上，則需採行適應個別性的教學法，且合乎他們的能力資質範圍，方能收效。與傳統儒家肯定「學習有效」的主張，頗有一段距離。

> 是故守業勤學，未必及材；材藝精巧，未必及理；理義辯給，未必及智；智能經事，未必及道；道思玄遠，然後乃周。（劉劭《人物志·八觀》）

> 是謂學不及材，材不及理，理不及智，智不及道。道也者，回覆變通，（劉劭《人物志·八觀》）

> 及其進德之日，不止揉中庸以戒其材之拘抗，而指人之所短以益其失。（劉劭《人物志·體別》）

若去學習一般世俗的才能、品德之事，總不免限於自身才性，改變不會太大；就算改變了，也無法維持太久。所以「學不入道，恕不周物，此偏材之益失」，還是歸結到人生問題，學道周物，這個道未必是高懸的道理，恐怕是莊子「無所不在」的道，萬物之中，自有其道。因而自然有很強的適應性，能不被拘限、悟解，回覆變通。而此處所謂「揉中庸以戒其材之拘抗」之「中庸」，恐非儒家中庸之道，而當如前一節分析聖人特質中所說的道家內涵，即《人物志·體別》所言：

> 夫中庸之德，其質無名，故鹹而不鹻，淡而不䐡，質而不縵，文而不緩；能威能懷，能辨能訥，變化無方，以達為節。

劉劭以中庸、中和、平淡為人的最高品質，最高的道德標準是「以無為德，以虛為道」。聖人之材質的最大特色在於中和、中庸——具備各種材質，而這種材質，是無法以名稱加以說明的。也可看出：玄學家已賦與「中庸」一詞新義，即無名、不偏、兼備、「無方能達」等道家義涵。似乎陷入一種境界形態的神祕教育論——沒有原則的原則，沒有典範的典範，也可看出才性論的玄學精神來。

（五）小結——尚智愛才的人才觀

總之，才性之爭引發我們正視才性之難兼：有的學生長於德，有的學生長於才，不能求全責備，而應重視學生長處，發展學生的長處。前文提到儒

家教育理論的特色，傾向於研究共同、普遍的人性，而魏晉才性論則傾向討論個別、殊異的才性，可說是拓展了對人的研究的範疇，也開啟宋朝以下學者論才性之風〔註60〕。才性問題，為教學方法的研究提供一個重要原則依據，也形成中國教育史上一個重要命題，它的重要性不容忽視。

就學術思想來看，才性四本論也有其積極的歷史意義。首先主張才性對立的離、異派對人的才能的強調與重視，顯現了魏晉尚智愛才的人才觀，與兩漢偏尚德行者不同。其次，就社會思潮的影響來看，離異說，標誌著魏晉時代理性自覺、人文意識的興起。不再像兩漢一樣崇天，「重人」的自我價值，更不復以天人感應作為觀察人生、政治社會問題的思維模式。

而才性同、合派者，從體用（本末）關係探討才性問題的思維趨向，已經觸及到有無、體用、本末等哲學本體論問題，開玄理思辯哲學之先鋒。至曹魏到正始時，終於由才性的問題的討論而轉入玄學本體論的範圍。其後的玄學家亦多將人性問題與宇宙本體問題連接在一起。才性派可謂是玄理派前之過渡思想，下面接著介紹玄理派論者對名教問題的看法。

三、玄理派的自然學習論

名教與自然的問題，就教育而言，此問題也可說是玄儒二家對教育之存在與消亡問題的爭議。當時教育何去何從，或興或廢，眾說紛紜。前文論及原始儒家設立名教之義，可知儒家必定是站在維護名教的立場。至於玄學內部則包含前後期相異派別的不同意見：

1. 名教本於自然

玄學的開創者——何晏、王弼，極力主張以自然為本，名教為末。其特徵是以儒合道〔註61〕，本無論（貴無論）是他們調合儒道的哲學依據。

他們認為儒家的綱常名教是本於自然的，禮樂制度就是根據人民自然的本性而制定的；而名份尊卑之制，是由道派生出來的產物，是有必要的。名教可使人復歸純樸，因為聖人在制定禮制時即已因於道。由此可見他們並不反對名教，他要批判的是「以名教為本」的主張。仁義禮教等名教內容是末，

〔註60〕如張載、程頤、朱熹、顏元、戴震等人都論過才性問題。分別見於《正蒙·誠明》；《二程遺書》卷十九、《程氏外書》卷七；《四書章句集注》；《存性編》卷二、《習齋年譜》卷下；《孟子字義疏證》。

〔註61〕可參考林麗真先生〈王弼論語釋疑中的老子義〉（書目季刊22：3）及簡淑慧〈從論語集解看何晏的玄學思想〉（孔孟月刊26：9=309）二文。

若要彰顯無邪，根本原則就是崇本舉末、守母存子。無為為本，無名是母，得其本母，不執著在仁義禮敬之外在形、名本身，切實掌握作為仁義禮敬背後的本母——大道，就可以形名俱有而邪不生，大美配天而華不作。

總之，何、王主張「名教以自然為本」，這種觀點推廣到社會、政治、教育方面，就是要求人人反本歸無，順其自然、無為而治。若不以無（自然）為本，只一味推崇綱常名教，儘管一時功效顯著，但終不利名教作用的發揮。自然名教之間，須以自然為本。方是「崇本舉末」，「守母存子」的正確作法。舉凡德操、詩樂、禮法、制度、形器等，只是有形有名的表面現象或外在行為，而自然之道，則是此一表象行為的形上本體與律則。唯有崇尚自然，才能真正貫徹名教，發揮名教的作用。

2. 越名教而任自然

稽康、阮籍是玄學中的異數，他們將正始玄學「以自然為本」的思想推向極端，且相當貶斥名教，提出「越名教而任自然」的主張，其特徵是儒道分離。

在名教的看法上，稽康阮籍不贊同何、王「名教本於自然」的觀點，在「名教」與「自然」間，他們更強調「貴無」和「任自然」，傾向先秦道家。「越名教而任自然」的理念，大致可反映出他們在對待儒家名教的共同、基本態度。

他們否定仁義名份、繁禮刑教，認為這些都是大道衰敗、沉淪、理偽不真之後所產生的，是經由造立、制定才產生用來嬰人之心，欲以阻止乖離、爭奪的工具，在本質上是出於人為，爭競愈烈，繁禮越多。名教只是根據統治者意旨，對人的言語行動、內心外表進行箝制。教育只是少數人所制定，否認教育是起源於人類生存所需，世俗名教教育，非人類社會所固有。

因為主張「任自然」，所以稽阮也極力反對用儒家的道德規範塑造人性，主張順應人性之自然。因為儒家的人為制度，只有夭滅人性本真，破壞應有的秩序，擾亂合諧的自然的常規。這是在魏晉封建社會中所透露出要求人性解放的思想訊號，也是一次人性自覺的表現。

3. 崇有論護持名教

裴頠則大力糾正「貶抑儒學者」之作法，挺身出來維護儒學和名教的權威，崇有論是其哲學的基本依據。

因為從何、王名教本於自然之說出，嵇、阮「越名教而任自然」的主張繼後，本有疾而發，但後來士人，徒襲其跡，未探本心及所以然，故而造成時俗浮華、放蕩之風。到了西晉元康變本加厲，一些士人不守禮法、放浪形骸以至於裸裎，嚴重威脅到名教之治。為阻止浮虛放蕩、不遵禮法之風的氾濫，解除儒學所面臨的危機，裴頠針對玄學「貴無論」而寫下〈崇有論〉，試圖維護名教。

在〈崇有論〉中，他提出賢人君子為了綏理群生，所以訂定名教的說法來——「居以仁順，守以恭儉，率以忠信，行以敬讓，志無盈求，事無過用」，試圖論證聖人制名教、施政治的起源及其合理性——名教政治是稽中而得，是用天之道而制，是為了綏理群生才制定的，所以制名教的出發點和其性質都是好的。

然而裴頠並沒有真正了解到對手（本無派或貴無派）的本體「無」義，而只是以「有之所謂遺者也」理解「無」；也未深究嵇、阮名教自然之議的現實意義，而只是片面得加以維護，這該是囿限於他自己的思想類型及出身背景（貴族，大臣裴秀之子）。知己知彼，方能百戰百勝，裴頠與貴無論者之間，並沒有形成一個針鋒相對的對話，倒像是各說各話，因而他雖作了不少擁護名教的努力，但在理論架構上，似乎略遜一籌，故未得世人、玄學家的認同，而其所認同推崇的名教權威也未能樹立成功。在理論上，真正將自然名教統一起來的，則要等到向秀與郭象二人。

4. 名教即自然

西晉元康時期，向秀、郭象則進一步論證了名教與自然、儒與道的一致性，在理論上把有無、名教與自然統一起來，其特徵是以道合儒〔註62〕，用儒家思想解釋道家經典，側重點則轉向儒學。所以基本上，此派學者對於名教的立場是近於儒家，而以道家形式表現，深入來看，正是儒道調合的一個成功的典型。

他們一反《老》《莊》棄仁廢義的主張，而把儒家傳統的仁義、禮樂等規範視為人性所固有，提出名教即自然的名教觀。他先肯定自然是萬物最高的原則，自然，就是不加施為，本然如此之意。自然或天理之事，非人的力量所能及。而仁義、刑禮制度、人事尊卑、本分才能也都是自然，無法改變，也無

〔註62〕戴景賢〈莊子郭象注參用儒義之分析〉（國立中山大學學報2）

必要改變，凡存在者皆有理。名教既有存在的事實，所以也是一種自然。名教出於人之自然情性，所以不必懷疑它的合理性，名教即自然之理。

　　總之，他們的派別、見解既多且異，對儒家名教立場又不一，所以筆者只選擇與傳統儒家不同，且較具啟示意義的意見來代表魏晉玄學家的人才教育觀。回顧這場爭論，最大的作用在於逐步完成了調合儒道的思想進程；其次是「順性自然的學習論」的提出，奠立了魏晉教育理論的基礎。以下簡介此場爭論中涉及教育的理論及內容：

（一）嵇康的〈難自然好學論〉

　　嵇康在自然與名教之爭的立場上，是主自然的。落實到教育問題上，則反對「學」名教與「名教之學」。「學習」與「名教」本是兩件事，在某些儒者卻認為是二而為一，天經地義，自然如此，人若不學習儒家禮教，則如人之處長夜，不得其明。當時有位儒者叫張遼叔，作了一篇〈自然好學論〉申明此說：

> 且晝坐夜寢，明作暗習，天道之常，人所服習。……況以長夜之冥，得照太陽〔註63〕，情變鬱陶而發其蒙也。故雖事以末來，而情以本應，即使六藝紛華，名利雜詭，計而復學，亦無損於有自然之好也。（張遼叔〈自然好學論〉）

其實張遼叔也看到人之學習的不必然，但他卻一定要說是「事以末來，而情以本應」，好學是人心中必然的渴望，是一種自然。此乃一種過分崇拜名教的心態所造成。嵇康不贊成，乃作〈難自然好學論〉以駁之。

> 夫民之性，好安而惡危，好逸而惡勞，故不擾而其願得，不逼則其志從。昔洪荒之世，大樸未虧，君無文於上，民無競於下。物全理順，莫不自得。飽則安寢，饑則求食，怡然鼓腹，不知為至德之世也。若此，則安知仁義之端，禮律之文？（嵇康〈難自然好學論〉）
>
> 若遇上有無文之始，可不學而後安，不勤而得志，則何求於六經，何欲於仁義哉？（嵇康的〈難自然好學論〉）

〔註63〕以「暗夜、太陽」以喻「學與未學」，在魏晉似乎相當流行，因為徐幹、劉劭也有類似說法：
　　「民之初載，其矇未知，譬如寶在於玄室，有所求而不見；白日照焉，則群物斯辨矣。學者，心之白日也。」（徐幹《中論‧治學》）
　　「夫智出於明，明之於人，猶晝之待白日，夜之待燭火。」（劉劭《人物志‧八觀》）

張遼叔既說好學乃人自然之本性，故嵇康返始以求其反證。遠古時代的人們，沒有名教、理律，一樣活得自在安適。王弼以道家立場，也說過類似的意見：

> 然則學求益所能，而進其智者也。若將無欲而足，何求於益？不知而中，何求於進？夫燕雀有匹，鳩鴿有仇，寒鄉之民，必知旃裘。自然已足，益之則憂。（王弼《老子注‧二十章》）

可知，學習（特別指書本、名教）不是人所必需的。再從學習內容來看：張遼叔所謂人們自然想學的六經的說法，嵇康也從六經的形成、名教的制定加以溯源反駁：

> 及至人不存，大道凌遲，乃始作文墨以傳其意……造立仁義，以嬰其心；制為名份，以檢其外；勸學進文，以神其教。故六經紛錯，百家繁熾，開榮利之途，故奔騖而不覺（嵇康〈難自然好學論〉）

> 求安之士，乃詭志以從俗。操筆執觚，足容蘇息。積學明經，以代稼穡。是以困而後學，學以計榮，計而後習，好以習成，有似自然，故令吾子謂之自然耳。（嵇康〈難自然好學論〉）

> 以此言之，則今之學者，豈不先計而後學？苟計而後動，則非自然之應也。（嵇康〈難自然好學論〉）

至人所統治的上古洪荒世界遭到破壞，大樸至德不存，才開始有那些文墨、仁義、名分、勸學習文之事出現，加上有榮利之途的誘惑，所以許多人，心為利牽而學卻不自知，以為是本性如此。嵇康在此提到六經獨尊的經過，先秦時代，百家繁熾，即使學習，也未必學的就是六經，是榮利之塗開啟人們積學明經的風氣，久之，竟以為學問只有儒家六經，六經是人自然所好學。這段論辯使用三個論點用以反駁自然好學六經之事：

　　1. 六經後起，非初民本有，當然不是人性自然好學之教育內容。

　　2. 六經成立，乃經過人為刻意抬高標榜，利祿驅使、生計考量方獨盛，與之並存者，尚有諸子百家。六經非必然的學習內容。

　　3. 現在儒者視習六經為自然，那是習慣所養成的。

　　再從人性出發，不考慮那些歷史因素，單從六經本身內容來看，學習六經也不是人們天性所好。他說：「六經以抑引為主，人性以從欲為歡，抑引則違其願，從欲則得自然。」前文中，嵇康已說到：「夫民之性，好安而惡危，好逸而惡勞，故不擾而其願得，不逼則其志從。」六經以「抑引」為主，禮「節」，本在節制人的人為，所以嵇康有此論之發。「人之真性」本是「自

然」「無為」,「正不當自然耽此禮學也。」至此揭櫫道家「無為」精神,以作為人性之自然歸宿。所以明顯的,可以看出嵇康在教育哲學上面的道家傾向。

今天的社會上呈現著思想多元的景況——傳統與現代、中學與西學,在教育內容上,人們也有多種選擇,像「自然好學」的這種爭論,在今日提出自然無奇,答案亦甚瞭然;然若身處封建社會體制及一元化的是非價值體系之下,嵇康此種敢於揭開儒學的崇高神聖面紗的作法,算是勇氣可嘉。嵇康認為唯有跳出儒家獨一框架,其他學術、人生價值標準、意識形態、思考模式才有生存、滋長的空間,創造的種子方得萌芽。

(二)郭象「性分之內」的學習論

郭象的學習論從「性分論」出發,認為萬物有自己的本性。如《莊子·逍遙游》注云:「物各有性,性各有極」。《養生主》注又曰:「天性所受,各有本分;不可逃,亦不可加」。所謂「性」、「性分」、「本性」,在郭象看來,指某一事物之所以為某一事物者,也就是某一事物本身所固有的內在質素。

他的性分論,乃是自生說的延伸。每一種物都有自己的性分和極限,這種性分,乃天生而然,不可改變。郭象將這種性分說,用在智慧才能,以明上賢下愚,乃性分之事,無法更易,且伴隨終身:

> 性之所能,不得不為也;性所不能,不得強為。(郭象《莊子注·外物》)

> 言物之知力,各有所齊限。(郭象《莊子注·天運》)

> 性各有分,故知者守知以待終;而愚者抱愚以至死,豈有能中易其性者。(郭象《莊子注·齊物論》)

> 生之所知,豈情之所知哉?故有情為離曠而弗能也,然離曠以無情聰明矣。有情於賢聖而弗能也,然賢聖以無情聰明矣。(郭象《莊子注·德充符》)

天生聰明的人,並非他主觀的想(欲之、情之)聰明就變聰明的。就算藉著人為的努力,想擁有離曠的耳聰目明,已不能辦到。那是因為離曠的耳聰目明,是天生得到,是不用想、不用求就擁有的。學習聖人的情況也一樣。但並不是他們比我們高超,所以我們無法改變。現在,就算想改變為比自己還差的對象,一樣難以如願:

> 豈直聖賢絕遠而離曠難慕哉？雖下愚聱聱及雞鳴狗吠，起有情於為
> 之，亦終不能也。不問遠之與近，雖去己一分，顏孔之際，終莫之
> 得也。是以關之萬物，反取諸身。耳目不能以易任成功，手足不能
> 以代司致業。（郭象《莊子注・德充符》）
>
> 夫舉重攜輕，而神氣自若，此力之所限也。而尚名好勝者，雖復絕
> 聱，猶未足以慊其願，此知之無涯也。故知之為名，生於失當，而
> 滅於冥極。明冥極者，任其至分，而無毫銖之加。（郭象《莊子注・
> 齊物論》）

相同的道理，學聖賢顏孔，即使特質再近，僅有一分之差，也無法有絲毫遷
變。放諸萬物亦然，耳目各有職司，手足不能代業。各有性分之故也。

所以郭象要求人們在進行學習或認識活動之前，應懂得學習取決於性分
道理。《莊子・大宗師》注就說：「知人之所為者有分，故任而不強也；知人之
所知者有極，故用而不蕩也。」

認識既是性分先驗的規定，又如何獲得性分之內的認識？使之從潛在性
變為外顯、現實？

> 學習之功，成性而已。（郭象《莊子注・列禦寇》）
>
> 彼有彼性，故使習彼。（郭象《莊子注・列禦寇》）
>
> 是故雖負萬鈞，苟當其所能，則忽然不知重之在身；雖應萬機，泯
> 然不覺事之在己。（郭象《莊子注・齊物論》）

他只是在「成性」的意義上，肯定後天學習活動的必要。而學習的內容和對
象，他認為亦由性分所定。

> 知之所遇者即知之；知之所不遇者即不知。（郭象《莊子注・知北
> 游》）

儘管如此，郭象並非對學習持完全肯定的態度，因為進行學習總會用到智慧，
但是智慧並不足以把握性分之真：

> 用知不足以得真。（郭象《莊子注・天地》）
>
> 由知而後得者，假學者耳，故淺也。（郭象《莊子注・知北游》）

智慧不能把握性分之真的原因在於：會造成「心神奔馳於內，耳目竭喪於外」
這種勞形傷神的後果。因此他繼承莊子，以「坐忘」為獲得真知的唯一正確
途徑。何謂？

> 守神而不喪，則精神凝靜；既而形同枯木，心若死灰，物我兩亡，
> 身神為一。（郭象《莊子注·刻意》）
>
> 坐忘以自含耳，非照察以合之。（郭象《莊子注·天地》）

「照察」指感覺器官與思維器官的活動。希望通過守神，停止感覺和思維活動，任隨認識主體和認識對象的冥合。所以，郭象的坐忘，是一種反智識活動的「直覺」。

至於學習、認識的對象，必須是性分之內。性分之內，才有認識的可能；性分之外，則不可知、不能知。

> 所不知者，皆性分之外，故止於所知之內而至也。（郭象《莊子注·齊物論》）
>
> 外不可求而求之，譬猶以圓學方，以魚慕鳥耳。……此愈近彼，愈遠實。學彌得而性彌失。（郭象《莊子注·齊物論》）

郭象不鼓勵人們學習性分之外事的另一理由是認為：性分之內有限，性分之外無窮。

> 以有限之性尋無極之知，安得不困。（郭象《莊子注·馬蹄》）
>
> 所以不以無涯自困，則一體之中，知與不知，相與會而俱全矣。（郭象《莊子注·大宗師》）

所以人們的認識活動應該「足性而止」〔註64〕，不要在性分之外追求，如此，就可以使「知」與「不知」統一起來。

（三）小結

自然與名教之爭，是關於教育之必要性及社教內容的爭論。人是否天生當學？儒家的名教六經是否為必然的教材？這些問題在當時引起各家激烈的討論。儒者主名教，玄學家主自然，更有人站在二者之間，企圖調合二者，而這也是名教之爭最後的結局。因為社會是不斷往前進的，不管這種前進是好是壞，遠古洪荒的質樸，已成歷史，人們僅能在內心、精神上企及，果真名教廢置，後果可能不堪想像。

玄學各家，對名教各有見解，抱持立場也不一。或主「名教本於自然」、或主「越名教而任自然」、或申言「名教即自然」。表面上，似乎各不相及，然而各派之間，皆重自然。此乃先秦以來之道家的基本精神。只是隨著時代遷

〔註64〕郭象《莊子注·馬蹄》。

移，學者的學識背景局限、政治現實等方面的考量，對自然的詮釋有所差異。就自然與名教的問題來看，真可謂是異中有同，同中有異。玄學就是如此深刻而認真的思索著整個社會的未來理想方向。然而，從深層探究玄學家背後的用意，或援遠古至德社會之美作為自己的理想國的典型，或大聲疾呼「自然無為」，言外之意值得探索。他們雖未正面抨擊過當時社會，但他們的行動，不也正是一種消極的抗議，暗示著魏晉社會的複雜不安與精神的緊張，他們嚮往著自然無為的逍遙。

在教育學習理論上，儘管各家意見頗不一致，然「順性」乃各家所同。相當程度的肯定天賦與性分對人的主宰力量，不奢求分外之知識與權利，這極有可能是當時社會階層嚴明，難以踰越；而主政者也希冀人民安分守位之下的一種思想產物。

據現代教育的研究顯示，天賦智力對教育確有影響，但在程度上，則須依個別情況加以詳細考量。玄學家的學習論，的確道出了某種真實，然而也暗含些許消極的成分在其中。不過，換個角度來看，正因為無可改變的性分，所以每個個體，皆是一個完整的獨立體，自有特性，有與他人相異之處。因此，魏晉時代對個性尊重、品鑒的風氣的盛行，名士可以各有面貌，超越禮法仍受崇奉，想來與當時的人才觀念及學習理念，不無干係。

第四節　教育內容

一、玄學家對六經之批評

兩漢以迄魏晉，大多數的教育場所施用的教材多為六經〔註65〕。在前一節中，曾舉玄學家對名教的批評〔註66〕，他們儘管意見不一，但崇自然則其所同。在如此情形下，玄學家的理想教育內容為何？延襲舊制，採用六經？答案是否定的。這緣於六經本身所具有的缺失，且看看他們的批評：

〔註65〕詳見本論文第一、二章的分析。

〔註66〕所謂名教，其確切含義並不是全指儒家思想，也非某個政治集團所推行的國策方針，而是指經由長久歷史發展以來，所形成的一套完整的封建宗法與等級制度。（余敦康《中國哲學發展史——魏晉南北朝》頁156）不過儒家思想，因漢代崇儒政策的影響，而成為名教的主要理論依據，所以一般多將名教與儒家等同起來。不過在此處，玄學家對名教或許持贊成、擁護姿態，但對六經仍多採不認同的立場。由此可知：在玄學家心中，名教與儒家依舊有別。

1. 聖人精華，六籍未載

一般儒者，對六經抱以神聖尊崇的態度〔註67〕，因為「六籍者，群聖相因之書也」，聖人是人倫典範，精神人格完美可法。儘管「其人雖亡，其道猶存」，只要我們「勤心以取之」，還是可以達到像聖人一樣明達〔註68〕。然而玄學家並不如此認為：

> （荀）粲諸兄並以儒術論議，而粲獨好言道。常以為子貢稱夫子之言性與天道，不可得聞；然則六籍雖存，固聖人之糠秕。（《晉陽秋》，《三國志・荀攸傳》注引）

荀粲不同於諸兄，其好言道。在他心中，「道」是最重要的學問。然而孔子體道，卻很少談論性與天道的問題。表示經典所載，人所得聞，未必為聖人學問精粹。而「性」與「天道」皆為究察「所以然」的學問，其查探究對象一是「人」，一是「天」，「天人」問題，乃兩漢以來，學者最關切的學問重心。然而六經，孔子正定之書，天人之事猶不可聞，知六經非聖人之精華，其為次要之糠秕，無可置疑。

2. 違反自然，抑引情性

其次，從六經與個人之關係探討：

> 六經以抑引為主，人性以從欲為歡，抑引則違其願，從欲則得自然。然自然之得，不由抑引六經；全性之本，不須犯情之禮律。固知仁義務於禮偽，非養真之要術；廉讓生於爭奪，非自然之所出也。（嵇康〈難自然好學論〉）

〔註67〕徐幹《中論・治學》：
「故六籍者，群聖相因之書也。其人雖亡，其道猶存。今之學者勤心以取之，亦足以到昭明而成博達者也。」
傅玄《傅子・仁論》：
「不聞大論，則志不宏；不聽至言，則心不固。思唐虞於上世，瞻仲尼於中古，而知夫小道者之足羞也……推斯類也，德比於上，欲比於下。德比於上故知恥，欲比於下故知足。恥而知之，則聖賢其可幾。知足而已，則固陋，其可安也。聖賢斯幾，況其為愚乎？」
〔註68〕徐幹《中論・治學》。徐幹處於漢魏之交，思想也呈現儒、道兼融的情形，但基本立場傾向儒家。在才性論上，主才性異，不同於傳統儒家。〈考偽篇〉：「君子之道，淡而不厭，簡而文，溫而理，知遠之近，知風之自，知微之顯，可以入德矣。」又略具道家色彩；今此處之尊崇六經，則又屬傳統儒家看法。

由上文可知：嵇康的人生教育目標在於順應自然，養性全真。而六經，非但無助於此目的之達成，反有違逆、抑制人的自然本性的害處：禮律犯情，「仁義」務於禮偽，「廉讓」生於爭奪﹝註69﹞，統統是束縛人性的東西。統言之，六經的內容皆是全性養真的大敵，不利於恢復人類初始狀態的本性。在此，他將名教與自然尖銳的對立起來。六經之內容，自然不是他心目中理想的教育內容。

關於批評六經「違反自然，抑引情性」，張湛《列子注》也有類似看法，他說：「以仁義為關鍵，用禮教為衿帶」使人不能「肆性情之所安，耳目之所娛」，乃是自致「枯槁」、「不達生生之趣」的作法，而修習六經，以仁義禮教為己身準則者，說穿了，不過在求身後之餘名。言下之意，似乎若能跳開餘名之羈絆，則六經可以不學。﹝註70﹞

> 夫與物冥者，無多也。故多方於仁義者，⋯⋯自一家之正耳，未能與
> 物無方，而各正性命。⋯⋯然少多之差，各有定分；毫芒之際，即不
> 可以相跂，故各守其方，則多少不自得。（郭象《莊子‧駢拇》注）

郭象的批評就溫和多了，他認為每個人都有其自然的性分與命運至於每個人性分的「少多之差，各有定分」，即使「毫芒之際」已經「不可以相跂」，所以任何違反自然性分的教育行為，也是枉然且不必要的。要逍遙自得，重要的是：與物相冥，各正性命。那些拼命學習外在仁義的儒者，就是不明瞭這個道理，仁義並非適合每個人，它只是「一家之正」而已。每個人只要在自己性分之內行事即可，各守其方，則不管性分之多少，皆可自得逍遙。

3. 時過聖亡，故道不存

郭象則以「過時」來批評六經之不宜今人修習：

> 詩書禮樂，治世之具。聖人因而用之，以救一時之弊。用失其道，
> 則無益於理也。（張湛《列子注‧仲尼》）

> 當古之事，已滅於古矣。雖或傳之，豈能使古在今哉？古不在今，
> 今事已變，故絕學任性，與時變化，而後至焉。（郭象《莊子注‧天
> 道》）

﹝註69﹞這兩點似乎有疾而發，乃是對於司馬氏集團假仁義、禪讓之名，行欺詐殺戮篡謀之事的抗議。
﹝註70﹞張湛《列子注‧楊朱篇》。

在此，郭象非對六經本身內容加以批評或反對，只是認為「詩書禮樂」，乃當古的「治世之具」，「今事已變」，應當「與時變化」，所以在今天當絕儒學，順任自然，而後才能達到完美之理境。

4. 分處至道，愛譽有為

玄學家認為作為宇宙萬物的本體之道是「混一不分；同為一體，得失無聞」〔註71〕的整體，是不可割裂以認識的；其成濟萬物的方式是「無為」。而儒家六經的理論，卻是反其道而行：

> 道者，法自然而為化。侯王能守之，萬物將自化。（阮籍〈通老論〉，《全三國文・卷45》）

> 凡不能無為而為之者，皆下德也。仁義禮節是也。（王弼《老子・三十八章》注）

> 儒者尚乎全愛，而譽以進之。……譽以進物，爭尚必起。……斯皆用其子而棄其母，物失其載，未足守也。（王弼〈老子指略〉）

> 彼六經之教，分處之教也。（阮籍《達莊論》）

他們認為：六經的言論，把全整的大道（母）割裂，不能無為，反而崇尚愛譽（子），引起爭尚；把人劃分等級彼此，使人的行動受到拘束。使萬物失去其憑載，所以「未足守也」。

綜合以上意見看來，六經並非玄學家心目中理想的教育內容。那麼何者為是？嵇康說：「老子、莊周，吾之師也。」〔註72〕阮籍則說：「莊周之云，致意之辭也。……循自然，佳天地者，寥廓之談也。」〔註73〕似乎他們對《老》《莊》心有獨鍾。再從史籍文獻對玄學家生平行事、求學歷程的記載看來，不難發現：他們多好「三玄」，多以「三玄」作為自修、論學、教育的內容來源，另外由「三玄」引發之專論，如「聲無哀樂」、「養生」、「言盡意」等理論，也是他們經常討論的內容。

〔註71〕阮籍《達莊論》。
〔註72〕嵇康〈與山巨源絕交書〉。
〔註73〕阮籍《達莊論》。

二、三玄、四本與三理

（一）易老莊三玄之學

前文曾列表說明魏晉士人修習玄學的大略情形。在此則要針對魏晉玄學家之修習進一步探討。根據《三國志》、《晉書》及《世說新語》的記載〔註74〕，我們可以了解到：

1. 玄學家學習的材料不限「三玄」，然而對「三玄」或「特好」之、或「雅好」之、「好」之。

2. 他們好《老》《莊》之學，以「言之」（如：王弼、嵇康、郭象）、注解之（如：王弼、向秀、郭向）、著論之（如：何晏、鍾會、阮籍〔註75〕）為雅好「三玄」的具體表現。

3. 三玄除了作為一門學問來修習，更內化到玄學家之內心，以《老》《莊》為自己的人生典範（如：嵇康、阮籍）。

4. 玄學家言「三玄」，非純粹如閒談或獨抒方式，而常是透過清言（清談論辯）方式來探究玄理（如：王弼與荀融論《易》大衍義、郭象清言《老》《莊》等）。

值得注意的是：他們研習「三玄」，從年齡來看，多為長成之後，因興趣所至，自發而讀。非幼時習讀，亦非拜師學藝而來，學成亦多不師授。

玄學家喜好《老》《莊》的原因，或可由他們的序、論中，可窺其所以然。先看《周易》：

〔註74〕且舉數例於此：

　　（何晏）少以才秀知名，好《老》《莊》言。（《三國志魏書曹爽傳》附〈何晏傳〉）

　　好《老》《莊》，作〈道德論〉。（《三國志・何晏傳》）

　　王弼……好論儒道，注《易》及《老子》。（《三國志・鍾會傳》注）

　　（鍾會）雅好書籍，涉歷眾書，特好《易》、《老子》。（《魏書・鍾會傳》）

　　會嘗論《易》無互體，才性同異。及會死後，於會家得書二十篇，名曰〈道論〉。（《魏書・鍾會傳》）

　　博覽群籍，尤好《莊》《老》。（《晉書・阮籍傳》）

　　阮籍……行己寡欲，以莊周為模則。（《三國志・阮瑀傳》）

　　嵇康……文辭壯麗，好言《老》《莊》。（《三國志・本傳》）

　　雅好《老》《莊》之學。（《晉書・向秀傳》）

　　郭象……好老莊，能清言。（《晉書・本傳》）

　　子玄有儁才，能言老莊。（《名士傳》，《世說新語・賞譽32》注引）

〔註75〕阮籍著〈通易論〉、〈通老論〉、〈達莊論〉。《全三國文・卷44～46》。

> 《易》者何？乃昔之玄真，往古之變經也。……《易》之為書也，
> 本天地，因陰陽，推盛衰；出自幽微，以致明著。……覆燾天地之
> 道，囊括萬物之情。道至而反，事極而改。反用應時，改用當務。
> 應時，故天下仰其澤，當物，故萬物恃其力。澤施而天下服。此天
> 下所以順自然、惠生類也。（阮籍〈通易論〉，《全三國文・卷45》）

阮籍說：《易》是古代反映幽深的自然本性和發展變化的經典。它的著成，不
是因人為意志所成，而是「本天地，因陰陽，推盛衰；出自幽微，以致明著。」
所以《周易》的內容可以「覆燾天地之道，囊括萬物之情」。在文中，他提到
《周易》的優點，如：應時、當務。不能應時，正是郭象批評儒家六經的一項
理由。正因為《易》理乃「本天地，因陰陽，推盛衰」而來，所以能夠順應自
然之理，真正呈顯出萬物的本性，使萬物得以恃其力，有惠於生類。與嵇康
所提出「六經抹煞人物本性」說法，恰成對比。而《周易》闡發「道至而反，
事極而改」這種幽微的自然之理，也引發玄學家們探索的興趣。

至於《老子》：

> 《老子》之文……故其大歸也，論太始之原，以明自然之性；演幽
> 冥之極，以定惑罔之迷。因而不為，損而不施；崇本以息末，守母
> 以存子。賤夫巧術，為在未有；無責於人，必求諸己。此其大要也。
> （王弼〈老子指略〉）

> 《老子》之書，其幾乎可一言而蔽之，噫！崇本息末而已矣。觀其
> 所由，尋其所歸，言不遠宗，事不失主。文雖五千，貫之者一；廣
> 義雖贍，眾則同類。（王弼〈老子指略〉）

> 聖人明於天人之理，達於自然之分。通於治化之體，審大慎之訓。
> 故君臣垂拱，完太素之樸，百姓熙怡，保性命之和。（阮籍〈通老論〉，
> 《全三國文・卷45》）

王、阮二人，都指出《老子》一書的優點：合乎「自然」──「明自然之性」、
「達於自然之分」，這是嵇康、阮籍對六經批評時所採行的重要標準，而《老
子》有之；「論太始之原」、「演幽冥之極」、「明於天人之理」則合乎荀粲對
學問重心的要求；「崇本息末」、「事不失主」、「貫之者一」則矯六經之「分
處至道」及兩漢經學「碎義逃難」、破碎大義」之弊[註76]；「因而不為，

〔註76〕《漢書・藝文志》。

損而不施」「賤夫巧術，為在未有；無責於人，必求諸己。」，「君臣垂拱，完太素之樸，百性熙怡，保性命之和」，則無「愛譽有為」之疵。再看《莊子》：

兩漢時期，修習《莊子》之人甚少。《莊》學之大盛，乃魏末晉初之事，由竹林名士之好，而帶起風氣。至於玄學家對於《莊子》之看法如下：

> 莊周之云，致意之辭也。大而臨之，則至極無外，小而理之，則物有其制。……循自然，佳天地者，寮廓之談也。（阮籍〈達莊論〉，《全三國文‧卷45》）

> 莊周……述道德之妙，敘無為之本，寓言以廣之，假物以延之，聊以娛無為之心，而逍遙於一世。（阮籍〈達莊論〉，《全三國文‧卷45》）

> 且莊周之書何足道哉？猶未聞夫太始之論，玄古之微言乎！直能不害於物而形以生，物無所毀而神以清，形神在我而道德成，忠信不離而上下平。茲容今談而同古，齊說而意殊，是心能守其本，而口發不相須也。（阮籍〈達莊論〉，《全三國文‧卷45》）

> 夫《莊子》者，可謂知本矣。……然莊生雖未體之，言則至矣。通天地之統，序萬物之性，達死生之變，而明內聖外王之道。……其言宏綽，其旨玄妙。至至之道，融微旨雅，泰然遣放，放而不教。（郭象《莊子注‧序》）

> 故其長波之所蕩，高風之所扇，暢乎物宜，適乎民願。弘其鄙，解其懸，灑落之功未加，而矜夸所以散，故觀其書，超然自以為已。（郭象《莊子注‧序》）

與老子相較，莊子的地位似乎不及老子崇高。或說他「猶未聞夫太始之論，玄古之微言」，或說他「知道」而未能「體道」，非為聖者之流。然而莊周「知道」甚深，「其言宏綽，其旨玄妙」，內容上「循自然，佳天地」、「述道德之妙，敘無為之本」、、「通天地之統，序萬物之性」，而讀過《莊子》者，為政則「暢乎物宜，適乎民願」「不害於物而形以生，物無所毀而神以清」，至乎「忠信不離而上下平」的情況；修己方面則可「弘其鄙，解其懸，灑落之功未加，而矜夸所以散」，漸「達死生之變」，並「娛無為之心，而逍遙於一世」、進能「形神在我而道德成」、「超然自以為已。」終於臻至「明內聖外王之道」之境，所以《莊子》一書仍大有修習之價值。

　　因為「三玄」有以上諸多優點，玄學家自要以之作為自我教育之內容來源。不過或許有人要問：《易》《老》《莊》三書，總謂「三玄」，「玄學」之名亦因之而起。玄學家之所以為玄學家，正在於他們研習三玄，討論其中玄理之故。問題是《老》《莊》本為道家典籍，自無疑議；然而三玄之一的《易經》，又同時居於被玄學家批評的六經之一，屬於儒家典籍。與《老》《莊》合稱三玄，且為玄學家所採用，其故何也？筆者揣測，以為有幾項理由可以解釋：

　　1.《周易》（經）成於殷周之際，成書甚早。遠在戰國諸子形成之前，所以諸子百家皆可資以為學說內容，也可能出現近似的思想。如易經義理有四——時、中、謙、復（對、反）。其中時中思想，由孔子發揮最多，而謙、復在《老子》書中，比比皆是。所以若不是孔子正定《周易》而被列為六經之一，《周易》當為中華民族所共具的古代文獻，百家皆可援以立說〔註77〕。

　　2. 就算《周易》果為儒家獨有，而玄學家之解《易》，已採取與漢儒不同路線——自王弼起「以傳解經」，擺落象數《易》學對《易經》的羈絆，改走義理路線，故魏晉《易》學無同於漢代之傳統《易》學。

　　3. 以傳解經，故使《周易》中蘊含豐富的本體、形上學資料（如：繫辭），提供玄學家作為探究宇宙本體的問題來源。玄學之稱，來自探討玄妙之本體而來，《易傳》有之，故為「玄學」。

　　4. 由於不少玄學家玄儒雙修，有意無意之間，將道家思想注入經注、經說之中，所以《周易》已被玄化，已非傳統《易》學之面貌，是玄學化了的《易》學，故為三玄之一。以上僅為筆者一管之見，聊備一格，不敢遽然斷言，且待學者解答。

（二）四本與三理

　　除了「三玄」以外，還有一些與三玄有關的論題，也是當時玄學家所致力研究或討論的：

> 舊云王丞相過江左，止道「聲無哀樂」、「養生」、「言盡意」三理而已。然宛轉關生，無所不入。（《世說新語・文學21》）

> 才性四本，聲無哀樂，皆言家口實。（王僧虔〈誡子書〉

〔註77〕據黃沛榮先生觀念，見所授「周易」課筆記，「周易與老子」一節之介紹。周易、易傳與道家之關係，學者仍在研究之中，且待其成果，以證此說。

由以上兩條資料及世說新語、兩朝史傳之資料可知：三玄之外，才性四本論及三理——「聲無哀樂」、「養生」、「言盡意」，亦當時士子及玄學家所樂道的談題。所以筆者在此亦將之列為玄學教育內容。才性四本論已於本章第三節作過介紹，「養生論」及與「言盡意論」有關的「言意之辯」，於後面章節將有分析，因而，在此僅略述聲無哀樂論的重要論點。

在魏晉時代，「樂論」是一個學者所關注的主題。如：裴秀、劉劭、夏侯玄、阮籍、嵇康，皆有樂論之作〔註78〕。其中以嵇康的〈聲無哀樂論〉，最具代表性，故以之作為探討對象。〈聲無哀樂論〉的形式上乃採虛設秦客與嵇康對辨的兩人辯難形式；內容可分八大段：包括立論及二人之間的七難七答。

〈聲無哀樂論〉非如傳統儒家純粹談其致用、化民之效，而是以「辨名析理」的方式，探討音樂之本質、本源。此題之所以成為玄學三理，在於嵇康在論述此題時，以「體用」的思維方式來辯證「聲無哀樂」命題。〔註79〕並提出與傳統儒家樂論（秦客〔註80〕）相異的見解，在此略述其結果：

1. 在音樂本質方面：秦客認為音樂的內涵中，含有哀樂之「成分」。嵇康則認為音樂是一種客觀的存在，自然產生，有其自體性及恆久性，本身並不因人為因素而改變。簡言之，傳統儒家樂論主「聲有哀樂」，而嵇康主「聲無哀樂」。

2. 在音樂傳達上：秦客認為創作者可以將自己的情思表現於音樂中，而欣賞者，可由作者所表現出來的樂聲，聽出作者的情思。至於演奏者的地位，秦客未加定位與評價。至於嵇康本著「聲無哀樂」的立場，否認音樂傳達的內容有「和」以外的東西。這個「和」是所有音樂共具的抽象形上屬性。這種特性，並不因人有改變增減，就因為音樂是一種客觀的存在，所以非但創作

〔註78〕其人所作「樂論」分別如下：
　　　　裴秀〈樂論〉，見《三國志・本傳》注。
　　　　劉劭〈樂論〉，凡十四篇，已佚，見《三國志・本傳》。
　　　　夏侯玄〈辨樂論〉，見《全三國文・卷21》。
　　　　阮籍〈樂論〉，見《全三國文・卷46》。
　　　　嵇康〈聲無哀樂論〉，見《全三國文・卷49》。
〔註79〕如：「音生之作，其猶臭味在于天地之間，其善與不善，雖遭濁亂，其體自若而無變也。」「聲音以平和為體，而感物無常。」「夫五色有好醜，五聲有善惡，此物之自然也。」「然樂之為體，以心為主，故無聲之樂，民之父母也。」（嵇康〈聲無哀樂論〉）另外阮籍〈樂論〉也有類似的觀念：「八音有本體，五聲有自然。」
〔註80〕秦客在〈聲無哀樂論〉中代表儒家立場。

者無法將其哀樂表現於音樂，且演奏者亦不能將個人哀樂滲入音樂中。而聽者更不能在音樂形式之外，聽到屬於情感的內容。

3. 從音樂的效果來看：秦客認為聲音可以使人哀樂。嵇康認為除了靜躁專散之外，音樂對人沒有影響。而哀樂之生乃聽者原本自具。音樂引之，使之宣洩而已。

4. 從音樂的教化意義來看：秦客力主音樂具有移風易俗、反映民情之效。而嵇康加以否認。它認為：移風易俗首重在心，非徒設音樂，即可見效。至於反映政教良窳之作用，則是俗儒不明究裡，倒果為因的說法。合理的解釋當是：先有政化，使民哀樂；其後使民聽樂，方有群情一致的表現。然非音樂使之哀樂，使情同而發者，同受之政化也。

三、保性全真的養生法

在上一節中，我們得知「養生論」為魏晉清談重要課題。而從史籍的記載中，更可了解到：除了談養生，魏晉時也有為數不少之人，身體力行養生之法。例如：三國時代的名醫華佗，據記載他知曉養性之術，當時人以為他年將百歲，而容貌卻如壯年人。〔註81〕是一個養生成功的例子。至於魏晉玄學家中，談養生、修養生之術者亦有之：

> 何平叔曰：「服五石散，非唯治病，亦覺神明開朗。」（《世說·言語14》）
>
> 寒食散之方雖出漢代，而用之者寡，靡有傳焉。魏尚書何晏，首獲神效，由是大行於世，服者相尋。（秦承祖〈寒食散論〉，《世說·言語14》注）
>
> 嘗於蘇門山遇孫登，與商略終古及栖神養氣之術。（《晉書49·阮籍傳》）
>
> 向秀……又與康論養生。（《晉書49·向秀傳》）
>
> 嵇康……常修養性服食之事，……乃著〈養生論〉。（《晉書49·嵇康傳》）
>
> 吾頃學養生之術，方外榮華、去滋味、游心於寂寞，以無為為貴。（嵇康〈與山巨源絕交書〉）

〔註81〕《三國志·方技傳》。

> 羲之……雅好服食養性，不樂在京師。……又與道士許邁共修服食。
>
> 採藥石，不遠千里。(《晉書 50·王羲之傳》)

阮籍與孫登討論栖神養氣之術，向秀與嵇康論養生，是純粹談理論；至於嵇康與王羲之則是親自施行。養生服食是魏晉士人間相當流行的事[註 82]。不過有人相信，當然也有人反對，所以站在正或反的立場的養生著論不少，可惜流傳下來的極為有限。今日猶可見者如：嵇康〈養生論〉、〈答向子期難養生論〉、〈難阮德如宅無吉凶攝生論〉、〈答阮德如難宅無吉凶攝生論〉；阮德如〈宅無吉凶攝生論〉；向秀〈難養生論〉；葛洪〈養生論〉[註 83]，另外《隋書·經籍志》及《新唐書·藝文志》分別著錄了署名張湛的《養生要集》及《延年祕錄》，亦當為養生論之作。

魏晉人好尚養生之事，其最大的目的在於延年益壽：

> 然壽命長短，骨體強劣，各有人焉。善養者終之，勞擾者半之，虛用者夭之。(曹植〈辯道論〉)

> 夫養生非求過分，蓋全理盡年而已。(郭象《莊子·養生主》注)

> 人者，……必將資物以為養性，任智而不恃力。故智之所貴者，存我為貴；力之所賤，侵物為賤。然身非我有也，既生，不得不全之；物非我也，既有，不得而去之。(《列子·楊朱》)

> 夫神仙雖不目見，然記籍所載，前史所傳，其有必矣。似特受異氣，稟之自然，非積學所能致也。至於導養得理，以盡性命，上獲千餘歲，下可數百年，可有之耳。而世皆不精，故莫能得之。(嵇康〈養生論〉)

曹植、嵇康之「以盡性命」及列子楊朱之說，是指消極的不使生命中途夭折；然而嵇康養生目標不僅於此，他並不相信壽夭命定之說[註 84]，所以他還積極的想「上獲千餘歲，下可數百年」的延年益壽。而列子則認為：智慧若有可貴處，則必指「存我」、「資物以養性」之事。楊朱不主有來世，今身只存一

〔註82〕可參考王瑤〈文人與藥〉一文(《中古文學史論·中古文人生活》頁 1～43。
〔註83〕《道藏·卷5》。
〔註84〕部分學者所以反對養生，在於相信之壽夭命定之說。而嵇康既主張養生，則須加以戳破：
「命有所定，壽有所在，無非相命也。然唐虞之世，命何同延？長平之卒，命何同短？此吾之疑也。」(嵇康〈難宅無吉凶攝身論〉)

次，死了，就一切化為烏有，且生命壽夭之事，非我所能決定，所以既獲得這個生命，就應該好好保全。

> 夫虱處頭而黑，麝食柏而香，頸處險而癭，齒居晉而黃。推此言之，凡所食之氣，蒸性染身，莫不相應。豈唯蒸之使重而無使輕？害之使闇而無使明，薰之使黃無使堅，芬之使香而無使延哉？（嵇康〈養生論〉）

> 神農曰：上藥養命，中藥養性。誠知性命之理，因輔養以通也。（嵇康〈養生論〉）

嵇康由「虱著頭而黑，麝食柏而香，頸處險而癭，齒居晉而黃」等後天環境可改變本質的啟示，他相信人的主觀努力，如藥石、飲食、起居等方面的調適，加上性情方面的修養，即可卻病延年。只是世人不精此術，所以無法成功。

> 夫時不再來，今不一停。故人之生也，一息一得耳。向息非今息，故納養而命續；前火非後火，故為薪而火傳。火傳而命續，由夫養得其極也。（郭象《莊子‧養生主》注）

郭象則以為所謂生命的延續，只是舊息與今息的相續，但舊息非今息，而是一息一得，息息獨化，所以藉著氣功吐故納新的導養方法，可使生命延續。而希望生命延續，必須養生得宜。所以郭象這段話雖在講獨化之理，然而亦旁涉養生有效之說。

然若追根究底，人們最大的養生理由應是「怕死」——源於一種對死亡的恐懼：

> 十年亦死，百年亦死，仁聖亦死，凶愚亦死。生則堯舜，死則腐骨；生則桀紂，死則腐骨。腐骨一矣，孰知其異？（《列子‧楊朱》）

> 篤而論之，求長生者，正惜今日之所欲耳。本不汲汲於昇虛，以飛騰為勝於地上也。（《抱朴子‧對俗》）

死亡是人人必經之路，只是早晚有別罷了。一死，什麼也帶不走，腐骨一堆，誰知仁聖或凶愚？然若能不死，則今日所欲可不失去。這才是養生服食者真正的目的，至於成仙飛騰，實非養生者所欲致力求取之事。

儘管魏晉時有不少人熱衷於服食養生之事，然而傳統儒家與道家並不特別提倡養生之事，此源於二家對生死的看法。孔子認為：「死生有命，富貴在天。」（《論語，顏淵》）人生在世，行仁猶未果然，何暇顧及身後、死後之事；何況富貴窮達早有命定，憂之慮之亦無濟於事，不如好好傾注今生，修齊治

平來得實在些。所以孫盛有「顏孔不以導養為事，而老彭養之」〔註85〕的論斷。

至於道家並不貴生，因為《老》《莊》主張「無我」、「無生」、「死生一齊」。魏晉玄學家，大抵繼承道家觀點，所以並不特別注重養生，或者，只從道德修養的養心、養神角度來談養生，舉例如下：

何晏以為「唯道是從，故不有其身。」〔註86〕主張以道作為自己遵行之準則，進而超越對形軀我之執著。這種「不有其身」的態度。自然對「養生」「養身」之事，不加繫念。

而王弼以為「善攝生者，無以生為生，故無死地也。」〔註87〕所以像這種不將生視為生者，泯除死生之別，「好生之欲」已無法繫累其生命之自在，又何嘗會憂慮死亡之事。

阮籍以為一個達到最高境界者，對生死當能安靜平和的面臨，對生存，得以平常心看待，故能不起貪生之情；面對死亡能平靜處之，則精神可以不離而常存。存活之時，好好的應用壽命，死也依循自然之宜。如此則能使心氣永遠平治，不減少或虧損〔註88〕。

至於郭象將生死問題，視同春夏秋冬四時之行，是一種自然的變化。雖然萬物的死法、死狀不同，但是「安命」、「安時處順」的態度，「無生無死，無可無不可」的觀念，則是大家所應具備的。生死不過是一種對待而起的想法，誰能說生好？還是死好呢？若學儒墨分別生死，或「探變求化」，活著的時候，卻成天擔心死的問題，這就是違反自然的謀劃者〔註89〕。

〔註85〕孫盛〈老聃非大聖論〉。

〔註86〕何晏《論語集解·子罕》。不過這是注書時的理論之說，實際上，何晏是長於服食養生之人。

〔註87〕王弼《老子注·五十章》：
「善攝生者，無以生為生，故無死地也。……斯誠不以欲累其生者也，何死地之有乎！」

〔註88〕至人者，恬於生而靜於死。生恬則情不惑；死靜，則神不離。……生究其壽，死循其宜，心氣平治，不消不虧。（阮籍《達莊論》）

〔註89〕夫生死之變，憺春夏秋冬四時行耳。攷死生之狀雖異，其於各安所遇，一也。今生者，方自謂生為生，而死者、方自謂生為死，則無生矣；生者，方自謂死為死，而死者，方自謂死為生，則無死矣。無生無死，無可無不可，故儒墨之辨，吾所不能同也。至於各冥其分，吾所不能異也。（郭象《莊子注，齊物論》）若身是汝有者，則美惡死生，當制之由汝。今氣聚而生，汝不能禁也；氣散而死，汝不能止也。明其委結而自成耳，非汝有也。（郭象《莊子注·知北遊》）

　　玄學前期，玄學家務於宇宙根據與自然名教等問題之討論。對生死問題有所討論，卻非問題中心。到東晉《列子》及其《注》出來，才轉向對個人生死問題之關注。「死生，是人生失得之大者。」〔註90〕此時的玄學家，自有一套教人超脫的辦法，不過思想內容，雖有承襲，但也有新思：

> 信命者，亡壽夭；信理者，無是非；信心者，亡逆順；信性者，亡安危。（《列子・力命》）

> 惟任而不養，縱而不治，則性命自全，天下自安也。（張湛《列子注・黃帝》）

> 生死相因。存亡復往。（張湛《列子注・天瑞》）

> 夫生死變化，胡可測哉？生於此者，或死於彼；死於彼者，或生於此，⋯⋯是以聖人知生不常存，死不永滅。（張湛（列子注・天瑞））

> 俱涉變化之塗，則予生而彼死；推之至極之域，則理既無生。亦又無死也。（張湛《列子注・天瑞》）

　　《列子》與張湛認為：生命是「自生自死，自厚自薄」，生與死「俱涉變化之塗」的自然現象，而從生化循環的觀點，「推之至極之域」，若「生於此者，或死於彼：死於彼者，或生於此」，由此可知：「理既無生，亦又無死也」，所以死不足懼。至於「生死相因，存亡復往」、「生不常存，死不永滅」之想法，除了受莊子氣聚為生，氣散而死，萬物入於機的「演化」觀念影響外〔註91〕，當亦曾與佛教「轉世輪迴」之說相參〔註92〕。再者，「生非貴之所能存，身非愛之所能厚；生亦非賤之所能夭，身亦非輕之所能薄。故貴之或

夫不能安時處順，而探變求化，當生而慮死，執是以辯非，皆逆計之徒也。（郭象《莊子注・齊物論》）

〔註90〕陸機〈大暮賦・序〉。

〔註91〕「察其始而本無生，非徒無生也而本無形，非徒無形也而本無氣。雜乎芒芴之間，變而有氣，氣變而有形，形變而有生，今又變而之死，是相與為春秋冬夏四時行也。」（《莊子・至樂》）
「生也死之徒，死也生之始，孰知其紀！人之生，氣之聚則為生，散則為死。若死生為徒，也：聚則為生，散則為死。若死生為徒，吾又何患！」（《莊子・知北游》）「種有幾⋯⋯人又反入於機。萬物皆出於機，皆入於機。」（《莊子・至樂》）

〔註92〕「然所明，往往佛經相參，大歸同於老莊，屬辭引類，特與莊子相似。」（張湛《列子注・序》）「乾坤含化，陰陽受氣，庶物成形。代謝相因，不止於一生，不盡於一形，故不窮也。」（張湛《列子注・湯問》）

不生，賤之或不死，愛之或不厚，輕之或不薄。」〔註93〕刻意存養也是徒然，所以對於生死還是以一種「任而不養，縱而不治」的順任自然態度去面對，而性命自可保全。

　　然而，玄學家雖以道家為主體思想，對生死多持「長生是不可能，延年也沒必要，對死亡不必有所恐懼，活得逍遙、健康才重要」看法。但也有一些人，兼學他家思想。如嵇康，他對道教中的服食、養生法，似乎就相當有研究。關於道家之與道教，馬端臨曾簡單予以區別：

> 道家之術，雜而多端，……蓋清靜一說也，服食又一說也，符籙又一說也，經典科教又一說也。黃帝、老子、列禦寇、莊周之書，所言清靜無為而已，而略及煉養之事。服食之說。所不道也。（馬端臨《文獻通考‧經籍考‧卷52》）

在此他提到道家後來的分派流變情況，包括資取道家經典以立說的道教也列入，總稱為道家。其實道教不是道家，由馬氏的話中也可對二者有一個粗略的判別方式：即原始道家，「所言清靜無為而已」，只「略及煉養之事」；道教則還包括服食成仙之類內容。就道家所主的養生來看，亦多偏於精神的修養。極少談到服之事。反而是道教，將《老》《莊》書中得道之人，如將至人、神人、聖人等精神境界之描述，解為仙人之神跡。〔註94〕所以上言之「老、彭」，大致指道教一派所理解之老彭的而言。而針對生命延長問題而企圖加以解決的是道教。而道家只是提出生死問題，而非問題的解決；道家要化掉死生之別，消融對生死執著之欲念。另外，北朝的道安也有區別之法：

> 道家之極，極在長生，呼吸太一，吐故納新。子欲劣之，其可得乎？
> 答曰：「老氏之旨，蓋虛無為本，柔弱為用，渾思天元，恬高人世，浩氣養和，得失無變。窮不謀通，達不謀己，此學者所以詢仰餘流，其道若存者也。若乃煉服金丹，餐霞餌玉，靈生羽蛻，尸解形化，斯皆尤乖《老》《莊》立言本理，其致流漸，非道之疇，雖記奇者有之，……為方技不入《墳》流，人為方士，何關雅正？」（釋道安《二教論‧道仙優劣》，《廣弘明集‧卷八》）

〔註93〕《列子‧力命》。
〔註94〕可參考曾春海〈探嵇康的養生論及其人生價值觀〉一文（《魏晉南北朝文學與思想研討會論文集》，p.451～471，文史哲，民80）。

此外，由於玄學家在教育上關注於如何全性之自然；所以對於自然而至的生死問題，也以自然處之。筆者在此討論養生論，主要著限其養生保健之方法，至於服食迷信之事，不予採取。尤其道家對請神方面的存養，頗有門徑，歸納玄學家對保性全真的養心、養身之法，對個人修身養性之啟示尤多，可謂現代「健康教育」〔註95〕之先聲。故在此針對玄學家的養生理論，略窺其詳。經由筆者探究結果，玄學家所主之養生方法約有六端，分別介紹於下：

（一）遠害存宜

養生最基本的原則即是「遠害存宜」：

> 遠害生之具，御益性之物，則始可與言養性命矣。——準性理之所宜，資妙物以養身。（嵇康〈答向子期難養生論〉）

> 夫善求壽強者，必先知天疾之所自來，然後其至可防也。禍起於此，為防於彼，則禍無自瘳矣。是以善執生者，見性命之所宜，知禍福之所來，故求之實而防之信。（阮德如〈宅無及吉凶攝生論〉）

所謂遠害，即是遠離那些有害於生命的來源，因為這些「害生之具」、「夭疾之來」，會使人失去或減損應有壽強。所以應當事先防範。或閃避遠離，以保護生命，免受戕害。相對的「益性之物」、「性命之所宜」，則可資之以養生。如中國人一向主張的食補、藥補及今日所謂健康食品，即屬此類。不過益性之物；非限於有形之物；有益於心理、精神的事物，也當涵括在內。

那麼，在玄學家想法中，何物有害？何者益性？且舉數例於此，以明大略：

> 養生有五難：名利不滅，此一難也；喜怒不除，此二難也；聲色不去，此三難也；滋味不絕，此四難也；神慮轉發，此五難也。五者必存，雖心希難老，口誦至言，咀嚼英華，呼吸太極，不能不回其操，不夭其年也。五者無於胸中，則信順日濟。玄德日全。不祈喜而有福，不求壽而自延，此養生大理之所效也。（嵇康〈答向子期難養生論〉）

> 是以古之人，知酒色之為甘鴆，棄之如遺；識名位為香餌，逝而不顧。（嵇康〈答向子期難養生論〉）

〔註95〕現代健康教育內容，包含生理、心理兩方面的保健。

在此，嵇康指出當去者有五：名利、喜怒、聲色、滋味、智慮，主張將五者「無於胸中」，方可信順日濟，玄德日全、福壽自來「五者無於胸中」之「無」，乃遠之、除之之意。

另外《列子・揚朱》也提出四項當去之物：一為壽，二為名，五為位，四為貨。因為它們「使生民之不得休息」、「可殺可活，制命在外」〔註96〕。然而，若探究這些當去之物的根源，則為嗜欲：

> 然則欲動則悔吝生……悔吝生，則患積而身危。……祇足以災生，非所以厚生。（嵇康〈答向子期難養生論〉）

> 夫嗜欲雖出於人，而非道之正。……而世之未悟，以順欲為得生，雖有厚生之情，而不識生生之理，故動之死地也。（嵇康〈答向子期難養生論〉）

> 嗜欲之亂人心，如此之甚也……夫意萬物所繫，迷著外物者，雖形聲之大而有遺矣。（張湛（《列子注・說符》）

在此，玄學家舉出嗜欲對人之大害：悔吝生、患積身危、災生、亂人心、動之死地……理當去之。不過嗜欲雖「非道之正」，本出於人，故以「少私寡欲」處之，當是較合情理的作法。此部分，後文會再討論。

至於遠害方法，王弼、嵇康指出：須在理智上先有透徹的領悟，而後才進行所謂的「遠除」步驟，而不是在心未了釋貪念之前，強力（自內或自外）壓抑以行之：

> 不害其為欲也，使其無心於欲也。（王弼〈老子指略〉。

> 識厚味之害性，故棄而弗顧，非貪而後抑也。（嵇康〈養生論〉）

> 善養生者，……清虛靜泰，少私寡欲。知名位之傷德，故忽而不營，非欲強禁也。（嵇康〈答向子期難養生論〉）

存宜之法，重要的原則是形神並養，此為下一子題之重點，以下續論之。

（二）形神並養

存宜方面，可分為形體和精神兩方面來說明。嵇康對形、神有其看法。

〔註96〕楊朱曰：「生民之不得休息，為四事故：一為壽，二為名，三為位，四為貨。有此四者，畏鬼，畏人，畏威，畏刑。此謂之遁人也；可殺可活，制命在外。不逆命，何羨壽？不矜貴，何羨名？不要勢，何羨位？不貪富，何羨貨？此之謂順民也。天下無對，制命在內。」（《列子・楊朱》）

他說「精神之於形骸，猶國之有君也。」認為精神是形體的主宰。然而二者卻又互相依存、彼此影響，缺一不可，因為「形恃神以立，神須神以存」，而當「神躁於中」之時，形也因之「喪於外」〔註97〕。很明顯的是抱持一種精神控制形體，心理影響生理的觀念。這在現代醫學來說，是一種可以成立的說法。

　　而人生世上，最怕的是「心形並馳，困而不反」，這也是最值得悲哀的事。心理、生理都不健康，「則此真哀之大也。」〔註98〕那麼要如何做，才能使「命續而不絕」且活得逍遙？郭象、阮德如對此提出辦法──「心得納養之中」〔註99〕、「直行情性之所宜，而合于養生之正度」〔註100〕，意即要憑藉著正確不偏的納養方法。「養生，乃生之所以生也」，且認為養生的確有助於生命。

　　如何才是正確不偏的納養法？且看玄學家之意見：

　　　世常謂一怒不足以侵性，一哀不足以傷身，輕而肆之。是猶不識一
　　　溉之益，而望嘉穀於旱苗者也。（嵇康〈養生論〉）

嵇康在〈養生論〉中，曾批評世俗錯誤的養生觀念。一般人以為偶爾發一次脾氣，大哀一回無所謂，嵇康不任為如此。養生是一點一滴在生活中踐履而來。若因事小而忽略，則日久亦成大患；且傷害已成，雖小亦存此身，故不可輕視。就好比平日不去灌溉小苗，卻老等好的收成一樣，怎會有好的結果·

　　　悟生理之易失，知一過之害生。故修性以保神，安心以全身。（嵇康
　　　〈養生論〉）

所以要體悟到「一過之害生」及生命的脆弱易失；所以平日就要注意到修性、安心之事，以求保神全身。至此已揭櫫養生存宜二途──保神、全身，簡言之，即形神並養之法。務使二者「形神相親，表裡俱濟」發展均衡和諧，方可見功。

　　至於如何存養？嵇康舉例甚多，皆是神形並舉：

　　　愛憎不棲於情，憂喜不留於意，泊然無感，而體氣和平。又呼吸吐
　　　納，服食養身，使形神相親，表裡俱濟也。（嵇康〈養生論〉）

〔註97〕嵇康〈養生論〉。
〔註98〕郭象《莊子注·齊物論》。
〔註99〕郭象《莊子注·養生主》。
〔註100〕專氣致柔，少私寡欲，直行情性之所宜，而合于養生之正度，求之於懷抱之
　　　　內而得之矣。（阮德如〈宅無及吉凶攝生論〉）

「愛憎不棲於情，憂喜不留於意，泊然無感，而體氣和平。」是養神之事，「呼吸吐納，服食養身」則養形之舉。

> 然後蒸之以靈芝，潤以醴泉，晞以朝陽，綏以五絃。無為自得，體
> 妙心玄，放歡而後樂足，遺生而後身存。（嵇康〈養生論〉）

「蒸之以靈芝，潤以醴泉，晞以朝陽，綏以五絃」〔註101〕乃養形；「無為自得，體妙心玄，放歡而後樂足，遺生而後身存」是養神之事。

> 吾頃學養生之術，去方外榮華、去滋味，游心於寂寞，以無為為貴。
> （嵇康〈與山巨源絕交書〉）

「去滋味」屬於養身；「去方外榮華、游心於寂寞，以無為為貴」屬養神之舉。

不過形、神之養，是從效果區分。其實二者不是那麼截然區分。一件養生之舉，可能形、神兩方皆可獲益。如「呼吸吐納」可經由形體的清靜放鬆，專心致志，達到心神之養；「綏以五絃」之音樂功效，更可使人心平氣和，抒發情緒；「去方方外榮華」則除了是名利之心的止息，也可指物質享受的相對降低。所以養生法的區別，若從養生之資加以區分，或許可將形、神之分，改為「有形」（物質）與「無形」（精神）之養。綜上所述，可知形神並養之大要：

1. 有形（物質）之養生法：

如呼吸吐納、服食、健康潔淨的飲食（蒸之以靈芝，潤以醴泉、去滋味）、攝取大自然精華（晞以朝陽）及用音樂（彈奏或欣賞皆可）以平和心緒。

2. 無形（精神）之養生法：

要「泊然無感」，不讓愛憎憂喜攪擾身心，才能「體氣和平」；要「體妙心玄」——「游心於寂寞」「無為自得」，放棄歡喜憂懼、不以刻意存生時時為念，而後才能樂足身存。最重要的是與道同體、時存「至理」，如此不但可以使「智上於恬，性足於和」，而且「縱令滋味常染于口，聲色已開于心」，也可以用至理加以遣離〔註102〕。

談到此處，我們可以發現：嵇康鼓勵人們要建立起一種足以自立的「哲學信仰」——道（至理），如此則有助於面對一切誘惑與抗拒外力。此乃與其

〔註101〕可以導養神氣，宣合情志，處窮獨而不悶者，莫近於音聲。（嵇康〈琴賦〉）
〔註102〕使智上於恬，性足於和，然後神以默醇；體以和成。去累除害，與彼更生。……
縱令滋味常染于口，聲色已開于心，則可以至理遣之。（嵇康〈答向子期難養生論〉）

形神理論相應——形神相濟，神為形君，因而養生之法，儘管神形並養，最終仍要歸結於養心之功夫。因此，以下各項，皆與養神之法有關，可作為本項之進一步說明。

（三）以情從理

在第本章第二節中，曾介紹玄學家理想中的聖人特質，其中一項即是「有情」，情乃生於自然，人人所具。嵇康「喜怒哀樂，愛憎慚懼，凡此八者，生民所以接物傳情」〔註103〕的說法，與之相同。如此說來，人的情欲是本然即有。

然而，情有正邪之分，這倒不是情本身有善惡，而是後來發展的結果。何晏說：「凡人任情，喜怒違禮。」〔註104〕王弼也說：「若心好流蕩失真，此是情之邪也……若逐欲遷，故云遠也。」〔註105〕所以情感若放任不正，流蕩失真，這種情，就成為「情之邪也」常以情欲、嗜欲稱之。然而「嗜欲雖出於人，而非道之正」〔註106〕，一般人總是「匿情不改、情有繫於所欲」，致使「神喪於所惑，體溺於常名」，「心制於所慍」〔註107〕，或者因為「任情」而使「喜怒違禮」〔註108〕完全違反養生之法。所以有必要對「情欲」下一番整治功夫，且看玄學家們的意見：

> 愛憎不棲於情，憂喜不留於意，泊然無感，而體氣和平。（嵇康〈養生論〉）

> 收情以自反，棄名以任實。（嵇康〈養生論〉）

> 顏回任道，怒不過分。……怒當其理，不移易也。（何晏《論語集解‧雍也》注）

就因為放縱情欲往往有不好的結果，所以對於情感，最好抱著「不棲」、「不留」、「收情」、「不過」等態度面對它，情自然本有，又是生民接物傳情之憑

〔註103〕嵇康〈聲無哀樂論〉。王弼《論語釋疑‧陽貨》也說：「若以情近性，故云性其情；情近性者，何妨是有欲。」又說：「夫喜懼哀樂，民之自然。」（王弼《論語釋疑‧泰伯》）

〔註104〕何晏《論語集解‧雍也》。

〔註105〕不性其情，焉能久行其正？此是情之正也。若心好流蕩失真，此是情之邪也……若逐欲遷，故云遠也；若欲而不遷，故曰遠也。（王弼《論語釋疑‧陽貨2》）

〔註106〕嵇康〈答向子期難養生論〉。

〔註107〕嵇康〈養生論〉。

〔註108〕何晏《論語集解‧雍也》。

藉，所以情之發，乃不可避免之事。然而儘管有情，卻要無累，應物之後，本心純然，彷彿「泊然無感」。然而，如何才能做到？引文中有「自反」、「不過分」之語，意指為何？反回何者？分止何處？從以下的資料或許可以得到解答：

> 以道為度，故不任意。（何晏《論語集解·子罕》）

> 況心乘於理，檢情攝念，泊然凝定者，豈萬物動之所能亂者乎？（張湛《列子注·說符》）

> 理無愛憎，故無所親疏；理無逆順，故無所利害也。（張湛《列子注·黃帝》）

> 故應理處順，則所適常通；任情背道，則遇物斯滯。（張湛《列子注·黃帝》）

> 又常狹斯人，以為未能以情從理者也。而今乃知自然之不可革。（王弼，《魏志·鍾會傳》注）

> 不性其情，焉能久行其正？此是情之正也。……但近性者正，而即性非正。雖即性非正，而能使之正。譬如近火者熱，而即火非熱；雖即火非熱，而能使之熱。能使之熱者何？氣也，熱也。能始之正者何？儀也，靜也。（王弼《論語釋疑·陽貨》注）

> 性者，人之所受以生也。（何晏《論語集解·公冶長》注）

由上可知：所欲反者，人之本性；所謂分度，即是道（理）。所以若欲「泊然無感」、「有情而無累」，最好的辦法，便是「以情從理」——任道、心乘於理、以道為度。如此非但不害此生，且可達到「內樂」、「至樂」之效：有主於中，以內樂外，雖無鐘鼓，樂已具矣。故得志者，非軒冕也；有至樂者，非充屈也；得失無以累之耳。」（嵇康〈答向子期難養生論〉）文中的「主」，即是道、理。

（四）知足寡欲

《老子·四十六章》云：「禍莫大於不知足，咎莫大於欲得。」簡要的提示了人生禍患的兩大源頭——不知足與欲得。養生首在遠害，因而要達到養生目標，必得去此二者。而其辦法就是知足與寡欲。

　　郭象在學習論及人生論上，皆主「安分」——安於性分之內，不作分外之想。因為他極清楚地意識到：若「人之逐欲無節，則天理滅矣」[註109]，導致離開自己性分（天理）越來越遠，「羨欲之累」越來越深，終於不免「悲情傷神」之下場。免除之道，正在於「安分」，莫要「以大欲小」，因為既有定分，便不是羨欲之所能及。能夠這樣想，就不會「以大欲小」、「以小羨大」，引起羨欲之累[註110]。羨欲之累絕，則悲去；悲去則性命可安。

　　「安分」就能「知足」，以自己之所擁有為滿足，不貪求目前所無，不動欲羨之累。因為「欲之患其得，得之患其失。苟患失之，無所不至矣」[註111]；而且往往「求得者喪，爭明者失」[註112]，越向外追求，失去更多，也離自己的本性越來越遠；即使求到所欲之物，又怕失去，不但造成心裡的負擔，且為達目的，不擇手段，禍喪便要從之而至，生命也遭受危難，所以王弼認為：「寡私欲以棄巧利，皆崇本以息末之謂也。」（王弼《老子指略》）寡私欲是崇尚根本的作法。而嵇康說：「善養生者，……清虛靜泰，少私寡欲。」[註113]阮籍也認為「無欲者自足，空虛者受實」[註114]。嵇康〈答向子期難養生論〉指出：

> 世之難得者，非財也，非榮也，患意之不足耳。意足者雖耦耕甽畝，
> 被褐啜菽，豈不自得？不足者，雖養以天下，委以萬物，猶未愜。
> （嵇康〈答向子期難養生論〉）

上文清楚的說明：心之愜意，來自「意足」。意足者，就好比「渴者飲河，快然已足，不羨洪流。豈待積斂，然後乃富哉？」能意足，則「耦耕甽畝，被褐啜菽」「耕而為食，蠶而為衣，衣食周身，則餘天下之財」，一樣自得富足；「奉法循理，不結世網。以無罪自尊，以不仕為逸；游心乎道義，偃息乎卑室，恬愉無愕，而神氣除達。豈須榮華，然後乃貴哉？」

　　對欲望的態度，玄學家都主張「少」而為上。至於多「少」？見人見智。阮籍主「無欲」；王弼、嵇康主「寡欲」，意謂還是有一點點欲望可以留下來。

[註109] 郭象《莊子注・大宗師》。
[註110] 夫物未嘗以大欲小，而必以小羨大，故舉小大之殊、各有定分，非羨欲所及，則羨欲之累，可以絕矣。夫悲生於累，累絕則悲去；悲去而性命不安者，未之有也。（郭象《莊子注・逍遙遊》注）
[註111] 阮籍《達莊論》。
[註112] 嵇康〈答向子期難養生論〉。
[註113] 嵇康〈答向子期難養生論〉。
[註114] 阮籍《達莊論》。

那麼可被留下來，不害養生者，玄學家們則是各執一詞。王弼主張「無累」即可，並未限定欲望的合理項目；嵇康的看法，則前面探討已多。而郭象主張「性分之內」的可以欲羨；至於《列子‧楊朱》與向秀二人，則標準甚寬：

> 晏平仲問養生於管夷吾，管夷吾曰：「肆之而已，勿壅勿閼。……恣耳之所欲聽，恣目之所欲視，恣鼻之所由向，恣口之所欲言。」（《列子‧楊朱》）

> 太古之人，知生之暫來，死之暫往，故從心而動，不違自然所好。當身之娛，非所去也，故不為名所勸；從性而游，不逆萬物所好。死後之名，非所取也，故不為刑所及。名譽先後，年命多少，非所量也。（《列子‧力命》）

> 豐屋美服，厚味姣色，有此四者，何求於外？有此而外求者，無厭之性；無厭之性，陰陽之蠹也。（《列子‧楊朱》）

楊朱對於「名譽先後，年命多少」之欲，不加措意，但他贊成耳目口鼻的感官之欲；另外「豐屋美服，厚味姣色」四者，他認為乃人基本的需求，所以不在禁止之列。但明顯的，楊朱所許者，正為其他玄學家所禁，不少學者將楊朱歸為「縱欲享樂派」。在此，筆者以其意識中仍有「知足」觀念──「有此四者，何求於外？有此而外求者，無厭之性；無厭之性，陰陽之蠹也。」所以一併在此討論。向秀的想法，與楊朱頗接近，也是訂定一個「自以為」合理的範圍，而不主張絕欲、禁欲、無欲之類：

> 夫人含五氣而生，口思五味，目思五色，敢而思室，肌而求食，自然之理也。但當節之以禮。（向秀《難養生論》）

> 且生之為樂，以恩愛相接。天理人倫，燕婉娛心，榮華悅志。服饗滋味，以宣五情。納御聲色，以達性氣。此天理自然，人之所宜，三王所不易也。（向秀《難養生論》）

五味、五色、恩愛、人倫，燕婉，榮華、滋味、聲色，他都以為是天理自然，人之所宜，三王所不易。這就是明顯的從欲主義者，已然遠非嵇康一系，以功夫養生之流。也莫怪乎，每與嵇康論養生，論辯激烈，此源於兩人觀點立場之差距甚大之故。由知足寡欲這一項，即可明顯看出。

（五）抱樸守靜

漢儒認為：「教者，效也。上為之，下效之。民有質樸，不教不成。」

〔註115〕由此看來，漢儒並不認為「質樸」是好。然而在道家及玄學家觀念中，「質樸」卻是他們對人性的一種企望。

> 舍己任物，則無為而泰；守乎素樸，則不順典制。（王弼；《老子‧三十八章》注）

> 見素樸以絕聖智，寡私欲以棄巧利，皆崇本以息末之謂也。（王弼《老子指略》）

從王弼注中，可看出這個「樸」，是針對禮教而發的。因為「守乎素樸，則不順典制」，典制乃人為所立，自然已非本然未改之質樸，二者不相容立。然而在現實禮教大行之時談抱樸，非為有形之禮制而發，從養生角度來看，則指一種精神上的素樸無華──「樸之為物，以無為心也」、「樸之為物，憒然無偏」〔註116〕，何故守樸？

> 故將得道，莫若守樸。（王弼《老子注‧三十二章》）

> 抱樸無為，不以物累其真，不以欲害其神，則物自賓而道自得也。（王弼《老子注‧三十二章》）

從上面兩條資料可知，其目的在於「得道」，在於「使物自賓」，「不以物累其真，不以欲害其神」。那麼，人之本然，素樸之性為何？如何才能不累其真？答案是靜。

> 人生而靜，天之性也；感物而動，性之欲也。物之感人無窮，人之逐欲無節，則天理滅矣。至人知用心則背道，助天則傷身，故不為也。（郭象《莊子注‧大宗師》）

> 故物所以全者，皆由虛靜，故得其所安；所以敗者，皆由動求，故失其所處。（張湛《列子注‧天瑞》）

郭象認為，靜是人的天性，動則是受後天外物所感始發。由於發「動」者為外物，「物之感人無窮，人之逐欲無節，則天理滅矣。」張湛也認為，動為敗源。所以玄學家主靜不主動。另外王弼也說：「躁則多害，靜則全真。」〔註117〕人既有情，終必為物所感所動，因而王弼提出以「靜為躁君」〔註118〕的辦法，不是逃避。而是在面臨「動境」之時，可以「靜」為此心之主，如

〔註115〕《白虎通‧三教》。
〔註116〕王弼《老子注‧三十二章》。
〔註117〕王弼《老子注‧六十章》。
〔註118〕王弼〈周易‧恆〉注。

此則本真不累，此神不害，方是養生之「可久之道」。至於張湛的看法也有
同工之處：

> 夫虛靜之理，非心慮之表，形骸之外。求而得之，即我之性。內安
> 諸己，則自然真全矣。（張湛《列子注・天瑞》）

他的「虛靜之理」，不是到「心慮之表，形骸之外」去求。而是「即我之性」，
由內自安，則此真可全矣。

四、小結

　　總之，在玄學家的想法中，儒家六經並非教材的良好來源，他們舉出儒
家六經的四弊——（1）聖人精華，六籍未載；（2）違反自然，抑引情性；（3）
時過聖亡，故道不存；（4）分處至道，愛譽有為。弊端既多，玄學家們乃改主
三玄之學以代傳統儒典作為教育的主要內容。

　　另外由三玄衍生出來的專論，如四本、三理，也不同程度的修正了傳統
儒家教育的人才觀、音樂觀，尤其在人生目標的追求上，提出形神並養的養
生觀。且詳細的論述了養生之忌及五項原理：（一）遠害存宜；（二）形神並
養；（三）以情從理；（四）知足寡欲；（五）抱樸守靜。玄學的養生教育，旨
在以順應自然來保養身體的健康，使人認識並獲得生生、自然之理。拋開修
齊治平等立人的考慮及禮教對自然本性的束縛，改以純然自我的形、神修養，
是玄學家對儒家教育內容最大的修正。

第五節　教、學方法

　　在教學法理論方面，魏晉儒、玄之間歧異頗大。在此各引二家馬喻，試
作比較：

> 學猶飾也，器不飾則無以為美觀，人不學則無以有懿德。……馬雖
> 有逸足，而不閑輿，則不為良駿；人雖有美質，而不習道，則不為
> 君子。（徐幹《中論・治學》）

在教、學法上，徐幹以為學習是一種「外飾」的過程，如同「器不飾則無以為
美觀」，所以「人不學則無以有懿德」主張由外在學習可增進一個人的德行。
然而，器不可自飾，故知良匠之功；人亦須良師引導習道，經過由外而內的
教育過程，實現君子「成德立行」的目標。而人雖有美質，不習道，則不為君
子的說法，充分說明了美質不等於君子，教育的過程是要改變人原有的本質，

以近君子之質。這是一種近於傳統儒家的教學法理念，教師任務在於「外飾」、「改變」學生本然。

　　徐幹在此舉了一個馬的例子，來說明受教接受改變的重要。他認為一匹擁有良好的資質的馬，若不經過拉車的訓練，則無法成為良馬。人儘管有好的資質，也要透過習道，才能成為君子。問題是講這句話的人，在論述時已加入自己的價值觀：馬之所以價值在於為人拉車〔註119〕；人的價值，在於成為君子。很巧的，玄學家郭象，也有一個關於學習的馬喻，他是從教者立場談教學理念：

　　夫善御者，將以盡其能也。盡能在於自任，而乃走作馳步，求其過
　　能之用，故有不堪而多死馬。若乃任駑驥之力，適遲疾之分，雖則
　　足跡接乎八荒之表，而眾馬之性全矣。

在此，他心目中馬之價值亦在拉車、供人坐騎〔註120〕。不過他對御者之駕馬方法，提出意見。他說：要讓馬充分發揮所能，其中重要的原則，就是讓他自己量力而走。如果御者在應該馳步時，卻要它奔跑，所要求的超過其能力以外，則馬就會因為負荷不了而死。所以郭象提出「盡能在於自任」，則駑驥之力、遲疾之分皆可恰當掌握，不會有「過其能」的情形；這樣馬才可以跑得遠，走得久，而且於馬無傷。所以簡言之，御馬良法就在「全其性」。

　　而惑者，聞任馬之性，乃謂放而不乘；聞無為之風，遂云行不如臥；
　　何其往而不返哉。（郭象《莊子注・馬蹄》）

但是一些不了解其中道理的人，一聽到駕御必須「任馬之性」，就放著馬不騎；聽到玄學「無為」之義，就說：既然「無為」，走路也是有為，乾脆躺著不要做任何事好了。這些皆是誤解自然無為與全性之意，流於放縱。他認為「天下之物，未必皆自成也。自然之理，亦有須治鍛而為器者。」〔註121〕只是在這個過程中，必須考慮到個體的本性、能力如何，能夠適性而行，即為自然。放任不管、閒置不用非為自然。

〔註119〕莊子與鮑敬言就不這麼認為。莊子說法見《莊子・秋水篇》，鮑敬言說法則見《抱朴子・詰鮑篇》：「夫混茫以無名為貴，群生以得意為歡。……詐巧之萌，任力違真……穿本完之鼻，絆天放之腳（案：指馬），蓋非萬物並生之意。」

〔註120〕郭象《莊子注・秋水》：「人之生也，可不服牛乘馬乎？服牛乘馬，可不穿落之乎？牛馬不辭穿落者，天命之固當。」已扭曲莊子自然之原意。

〔註121〕郭象《莊子注・大宗師》。

前舉儒玄二家，皆以馬喻表達其教、學理念。儒家重改造；玄學家講適性。適性自然、「當其所能」的教育方法，可使受學者如負萬鈞，而「忽然不知重之在身；雖應萬機，泯然不覺事之在己。」〔註122〕也成為玄學家教學論的中心思想。

由上也可看出：玄學家並不像老莊之堅決反對人為之教育，也不說「絕學無憂」之語，相較之下，玄學的入世味比道家重些。但比起儒家，又不相同。所以玄學家的教育觀，因於道家，但不全同於老莊。在此，筆者歸納玄學家在教學法方面的意見，分為四項來介紹：一、順任自然，不禁其性；二、識其天性，因而濟之；三、否定之道，不言之教；四、清談論辯，辭理俱暢。

一、順任自然，不禁其性

本章第三節中，曾介紹才性論者的教育觀。他們基於對「天賦才性」不可更革的肯定，進而觀察到才有偏至，成有早晚的事實。而才性離、異派主張才、德兩者，本難兼具，所以在學習理論方面，能夠關注到個別才性之差異，尊重偏才一味之美。第四節所介紹的玄理派學者，他們也同意才能天賦之說，認為人各有性分，性分之外不可強學。所以儘管他們派別多，但在教學方法方面，皆一致主張「順任自然」的原則。

王弼認為「萬物以自然為性，故可因而不可為也，可通而不可執也。物有常性而造為之，故必敗也。物有往來，而執之，故必失矣。」〔註123〕萬物都有其本然如此的天性，教學者，只可因應而不可造作；可以加以順通，而不可以拘執。萬物具有這種恆常的本性，卻想刻意加以改變，則必定失敗。物有往來變動，卻想拘執，其結果只有失敗。聖人通達這種「自然之性」的道理，所以在行事或教化之時，就懂得如何通暢萬物本然之實。在做法上、教法上，採取「因而不為，順而不施」〔註124〕的原則，「不禁其性」〔註125〕，則萬物（包括學生）可自行成濟。阮籍也有相同意見，「夫善接人者，導焉而已，無所逆之」〔註126〕。「導焉」即教師衡其天性，引導其完成己性。「無所逆之」與「不禁其性」，兩義亦相近。

〔註122〕郭象《莊子・養生主》注。
〔註123〕王弼《老子注・29章》。
〔註124〕《老子注・29章》：「聖人達自然之性，暢萬物之情，故因而不為，順而不施。」
〔註125〕王弼《老子注・10章》。
〔註126〕阮籍〈達莊論〉，《全三國文・卷45》。

　　王弼是從個體本身來談教法，主張不禁其性。嵇康則從另一個角度來談
適性。他認為適性，也包含不去強加本性所無的東西，不去強迫個體學習能
力未逮或沒有興趣之事。他說：「性有不堪，真不可強」，〔註127〕最好的教學
方法，就是「循性而動，各附所安。」〔註128〕那麼，其所指之性為何？他認
為「不慮而欲」的表現，就是天性之發。如果是「識而後感」，則是智，而非
性，所以「計而後學」的六經〔註129〕，不為性之所好。而循性的好處，在於
「遇物而當，足則無餘」。若是經過智慮忖度才形成之舉動，則非循性，其弊
乃在「倦而不已」，不知自足，每每成為「世之所患，禍之所由」〔註130〕。
　　至於教學法的使用，玄學家們所提出的原則如下：

> 因其所以來，用其所以至。循而泰之，使自居之；發而開之，使自
> 舒之。（阮籍〈達莊論〉，《全三國文·卷45》）

「用」其所以至，表示不反對教育之行為，但須以因、循、發的方式，使其行
事時，可以泰之，舒之。全然沒有如禽鹿「狂顧頓纓」〔註131〕的反抗、叛逆
情形出現。郭象談的更多：

> 夫物有常然，任而不助，則泯然自得，而不自覺也。（郭象《莊子·
> 駢拇》注）

> 用其自用，為其自為，恣其性內而無纖介於分外，此無為之至易
> 也。……率性而動，動不過分，天下之至易者也。……（郭象《莊
> 子·人間世》注）

> 故任而不助，則本末內外，暢然自得，泯然無跡。若乃則此近因，
> 而忘其自爾，宗物於外，喪主於內，而愛喪生矣。（郭象《莊子注·
> 齊物論》）

> 故聖人不顯此以耀彼，不捨己以逐物，從而任之，各冥其所能，故
> 曲成而不遺也。（郭象《莊子注·齊物論》）

「泯然自得，而不自覺也」，不正是嵇康所謂「不慮而欲」的性的外現及成
果。歸納上面教學資料，可得到以下教學法：「達性」、「因」、「暢情」、「順」、

〔註127〕嵇康〈與山巨源絕交書〉。
〔註128〕嵇康〈與山巨源絕交書〉。
〔註129〕嵇康〈難自然好學論〉。
〔註130〕嵇康〈答向子期難養生論〉。
〔註131〕嵇康〈與山巨源絕交書〉。

「任」、「恣」、「率性」「不施」、「不助」「用其自用，為其自為」……以上所舉儘是教學方法的抽象原則，至於具體辦法，或許可從王弼評《老子》書的一段文字，窺其要略：

> 其（老子）為文也，舉終以證始，本始以盡終。開而弗達，導而弗牽。尋而後既其義，推而後盡其理。善發事始以首其論，明夫會歸以終其文。（王弼〈老子指略〉）

王弼認為：老子是將自然教學法，發揮得最好的人。著書也是一種「不言之教」、無聲之教。其中的文字，採用「舉終以證始，本始以盡終」的論述方式。「終」者，現象界的萬事萬物；「始」，乃宇宙萬物的本體。即老子使用了「即體言用」、「即用顯體」這種「體用並觀」的思維方式來引導讀者。而其引導的方法，正是玄學家自然教學法的典範。老子在教導讀者時，注重啟發，而不把事情的底蘊全部說出，要讓讀者自己去體會探索；注重誘導，而不牽之使前。意謂在學生自行探索之時，老師也不要使自己的意見、主觀牽引學生往此。老子不會經由有形的言辭說出底蘊，也不會無形的牽引學生趨向自己的預設意見。使讀者在自行探求、推理之後，完就書中所欲表達之義理。總之，老子善於揭示事物的根源以作為論述的起首，又能在文末明示全書總旨，所以讀過老子書的人，可以獲得極好的效果：「使同趣而感發者，莫不美其興言之始，因而演焉；異旨而獨構者，莫不說其會歸之徵，以為證焉。……故使觸類而思之者，莫不欣其思之所應，以為得其義焉。」（王弼〈老子指略〉）對於閱讀旨趣與別人相同之人，都欣賞老子啟導的方式，樂於討論推演。而旨趣與他人不同而能獨立思考的人，則為自己通過獨立思考得出與他人相同的結論而高興。而對於能夠舉一反三，觸類而思之者，也為他的思想在自身及生活中得到應證回響，而覺得已得宇宙根本義理。老子教育讀者，引導讀者入道如此「自然」、成功，莫怪乎王弼要加以稱美不絕。

二、識其天性，因而濟之

教學固然以「順任自然」為上，然而明識學生天生之才、性，方能因材以施教，順性以濟之。王弼說：「明物之性，因之而已。」（王弼《老子注·47章》）嵇康也說：

> 夫人之相知，貴識其天性，因而濟之。……見直木，必不可以為輪；曲者，不可以為桷，蓋不欲以枉其天才，令得其所也。（嵇康〈與山巨源絕交書〉）

「見直木，必不可以為輪；曲者，不可以為桷」，這是順性之表現，只是它採取從反面說明罷了。在教育上，乃在說明「不枉天才，令得其所」的教學原則。然而順性之前，非得識其天性之直曲，否則如何決定為輪？為桷？所以教學法之運用，必以「識其天性」為先，而後順其本性之自然，予以必要的協助。

如何識其天性？本章第三節提及有玄學家主張「由形觀質」之說。其中以《人物志》一書，對於性格分析與材能鑒別之法，說明最詳。故其學說，可作為認識學生天性資質的參考。

首先，劉劭肯定材能鑒別的可行性。因為：「若量其材質，稽諸五物。五物之徵，亦各著於厥體矣。」此五物，「其在體也，木骨、金筋、火氣、土肌、水血，五物之象也。」〔註132〕在他看來，五行分別形成人體的相應部分，從而造成人的不同性格。基於對此的體認，所以他進一步將五行、形體和性格特徵結合起來，形成對應，如下表：

表十五　〈五行、形體與性格關係表〉

五　行	形　體	性格特徵
木	骨	溫直而擾毅。
金	筋	剛塞而弘毅。
火	氣	簡暢而明砭。
土	肌	寬栗而柔立。
水	血	願恭而理敬。

資料來源：劉劭《人物志‧九徵》

此外，劉劭更進一步，還根據人所具有的不同特徵，將人劃分為十二種類型。

表十六　〈性格類型表〉〔註133〕

性格類別	性格總的特徵	性格的優缺點
強毅之人	狠剛不和	厲直剛毅，材在矯正，失在激
柔順之人	緩心寬斷	柔順安恕，每在寬容，失在少決

〔註132〕劉劭《人物志‧九徵》。
〔註133〕《人物志‧體別》。

雄悍之人	氣憤勇決	雄悍傑健，任在膽烈，失在多忌
懼慎之人	畏患多忌	精良畏慎，善在恭謹，失在多疑
凌楷之人	秉意勁特	強楷堅勁，用在楨幹，失在專固
辨博之人	論理贍給	論辨理繹，能在釋結，失在流宕
弘普之人	意愛周恰	普博周給，弘在覆裕，失在溷濁
狷介之人	砭清激濁	清介廉潔，節在儉固，失在拘扃
休動之人	志慕超越	休動磊落，業在攀躋，失在疏越
沉靜之人	道思迴復	沉靜機密，精在玄微，失在遲緩
普露之人	串疑實	樸露徑盡，質在中誠，失在不微
蹈譎之人	原度取容	多智韜情，權在譎略，失在依違

劉劭對人物性格的分類，大抵憑經驗所得。人物紛紜，恐怕非止於此十二種。但由此可略知：天性材資，人人不同，各有短常，識其天性，再以此作根據，決定「因而濟之」的策略。可見識察人性之重要。

在《人物志》裡，劉劭批評一般人識察之謬，他說：「眾人之察不能盡備，故各立度，以相觀採。或相其形容，或候其動作，或揆其終始，或揆其儗象，或推其細微，或恐其過誤，或循其所言，或稽其行事。八者游離，故其得者少，所失者多。」〔註134〕這八種標準，是人們根據自己的偏好所制定的，所以只能觀察到人物的某一方面，未得其才性之實。因而劉劭提出九徵察人之方：

> 性之所盡，九質之徵也。然則平陂之質在於神；明暗之質在於精；
> 勇怯之勢在於筋；強弱之植在於骨；躁靜之決在於氣；慘懌之情在
> 於色；衰正之形在於儀；態度之動在於容；緩急之狀在於言。（劉劭
> 《人物志·九徵》）

所以主張由神、精、筋、骨、氣、色、儀、容、言九種外部表現去觀察鑑別人物「性格」。如此則可免以偏蓋全之失。

那麼又如何去觀察這九方面的特質呢？劉劭主張可以憑藉觀察八個要項而達成對人特質的掌握。〈八觀篇〉注云：「群材異品，志各異歸，解其短否，所格者八」。「異品」「異歸」，其義近於心理學的「個別差異」。劉劭識別天性特質的方法為「觀察」，而觀察的要項則分別如下：

> 八觀者：一曰觀其奪救，以明間雜；二曰觀其感變，以審常度；三
> 曰觀其志質，以知其名；四曰觀其所由，以辨依似；五曰觀其愛敬，

〔註134〕《人物志·效難》。

以知通塞；六曰觀其情機，以辨恕惑；七曰觀其所短，以知其長；

二曰觀其聰明，以知所達。（劉劭《人物志‧八觀》）

這八個觀察要項，分別是：一是觀察一個人奪（奪取、滅損的行為）和救（給與、爭取、增益）兩方面的表現，則可以了解他性情的本質間雜的情形。二是通過個人在變動狀態下的反應，可以了解他在穩定狀態下的性格。在此要項中，劉劭提出「觀辭察應」的方法。他進一步說道：「夫人厚貌深情，將欲求之，必觀其辭旨，察其應贊。夫觀其辭旨，猶聽音之善醜；察其應贊，猶視智之能否也。故觀辭察應，是以互相別識。」這種視發言之旨趣，觀應和之當否的方法，表明觀者，乃是使用「問答」法為手段來觀察人的才能和性格。這樣比起單獨由外在形質觀察，全憑觀者觀感論斷的方法，自然多了些客觀性。三是「尋其質氣，覽其清濁，雖有多少之異，異狀之名，斷可知之。」〔註135〕在前面已提及：劉劭繼承兩漢的自然元氣論，認為人的才性，乃由氣之多少、清濁所決定，所以觀其質氣，就可以了解他在各種異狀殊名下的才性。四是觀察一個人行為的來龍去脈，以辨別出那些表面上似是而非的才性特點。第五是通過一個人對什麼人、事愛敬，得知他與上下之間的關係。六是觀察個人種種情機（如：喜、怨、惡、悅、姻、姻），可以知道他的恕惑——情緒的穩定性及「賢鄙之志」。七是觀察一個人的短處，以了解他在某些地方的長處。劉劭認為，一個人在某些才能和性格方面的某些長處，往往是以其相對應的某種短處為表徵的。如直爽的性格是通過「訐」（攻擊或揭發別人的短處）的短處表現出來的。沒有「訐」這個缺點，就看不出「直」這個優點。〔註136〕最後一項是觀察一個人的聰明才智，可以了解他的材能如何。

以上方法，大約由靜觀動，由外察內，視聽言貌無不攝列其中，對個性之了解，自可纖悉無遺。然而在採取此法之時，須避免七種察人之謬：

七謬：一曰察譽，有偏頗之謬；二曰接物，有愛惡之惑；三曰度心，有小大之誤；四曰品質，有早晚之疑；五曰變類，有同體之嫌；六曰論材，有申壓之詭；七曰觀奇，有二尤之失。（劉劭《人物志‧七謬》）

劉昺注針對上文，將「七謬」加以解釋：

徵質不明，故聽有偏頗也；或情同忘其惡，或意異違其善；或小知

而大無成，或小暗而大無明（由智不能察其度，心常誤於小大）；有
早智而速成者，有晚智而晚成者；材同事均，則相競，材同勢傾，
則相敬；藉富貴則惠施而名中，處貧賤則乞求而名壓；妙尤含藏，
直尤虛瑰，故察難中也。

其中第七項，用劉劭自己的話來解：「是故眾人之所貴，各貴其出己之尤，
而不貴尤之所尤。」是說明觀察者本身才量有限，無法真正觀察到自己所不
具特質或己所未達之層次的特出資質，所以察人難。

值得注意的是第四項，劉劭也注意到個體身心成長變化的速率的差異。
所謂「小時了了，大未必佳」，正是說明這種情形的存在：

夫人材不同，成有早晚。而眾人之察，不慮其變，是疑於早晚者也。
（劉劭《人物志‧七謬》）

識其天性，慎察其實，方能斟酌適性的教法：

夫九偏之才，有同、有反、有雜。同則相解，反則相非，雜則相非。
故善接論者，度所長而論之。歷之不動，則不說矣；傍無聽達，則
不難矣。不善接論者，說之以雜反。說之以雜反，則不入矣。（劉劭
《人物志‧材理》）

這樣不但教學效果不彰，而且在教育策略上，可能造成「早拔多誤」、「順次」
亦失的情形發生〔註137〕。

三、否定之道，不言之教

老子說：「為學日益，為道日損。」表示老子對「為學」與「為道」的教
學，主張由不同的進路。此處的「為學」，指智識的增進：

下篇云：為學者日益，為道者日損。然則學求益其所能，而進其智
也。若將無欲而足，何求於益？不知而中，何求於進？……自然已
足，益之則憂。王弼《老子注‧20章》）

不學而能者，自然也。喻於學者之過也。故學不學，以復眾人之過。
（王弼《老子注‧64章》）

自然之道是無須經由外學而能的。那些「不知知之自知，因欲為知以知之；
不見見之自見，因欲為見以見之。」的「學」者，只有「心神奔馳於內，耳目

〔註137〕劉劭《人物志‧七謬》：「是以早拔多誤，不如順次；夫順次常度也，苟不察
其實，亦焉往而不失。」

竭喪於外，處身不適。」〔註138〕「其弊也，遂至乎為人之所為矣。……舍己效人，而逐物於外者。」〔註139〕最後引起社會上各種「幻怪之生」。因此老子要人學著「不去學習智識」，才能平復眾人所犯的錯誤。玄學家也提出學習智識之害：

> 民多智慧則巧偽生，巧偽生，則邪事起。（王弼《老子注‧57章》）

> 知行則前識立。前識立，則志開而物遂。（嵇康〈答向子期難養生論〉）

> 用知不足以得真。（郭象《莊子‧天地》注）

> 由知而後得者，假學者耳，故淺也。（郭象《莊子‧知北游》注）

智識導致巧偽萌生、邪事競起，志開物遂，欲轉無窮，所以「用智不及無知。」〔註140〕學習智識卻無益，這種智慧是虛假不真的，只是「虛有智，而實無知也。」〔註141〕那麼，什麼才是真知？

> 顯道以去民迷。（王弼《老子注‧52章》）

> 得之道而正者，君子之實也。（阮籍《達莊論》）

玄學家明白的告訴我們，是「道」。道的「學習」，並不同於智識。傳統儒家為學，要人經由漸學、積累功夫以成。而道家則採取相反的路線，要人經由「損」的功夫以進道。期望透過「損之又損，以至於無為」的過程，達到「反虛無」的道境。

　　基於這樣不同的教育目標，道家自然也有自己一套的教學法。這種「損而不益」的教學法，筆者姑且稱之為「否定之道」〔註142〕，反過來說「否定之道」，也是指這種「損」的教學法。傳統儒家的道德教育法，往往是從正面設定許多德目，讓學生去遵從；而玄學家繼承老莊哲學精神，在道德教育方面，採取一種否定式的教學法。這種否定的教學法，由數方面表現出來：

1. 在修養功夫方面

　　藉由「轉少」、「滌除邪飾」、「不介其明」、「不疵其神」、「除迷」、「去惑」、

〔註138〕郭象《莊子注‧人間世》。

〔註139〕郭象《莊子注‧德充符》。

〔註140〕王弼《老子注‧3章》。

〔註141〕王弼《老子注‧48章》。

〔註142〕借用鄔昆如先生〈老莊教育哲學理念〉（臺大哲學論評 16p.1～18 民82）文中的稱法。

「滅其私」、「無其身」、「無措」、「志無所尚」,「心無所欲」……的功夫以達道。至於玄學家出所提意見的出處,姑列於下,以供參考對照:

> 自然之道,亦猶樹也。轉多轉遠其根,轉少轉得其本。多則遠其真。……少則得其本。(王弼《老子注·二十二章》)

> 玄,物之極也。言能滌除邪飾,至於極覽;能不以物介其明、疵其神乎?則終與玄同也。(王弼《老子注·十章》)

> 除其所以迷,去其所以惑,故心不亂而物性自得之也。(王弼《老子注·29章》)

> 故滅其私而無其身,則四海莫不瞻,遠近莫不至;殊其己而有其心,則以體不能自全,肌骨不能相容。(王弼《老子·三十八》注)

> 然無措之所以有是,以志無所尚,心無所欲,達乎大道之情;動以自然,則無道以至非也。抱一而無措,則無私無非,兼有二義,乃為絕美。(嵇康〈釋私論〉)

由上面的資料看來,玄學家採取的果然是一種否定之道。不似儒家以以種肯定之道,要人向外去學古聖先賢所具有的良行懿德,因為人之本質未必具有此種內容。而道家、玄學家視人為一個自然整全的個體,本有道性,只為外物之疵、介、外飾而失其本真及神明,所以須經由這種損的過程,將障蔽之源——滌除,則道自可現。而這些障蔽之源不外是邪飾、施為、迷惑、外物、私欲……透過層層剝落,否定再否定,使之損至虛無,則能還以真樸道性。以否定形式,面對道德的整體內容。

其實儒道二家最終目標皆在美善,只是儒家走正面的肯定之道,玄學家走反向的否定之道。印章有陰文、陽文二種,然其顯字之明,則無別也。

2. 在聖人特質描述方面

玄學家對理想人格的描述或功夫,常不用積極、肯定的句式表達,而多用反面、否定的描述。如:

> 是以上德之人,唯道是用,不德其德,無執無用,故能有德而不為。不求而得,不為而成,故雖有德而無德名。(王弼《老子注·38章》)

> 是以聖人務使民皆歸厚,不以探幽為明;務使奸偽不興,不以生覺為賢,故雖明並日月,猶曰不知也。(王弼《論語釋疑·泰伯篇》)

> (聖人)不自見其所知,以耀光行威也。王弼《老子注·72章》)

聖人之所以難知，以其同塵而不殊，懷玉而不渝，故難知而為貴也。
（王弼《老子注・70 章》）

聖人達自然之性，暢萬物之情，故因而不為，順而不施。（王弼《老
子注・29 章》）

是以聖人之於天下，歙歙焉，心無所主也；為天下渾心焉，意無所
適莫也。無所察焉，百姓何避？無所求焉，百姓何應？無避無應，
則莫不用其情也。（王弼《老子注・49 章》）

至於至人，心與元氣玄合，體與陰陽冥諧；方員不當於一象，溫涼
不值於一器，神定氣和，所乘皆順，則五物不能逆，寒暑不能傷。
謂含德之厚，和之至也。故常無生死，豈用心去就而復全哉？（張
湛《列子注・黃帝》）

王戎喪兒萬子，山簡往省之，王悲不自勝。簡曰：「孩抱中物，何至
於此？」王曰：「聖人忘情，最下不及情。情之所衷，正在我輩！」
簡服其言，更為之痛。（《世說・傷逝4》）

上文所及之「不德其德」、「無執無用」、「不為」、「不求」、「不探幽」、「不自
見」、「不殊」、「不渝」、「不施」、「心無所主」、「意無適莫」、「無所察焉」、
「無所求焉」、「不當於一象」、「不值一器」、「常無生死」「忘情」……諸語，
以「不」、「無」為構詞主幹，「不」與「無」在此皆作動詞使用，以結合否
定詞的形式構成對「體道」聖人的修養功夫的表述，而「忘」，則代表一種
不刻意為之的「滌損」功夫。

3. 不言之教理論的提出

　　玄學家認為道是整全不可分割〔註143〕；是可以理會、難以言傳；是本根
之體，卻無名象〔註144〕；無所不在，所在皆無〔註145〕。因為一體之道難言，
「道可道」乃「非常道」，言則有分，且「寄旨傳辭，將以正邪，而勢至於繁。
既求道中，不可勝御，是以修本廢言。」〔註146〕故玄學家的教學理論中，有
所謂「不言之教」。

〔註143〕至道之極，混一不分；同為一體，得失無聞。（阮籍〈達莊論〉）
〔註144〕王弼〈老子指略〉：「夫物之所以生，功之所以成，必生乎無形，由乎無名。
　　　　無形無名者，萬物之宗也。」
〔註145〕郭象《莊子注・大宗師》。
〔註146〕王弼《論語釋疑・陽貨19》。

> 予欲無言，蓋欲明本。舉本統末，而示物於極者也。夫立言垂教，
> 將以通性。(王弼《論語釋疑·陽貨19》)
>
> 聖行五教，不言為化。(王弼《老子指略》)
>
> 知者不言，因自然也；言者不知，造事端也。(王弼《老子注· 53
> 章》)
>
> 道以無形無為成濟萬物，故從事於道者，以無為為君，不言為教。
> (王弼《老子·二十三章》注)
>
> 言之者失其常，名之者失其真，為之者則敗其性，執之者則失其原
> 矣。是以聖人不以言為主，則不失其常。(王弼〈老子指略〉)

不言之教的目的在於明本（道），而立言垂教，也有其必要，但旨在成全個人的本性（道性），所以言與不言的時機，就看合道或違道。不過若此言語將「造事端」，不如不言，以因自然。這是消極的不言，造事端在教學法來說，可以指「限制學習者發展的可能性」而言。玄學家的教學內容，本指道修養而言，不落有形現象或智識之學習，在此為解釋「有言」之弊，且舉生活成例以示之，就不避舉證不倫之失了。比如上自然實驗課之始，教師便將實驗過程及結果和盤托出，學生在無形中，就不會去動自己的大腦思索解決問題之道，斟酌實驗結果的合理性。又作文教學，老師說得太多，連大綱段落都一起說出來，則學生文章，恐怕千篇一律，沒有創見巧思。因此在教學過程中，適時的「不言」，也是教學之法。而不言的最大目的，就在無措：

> 心無措乎是非，而行不違乎道者也……然無措之所以有是，以志無
> 所尚，心無所欲，達乎大道之情。動以自然，則無道以至非也。(嵇
> 康〈釋私論〉)

嵇康在教學法上認為：應本著自然的原則，讓受教者之個性自然發展。具體來說須「無措」。所謂無措，指「心無措乎是非」。要求在對學生教育時，當摒除主觀地、有為地去分辨是非，而能因勢利導，順乎自然，讓學生按照自己固有規律自由發展。如此教學，則能得心應手、事半功倍。

總之，玄學家的「損」的教學法，從否定角度出發，讓學生自己體道。如此則易掌握人生方向的整體性，因為宇宙一體，物我相應，道通為一乃由觀察所得。肯定式的說法，易落入相對相異、分別、計較、巧偽的觀念中。因此否定之道的教學法具有圓融而整體的優點。凡足以礙者，如特殊、個別、差

異的知識，皆被排除在外。使人忘記自我，擺落人為所加內容，以使自己與道為一，才是人性發展的完成。

四、清談論辯，務求理中

本文第二章中曾對清談作過簡單的探討，其中提到玄學不等於清談，清談乃是當時各種思潮流派談說論辯活動的總稱，因而清談的內容是多方面的，包括評論人物、社會制度等具體問題，也包含宇宙本體等抽象論題，而玄學只是其中一種。不過話雖如此，清談論辯與玄學之間，確有相當密切的關係，那是指清談之作為玄學教育的重要活動及教育方式而言。

說起玄學家的教、學法，清談論辯是少不了的。玄學家們不但藉清談來學習[註147]，因清談而成名，更由於清談的交相激盪，形成各自不同的玄學思想體系[註148]，而後也在談座上宣傳自己的理論。而各家學術之會通，異

[註147] 在魏晉人的觀念裡，清談論辯也確實成為一種教育、學習途徑：
殷中軍為庾長史，下都，王丞相為之集，桓公、王長史、王藍田謝鎮西並在。丞相自相解帳，帶麈尾，語殷曰：「身今日當與君共談析理。」既共清言，遂達三更。丞相與殷共相往反，其餘諸賢，略無所關。既彼我相盡，丞相乃歎曰：「向來語，乃竟未知理源所歸；至於辭喻不相負。正始之音，正當爾耳。」（《世說新語·文學22》）
太傅東海王鎮許昌，以王安期為記室參軍，雅相知重。敕世子毗曰：「夫學之所益者淺，體之所安者深，閑習禮度，不如式瞻儀形；諷味遺言，不如親承音旨。王參軍人倫之表，汝其師之。……（《世說新語·賞譽34》）清談論辯的訓練除了像世子毗向清談、玄學大家請益之外，尚有家庭中的耳濡目染及家長刻意訓練：
劉尹至王長史許清言，時苟子年十三，倚床邊聽；既去，問父曰：「劉尹語何如尊？」長史曰：「韶音令辭，不如我；往輒破的，勝我。」（《世說新語·品藻48》）
司空顧和與時賢共清言，張玄之、顧敷是中外孫，年並七歲，在床邊戲。于時聞語，神情如不相屬；暝於燈下，二小兒共述客主之言，都無遺失。顧公越席而提其耳曰：「不意衰宗，復生此寶。」（《世說新語·夙慧4》）
可知清談論辯確已成為魏晉時代一種相當普遍的教育方式。
[註148] 參與談座，不僅事前要作過充實的準備功夫，事後更是反覆尋思，將自己的觀點寫成文字，著書立說：
殷融，字洪遠，陳郡人。……著〈象不盡意〉、〈大賢須易論〉，理義精微，談者稱焉。兄子浩，亦能清言，每與浩談，有時而屈；退而著論，融更居長。（《中興書》，《世說新語·文學74》注）
支道林、許（詢）、謝（安）、盛德，共集王（濛）家。謝顧謂諸人：「今日可謂彥會，時既不可留，此集固亦難常；當共言詠，以寫其懷。」許便問主人有莊子否？正得漁父一篇。謝看題，便各使四座通。支道林先通，作

議的認同，也一樣在談座上完成〔註149〕。所以清談與玄學家的關係，至為密切。而清談論辯也成為魏晉時代盛行的一種學術活動、社交方式及時代風尚〔註150〕。

　　傳統儒家似乎不太注重辯論。孟子曾被指為好辯，孟子自己辯稱「不得已也」。可知「善辯」在儒家來說，不是一件值得炫耀的事。至於荀子，則對論辯採取一種肯定立場。他說：「辯說也者，不異實名，以喻動靜之道也。」（《荀子·正名》）

　　然而，玄學雖以道家思想為主，但是辯論之事，卻非道家所倡言。老子有云：「多言數窮，不如守中」、「大辯若訥」、「知者不言，言者不知」、「信言不美，美言不信。善者不辯，辯者不善。」莊子也說：「辯也者，有不見也。夫大道不稱，大辯不言」〔註151〕「既使我與若辯矣，若勝我，我不若勝，若

七百許語，敘致精麗，才藻其拔，眾咸稱善。於是四坐各言懷畢。謝問曰：「卿等盡否？」皆曰：「今日之言，少不自竭。」謝後粗難，因自敘其意，作萬餘語，才峰秀逸，既自難干。加意氣擬託，蕭然自得，四座莫不厭心。支謂謝曰：「君一往奔詣，故復自佳耳。」（《世說新語·文學55》）

像這種進而論辯，退而著論的情形相當常見，許多玄學著作、理論，亦因之而起，如：王弼與裴徽、何晏論聖人特質而有「聖人論」；嵇康秀與向秀論「養生」，各有著作，又與張遼叔、阮德如辯「自然好學」、「宅無吉凶」，與秦客論「聲無哀樂」，皆有立論；謝萬與孫綽辯賢人，各有書論；裴頠與王衍貴無論者論辯，而有「崇有」之說；張韓「不用舌論」、歐陽建「言盡意論」、紀瞻「易太極論」、殷浩「易象論」、戴逵「放達非道論」……當亦為論辯之產物。

〔註149〕異議的交鋒會通，且舉五例證之：《輅別傳》：「魏郡太守鍾毓，清逸有才，難輅《易》二十餘事，自以為難之至精也。輅尋聲投響，言無留滯，分張爻象，義皆殊妙，毓即謝輅。」（《三國志·魏書·方技傳》注）

《晉陽秋》：「荀粲……太和初，到京邑與傅嘏談。嘏善名理，而粲尚玄遠，宗致雖同，倉卒時或有格，而不相得意。裴徽通彼我之懷，為二家騎驛。頃之，粲與嘏善，夏侯玄亦親。」（《三國志·荀彧傳》注引）

《晉書·王接傳》：「時秘書丞衛恆考正汲冢書，未訖而遭難。佐著作郎束皙述而成之，事多異義。時東萊太守陳留王庭堅難之，亦有證據。皙又釋難，而庭堅已亡。散騎侍郎潘滔謂接曰：『卿才學理議，足解二子之紛，可試論之。』接遂詳其得失，摯虞、謝衡皆博學多聞，咸以為允當。」

《晉書·劉惔傳》：「時孫盛作『易象妙於見形論』，帝使殷浩難之，不能屈。帝曰：『使真長來，故應有以制之。』乃命迎惔。盛素敬服惔。及至，便與抗答，辭甚簡至，盛理遂屈。一坐撫掌大笑，咸稱美之。」《晉書·張憑傳》：「王濛就惔清言，有所不通，憑於末坐判之，言旨深遠，足暢彼我之懷，一坐皆驚。」

〔註150〕詳見第二章「魏晉時代的儒家教育」中的「家學」部分及註39。

〔註151〕《莊子·齊物論》。

果是也，我果非也邪？我勝若，若不吾勝，我果是也，而果非也邪？」〔註152〕
「辯不若默。道不可聞，聞不若塞。此之謂大得。」〔註153〕這除了是「無為」
思想的延伸外，對辯論結果的真實性及表意、傳達功能的懷疑，也是道家不
辯的原因。

那麼玄學家為何要辯？首先從正面來看：

> 夫不能辯名，則不可以言理；不能定名，則無可以論實也。凡名生
> 於實，未有形生於名者也。故有此名必有此形，有此形必有其分。
> 仁不得謂之聖，智不得謂之仁，則各有其實矣。（王弼〈老子指略〉）

王弼認為：不去辯識物名，如何析理。因為名乃由形所生，有此名，必有其
形；有其形，必有屬於此事物的本然質性與理分。因此辯名，是為了「析理」。
而這個「理」，正是道家所要探索的萬物的所以然之理，而理的探索，須透過
辯名，「定名」而後能「校實」，實理，則為道家、玄學家所欲探尋的目標，所
以要辯。

> 若說而不難，各陳所見，則莫知所由矣。（劉劭《人物志・材理》）
> 夫辯者，求服人心也，非屈人口也。故辯之為言，別也，為其善分
> 別事類而明處之也，非謂言辭切給而以陵蓋人也。（徐幹《中論・覈
> 辯》）
> 君子之辯也，欲以明大道之中也，是豈取一坐之勝哉？（徐幹《中
> 論・覈辯》）

劉劭與徐幹的意見也相差無多，皆主為正理而辯。劉劭認為眾說紛紜，各陳
所見，則不知何者為是，無所適從。只有透過辯難，層層剖析，才能剔除虛偽
不實成分，知其所由。徐幹則明白指出辯論的目的，是想要「明大道之中」，
中者，正而不偏之義。此正道，足以服人之心，非以切給言辭陵蓋以取勝一
坐之人。而這個正道須經由「分別事類」的歷程，得其正名，而後才能循名責
實「而明處之」。就好比王弼所舉的例子：「仁」、「聖」、「智」間三者之間，雖
有近似，卻不相同，各有其實，不可相混。

正因為辯論有「正名析理」的功能，所以具備論辯的口才，在事功上，
也有助益。例如可幫助人釐清似是而非，名實相混的依似情況，所以劉劭《人

〔註152〕《莊子・齊物論》。
〔註153〕《莊子・知北遊》。

物志》說：「言語之人，以辨析為度。」〔註154〕而「能言能行，故為眾材之雋也」〔註155〕。

表十七 〈魏晉善談人士舉例〉

人　物	善談記載	資料來源
許靖	少與從弟劭俱知名，……靖雖年逾七十，清談不倦。	三國志・蜀書・本傳
李肅	少以才聞，善論議。	三國志・吳書・步騭傳注
王粲	辯論應機。	三國志・魏書・本傳注
鍾繇	數與嚴幹共辯析長短。	三國志・魏書・裴潛傳注
管輅	（單）子春及眾士互相攻劫，論難鋒起，而輅人人答對，言皆有餘。	三國志・魏書・方技傳注引輅別傳
顧徽	孫權統事，文徽有才辯，召署主簿。	三國志・吳書・顧雍傳注
張紘	以言語辯捷，擢為侍中、中書令。	三國志・吳書・本傳
魯肅	又善談論，能屬文辭。	三國志・吳書・本傳
荀祈	祈與孔融論肉刑。	三國志・魏書・荀攸傳注
荀悂	悂與孔融論聖人優劣。	三國志・魏書・荀攸傳注
劉陶	淮南人劉陶，善論縱橫，為當時所推。	三國志・魏書・劉曄傳注
繁欽	以文才機辯，少得名於汝、潁。	三國志・魏書・本傳注
何晏	是時何晏以材辯顯於貴戚之間。	三國志・魏書・傅嘏傳注
王弼	好老氏，通辯能言。	三國志・魏書・鍾會傳注
賀循	時尚書僕射刁協與循異議，循答義深備。	晉書・本傳
劉疇	善談名理。	晉書・劉波傳
溫嶠	善於談論。	晉書・本傳
郗超	善談論，義理精微。	晉書・本傳
支遁	沙門支遁，以清談著名於世	晉書・郗超傳。
王濟	濟善於清言，脩飾辭令，諷議將順，朝臣莫能尚焉，帝益新貴之。	晉書・本傳
王衍	在京師造僕射羊祜，申陳事狀，辭甚清辯。	晉書・本傳
郭象	少有才理，好老莊，能清言	晉書・本傳

〔註154〕 劉劭《人物志・接識》。
〔註155〕 語出劉劭《人物志・材能》。魏晉知名人物多善於談論，且舉史傳以證焉（表十七）。

王接	才學理議，足解二子之紛。	晉書‧本傳
邵續	善談理義。	晉書‧本傳
祖納	能清言，文義可觀。	晉書‧本傳
牽秀	博辯有文才。	晉書‧本傳
羊祜	善談論。	晉書‧本傳
裴遐	善言名理，音辭清暢。	晉書‧裴綽傳
衛玠	遇有盛日、親友，時請一言，無不咨嗟，以為入微。	晉書‧本傳
馮紞	識悟機辯。	晉書‧本傳
王戎	善發談端，賞其要中。	晉書‧本傳
阮裕	雖不博學，論難甚精。	晉書‧本傳
庾峻	高貴鄉公問尚書義于峻，峻援引師說發明經旨，申暢疑滯，對答詳悉。……常侍帝講詩，中庶子何劭論風雅正莫能屈。	變之義，峻起難往反，四坐晉書‧本傳
吳隱之	美姿容，善談論。	晉書‧本傳
潘京	其機辯皆此類。	晉書‧本傳
晉明帝	嘗論聖人真假之意，導等不能屈。	晉書‧本傳
司馬彪	清辯能言論。	晉書‧本傳
樂廣	尤善談論。	晉書‧本傳
段灼	果直有才辯。	晉書‧本傳
孫盛	時孫盛作易象妙於見形論，帝使殷浩難之，不能屈。	晉書‧劉惔傳
劉惔	乃命迎惔，……及至，便與（孫盛）抗答，辭甚簡至，盛理遂屈。	晉書‧劉惔傳
張憑	王濛就惔清言，有所不通，憑於末坐判之，言旨深遠，足暢彼我之懷，一坐皆驚。	晉書‧本傳
王羲之	及長，辯贍，以骨鯁稱。	晉書‧本傳
王恭	令與賓客談論，時人皆為降節。	晉書‧本傳
郭瑀	雅辯談論。	晉書‧本傳
釋道安	時有桑門釋道安，俊辯有高才。	晉書‧習鑿齒傳
袁悅之	能短長說，甚有精理。	晉書‧本傳
謝朗	善言玄理。	晉書‧本傳
謝道蘊	聰識有才辯。	晉書‧本傳
戴昌	時武陵太守戴昌，亦善談論	晉書‧潘京傳

然而，儒家與老莊為何不提倡論辯呢？那是因為很多世俗之人根本不懂得論辯的本質與目的：

> 俗士之所謂辯者，非辯也。……俗之所謂辯者，利口者也。彼利口者，苟美其聲氣，繁其辭令，如激風之至，如暴雨之集，不論是非之性，不識曲直之理，期於不窮，務於必勝，以故淺識而好奇者見其如此也，固以為辯。（徐幹《中論·覈辯》）

那些俗士將聲美辭繁的「利口」稱為「辯」，因而在他們的論辯中，只可看到「不論是非之性，不識曲直之理，期於不窮，務於必勝」的情況，淺識而好奇的人見了，以為這就是「辯」，其實是錯誤的觀念。真正的辯論並非如此。若就辯論內涵來分，有兩種情形：一是理勝，二是辭勝。理勝是為了「正白黑以廣論，釋微妙而通之」的義理之辯；另一種是為了求勝，故「破正理以求異」〔註156〕。兩者目的不同，所以論辯的內容、意義也隨之有別，像這樣專以辭勝的論辯，想要「談而定理者，眇矣。」所以玄學家的論辯，皆先區別二者，而後才將論辯作為一種具正面意義的教學法。玄學家所主張的談辯，非以利口勝人，而是務求理中。以辭勝人的利口，乃玄學家所排斥：

> 故君子之於道也，在彼猶在己也。苟得其中，則我心悅焉，何擇於彼？苟失其中，則我心不悅焉，何取於此？故其論也，遇人之是則止矣；遇人之是而猶不止，苟言苟辯，則小人也。（徐幹《中論·覈辯》）

> 辯不入道，而應對資給，是謂口辯，樂毅、曹丘生是也。（劉劭《人物志·流業》）

> 好辯而理不至，則煩。（劉劭《人物志·八觀》）

玄學家論辯，志在求理，若「辯不入道」，「好辯而理不至」，或者，理已出，卻仍為爭勝而游辭不已，則非為玄學家所欣賞。如《世說新語·文學33》載：殷浩清言小屈，卻游辭不已，使得對手劉惔在殷浩回去之後，很不高興的笑他是鄉下人不懂論辯，卻硬要學人清言。又《世說新語·文學38》載：

> 許掾年少時，人以比王苟子，許大不平。時諸人士與支法師並在會稽寺講，王亦在焉。許意甚忿，便往西寺與王論理，共決優劣。苦

〔註156〕劉劭《人物志·材理》。

　　相折挫，王遂大屈。許復執王理，王執許理，更相覆疏，王復屈。
　　許謂支法師曰：「弟子向語何似？」支從容曰：「君語佳則佳矣，何
　　至相苦耶？豈是求理中之談哉？」

由許詢與王修論理之事可知，清談論辯尚理中——說理的切當，使人心服口服，而不可強詞奪理，徒逞意氣，否則雖勝不美。而支道林雖為方外之人，然精於玄學。由其對許詢的批評看來，支道林確為「識辯」之人。

　　所以，論辯本身並不可議，只要能以徐幹所言「君子之於道也，在彼猶在己也。苟得其中，則我心悅焉，何擇於彼？」的心態去論辯，則清談不但是一場君子之爭，賓主盡歡，且可從中獲得理致的增長。一些清談大家，果能以此處心，故其雅量弘闊。對於傑出後進，甘敗下風，樂於引進；或意見對立雙方，猶能衷心敬慕，不相鄙薄。如：「衛君談道、平子三倒」〔註157〕；（何）晏聞（王）弼來，倒屣迎之〔註158〕；「（阮）籍長（王）戎二十歲，相得如時輩」〔註159〕；懷道之流問於王衍，衍推介裴頠於客〔註160〕；阮瞻、衛玠因辯結友，盡釋前嫌〔註161〕。

　　至此，對於玄學家之清談、論辯或可有一個合理的解釋，玄學家之辯，志在道理。此則不違老莊「尚道」本旨，且又力避利口辯給之行，故以論辯教、學，並不違道。

　　魏晉清談，其詳如何？唐翼明先生根據《世說新語》的記載分析，得知魏晉清談有一定的參與方式，但又不拘於一格將清談形式歸為三大類〔註162〕；另外王能憲又分談玄方式為五種〔註163〕，在此綜合二家說法及其例：

　　1. 一人主講式：清談中較少使用，多用在講授的場合。如《世說新語·文學篇》的28、37、45條。另有一人自為客主者，如〈文學6〉的王弼。

〔註157〕《世說新語·賞譽45》：「王平子邁世有雋才，少所推服。每聞衛玠言，輒歎息絕倒。」注引《玠別傳》：「玠少有名理，善通莊老。琅邪王平子，高氣不群，邁世獨傲。每聞玠之語議，至于理會之間、要妙之際，輒絕倒於坐。前後三聞，為之三倒。時人遂曰：『衛君談道，平子三倒。』」
〔註158〕《世說新語·文學4》。
〔註159〕《世說新語·簡傲2》注。
〔註160〕《世說新語·文學11》。
〔註161〕《世說新語·文學18》。
〔註162〕唐翼明《魏晉清談》頁51～87。（東大，民81）
〔註163〕王能憲《世說新語研究》（江蘇古籍，1992）。

2. 二人論辯式：這是最典型的方式。如〈文學篇〉20、22、30、31、32、33、38、51、56 等例，還有一種是兩人辯論、一人評判調和的，如〈文學 55〉，張憑於末坐判之之例。

3. 多人討論式：眾人圍繞著同一題目來表現其見解，較無論辯意味，如〈文學篇〉55 之例。

所以清談的形式雖有多種，過程中可以多人參加，但以兩人論辯的形式最常出現，主角為兩人。構成一個談座，分為主客二方。若就教學角度來看，論辯教學法，教師的角色或成為論辯的主客之一，或充當兩人論辯以外的評判調和者。多人討論式，則類似今日的座談會，教師則可能只是一個提供題目者，其餘內容皆是參與者發表而成。至於一人主講式的清談，也可隨時轉為第二種，只要聽者有疑義，即可與主講者形成一個兩人式的談座，這種情形，以佛教講經為最。

至於清談的程序，且看以下二例：

> 何晏為吏部尚書，有位望，時談客盈座。王弼未若冠，往見之。晏
> 文弼名，因條向者勝理與弼曰：「此理僕以為極，可得復難否？」弼
> 便作難，一坐人便以為屈。於是弼自為客主數番，皆一坐所不及。
> （《世說新語・文學 6》）

> 殷中軍、孫安國、王、謝能言諸賢，悉在會稽王許，殷與孫共論「易
> 象妙於見形論」，孫語道合，意氣干雲，一坐咸不安孫理，而辭不能
> 屈。會稽王慨然歎曰：「使真長來，故應有以制彼。」即迎真長，孫
> 意已不如。真長既至，先令孫自敘本理，孫粗說己語，亦覺殊不及
> 向。劉便作二白許語，辭難簡切，孫理遂屈。一坐同時拊掌而笑，
> 稱美良久。（《世說新語・文學 56》）

從這兩個例子，我們可以推想魏晉清談活動進行的大致情形。首先，清談是一個多人參加的活動，但主角多為兩個人。參加的人都是喜歡清談、善於清談的人，即所謂「談客」或「能言者」。這些人聚在一起，形成一個談座。作為主角的兩人，分為主、客兩方。主方首先發言，提出一個論點，並加以簡明的論證，稱作「敘理」。然後由客方提出詰問或反駁，稱為「作難」，或簡稱「難」。客方作難後，主方辯答〔註164〕。這樣一難一答，稱「一番」。再難再

〔註164〕《世說新語・文學 30》。

答，便是第二番。如此往反，可至數十番〔註165〕。最後必有一方辭窮，就叫作「屈」。如客方屈，則主方所持之理，叫作「勝理」；反之，如主方屈，則客所持之理為勝理。清談活動到此就告一段落。此時若有新人加入，對剛才的勝理進行挑戰，就構成另一組新的客主，另一輪的辯論就又展開了。

怎樣才算理想的清談論辯〔註166〕？劉劭說：

> 必也聰能聽序，思能造端，明能見機，辭能辯意，捷能攝失……。
> 然後乃能通於天下之理。（劉劭《人物志·材理》）

> 善喻者，以一言明數事；不善喻者，百言不明一義。百言不明一義，
> 則不聽矣。（劉劭《人物志·材理》）

首先你必須對別人的發言，聽得明白清楚，你的思想要對人有所啟發。能夠看到事物的關鍵，你的言辭要能將自己的見解表達清晰，敏捷而警惕，便能避免錯誤。在此，劉劭提到幾項重要的要素，分別為風度、理中、新意、辭達、敏捷與簡至：

1. 理中

前面提到玄學家認為論辯之目的，便是「求理中」。「中」者，正也，合也。清談論辯當求「理」勝，合乎此項要求，方是玄學家心目中合格的論辯。

王濛受到稱許，正在於其清言談道能貴理中，簡而不煩，故能發揮清談論辯之高致。王祥口才不算一流，但因理致清遠，合乎理中之要求，所以同受推崇。

> 善難者，務釋事本；不善難者，舍本而理末。舍本而理末，則辭構
> 矣。……善攻彊者，下其盛銳，扶其本指，以漸攻之；不善攻者，
> 引其誤辭以挫其銳意。挫其銳意，則氣構矣。（劉劭《人物志·材理》）

而論辯之進行，也要以「理」作為攻守的根本，而非消極的以「引其誤辭」以挫人意，這樣淪為爭端的論辯就產生了，即非求理中之談了。

2. 簡至

徐幹說：「然辯之言必約，以至不煩而諭。」〔註167〕言簡意至，確為論辯上乘。以下且看數則清談實例，皆以簡至、言約而受人稱美：

〔註165〕《世說新語·文學45》。
〔註166〕可參考林麗真先生〈魏晉清談論辯及其現代啟示〉一文及唐翼明《魏晉清談》頁71～81。
〔註167〕徐幹《中論·覈辯》。

時孫盛作「易象妙於見形論」……乃命迎惔。……及至，便與抗答，辭甚簡至，盛理遂屈。一坐撫掌大笑，咸稱美之。」(《晉書‧劉惔傳》)

于時侍中樂廣、吏部郎劉漢，亦體道而言約。(《世說新語‧文學12》注)

客問樂令「旨不至」者，樂亦不復剖析文句，直以麈尾柄几曰：「至不」？客曰：「至。」樂因又舉麈尾曰：「若至者，那得去？於是客乃悟服。」樂辭約而旨達，皆此類。(《世說新語‧文學16》)

(王)承言理辯物，但明其旨要，不為辭費，有識、伏其約而能通。太尉王夷甫，一世龍門，見而雅重之，以比南陽樂廣。(《世說新語‧品藻10》引《江左名士傳》)

……客主有不通處，張乃遙於末坐判之。言約旨遠，足暢彼我之懷，一坐皆驚。……張退，(劉真長)即同載詣輔軍……即用為太常博士。(《世說新語‧文學53》)

3. 風度

徐幹與劉劭對此有不少的建言與說明，具引於此，有助於了解玄學家的風度，當從何而求，當注意哪些禁忌？

疾徐應節，不犯禮教，足以相稱，樂盡人之辭，善致人之志，使論者各盡得其願而與之得解。其稱也無其名，其理也不獨顯，若此則可謂辯。(徐幹《中論‧覈辯》)

雖明包眾理，不以尚人；聰叡資給，不以先人。善言出己，理足則止。鄙誤在人，過而不迫。寫人之所懷，扶人之所能。不以事類，犯人之所妒，不以言例，及己之所長。說直說變，無所畏惡。采蟲聲之善音，贊愚人之偶得。奪與有宜，去就不留。方其盛氣，折謝不怯。方其勝難，勝而不矜。心平志諭，無適無莫，期於得道而已矣。(劉劭《人物志‧材理》)

善蹻失者，指其所跌；不善蹻失者，因屈而抵其性。因屈而抵其性，則怨構矣。(劉劭《人物志‧材理》)

夫盛難之時，則誤難迫。故善難者，徵之使還；不善難者，凌而激之，雖欲顧藉，其勢無由。其勢無由，則妄構矣。(劉劭《人物志‧材理》)

二人之說，大約有其前題，即風度之表現，建立於對論辯的抱持正確態度，為求理勝，而非意氣。既求理中，理出於人或出於己，則不必措懷。一顆謙退之心，求道之誠，自內而發，風度自顯。

4. 新意

指能自創新思，不人云亦云。此可分為三層次：一是自創新理。如玄學家下王弼的「聖人有情論」，何晏「貴無論」，裴頠「崇有論」，鍾會等人的「才性四本論」，嵇康創「養生論」、「聲無哀樂論」，歐陽建「言盡意論」……等。其次是提出新論據，或運用新談證。最後才是遣辭造句的新異。由以下例子可看出：自創新理最為人讚賞：

> 莊子逍遙篇，舊是難處。諸賢所可鑽味，而不能拔理於郭、向之外。……支卓然標新理於二家之表，立異義於眾賢之外，皆是諸名賢尋之所不得，後遂用支理。(《世說新語·文學 33》)

> 孫興公謂王曰：「支道林拔新領異，胸懷所及乃自佳，卿欲見否？」(《世說新語·文學 36》)

> 王恭有清辭簡旨，能敘說而讀書少，頗有重出。有人道：「孝伯常有新意，不覺為煩。」(《世說新語·賞譽 155》)

5. 辭達

《世說新語》在記載敘理過程時，常兼舉「理」、「言」兩方面。如：「既有佳致，兼辭條豐蔚。」〔註 168〕，「理源」、「辭喻」對舉〔註 169〕，「義」、「言」連用〔註 170〕，「辭」、「旨」對言〔註 171〕，皆可看出，言辭對義理的相得之效。

> 逞以辯論為業，善敘名理，辭氣清暢，泠然若琴瑟。聞其言者，知與不知，無不歎服。(《世說新語·文學 19》注)

> 王長史曰：韶音令辭，不如我；往輒破的，勝我。(《世說·品藻 48》)

> 謝朗……善言玄理，文義豔發。(《晉書卷 49·本傳》)

〔註 168〕《世說·文學 28》。
〔註 169〕《世說·文學 22》。
〔註 170〕《世說·文學 42》。
〔註 171〕《世說·文學 47》。

不過，言辭美、達，固是好事，把工具當目的，純以辭美取勝，則有傷於理，則非玄學家所樂見：

> 簡文云：何平叔巧累其理；嵇叔夜儁傷其道。（《世說新語·文學 31》）

6. 敏捷

劉劭曾舉出數種談坐上因敏捷不足所造成的爭端：

> 或常所思求，久乃得之；倉卒諭人，人不速知，則以為難諭。以為難諭，則忿構矣。……凡人有所思，則耳且不能聽，是故並思俱說，競相制止，欲人之聽己。人亦以其方思之，故不了己意，則以為不解。人情莫不諱不解，諱不解，則怒構矣。（劉劭《人物志·材理》）

言下看來，敏捷實有必要。《世說新語》中有不少例子，正是因為敏捷不夠，而在談坐上失利，且留人笑柄：

> 王長史宿構精理，並撰其才藻，往與支語，大不當對。……（《世說新語·文學 42》）

> 郗太尉晚節好談，既雅非所經，而甚矜之。……臨當還鎮，故命駕詣（王）丞相，……意滿口重，辭殊不流。王公攝其次曰：「後面未期，亦欲盡所懷，願公不復談」郗遂大瞋，冰衿而去，不得一言。（《世說新語·規箴 14》）

相反的，反應敏捷，則能受到推崇：

> （孫）放應機制勝，時人仰焉。（《世說新語·排調 33》注）

> 太傅謝安賞（袁）宏機捷辯速，自吏部郎出為東陽郡。乃祖之於冶亭。時賢皆集，安欲卒迫試之，執手將別，顧左右，取一扇而贈之。宏應聲答曰：「輒當奉揚仁風，慰彼黎庶」合座歎其要捷。（《世說新語·言語 83》注）

另外，《世說新語·捷悟篇》尚有多例，不一一列舉。由之，亦可了解敏捷之受人重視，及其在清談論辯中的必要性。

五、小結

經過前面的探討，可得出玄學家之教學法理論四端，分別簡述於下：

一、順任自然，不禁其性——主張由「達性」、「因」、」暢情」、「順」、「任」、「恣」、「率性」「不施」、「不助」「用其自用，為其自為」等方法實施教

學，使學生本性得以發揮，不受禁制牽導。最推崇老子的教學法，認為是自然教學法的典範。

二、識其天性，因而濟之──藉著由形觀質的人材識鑒理論，主張由人表現在外的九種基本特徵觀人，而九徵則又要經過八觀之步驟，方能知其真質。然而八觀之法雖密，仍須避免七種察人謬失，較確切的掌握學生天性資質情況，以便選擇適性的教學法。

三、否定之道，不言之教──玄學主張智識的學習是假學問，只有道才是真知。道的「學習」，並不同於智識。傳統儒家為學，要人經由漸學、積累功夫以成。而道家則採取相反的路線，要人經由「損」的功夫以進道。期望透過「損之又損，以至於無為」的過程，達到「反本」「復命」「歸根」的道境。這種「損而不益」的教學法，即筆者所謂的「否定之道」。並經由三方面表現：1. 在修養功夫方面；2. 在聖人特質描述方面；3. 不言之教理論的提出。玄學家這種「損」的教學法，讓學生自己體道。凡足以礙者，如特殊、個別、差異的知識，皆被排除在外。使人忘記自我，擺落人為所加內容，以使自己與道為一。因此具有圓融而整體的優點

四、清談論辯，務求理中──儒家與老莊並不提倡論辯。那是因為很多世俗之人根本不懂得論辯的本質與目的。而玄學家之辯，志在「道理」，不違老莊「尚道」本旨，且又力避利口辯給之行，所以清談論辯之教學，並不違道。玄學家們不但藉清談來學習，而成名，更由於清談的交相激盪，形成各自不同的玄學思想體系，而各家學術之會通，異議的認同，也一樣在談座上完成。所以清談論辯與玄學家的關係，至為密切，也成為魏晉時代玄學家的主要學習活動。

玄學家之教育法，與傳統儒家最大的區別在於由「教師本位」的灌輸法，轉為「學生本位」的自然教學法。教師由「主導者」、「指導者」的角色，轉變為「參與者」、「協助者」。這與現代西方教學理論，遙遙相應。如美國教育學家赫欽斯就曾說過〔註172〕：

　　在教育中，沒有灌輸和宣傳的地位。向年輕人灌輸的教師們，個人
　　意見並不比多數人意見多。（《民主社會中教育上的衝突》，頁8）

─────────────

〔註172〕赫欽斯（Robert M. Hutchins，1899～1978）是美國永恆主義（Perennialism）
　　　　教育哲學主要代表者。

的確，今日的教育思潮，皆主張發展學生創造性思考的能力。而傳統教師，以自己一人主觀意見面對多數學生，卻只想以灌輸、宣傳和教條去主導學生，這在千數年前，已為玄學家所反對。玄學家以發展學生天性資質為基本觀念，所以在教學理念上，採行「順性自然」的教學法，且又能提出一套完整的觀人理論，對於教師掌握學生特質，有莫大的裨異，也是玄學家對孔子「因材施教」理論，更深入發揮之處。

第六節　治學方法

　　玄學之作為一門重要學術，必有其建立思想體系及用以治學之方法。在中國哲學史上，最有影響的學術是儒道二家。而這兩家自先秦到魏晉，都有其特殊的哲學方法。儒家一派別，往往是用經驗的方法建立其哲學體系；而道家一派，則往往是用思辨的方法建立其思想體系。〔註173〕那麼以道家為思想主體的玄學，究竟與先秦道家有何不同，對儒家治學方法又有何意見，這些即為本節所要探討的主題。關於玄學家之治學方法，筆者想從：（一）崇尚理致；（二）得意忘言；（三）統本舉末；（四）直觀體悟等四方面來談：

一、崇尚理致

　　玄學家在學習內容方面，不鼓勵人追求外在的智識，而以道的體察為真知，為學習之主要內容。在方法上，有多種途徑。在行的方面，藉由損的功夫來進行；「言」方面，則以清談論辯作為求理之手段。清談論辯，志在求「理中」。如何中（得）「理」？則有賴於尚理致的治學方法。

　　玄學家以體道為人生重要目標，然而他們並不反對向外致思，不反對概念分析。他們的「辨名析理」之學（簡稱為「名理」），對許多名詞概念進行了分析，表現了中國哲學理性思維的高度發展。不少玄學家皆擅長於此。如鍾會「博學、精練名理」〔註174〕，張悌「少有名理」〔註175〕，裴頠「善談名理，混混有雅致」〔註176〕，卞俊「以名理著稱」〔註177〕，衛懼「性貞幹，

〔註173〕湯一介《郭象與魏晉玄學》頁193。（谷風，1987）
〔註174〕《三國志・魏書・本傳》。
〔註175〕《三國志・吳書卷3・注》引〈襄陽記〉
〔註176〕《世說・言語23》。
〔註177〕《晉書・卷70・卞敦傳》。

有名理」〔註178〕，劉疇「少有美譽，善談名理」〔註179〕，孫登「少善名理」〔註180〕，衛玠「玠少有名理」〔註181〕，謝玄「玄能清言，善名理」〔註182〕，孫盛「博學，善言名理」〔註183〕，殷浩「殷浩能言名理」〔註184〕……等人皆是。而他們善於此法是為了探尋「玄理」：

> 裴徽……才理清明，能釋玄虛。(《三國志・方技・管輅傳》注)
>
> 袁宇……精辯有機理，好道家之言。(《三國志・袁渙傳注》)
>
> 王衍……以清虛通理稱。(《世說・言語23》注)
>
> 裴遐……善言玄理，音辭清暢。(《晉書・裴緯傳》)
>
> 謝朗……善言玄理，文義豔發。(《晉書・本傳》)
>
> 衛玠……好言玄理。(《晉書・卷35・本傳》)
>
> (衛)玠少有名理，少通老莊。(《世說新語・賞譽45》注)
>
> 郭象……少有才理，好老莊，能清言。(《晉書・卷50・本傳》)

所以史傳中提及「有才理」、「通理」、「理識」、「理思」、、「理義」、「理致」……其中的「理」字，當指「玄理」而言〔註185〕。在本章第一節中曾探討過「玄學」名義，其中「以探究世界本體為其哲學基本內容」，乃玄學之一大特色。所以玄理的內容，就在於探求「物理」——所有宇宙萬物背後之「所以然」之理。

表十八　〈史傳中治學尚理致的記載〉

姓　名	有關理致之記載	資料來源
鍾會	博學、精練名理。	三國志・魏書卷28・本傳
張悌	少有名理。	三國志・吳書卷3・注引〈襄陽記〉
張裔	幹理敏捷。	三國志・蜀書卷11・本傳

〔註178〕《晉書・卷36・本傳》。

〔註179〕《晉書・卷69・劉波傳》。

〔註180〕《晉書卷56・孫騰傳》。

〔註181〕《世說新語・賞譽45》。

〔註182〕《世說新語・文學41》注引〈玄別傳〉。

〔註183〕《晉書・卷82・本傳》。

〔註184〕《世說・文學43》注。

〔註185〕「魏晉以來的名士，是把清談老莊和善言名理，二者兼綜的。」(侯外盧《中國思想通史・魏晉南北朝》頁50) 另附史傳中治學尚理、致的記載(表十八)。

鮑子春	有名思才理。	〈輅別傳〉，三國志・方技・管輅傳注引
王弼	弼注老子，致有理統。	〈王弼傳〉，三國志・鍾會傳注引
鄧俞	辯於論議，採公孫龍之辭以談微理。	〈冀州記〉，三國志・魏書・鄧艾傳注引
袁寓	精辯有機理，好道家之言。	三國志・袁渙傳注
王恆	以通理稱。	〈晉諸公贊〉，三國志・王朗傳注引
裴徽	才理清明，能釋玄虛。	〈輅別傳〉，三國志・方技・管輅傳注引
高柔	才理清鮮，安行仁義。	孫統《柔集・敘》，世說・輕詆 13 注
裴頠	理具淵博，贍於論難。	〈惠帝起居注〉，三國志・魏書・裴楷傳注引
	弘濟有清識，稽古善言名理。	冀州記，世說・言語 23 注
	善談名理，混混有雅致。	世說・言語 23
周馥	理識清正，兼有才幹。	晉書卷 61・本傳
陸雲	情性正，有才理。	晉書卷 54・本傳
樂廣	尤善談論，每以約言析理，以厭人心。	晉書卷 13・本傳
	清夷充曠，加有理識，累遷侍中、河南尹	世說・言語 25 引虞預晉書
卞俊	以名理著稱。	晉書卷 70・卞敦傳
王祥	太保在正始中，不在能言之流；及與之言，理致清遠。	世說新語・德行 19、晉書卷 33・本傳
向秀	向秀於舊註外而為解義，妙演奇致，大暢玄風。	晉書卷 50・郭象傳
劉惔	雅善言理。	晉書卷 75・本傳
歐陽建	雅有理思，才藻美贍。	晉書卷 33・本傳
衛懽	性貞幹，有名理。	晉書卷 36・本傳
晉明帝	聰明有機斷，尤精物理。	晉書卷 6・本紀
荀顗	博學洽聞，理思周密。	晉書卷 39・本傳
劉頌	少能辨物理。	晉書卷 46・本傳
韓伯	及長，清和有思理。	晉書卷 75・本傳
	好學，善言理。	續晉陽秋，世說新語・德行 38 注引
王濛	性和暢，能言理，辭簡而有會。	晉書卷 93・本傳
王衍	以清虛通理稱。	世說・言語 23 注引虞預晉書
王劭	清貴簡素，研味玄賾。	世說・雅量 26 注引劭薈別傳

劉疇	少有美譽，善談名理。	晉書卷 69‧劉波傳
	善談名理。	曹嘉之《晉紀》，世說‧賞譽 38 注引
郗超	善談論，義理精微。	晉書卷 67‧本傳
郭象	少有才理，好老莊，能清言。	晉書卷 50‧本傳
王接	才學理議，足解二子之紛。	晉書卷 51‧本傳
邵續	善談理義，妙解天文。	晉書卷 63‧本傳
周浚	以才理見知。	晉書卷 61‧本傳
孫登	少善名理。	晉書卷 56‧孫騰傳
裴遐	善言玄理，音辭清暢。	晉書卷 35‧裴綽傳
衛玠	好言玄理。	晉書卷 35‧本傳
	玠少有名理，少通老莊。	世說新語‧賞譽 45 注引玠別傳
袁悅之	能短長說，甚有精理。	晉書卷 45‧本傳
謝朗	善言玄理，文義豔發。	晉書卷 49‧本傳
謝玄	玄能清言，善名理。	世說新語‧文學 41 注引玄別傳
孫盛	博學，善言名理。	晉書卷 82‧本傳
	孫盛善理義。	世說‧文學 31 注引續晉陽秋
盧諶	清敏有理思。	晉書卷 44‧本傳
閻纘	博覽墳典，訪通物理。	晉書卷 48‧本傳
阮裕	淹通有理識。	阮光祿別傳，世說新語‧德行 32 注
殷浩	殷浩能言名理。	高逸沙門傳，世說文學 43 注引
殷融	理義精微，談者稱焉。	世說新語‧文學 74 注引中興書
羊孚	雅善理義，乃與仲堪道齊物。	世說‧文學 62
桓玄	玄善言理。	世說‧文學 65 注
楊朗	識器理致，才隱明斷。	世說‧賞譽 58
陳逵	陳理既佳，人欲共言折。	世說‧豪爽 11
劉爰之	少有才學，能言理。	世說‧排調 47 注

　　玄學家探求「物理」，主要是採用「辨名析理」辦法，就是對概念作理論分析，對理論作抽象的探討。辨名而後析理，在方法上有其必要。因為「夫不能辨名，則不可以言理；不能定名，則無可以論實也。」〔註 186〕「名」，指事物的名稱，「理」指道理。萬物有一個共同的本體——道，然而「道」體現在萬物之上，則為理。理者，指事物的具體規律、內在必然性及事物的本質。

〔註 186〕王弼〈老子指略〉。

〔註 187〕「實」指實質。「名稱」與「道理」、「實質」相關聯，名稱一般能反映事物的道理和實質，但也不一定都符合其實質，所以要定名、辨名。如果名實相反，則不符常理。所以「尋理辯疑，要先定其名分所存。所存既明，則彼我之趣可得而詳也」。〔註 188〕

如嵇康在〈聲無哀樂論〉中，便是使用這種辨名以析理的辦法。他先分別「聲音」、「哀樂」之名之不同，而後循名以責其實、理，得出「聲音自當以善惡為主；則無關於哀樂」；「哀樂自當以情感而後發，則無繫於聲音。」意思是說：聲音只有好聽不好聽之分，和人哀樂的情感無關；哀樂是由內心的情感所發出，與聲音的美惡沒有關係。嵇康解釋自己所使用的方法說：「名實俱去，則盡然可見矣。」意即把聲音的美惡與情感的哀樂區別開來，不要使它們的名實相混同。

另外這種辨名析理的風氣在《世說新語》中，也有記載：

> 殷中軍為庾公長史，下都，王丞相為之集。桓公、王長史、王藍田、謝鎮西並在。……丞相語殷曰：「身今日當與君共談析理。」既共清言，遂達三更。(《世說新語・文學22》)

> 衛玠總角時問樂令夢，樂云是「想」。衛曰：「形神所不而夢，豈是想邪？」樂云：「因也。未嘗夢乘車入鼠穴，擣韲啖鐵杵；皆無想無因故也。」衛思「因」經月不得，遂成病。樂聞，故命駕為剖析之。衛病即小差。樂歎曰：「此兒胸中，當必無膏肓之疾。」(《世說新語・文學14》)

> 初，注莊子者數十家，莫能究其旨要。向秀於舊注外為解義，妙析奇致，大暢玄風。(《世說新語・文學17》)

共談為了析理，樂廣給衛玠剖析關於夢的理；向秀注莊，妙析奇致（理），可知魏晉清談頗重視對於理的分析與辯論。

王弼曾在〈老子指略〉中批評各家，因為他們未能辨名析理，所以才會有紛紜憒錯之論產生：

> 然致同塗異，至合趣乖，而學者惑其致，迷其所趣。……（法、名、儒、墨各家）隨其所鑒而正名焉，順其所好而執意焉，故使有紛紜憒錯之論。殊趣辯析之爭，蓋由斯矣。（王弼〈老子指略〉）

〔註 187〕張立文《理》頁 74。（中國人民大學，1991）
〔註 188〕韓康伯〈辯謙〉。

法、名、儒、墨各家隨著他們所看見的、認識的而為事物正名，順著他們的喜好而固執己見。所以使得有層出不窮的錯亂之論產生。各種進路、意趣不同的爭辯剖析，就是因此產生的。那麼怎麼作才可避免此種情況？王弼說：

> 夫途雖殊，必同其歸；慮雖百，必均其致。而舉夫歸致以明至理。
> （王弼〈老子指略〉）

在此王弼提出「舉歸致」以「明至理」的辦法。殊途、百慮的歸致指的是其背後所以然的道理。能夠舉出「所以然」之理，則宇宙間至高之理也因此而明。探「理」的重要性及必要性，可由以下理由得知：

> 物無妄然，必由其理。（王弼《周易略例・明象》）

> 凡物之所以生，功之所以成，皆有所由。有所由焉，則莫不由乎道也。（王弼《老子注・51 章》）

> 得物之致，故雖不行，而慮可知也；識物之宗，故雖不見，而是非之理，可得而名也。（王弼《老子注・47 章》）

王弼認為：事物不會混亂無秩序，必定遵循一定的條理規律。而而它所遵循的條理，來自於道。凡能體察事物所以然的道理之後，雖不行不見，可經由自己的思慮即可加以體知；而是非之理也可以加以稱說。

> 夫至物微妙，可以理知，難以目識。（嵇康〈養生論〉）

> 苟理足於內，乘一以御外。（嵇康〈難養生論〉）

> 夫聖人窮理，謂自然可尋，無微不照。苟無微不照，理蔽則雖近不見。（嵇康〈聲無哀樂論〉）

一些不易看到具體形象的事物，你難以感官去接觸感知，只可用「理」去推理得知。而對於萬物背後的所以然之理，若可以完全的理解，則你就可以運用這個道理，去統御外在許多紛陳的事物了。因為「理」具有這樣的功效。所以聖人經由窮究天地事物背後的所以然之理後，就可以真正體會自然之道，具有無微不照的能力。但是反過來說，若聖人無法尋得事物背後之理致、規律，徹底將事物認清，那麼即使無微不照的聖人，連近在眼前的事物，也無法對其有真切的認識。

為了對事物有真切的認識，魏晉玄學家們在治學時，皆注意到「理」、「致」之探求〔註189〕。如嵇康、何晏、王弼……等人都主張對事物背後的

〔註189〕「理」「致」意義相近，「致」者，意也。「序致」，即「敘意」。「意」與「理」

本體及體現在客體的理，進行深入的探討。如何得理？王弼認為可從事物本身去體會，他說：

> 夫識物之動，則其所以然之理，皆可知也。（王弼〈周易·乾·文言〉
> 注）
>
> 夫靜為躁君，安為動主。故安者，上之所處也；靜者，可久之道也。
> （王弼〈周易·恆〉注）
>
> 凡動息則靜，靜非對動者也。（王弼〈周易·復·象〉注。（王弼〈老
> 子指略〉）

眼前事物雖是變動不居的，但若能從這變動之中，去體悟其背後的本體，則它是永恆的、具主導性的，且是虛靜的。靜是體，動是用，即用以顯體，從動中去體察虛靜的道。

然而，人們有些不好的治學態度或習慣，常會影響「理致」之探求：

> 夫推類辨物，當先求之自然之理，理已足，然後借古義以明之耳。
>
> 今未得於心，而多恃前言以為談證，自此以往，恐巧歷不能紀耳。
>
> （嵇康〈聲無哀樂論〉）

在〈聲無哀樂論〉中，這段文字是用以批評代表儒家立場的秦客的，故可視為嵇康對儒者治學方法的批駁。他認為在依類推論或辨別事物是非的過程中，不要妄信權威，應該先循理性思考，得到事物本然、所以然之理，然後才拿古書為佐證，以免淪於先入為主，阻礙客觀獨立的思考。現在未得「物理」於心，只是憑藉前人言論作為論談之佐證，這樣，恐怕精於歷數之人，也記不了那麼多「前言」。就儒者而言，最常憑恃的「前言」就是六經之文與周孔之言。「立六經以為準」、「上以周孔為關鍵」〔註190〕，結果造成行事論理只憑單一尺度，遇到多數人意見，便將自己的異議任意刪去，不敢逾越傳統圈限，遂使「奇事絕於所見，妙理斷於常論」，新奇事物及獨創的見解，皆被抹煞，這不是玄學家所欲見到的。

近，所以「敘理」、「敘致」相通，或者連用成一個詞。（唐翼明《魏晉清談》頁71～81）如：《世說新語·文學19》：「裴徐語前語，理致甚微。」《世說新語·德行19》：「王太保（祥）在正始中，不在能言之流；及與之言，理致清遠。」《世說·賞譽58》：「楊朗……識器理致，才隱明斷。」「致」亦「理」也。

〔註190〕嵇康〈答養生論〉。

前面這一種，是太過沒有主見，另一種人則相反——自我意識太強，偏見太深，因而不肯接受新事物。

> 此殆玩所先習，怪於所未知。（嵇康〈答向子期難養生論〉）

> 人情不自同，各師所解，則發其所懷。（嵇康〈聲無哀樂論〉）

> 群品云云，逆順相交，各信其偏見，而恣其所行，莫能自反，此皆眾人之所悲者，亦可悲矣。（郭象《莊子注‧齊物論》）

> 凡物之偏也，皆不見彼之所見，而獨自知其所知。自知其所知，則
> 自以為是。自以為是，則以彼為非。（郭象《莊子注‧齊物論》）

還有一種人，是前面兩種情形的結合。他既相信古人及多數人所說，又以自己強烈的主觀加以迴護，他們「以自多證，以同自慰，謂天地之理，盡此而已矣。」遇著新鮮未聞之事，則又「斷以己見，謂之不然」〔註191〕，這就是「海人所以終身無山，山客白首無大魚」〔註192〕的原因，也是我們在求理致之時，所應極力避免的。此外，在嵇康幾篇「論」體文章中，還提到幾種錯誤的思考法，如：「以非同類相難」，「以必然喻為必然」，「不盡與偏是之議」等，侯外廬先生有詳細分析，此處不再詳論。〔註193〕

總之，玄學家對於儒家經學教育那種拿聖人言論作為一切立論根據及衡量是非準繩的態度，深表反對。因為盲目崇拜權威，只有窒息自己的思想。而經學教育的繁瑣考據、以多求同的立論法，也影響學者對客觀事理的探求。只有跳出六經藩籬、放開眼界，崇尚理致，還事物一個本然，才能走出人云亦云，故步自封的圈子，獨立思考，凡事訴諸理性的判斷，「獨觀」道理，進而「探賾索隱」，才能使學習具主動性及創造力。

二、得意忘言

「真知」可否以「名言」表述？這是中國古代哲學中的一個爭論焦點。先秦道家以為名言不足以表述真知，真知是超乎名言的。而儒墨二家，一般認為名言可以表示真知〔註194〕。

〔註191〕 嵇康〈養生論〉。
〔註192〕 嵇康〈答阮德如宅無吉凶攝生論〉。
〔註193〕 侯外廬《中國思想通史‧魏晉南北朝》頁184〜186。
〔註194〕 「名也者，所以期累實也；辭也者，兼異實之名以論一意也。」（《荀子‧正名》）
　　　　「名無固宜，約之以命，約定俗成謂之宜，異於約則謂之不宜。名無固實，

　　先秦道家則對語言的表意提出質疑，如《莊子·秋水》即言：「可以言語者，物之粗也；可以意致者，物之精也；言之所不能論，意之所不能察致者，不期精粗焉。」〈天道〉又說：「世之所貴道者，書也，書不過語，語有貴也。語之所貴者，意也，意有所隨。意之所隨者，不可以言傳也，而世因貴言傳書。世雖貴之，我猶不足貴也，為其貴非其貴也。」

　　出於戰國末年的《易·繫辭》也說：「子曰：『書不盡言，言不盡意』；然則聖人之言，其不可得而言？」漢時，對此問題也有討論。揚雄認為：「言不能達其心，書不能達其言，難矣哉！惟聖人得言之解，得書之體。」〔註195〕「聖人矢口而成言，肆筆而成書。言可聞而不可殫，書可觀而不可盡。」〔註196〕桓譚說：「蓋天道性命，聖人所難言，自子貢以下，不得而聞。」任彥升說：「性與天道，事絕言稱」。〔註197〕皆對語言的表意、傳道功能，表示著懷疑的態度。

　　後來此種說法，在魏晉相當流行。荀粲曾和諸兄論辯過言象可否盡意的問題，荀粲認為：「子貢稱夫子之言性與天道，不可得聞；然則六籍雖存，固聖人之糠秕。」荀粲之兄俁難曰：「《易》亦云『聖人立象以盡意，繫辭焉以盡言』，則微言胡為不可得而聞見哉？」荀粲回答說：「蓋理之微者，非物象所舉也。今稱立象以盡言，此非通於意外者也；繫辭焉以盡言，此非言乎繫表者也。斯則象外之意，繫表之言，固蘊而不出矣。」〔註198〕基本上，荀粲否認象能盡意，以為尚有「象外之意」，即「理之微者」，實非言象所能表示。

　　荀粲這種「象不盡意」的主張〔註199〕，開啟魏晉一系列「言意之辨」的序幕。魏晉學者在著書立說之時，多會討論這個問題。就「言意」這對範疇來說，當時看法可分為三派：

　　1. 言不盡意派：張韓〈不用舌論〉，以言語為無用。

　　　約之以命實，約定俗成，謂之實名。名有固善，徑易而不拂，謂之善名。」（《荀子·正名》）

　　　「言，口之利也。執所言而意得見，心之辨也。」（《墨子·經上》）

　　　「舉，擬實也；言，出舉也。」（《墨子·經上》）

　　　「子墨子曰：『吾言足用矣，舍言革思者，是猶舍穫而攈粟也。以其言非吾言者，是猶以卵投石也，盡天下之卵，其石猶是也，不可毀也。』」（《墨子·貴義》）

〔註195〕《法言·問神》。

〔註196〕《法言·五百》。

〔註197〕轉引湯一介《郭象與魏晉玄學》頁204。

〔註198〕《晉陽秋》，《三國志·荀攸傳》注引。

〔註199〕東晉初年的殷融，著〈象不盡意論〉，宗旨與荀粲略同。

2. 言盡意派：歐陽建〈言盡意論〉，主張言可盡意。此論主張名言的可詮性。

3. 得意忘言派：王弼首倡「得意忘言」，嵇康繼之，郭象又提出「寄言出意」之說，旨趣大略相同。

其中對魏晉學術影響較大的是「得意忘言」之說，魏晉玄學這種哲學思潮的流行與完備，便是基於此種新的哲學方法的出現而發生的〔註200〕。因為當時玄學家除了討論言意本身這一哲學問題問題以外，並以之作為建立思想體系的方法。以下就來介紹玄學家這種重要的治學方法。

「得意忘言」除了繼承莊子「得意忘言」的語言概念外，有更大目的在於矯正兩漢經學之缺失。王弼就曾批評漢儒治學的拘守態度及濫用象數、五行之弊：

> 義苟在健，何必馬乎？類苟在順，何必牛乎？爻苟合順，何必坤乃
> 為牛？義苟在健，何必乾乃為馬？而惑者定馬於乾，案文責卦，有
> 馬無乾，則偽說滋慢，難可紀矣。互體不足，遂及卦變；變又不足，
> 推至五行。一失其原，巧愈彌甚。縱復或值，而義無所取，蓋存象
> 忘意之由也。（王弼《周易略例・明象》）

他明確指出，拘守在文字或事象上，只有離本義更遠，同時造成經說繁累，難以掌握的弊病，而其關鍵在於漢儒「存象忘意」之故。解決之道就是「得意忘言」──超越文字本身，以得意為目的，掌握要旨，不落言筌。

另一方面，「得意忘言」之被提出，是為了解釋體用之間的關係。「以無為本」是玄學的共同理論基礎，但「無」之作為本體是一種超感官經驗的認識對象──超言絕象，無形無名，內容特殊，本不可作為認識對象。而一但作為認識對象，則本體成為現象，失其為本體。但若無法論證其存在，又無有其作用，則本體毫無意義。所以王弼提出「得意忘言」的玄學方法，以解釋體用之間的關係。

在前一節中，曾討論所謂「不言之教」的問題，「不言」一是不希望對學生本性有所抹滅，一面也因為道的不可言詮。在此想針對後者再加說明。

> 夫物之所以生，功之所以成，必生乎無形，由乎無名。無形無名者，
> 萬物之宗也。不溫不涼，不宮不商，聽之不可得而聞，視之不可得
> 而彰，體之不可得而知，味之不可得而嘗。故其為物也則混成，為

> 象也則無形，為音也則希聲，為味也則無呈。故能為品物之宗主，
> 苞通天地，靡使不經也。」（王弼〈老子指略〉）

> 言道之無所不在也：故在高為無高，在深為無深，在久為無久，在
> 老為無老，無所不在，而所在皆無也。且上下無不格者，不得以高
> 卑稱也；外內不不至者，不得以表裡稱也；與化俱移者，不得言久
> 也；終始無常者，不可謂老也。」（郭象《莊子注・大宗師》）

這兩段文字，說明了作為萬物本體的「道」的性質。無形無名、不溫不涼、不
宮不商、希聲無味……，所以「歎之者，不能盡乎斯美；詠之者，不能暢乎斯
弘。名之不能當，稱之不能既。」這些代表了道的整全性，不可分化。另外它
又具有無限性與超越性，無所不在。若可言說，「則未足以官天地」，若有形
體可探求，則「未足以府萬物」。而道為萬物之宗，具有本根性，常在性，不
隨著時空而遷化。而「言之者失其常，名之者失其真」〔註201〕因而「名言」
「稱謂」實難對「道」加以表述。

　　除了道體本身的無限性，取消了名言的可行性外，名言本身也存在一些
不足。首先從名言的起源與成因來看。「言非自然一定之物」，「因事興名，而
有其號」，「趣舉一名，以為標識耳。」說明了語言不是自然之物，因著事物的
需要，在偶然之際形成，所以不具必然性。「五方殊俗，同事異號」的事實足
以證明之〔註202〕。

　　另外，從語言之作為傳意工具的性質來看：「名也者，定彼者也；稱也者，
從謂者也。名生乎彼，稱出乎我。」「名號生乎形狀，稱謂出乎涉求」名是為
了確定所表達的事物，稱謂是根據說話者的意向加給的。名是以客觀事物為
依據，稱謂出於主觀的意向。所以「名號不虛生，稱謂不虛出」，它們已經人
為主觀的處理，客觀傳意的功能值得質疑。〔註203〕

　　此外，「名」乃為了「定彼」，但「名必有所分」；而稱已加上說話者的意
向，則「稱必有所由」。而「有分，則有不兼；有由，則有不盡。不兼，則大
殊其真，不盡，則不可以名。」不兼不盡，自然不適於表述無限的「道體」。
因為「名號則大失其旨，稱謂則未盡其極。」〔註204〕

〔註201〕王弼〈老子指略〉。
〔註202〕嵇康〈聲無哀樂論〉。
〔註203〕王弼〈老子指略〉。
〔註204〕王弼〈老子指略〉。

如此說來，名言既然有這麼多的限制和缺點，人們是否就可「不言」？在主觀修養功夫上，確可如此。然而就玄學之作為一門落在現象界的學術與教育內容來說，則名言不可免。教育必有溝通往來，表意傳理，則「名以定形，字以稱可」〔註205〕名、字確有其不得已而用之的必要，否則超言絕名，何來溝通？再就玄學的學術身分而論：「夫不能辯名，則不可與言理；不能定名，則不可與論實矣。」理為道之呈現，無「名言」，如何與人討論道理？不能使用名言為事物定名，則無法確定彼此所指何物，又如何討論其實質？

名言在現實中既有必要，名言本身又有其不足。於是王弼由道之體用的關係中，開展了得意忘言的理論。他認為：本體固然超言絕象，然其為萬有之根據。因此人們可根據萬有的存在以知其背後的存在根據——道，不過在心態上必須明辨：萬有只是用，並非體，故不能執著用以為體。如欲知體，則須忘掉萬象，以求象外之體。引申到言意：

> 夫象者，出意者也；言者，明象者也。盡意莫若象，盡象莫若言。言生於象，故可尋言以觀象；象生於意，故可尋象以觀意。……故言者所以明象，得象而忘言；象者所以存意，得意而忘象……故觸類可為其象，合義可為其徵。（王弼〈周易略例・明象〉）

王弼認為言與象只是「得意」的工具，旨在得意，所以得意之後就可比把言象忘去。而不要停留於工具本身。基於這種理念，在解《易》之時，就可綜合各種事類，成各種象；集合各種意義，可以互相徵驗。王弼「得意忘言」之法，至此為漢儒以繁瑣象數治《易》，提供一條修正之道。

如何得意忘言？在具體作法上，王弼注書以使用「假言」方法以得意：

> 假數以明優劣之分。（王弼《論語釋疑・公冶長8》）

> 假無設有。（王弼《論語釋疑・泰伯11》）

> 假君子以甚小人之辭。（王弼《論語釋疑・憲問7》）

在注中使用這種辦法的本意，是希望人們避開章句訓詁的執著，直接切入經訓義理的中心。

王弼之後的玄學家治學，大抵仍朝著這個方向前進。如嵇康「能反三隅者，得意而忘言」〔註206〕而阮籍「得意忘言，尋妙於萬物之始」〔註207〕亦主

〔註205〕王弼《老子注・二十五章》。
〔註206〕嵇康〈聲無哀樂論〉。
〔註207〕嵇叔良〈阮嗣宗碑〉。

此說。元康時的郭象則更以此種治學方法，成功的在《莊子注》中完成儒道融通、自然名教為一的工作。其所謂「寄言出意」，實與得意忘言同致：

> 鵬鯤之實，吾所未詳也。夫莊子之意，在乎逍遙遊放，無為而自得，故極小大之致，以明性分之適。達觀之士，宜要其會歸而遺其所寄，不足事事曲與生說。自不害其弘旨，皆可略之矣。（郭象《莊子注·逍遙遊》）

「要其會歸」、「不害其弘旨」即是「得意」，「遺其所寄」之言、事，則為「忘言」。

三、統本舉末──本體論的思維方式

若要談玄學的治學方法，則「統本舉末」之法，甚為重要。這個主張是由王弼所提出來的。他基於「以無為本」〔註208〕的本體論思想，發展出「統本舉末」的治學法。這是他在概括《老子》的思想時所提出：

> 老子之書，其幾乎可一言而蔽之。噫！崇本息末而已矣。觀其所由，尋其所歸，言不遠宗，事不失主。文雖五千，貫之者一。義雖廣瞻，眾則同類。解其一言而蔽之，則無幽而不識；每事各為意，則雖辯而愈惑。（王弼〈老子指略〉）

他認為：老子這一本書的思想可用「統本舉末」四個字加以涵蓋。且其著書之時，也將這種精神應用在裡面──老子這本書，「言不遠宗，事不失主」，言與事均不離「道」，文字雖有五千，思想也很廣瞻，可是老子卻能以一個「統本舉末」的根本道理，加以該貫，使紛紜事義，均有類同。如果理解了這個「統本舉末」的根本道理，則任何幽深的事都能認識；如果只就每一件事去討論，而無一個宗本之旨，每件事各含一義，則愈辯愈迷惑。

在上文中，「統本舉末」是宇宙人事的基本法則〔註209〕，也是立言著述的重要方法。就理論上而言，「統本舉末」有何必要呢？何晏認為「善有元，事有會，天下殊途而同歸，百慮而一致。」若在學習時「知其元，則眾善舉矣」，而且可以「不待多學而一知之。」可收事半功倍之效。〔註210〕王弼對此有更詳細的申論：

〔註208〕萬物萬形，其歸一也。何由致一，由於無也。（王弼《老子·四十二章》注）
〔註209〕崇本以舉其末，則形名俱有而邪不生。大美配天而華不作。（王弼《老子注·38章》）
〔註210〕何晏《論語集解·衛靈公》注。

夫眾不能治眾，治眾者，至寡者也。……故眾之所以得咸存者，主
必致一也。……夫少者，多之所貴也；寡者，眾之所宗也。(王弼《周
易略例‧明象》)

譬猶以君御民，執一統眾之道也。……(王弼《論語釋疑‧里仁
15》)

故自統而尋之，物雖眾，則知可以執一御也；由本以觀之，義雖博，
則知可以一名舉也。(王弼《周易略例‧明象》)

　　王弼認為：「夫少者，多之所貴也；寡者，眾之所宗也。」這個「少」、
「寡」，由王弼的「本無」理論推衍，當為道、為本。治學時倘能統本——
「統之有宗，會之有元」，則雖「繁而不亂，眾而不惑」。〔註211〕意即在面
對紛繁浮華的事物現象時，只要人們能從本體著眼，不受干擾與影響，直探
物本，尋其會歸，則「事雖殷大，可以一名舉」，「理雖博，可以至約窮也」
〔註212〕，總之，統本舉末，治學時則可避免繁瑣枝節，不亂不惑，學而有功。
相反的「察近而不及流統之原」，惑於眼前枝節、現象，就會形成學術上「云
云者，各申其說，人美其亂，或迂其言，或譏其論，若曉而昧，若分而亂」的
情形。〔註213〕

　　那麼如何統本舉末呢？魏晉玄學家發展出一套以「體用」為思考範疇的
本體論思維方式，來統攝紛然物象，並加以認識，強調多樣的事物必須有一
個統一存在的根據。「體」、「用」的概念、範疇，以前的哲學家也用過〔註214〕，
但尚無使用「體用」範疇來說明世界的存在者。但魏晉以後，這種思維方式，
就成為中國哲學用以說明世界狀態的一種方法與範疇。玄學家們從「本體」

〔註211〕　王弼《周易略例‧明象》。
〔註212〕　王弼《論語釋疑‧里仁 15》。
〔註213〕　王弼〈論語釋疑〉。
〔註214〕　體用二字，早就見諸先秦典籍。如《易‧繫辭上》：「故神無方而易無體」，
　　　　　又說：「顯諸仁，藏諸用。」此處的體用，已含蘊著後來作為哲學範疇的基
　　　　　本涵義。在中國哲學史上，較早把「體用」並舉的是荀子。他說：「萬物同
　　　　　宇而異體，無宜而有用。」(《荀子‧富國》)他以體為「形體」，用為「功
　　　　　用、作用」，不過，「體」、「用」並舉在先秦時代，屬個別、偶然的情形，
　　　　　尚未形成具有確定含義的哲學範疇。這情形在兩漢沒有根本改變，不過有
　　　　　體有用的觀念，已經運用到較廣泛的領域，東漢魏伯陽在《周易參同契》
　　　　　中，就有「內體」「外用」對舉的提法。魏晉時代，體用才成為一對重要的
　　　　　哲學範疇。

和「現象」、「根據」與「表現」這層涵義上來使用「體用」範疇，予以「體用」新的涵義。現在就來看看玄學家們如何運用這種思維方式，達到統本舉末的目的。

「本體論」主要探討本質與現象，共象與殊象，一般與個別等等的關係。在中國哲學中，「本體論」叫作「本根論」，指探究天地萬物產生、存在和發展變化的根本原因和依據的學問。本體論的思維方式下，玄學家將所有萬物，分成兩方面看待：一是現象面；一是事物的本體存在。這種思維方式，是玄學最主要的本質特徵。無論玄學派別如何，其立論多憑藉此種思維方式建構其理論，差別只在於以何者為本體〔註215〕。

透過這種以「體用」觀察、認識事物的思惟方式，魏晉玄學發展出一系列概念、範疇表現來表述其抽象理論。這一系列的哲學範疇、概念，如：「有無」、「本末」〔註216〕、「一多」〔註217〕、「言意」、「性情」、「名教自然」、「動靜」〔註218〕、才性〔註219〕……。這些範疇，基本上，乃是經由此種思維方法

〔註215〕如：王、何「本無派」以無為本；嵇、阮「自然派」傾向以元氣、太素為本體；裴頠「崇有派」以有為本體；郭象「獨化派」萬物自為本體；張湛「貴虛派」以虛為本。

〔註216〕先說「本末」。先秦時，已廣泛使用「本末」概念來說明事物間的各種關係，主要是指 1. 本根和枝葉、末節，即根本的與非根本的；2. 本始和末終，即起始的東西和後生東西的關係。有的無哲學意味，如：「農本商末」、「德本財末」等；有的則含有一定的哲學意義。如：《大學》「物有本末，事有終始，知所先後，則近道矣。」此處的「本末」有終始先後之意。東漢仲長統提出「人事為本，天道為末」的主張，表現了他強調人事，反對天命迷信的思想。到了魏晉，本末成為玄學中的一對重要範疇。它除了把本根、本始與末節、末終的意義包括進去，同時還增加了內在本質根據與外在表現作用的新含義，和體用範疇含義相近。

〔註217〕「一與多」是關於部分和整體、一般與個別、統一性與多樣性的一對哲學範疇。在魏晉玄學中，則涉及到一般與個別、本體與現象的關係問題。是從本體論的角度討論事物的統一性與多樣性，或本體與現象之間的關係。

〔註218〕「動靜」，在老子而言，他是從宇宙論方面探討動靜關係的。他認為「靜為躁君」靜為根本。說：「萬物芸芸，各復歸其根。歸根曰靜，靜曰復命。」要求大家「致虛極，守靜篤，萬物並作，吾以觀復。」老子此處的靜，並非一般靜止之意，而是與有為、有欲相反的無為、無名、無欲的自然狀態。王弼則有進一步發展，「凡有起於虛，動起於靜」（王弼《老子注·16章》）。且進一步認為動復則靜，行復則止，事復則無事「凡動息則靜，靜非對動者也。」意謂靜不僅是根本的，而且是絕對的。

〔註219〕才性論者派別甚多，主才性同之袁準即以體用之思維理解才性。見其〈才性論〉：「性言其質也，才名其用」。

所發展出來的。最後舉王弼注《周易》為例，來說明此種治學法之應用：

> 故六爻相錯，可舉一以明也；剛柔相乘，可立主以定也。(《周易略
> 例‧明象》)

> ……夫少者，多之所貴也；寡者，眾之所宗也。一卦五陽而一陰，
> 則陰為之主矣；五陰而一陽，則一陽為之主矣。(《周易略例‧明
> 象》)

他主張六爻或陰陽互相錯雜，可舉出一卦中起主導作用的一爻來確定這一卦
的卦義，剛柔相乘，可依「少為眾主」原則舉出起主導作用之一爻或「中爻」
來闡明和確定這卦之意義。這是王弼破除兩漢象數易學穿鑿無度，偽說滋漫
之弊，企圖「以簡御繁」，直觀理義。後來的嵇康也有類似看法：

> 夫論理情性，折引異同，固當尋所受之終始，推氣分之所由，順端
> 極末，乃不悖耳。今子欲棄渾元，掃摭所見，此為好理綱（網）目，
> 而惡持綱領也。(嵇康〈明膽論〉)

雖然嵇康以自然元氣為本，並非「本無論」者，但他的「尋所受之終始」、「順
端極末」的治學法，則與王弼「統本舉末」說有異曲同工處。

> 我國思想的性格，由具體昇向抽象時，在抽象的過程中，把由具體
> 而來的屬性，捨得並不乾淨，而成為抽象中含有具體——具象性。
> 所以對中國思想，僅在純思辯中作形而上的把握，這與中國思想性
> 格本身是不能相應的，除非在中國另建立一種新的學統。(徐復觀
> 《兩漢思想史》)

筆者認為，魏晉玄學正可代表這種新學統之建立，以本體思維對客觀事物加
以認識，真正走向抽象思維的領域。

　　日人中村元在《東方民族的思維方法》中，曾對中國人的思維方法作過探
討。其中提到中國人思維方法之特徵，是「重視具象知覺，抽象思維未發達」，
「現實主義傾向，形而上學未發達」〔註220〕。另外大陸學者朱長超在《思維》
一書中，提到中國傳統思維模式具有三項特點：(一)思維重點：重人事、輕自
然；(二)經驗性思維，抽象化程度不夠；(三)一元化的思維方式，排斥壓抑
異己思想。〔註221〕由於筆者對中國思想未有整體的認識，自然不敢輕言簡中

〔註220〕中村元《中國人之思維方法》頁 57～160。(徐復觀譯，學生，民 80)
〔註221〕朱長超《思維》頁 161。(重慶，1989)

對錯。只是他們一致認為中國人的思維方式具有「抽象思維」不發達的特點。筆者以為：若將魏晉玄學之思維方式也列入考慮，則這項特點仍可再討論。或者從另一個角度來說：魏晉本體論思維確為中國思想史上不可抹滅的異彩。

四、直觀體悟

除了以上三點之外，玄學在修身、認識論方面，另有其特殊方法。即直觀、體悟之法。首先看看玄學家對修養、認識途徑有異的儒家如何批評？

> 上以周孔為關鍵，畢志一誠。……以多同自減，思不出位，使奇事絕於所見，妙理斷於常論。（嵇康〈答養生論〉）

嵇康批評以周孔為談事論學根據，永遠以此自限者，因為所有的「奇事妙理」將要因此而斷絕，個人也沒有體證認識道理之日。

> 夫智之所限，知，莫若不知；而世齊以所見以限物，是以大聖發問，窮理者對也。（張湛《列子注‧湯問》）

> 夫萬事，可以理推，不可以器徵。故信其心智所知及，而不知知之有所極者，膚識也。誠其耳目所聞見，而不知視聽之有限者，俗士也。（張湛《列子注‧湯問》）

> 若夫封情慮於有方之境，循局步於六合之間者，將謂寫載盡於三墳、五典，歸藏窮於四海九州焉。……故列子闡無內之至言，以擔心智之所滯；恢無外之宏唱，以開視聽之所閡。使希風者，不覺矜伐之自釋，束教者，不知桎梏之自解。故剗研儒墨，指斥大方。豈直好奇尚異而徒為夸大哉？（張湛《列子注‧湯問》）

張湛主張，人的認識對象不能僅止於「有方之境」、「六合之間」、「四海九州」及「所見」之物。人所知悉的領域，永遠不及人所未知之領域，亦非一般智識可及。所以應將情慮擴及無內無外之道境──「知太虛之遼闊，巨細之無垠，天地為一宅，萬物為遊塵」，方能「擔心智之所滯」、「開視聽之所閡」、解世教之桎梏，還人自在。認識方法上，反對純以心智、耳目去認識世間萬事萬物，因為「知有所極」、「視聽有限」，無法助人真切的去體認道體與道境。因而玄學家批評儒墨之認識方法，並非好奇尚異之舉。

不將認識對象拘限於現象界，而將心靈指向無形無名，無始無終的道的體驗，這是玄學家們一致的主張。王弼論老子書之要旨，說其「其大歸也，論太始之原，以明自然之性；演幽冥之極，以定惑罔之迷。……無責於人，必求

諸己。此其大要也。」〔註222〕「夫欲定物之本者，則雖近，而必自遠以證其始；夫欲明物之所由者，則雖顯，而必自幽以敘其本。……故取天地之外，以明形骸之內。」〔註223〕張湛也說：「故洞監知生滅之理均，覺夢之塗一；雖萬變交陳，未關神慮。愚惑者以顯昧為成驗，遲速而致疑，故竊然而自私，以形骸為真宅。孰識生化之本歸之於無物哉？〔註224〕

　　至於體道方法上，皆主直觀體悟，且是向內自求──「察己以知天下」，不是去認識世界的客觀規律，而是為世界確立主體原則。蒙培元先生認為：玄學不反對辯論與概念分析，但這並不是他們真正的主題，玄學真正的主題是解決人存在的問題。而玄學思維的根本特徵，在於人的主體性問題，即如何確立和認識及實現人的在本性的問題〔註225〕。所以「體道」與「必求諸己」是相互聯繫的，明自然之性，是明瞭自然界的本體就是人的本體，世界原則就是主體的原則，從而確立人的本體存在。必求諸己，則是明自然之性的根本辦法，即反回到主體本身，進行自我反思。自然之性就是內在的主體原則，要明自然之性，就必須求之於己，而不能求之於外。這是合一論的主體思維，自然既是世界的本質，也是人的本質。不是存在先於本質，而是本體即存在。蒙先生這段話，可為玄學內向體道修養方法之必要，提供一個理論上的解釋。至於如何體道？王弼認為：

> 吾何以得知天下乎？察己以知之，不求於外也。所謂不出戶以知天下也。（王弼《老子注‧五十四章》）

> 未有反諸其身，而不得物之情；未有能全其恕，而不盡理之極也。
> 能盡理極，則無物不統。（王弼《論語釋疑‧里仁》）

所謂察己以知之，就是聖人反觀自身，並推己及物，即能把握本體之道，認識天下事理。至於具體辦法上，王弼也有所闡述：

> 萬物始於微而後成，始於無而後生。故常無欲空虛，可以觀其始物之妙。（王弼《老子注‧一章》）

> 以虛靜觀其反復。（王弼《老子注‧十六章》）

〔註222〕王弼〈老子指略〉。
〔註223〕王弼〈老子指略〉。
〔註224〕張湛《列子注‧周穆王》。
〔註225〕蒙培元〈玄學主體思維散論〉頁 396。（魏晉南北朝文學與思想研討會論文集，文史哲，民80）

言至明四達，無迷無惑，能無以為事，則物化矣。（王弼《老子注‧
十章》）

玄，物之極也。言能滌除邪飾，至於極覽；能不以物介其明、疵其
神乎？則終與玄同也。（王弼《老子注‧十章》）

由前文陸續的說明可知：道具有先在、內在、遍在、超越、自在（獨存）常在
等性質，然皆歸於無形無名。王弼認為：若要把握此沖虛妙用的道，須常處
於無欲空虛、虛靜無為、無以為事、滌除邪飾的心境中，才可體其無，觀其
妙。而虛靜、觀照、無為、至明、滌除邪飾（障礙與干擾）、極覽玄同，可視
為一種功夫，其實也是指一種心境。道體的「沖虛妙用」，是在「沖虛妙用」
的心境中，體悟「玄德」之妙用而來的，所以這種體悟，可說是「體用並觀」，
「有無雙照」的觀照功夫。也可說是一種虛靜不昧、明通玄理的超越境界。
再看看嵇康的說法：

心之與聲，明為二物。……則求情者，不留觀於形貌，揆心者，不
借聽於聲音也。（嵇康〈聲無哀樂論〉）

夫至理誠微，善溺于世。然或可求諸身而後悟，校外物以知之。（嵇
康〈答難養生論〉

形貌、聲音皆為感官所得，然非求實情、揆本心的正確途徑。求至理，當先求
諸己身，真正體悟後，才以外物去驗證之。所以嵇康的認識法，也採取一種
「內視反聽」的路數，要人們進行內在的自我直觀，直接得道於心，而不須
任何中介。道由「自明」——自我顯現，不是藉外明彼。

郭象繼承莊子，以「坐忘」為獲的真知——道的唯一正確途徑：

守神而不喪，則精神凝靜；既而形同枯木，心若死灰，物我兩亡，
身神為一。（郭象《莊子‧刻意》注）

坐忘以自合耳，非照察以合之。（郭象《莊子‧天地》注）

將使萬物各反所宗於體中，而不待乎外。外不所謝，內無所矜，是
以誘然皆生，而不知所以生；同焉皆得，而不知所以得也。（郭象《莊
子注‧齊物論》）

「照察」指感覺器官與思維器官的活動。希望通過「守神」，停止感覺和思維
活動，任隨認識主體和認識對象的冥合。所以，郭象的坐忘，是一種「反智
識」活動的直覺。

最後，再看張湛的主張：

> 夫形質者，心智之室宇；耳目者，視聽之戶牖。神苟徹焉，則視聽不因戶牖，照察不閡牆壁耳。（張湛《列子注・仲尼》）

> 夫眼耳鼻口，各有攸司。令神凝形廢，無待於外，則視聽不資眼耳，臭味不賴鼻口。故六藏七孔，四肢百節，塊然尸居，同為一物。（張湛《列子注・黃帝》）

> 至於達人，融心智之所滯，玄悟智外之妙理；豁視聽之所閡，遠得物外之奇形。（張湛《列子注・湯問》）

張湛在認識論上，把思維絕對化，主張心智起絕對之作用，否認耳聞目見所獲得的感性經驗為認識之基礎。雖說人的耳目是「視聽之戶牖」，但止於認識有「形質」之事物，若認識對象為「智外之妙理」、「物外之奇形」則認識方法有別。受首先須處於一種「神凝形廢」的狀態，不資眼耳，不賴鼻口，無待於外，運用自己本有之「神」，使其靈明通徹，則「視聽不因戶牖；照察不閡牆壁。」，「神心獨運，不假形器」〔註226〕，即能「圓通玄照」。而所謂「玄照」，無非是內觀內省等功夫運用的結果。是一種擯去對客觀世界的實踐，否認感官經驗，依靠內觀獨運的體悟的認識論。

綜上可知：玄學家的認識論，其認識對象在於無形無名的道，而道本身有無限性、整全性，所以感官經驗所得的偏執不全的認識，並無法應用於體道。因而玄學家們發展了所謂「直觀體悟」的認識方法。在「滌除邪飾」、「無欲空虛」、「精神凝靜」的心靈狀態下，使自己本有之「至明」、「神心」去獨運、體悟，則能「知」道。而認識途徑方面，不是是消極被動的順應外在客觀世界的自然規律或法則，而是順其自然之性，並能夠自覺的認識內具之道（自然）性。是一種「反身」「察己」以知之的唯心主義認識論。

五、小結

在本節中，共提出玄學家之治學方法四端：分別是（一）崇尚理致；（二）得意忘言；（三）統本舉末；（四）直觀體悟四者。然此處的「學」，非指外在智識之學習，而是指向本體之道的體悟而言。在方法的層次上，也有所差別。崇尚理致，得意忘言，是在用的層次（著述、論辯）上「談道」；統本舉末則

〔註226〕張湛《列子注・周穆王》。

注重在思維上面；最後的直觀體悟則完全歸諸內心，不假感官，超脫現象界，逕與道體相接，精神直臻道境。

第五章　魏晉玄學對教育之影響

　　魏晉時代的玄學家，曾針對儒家教育提出不少批評意見，並進而提出一套深富道家色彩的玄學教育觀。由於玄學在當時頗為流行，因此其所提出的教育理念，必對當時或後世產生某種程度之影響，以下分項討論。

第一節　教育目標方面

　　傳統儒家教育之教育目標，在於培養出一個有道德修養與治國才幹的君子。所以儒家之教育目標，自創立之始，即重視入世、用世。魏晉以來，政局紛亂，殺戮頻仍，不少學術精英因涉及政治而殞命，故魏晉時代並非出仕之良時。加以兩漢以來，名教因其虛偽不實，地位業已動搖。從政出仕，修己以治人的教育目標開始轉變，此由玄學對聖人特質的轉變中可窺其端倪。

　　玄學家理想中之聖人，是一個體道識玄之人；儘管聖人之代表人物，仍是堯、舜、孔子，然特質已轉變為與無同體，與自然合德的境界我典型——老莊筆下的聖人型態。他有一般人所具備的感情，但已不被牽累——在認知上，已不存個人主觀愛惡是非；在心境上，則能超脫世俗名利貴賤榮辱、捨離甚、奢、泰，並超越死生、憂樂，甚至時空之限，進而觀照至高智慧、達到與物情通的化境。在政治表現上，乃是一個不執無為、無功無名、不爭不恃、因民自化、順任自然，以無為用而不責於人的自然主義者〔註1〕。玄學家這種

〔註1〕參考盧桂珍《王弼與郭象聖人論》。（臺大中文所碩士論文，民81）

與無同體，不以世務嬰經懷，崇尚精神自由的聖人，與傳統儒家所標榜之汲汲經世致用的聖人，可說是存在著相當大的差異。其著眼點，已不在現實的社會生活，而是從出世的、自我的觀點出發。玄學家並不主張聖人可學可至，倒是賢人與君子，可以勉力臻近。

玄學家眼中的君子，是「心無措乎是非，而行不違乎道者」。且能「越名教而任自然，情不繫於所欲」，「以無措為主，以通物為美。」〔註2〕無措無為，不汲汲於功名利祿之追求，也不為外在情欲所困擾，無入而不自在。又玄學家們又主適性逍遙、安命無求之人生觀，因此，魏晉士人每每流露出一種不以世務經懷，不為物物的曠達與清高的風度。即使現實有種種紛擾，即使身不由己，也要在精神上，求得超脫與逍遙。以下且舉魏晉士人之懷抱以證：

> 夫聖人雖在廟堂之上，然其心無異於山林之中。（郭象《莊子注·逍遙遊》注）

> 結廬在人境，而無車馬喧；問君何能爾，心遠地自偏。（陶潛〈雜詩〉）

> 有主於中，以內樂外，雖無鐘鼓，樂已具矣。故得志者，非軒冕也；有至樂者，非充屈也，得失無以累之耳。（嵇康〈答向子期難養生論〉）

上面三例皆一致重「心」、重「內」，內心的快樂才是至樂，且不會為外物所牽累。儘管身在廟堂，結廬人境，無鐘鼓無軒冕，若「心境」能夠超脫，則現實不足以擾其心、沮其樂。然而此處的超脫物外，全就一種精神而言。下表中的名士，皆有超脫的心境、曠遠的人生觀，然而不代表他們就不從政入世。如〈表二十〉的桓玄、庾亮，且居高位，所以這項影響是內在的，未必真的遁隱山林，出世不論人間。郭象就曾指出：「若謂拱默乎山林之中，而後得稱無為者，此莊老之談所以見棄於當塗。」〔註3〕他如殷融、阮孚、庾顗、桓玄、庾亮、孫綽亦然。這種超脫物外的人生觀，乃當時士人的普遍心態。可看出魏晉玄學在教育目標方面對當時的影響。

〔註2〕嵇康《釋私論》。
〔註3〕郭象《莊子注·逍遙遊》。

表十九　〈魏晉士人處世態度舉隅〉

姓名	人生觀及處世態度	資料來源
張閣	張子臺，視之似鄙人，然其心中不知天地閒，何者為美，何者為好？敦然似如與陰陽合德者。作人如此，自可不富貴，然而患禍當何從而來？世有高亮如子臺者，皆多力慕，體之不如也。	杜恕《家戒》，《三國志·邴原傳》注
稽康	今但願守陋巷，敘養子孫；時與親舊敘闊，陳說平生。濁酒一杯，彈琴一曲，志願畢矣。	稽康〈與山巨源絕交書〉
向秀	其進止無固必，而造事營生業，亦不異常。與稽康偶鍛於洛邑；與呂安灌園於山陽，不慮家人有無，外物不足怫其心。	世說新語·言語18引向秀別傳
殷融	飲酒善舞，終日嘯詠，未嘗以世務自嬰。	世說新語·文學74注引〈中興書〉
阮孚	風韻疏誕，……初為安東參軍，蓬法飲酒，不以王務嬰心。	世說新語·賞譽29注引〈中興書〉
庾顗	雖居職任，未嘗以事自嬰，從容博暢，寄通而已。是時天下多故，機事屢起，有為者拔奇吐異，而禍福繼之。常默然，故憂喜不至也。	世說新語·賞譽8注引〈名士傳〉
謝敷	郗尚書與謝居士善，常稱：謝慶緒識見雖不絕人，可以累心處都盡。	世說新語·棲逸17引續晉陽秋
桓玄	劉伊與桓宣武共聽講禮記。桓云：「時有入心處，便覺咫尺玄門。」劉曰：「此未關至極，自是金華殿之語。」	世說新語·言語64
郗愔	愔字方回，……太宰鑒長子也。淵靜純素，無執無競，簡私暱，罕交遊。	世說新語·品藻29引郗愔別傳
庾亮	公雅好所託，常在塵垢之外，雖柔心應世，蠖屈其跡，而方寸湛然，固以玄對山水。	世說新語·容止24引孫綽庾亮碑
孫綽	託懷玄勝，遠詠老莊，蕭條高寄，不以時務經懷；自謂此心無所與讓也。	世說新語·品藻36
軟裕	終日頹然，無所修綜，而物自宗之。	世說新語·品藻30引中興書

第二節　教育原理方面

　　「才性四本之爭」及「名教與自然之爭」所提出的「適性自然」的教育

理念,顯示了魏晉時代對人才教育的重視。而他們對於傳統教育的功能、利弊、目標,除了作批判、反省之外,也能提出他們理想中一套鑑別人才、培訓人才、教育人才的原則和理論。相較於儒家的人才教育觀,魏晉教育能突破傳統窠臼,勇於展開教育理論的爭鳴,它的現實性、活潑性自然要略勝一籌,也提供傳統儒家教育以發展的新血,為後來復興的儒家教育另闢蹊徑。

一、才性論的影響

在才性論方面,玄學家提出四種教育見解:(一)天賦才性,由形觀質;(二)才有偏至,成有早晚;(三)才性異合,尚智愛才;(四)學不及材,道應無方。

其中「由形觀質」的說法,事實上漢代已有,但玄學家予以更詳細精密的論述。魏初,才性論盛行數十年,多多少少對當時社會或後世都有影響。如晉初儒家傅玄便有類似說法:

> 故聽言不如觀事,觀事不如觀行。聽言必審其本,觀事必校其實,觀行必考其跡。參三者而詳之,近少失矣。(《傅子‧通志》)

> 以默者觀其形,以語者觀其辭,以出者觀其治,以處者觀其學。四德或異,所觀有微,又非所謂難也。所謂難者,曲說詭合,轉應無窮,辱而言高,貪而言廉,賊而言仁,怯而言勇,詐而言信,淫而言真;能設似而亂真,多端以疑闇,此凡人之所常惑,明主之所甚疾也。(傅玄,《長短經‧知人》引)

在《世說新語‧夙慧篇》的記載中,我們似乎看到中國歷史上記載數量最多的天才兒童。這並非魏晉小孩特別聰明,而是基於一種尚智愛才的人才觀使然。魏晉人對於才性多持天賦自然、無法更革的看法,所以在教育的歷程中,應予以適性的發展與協助。然若非性分之內,則徒勞無功。

也由於重視天賦才性,因而體認到「才有偏至,成有早晚」的教育事實。對於早慧夙成的天才,有人提出當及早予以適性之教育的主張。由於有尚智愛才之觀念,所以即使是年紀幼小的小天才,因其才智超俗,一樣受到稱許讚揚;而這些夙慧的兒童們,長成之後,亦每有超拔世俗之處,文獻史料自然要加以記錄。而幼兒教育主張在魏晉南北朝時代被提出〔註4〕,恐怕也不是偶然,應與當時的人才教育觀息息相關。

〔註 4〕如劉劭《人物志》、顏之推《顏氏家訓》。

　　對於「成有早晚」之體認，宋儒已反映於他們教育主張中。如張載《正蒙・中正篇》就提到：「若灑掃應對進退，乃幼兒之事。長後教之，人必倦弊。惟聖人於大德有始有卒，故事無大小，末不處極。今始學之人，未必能繼，妄以大道教之，是誣也。」又《橫渠語錄》：「大率完心未發，可求之平易，勿迂也。若始求太深，自茲愈甚。」強調循序漸進，注重個別差異。如教兒童，當學習灑掃應對進退等知識，不宜猝語大道。另外「才有偏至，成有早晚」，即或學生年齡雖長，若理解力並未發展，程度尚淺，也應從淺近平易處入手，才能逐步漸進。

　　才性論在教育上，代表著才能與德行、現象與本質、才能與性格、才能與氣質、天賦與教育諸類問題。不過還是以「才能」、「德行」之爭，最引起注意。就教育上的意義來說，四本論中才性離、異兩派對教育的看法較具新意。教育固然能培養出一批才性結合、才德兼備的人，且以之作為教育的理想目標，但成功者終為少數。事實是──多數之人，皆才有所偏。有人長於道德，有人長於才能，這是無可勉強的。所以教師在教學之前，要能明識學習者的才、性本然如何，方能因才施教。所以儘管「才性離、異」之說，與傳統儒家「才性同」的觀點頗有差距，也引發傳統教學法之更革。從另一個角度看，「才性離、異」觀點，也為儒家「因才施教」教育原則找到理論依據。因才施教的必要性，至此不再只出於一種常理、經驗的判斷而已。

　　才性論爭之後，人人性向有別之觀點受到更多人的認可，進一步在課程設計上，也能關照到這種差異，進而有分科教學的出現。孔門雖早有四科之說，應指學生在不同方向的發展和成就而言，然未在教材和課程上，有所區別。依才能不同而在課程上加以明顯區別者，當始自墨子〔註5〕，不過並未被

〔註5〕墨子約分「談辯」、「說書」、「從事」三科以教門人。
　　　《墨子・耕柱篇》有：「能談辯者談辯，能說書者說書，能從事者從事，然後義事成也。」已透露他分科施教之意。《公孟篇》有段記載，更可清楚看出墨門分科：
　　　・二三子有復於子墨子學射者，子墨子曰：「不可！夫知者，必量亓力所至者從事焉。國士戰且扶人，猶不可及也；今子非國士也，豈能成學又成射哉？」上文中的「射」大概是屬於「從事」一科的，「學」則當屬於「說書」或「談辯」，與「從事」性質截然不同。一為文科，一為武科，學生不應任意轉科，因為教學目標、課程及訓練方法皆不同也。不過這種分科法，並未受到後人重視與採用。（詳參周富美先生〈論墨子的教育〉一文，《臺靜農先生八十壽慶論文集》）

儒家採用。經過魏晉教育理論爭鳴後，終於在宋代胡瑗的教學中出現。他設立「經義」、「治事」兩齋，正是各就學生本性以成教的表現。〔註6〕程明道教授，將學生分為二等：一以學文，一以知道。〔註7〕主張對一般程度學生，責其學文，對於經書，須多熟習；程度較高學生，則以進德為主，不重記誦文字。記誦文字，反以玩物喪志。以義理養其心，敬以直其內。另外，呂東萊教學頗重個性差異，主張：「學者企質各有利鈍，功夫各有深淺，要是不可限以一律。正須隨根性、識時節、箴之中其病，發之當其可，乃善。故有恐其無所向望，而先示以蹊徑者；亦有必待其憤悱而後啟之者。」〔註8〕皆是重視才性差異，因材施教的教育主張。

二、自然名教之爭的影響

儒家重名教，道家尚自然；儒家貴人事，道家講無為。兩者似乎水火不相容。但在魏晉玄學的名教與自然之辨的行程中，二者得到了互相的補充。事實上，在自然與名教之爭的陣營中，玄學家的看法並不一致。但異中有同，他們皆主「自然」。造成分歧的關鍵主要在對「自然」的定義及範疇上面。

王弼、何晏以「無」為「自然」，名教須以自然為本；嵇阮則以為：人為皆非自然，堅決反對名教，主張「越名教而任自然」。然而同為玄學體系的向秀與郭象，對於名教則採支持立場，主張以「以儒道為一」、「名教即自然」之說。

由於玄學家提倡貴無，崇尚自然，嵇阮一派激烈反對名教，最後導出教育消亡論的思想。然而越名教的呼籲，本有疾而發，但後來士人，徒襲其跡，未探本心及所以然。故延及西晉元康時期，有被誇大扭曲的情形。一些名士不守禮法、放蕩形骸，以至於裸裎〔註9〕，造成時俗浮華、放蕩之風。

〔註6〕「經義」選擇其心性疏通、有器局、可任大事者，使之講明六經；「治事」則一人各治一事，又兼攝一事，如治民以安身，講武以禦寇，堰水以利田，曆算以明數等。(胡美琦《中國教育史》，頁311)
〔註7〕《明道學案・語錄》。
〔註8〕〈與朱侍講書〉。
〔註9〕《晉書・儒林傳・范宣》：「正始以來，世尚老莊，逮晉之初，競以裸裎為高。」王隱《晉書》：「魏末，阮籍嗜酒荒放，露頭散髮，裸袒箕踞。其後貴游子弟阮瞻、王澄、謝鯤、胡母輔之之徒，皆祖述於籍，謂得大道之本。故去巾幘，脫衣服，露醜惡，同禽獸。甚者名之為通，次者名之為達也。」(《世說新語・德行23注引》)《晉書・樂廣傳》：「是時王澄、胡母輔之等，皆亦放任為達，或至裸體者。」

　　此種情形，自非玄學家所樂見。連精於談玄的樂廣也提出批評說：「名教中自有樂地，何必乃爾」〔註10〕。為了阻止放蕩浮虛、不遵禮法之風的氾濫，當時的儒家也從維護名教的立場，進反批評。如傅玄便是站在儒家的立場上，反對當時玄學及虛無放蕩之風：

> 近者魏武好法術，而天下貴刑名；魏文慕通達，而天下賤守節。其後綱維不攝，而虛無放誕之論盈於朝野，使天下無復清議。(《晉書·傅玄傳》)

而裴頠著有〈崇有論〉想要抑止「貴無」之風。他提出世界的根本在「有」而不是「無」，「無」不能生「有」，萬物的本來面目就是「有」。試圖通過闡述以「有」為本的新思想體系，弘揚儒家內聖外王之道，從而挽救儒學的危機。〔註11〕東晉時代，對玄風的批評更多，這些批評多是從儒家立場而發。如卞壺曾在朝廷公開批駁放達談嘲之風：

> 初，咸和中，貴遊子弟能談嘲者，慕王平子、謝幼輿等為達。(卞)壺厲色於朝曰：「悖禮傷教，罪莫斯甚。中朝傾覆，實由於此。」欲奏治之，王導、庾亮不從，乃止。其後皆折節為名士。(鄧粲《晉紀》，《世說·賞譽54》注引)

孫盛著〈老聃非大聖論〉、〈老子疑問反訊〉貶老子為中賢，不及聖人，亦不值得仿效：

> 至於中賢第三之人，去聖有間，故冥體之道未盡，自然運用自不得玄同。……案老子之作與聖教同者，是代大匠斲骿拇枝指之喻。其詭乎聖教者，是遠救世之宜，違明道若昧之義也。(孫盛〈老聃非大聖論〉)

王坦之主張師尚孔老，而莊子宜廢，以正禮教：

> 荀卿稱「莊子蔽於天而不知人」，揚雄亦曰「莊周放蕩而不法」，何晏云「鬻莊軀，放玄虛，而不周乎時變。」三賢之言，遠有當乎！……其言詭譎，其易恢誕。君子內應，從我遊方之外；眾人因藉之以為弊薄之資。……莊生之利天下少，害天下也多。故曰魯酒薄而邯鄲圍，莊生作而風俗頹。(王坦之〈廢莊論〉)

〔註10〕《晉書·樂廣傳》。
〔註11〕本文第三章第三節已介紹，此處從略。

范甯重斥何晏、王弼：

> 王、何蔑棄禮典，不遵禮度，游辭浮說，波蕩後生。飾華言以翳實，騁繁文以惑世。搢紳之徒，翻然改轍，洙泗之風，緬焉將墜。遂令仁義幽淪，儒雅蒙塵；禮壞樂崩，中原傾覆。古人所謂「言偽而辯、行僻而堅」者，其斯人之徒歟！（《晉書‧范甯傳》）

戴逵則認為放達絕非體道之表現：

> 若元康之人，可謂好遁跡而不求其本，故有捐本徇末之弊，舍實逐聲之行。是猶美西施而學其矉眉，慕有道而折其巾角。所以為慕者，非其所以為美，徒貴貌似而已矣。夫紫之亂朱，以其似朱也；故鄉愿似中和，所以亂德；放者似達，所以亂道。然竹林之為放，有疾而為顰者也；元康之為放，無德而折巾者也。（戴逵〈放達非道論〉）

以上言論多指責玄學家尚虛無與反名教，積極反對老莊而標榜儒教。批評的依據多以社會效應為主，少數才是以學理批駁《老》《莊》玄學。據此也可看出：當時之儒教，儘管受到道家思想的對抗，但仍有大批人士在維護著名教。至於東晉名士對這些批評雖不在乎，但在輿論上終屬被動與不利，使玄學之發展，多少受到限制。因此東晉以後，儒家禮教思想又漸抬頭。名教與自然之辨，在儒者的反擊及統治者的考量之下，終以名教得勝。主要因為統治者基於自身權益的考量，認為名教教育還是需要的。教育必須存在，不能消亡。誠然，名教固有是非可議，但全然取消則太過。教育是伴隨人類歷史所生，目的、內容和形式可以變換，卻不可取消。

然而，真正使自然與名教之爭止息的力量，卻是發自玄學內部，郭象的「名教即自然」之說。儒家的批評往往只是學派間的爭鋒，或將社會風俗之浮虛，完全歸咎玄學。這對知識分子並無說服力。而裴頠雖能從哲學角度，立崇有以賤貴無之說，然誤解「無」之內容、義涵，思辨性不如玄學家之強，因而效果有限。郭象調合儒道，以其精密的理論架構，創自生獨化之說，立論亦傾崇有，不在萬物之外，另尋「無」以為本體。凡存在皆自然，名教亦自然，才真正化解這場自然與名教之爭。而少數儒者，也能從儒道調和之角度，看待社會風俗敗壞之原因。如李充即云：

> 老子云：「絕仁棄義，民復孝慈」，豈仁義之道絕，然後孝慈乃生哉！蓋患乎情人義者寡，而利仁義者眾也。道德喪而仁義彰，人義彰而

名利作。禮教之弊，直在茲也。……老莊是乃明無為之益，塞爭欲
之門。……聖教救其末，老莊明其本，本末之塗殊，而為教一也。
人之迷也，其日久矣！見形者眾，及道者尠。不睹千仞之門，而逐
適物之迹。逐迹踰篤，離本逾遠，遂使華端與薄俗俱興，妙緒與淳
風並絕，所以聖人長潛而迹未嘗滅矣。懼後進惑其如此，將越禮棄
學而希無為之風，見義教之殺而不觀其隆矣。……引道家之弘旨，
會世教之適當。……道不可一日廢，亦不可一朝擬；禮不可以千載
制，亦不可以當年止。(〈學箴〉，《晉書·卷92本傳》)

由上略知：李充對於名教自然問題，明顯的，是採取一種儒道調和的態度。
這也是大部分知識分子所抱持的看法。

　　從一定的意義上說，中國哲學的發展，是綱常名教的不斷豐富、完善、
發展的歷史。論證其天然的合理性，成為歷代哲學家的頭等任務。魏晉玄學
與宋明理學家，都是循此而行。儒家本身由於缺乏深刻精緻的思辨理論，對
完成此項任務，有力不從心之感。何王、向郭諸位玄學家以道家之哲理，使
漢末以來瀕臨危機的綱常名教，重新煥發其活力。非但不損名教，且有功於
名教之振興。

第三節　教育內容方面

　　玄學家曾對儒家六經提出批評，認為六經有以下之缺失：(一)聖人精華，
六籍未載；(二)違反自然，抑引情性；(三)時過聖亡，故道不存；(四)分
處至道，愛譽有為。因此進而提出以三玄、四本與三理為教育內容的主張。
後來之教育果受其影響，以下試論之。

一、儒道兼修，增加教育內容

1. 魏晉經學之繁盛

　　魏晉社會盛行玄佛之學，然就史籍之著錄看來，魏晉經學不但未曾消
沈，且有異於兩漢經之學的成就。舉個簡單的例子，世傳十三經注疏，除
《孝經》為唐明皇御注外，漢人與魏晉人各居其半。以注而論，魏晉人並不
遜於漢人。今以清人侯康所補之《三國藝文志》及丁國鈞父子《補晉書藝文
志》的著錄考察(詳見〈表二十〉)，可明顯看出魏晉學術的實況來：儘管當
時多種學術競馳，然時人對於經學實未曾疏忽，只是研究方向及重點有異

而已〔註 12〕。經學著作之宏富，正可顯示魏晉經學之繁盛情形。只可惜這些著作多半亡佚，無法窺其詳略。這不禁令人懷疑，為何玄（佛）當道，儒家經學著作尚能有如此豐碩之成果？且看下面之分析。

表二十 〈魏晉儒道二家著述統計表〉

經 部	三 國		兩 晉	
周易	20 家	26 部	48 家	55 部
尚書	6 家	6 部	9 家	13 部
詩經	10 家	15 部	15 家	21 部
三禮	19 家	21 部	42 家	64 部
春秋	21 家	29 部	40 家	62 部
論語	10 家	11 部	46 家	56 部
孝經	14 家	14 部	17 家	17 部
緯	1 家	13 部	3 家	3 部
樂類	2 家	2 部		
群經	6 家	6 部		
小計	143 部		291 部	

子 部	三 國		兩 晉	
儒家	25 家	34 部	32 家	40 部
道家	18 家	21 部	35 家	45 部

2. 玄學家之治經

再就儒典之修習情形來看，一般人儘管在清談等社交場合談玄說佛，然而為了維護家聲，確保子孝孫賢，家庭中仍不廢儒學，即使玄學家庭亦不例外。

第二章曾針對魏晉儒學概況加以研究。我們可以發現：許多玄學家在年少之時，多接受傳統的儒家教育。如阮籍、嵇康、向秀等人。〔註 13〕而玄學

〔註 12〕詳見林麗真先生〈從隋志之著錄看魏晉清談及學術之跡象〉（書目季刊，17：3）。

〔註 13〕阮籍「昔年十四五，志尚好詩書。被褐懷珠玉，顏閔相與期。」（〈詠懷詩〉之三）

嵇康「家世儒學，少有俊才，曠邁不群…，學不師受，博洽多聞。……長而好老莊，恬靜無欲。」（《嵇氏譜‧嵇康傳》，《三國志‧本傳》引嵇喜《康傳》）

向秀「弱冠，著儒道論。棄而不錄，好注事者或存之。」《世說‧言語 18》）

家對於自己下一代之教育，亦不廢儒學。如嵇康誡子，勵以秉志、重義薄利，道同儒者〔註 14〕；「阮渾長成，風氣韻度似父，亦欲作達。步兵曰：「仲容已預之，卿不得復耳。」〔註 15〕由此可見儒學在玄學鼎盛之時，仍受到重視之情形。在教育之地位上，亦未沒落。只是在公開之社交場合，不常被作為談論主題罷了。

魏晉時代，博學兼修之情況甚為普遍，儒道同修者不乏其人。以玄學立家，而在儒學造詣方面也有所成者，更不在少數。故除了儒者注經，為當然的經學家外，清談玄理之士，也不乏經學著作。如王弼、何晏、鍾會、桓玄、謝萬、韓康伯、殷仲堪、衛瓘、庾亮、嵇康、郭象、王濛等〔註 16〕皆有經學著作，不但擴大了經學家陣容，也為儒家經學內容之改變提供了可能之因素。

3. 儒者之兼修、並授

另外，魏晉時代之儒者，兼習《老》《莊》者亦為數不少，可參閱第三章第三節所附〈魏晉兼治數家人士表〉。如：虞翻、董遇、徐苗、江惇、范宣等人即是。到了南北朝，此風更盛，因而造成此期私人講學的一個特色，即結合儒學、玄學（佛學、道教）以兼授。且舉數例以證：

蕭梁·賀瑒「著禮、易、老、莊和講疏，朝廷博議數百篇」〔註 17〕；杜京嚴「學遍玄儒」〔註 18〕；孫瑒「博涉經史，常於山齋設講，集玄儒之士」〔註 19〕；徐孝克「每日二時講，旦講佛經；晚講《禮》傳，道俗受業者數百人」〔註 20〕。馬樞「博極經史，善佛經及《周易》、《老子》義。……樞講《維摩》、《老子》、《周易》，同日發題，道俗聽者二千人」〔註 21〕；張譏「講《周易》、《老》《莊》而教授焉」〔註 22〕，皆是兼修、並授的例子。

〔註 14〕嵇康〈誡子書〉。
〔註 15〕《世說新語·任誕 13》
〔註 16〕同註 12。
〔註 17〕《梁書·卷 48·賀瑒傳》。
〔註 18〕《梁書·卷 48·儒林傳》。
〔註 19〕《陳書·卷 25·孫瑒傳》。
〔註 20〕《陳書·卷 26·徐孝克傳》。
〔註 21〕《陳書·卷 19·馬樞傳》。
〔註 22〕《南史·儒林傳》。

二、經說玄化，改變經學內涵

　　魏晉時期，在經學衰弱的情況下，玄學盛行。玄學極力調合名教與自然的關係，儒學也在其思想進程中，逐漸被玄學化。

　　前面提到：有不少玄學家參與儒典之注解工作，可以想像的，他們不免將自己原有的思想帶入經注中。而經學家們由於受到時代風潮所及，往往儒、道兼修，則他們在解經時，難免造成某種程度的影響，形成一種儒道融合的特殊傾向。這些玄理化經注的最大特色在於以《老》解經，暢於義理而略於訓詁。從魏晉時期重要的玄理化經注，如何晏《論語集解》、王弼《論語釋疑》，從中即可明顯看出前述的特色來。而玄學家之注儒典，其態度多如湯用彤先生所言：「其重要又不專在解滯釋難，而更在其附會大義，使與玄理契合。」〔註23〕

　　易學的玄化，可由孔穎達《周易正義·序》窺其梗概：

> 唯魏世王輔嗣之注，獨冠古今，所以江左諸儒，並傳其學。其學河
> 北學者，罕能及之。其江南義疏十有餘家，皆辭尚虛玄，義多浮誕。
> 原夫義理難窮，雖復玄之又玄，至於垂範作則，便是有而教有。若
> 論住內往外之空，就能就所之說，斯乃義涉於釋氏，非為教於孔門
> 也。既背其本，又違於注。

雖然孔氏對於經說的玄化──義涉玄、佛，深表不滿，但由其言，亦可肯定經說玄化的事實。另外，吳承仕、馬宗霍也提到經學的玄化情形：

> 自何氏（論語）《集解》以訖梁陳之間，說論語者，義有多家。大抵
> 承正始之遺風，標玄儒之遠致；辭旨華妙，不守故常。不獨漢師家
> 法，蕩無復存，亦與何氏所集者異趣矣。（吳承仕《經典釋文敘錄疏
> 證》「皇侃撰論語義疏行於世」條）

> 終晉之世，言《易》者，無不援老莊以為說。張璠《集解》所錄凡
> 二十二家，或為易義，或為易論，大抵與王、何沆瀣一氣。（馬宗霍
> 《中國經學史》）

　　何王所開出儒道合一的玄學取向，使儒學在魏晉時期具有許多不同的特點。從內容上來看，可概括為三：

〔註23〕湯用彤〈王弼之周易論語新義〉，《魏晉玄學論稿》，頁97。

1. 對道的內容的改造

用玄學虛無本體之道改造儒學的政治倫理之道；或直接把孔子現實的倫常之道解為自然無為之道；或以道家虛無為本，以儒家仁義禮樂為末，從而為儒家的政治倫理原則，賦予本體論的根據。如：何晏《論語集解‧述而》注有「志，慕也。道不可體，故志之而已。據，杖也。德有成形，故可據。」之語。孔子之道本為切實可行之仁義之道，此處言「道不可體」，則此「道」蓋指玄虛之理而言。另外從王弼《論語釋疑》、邢昺《論語正義》、韓康伯《易‧繫辭注》中，更可找到以「無」、「自然」、「虛」、「無為」之旨以釋儒理，顯然已對「儒道」之內容加以轉化了。﹝註24﹞《易經》與《論語》本為儒家典籍，然而在這些經注中，充滿著玄學「本無」之旨，儒家倫常道德與政治禮教意味的「道」，已轉為「無為」、玄虛自然的義涵。

2. 對聖人特質的轉化

主張聖人體無，把無為視為儒家聖人的理想人格；把虛靜、恬淡視為聖人追求的理想境界。無，不僅是宇宙的本體，也成了人格的本體。陳澧《東塾讀書記‧卷二》曾引述魏晉南北朝時重要《論語》注疏，說明孔聖特質被玄（老莊、佛）化的情形，舉例甚詳。又第四章第二節中，曾討論過玄學聖人之特質，其中引過不少玄學家經注，也可參閱，此處不加贅言。

3. 對經注內容與方式的影響

最主要的是將玄學得意忘言的精神和偏尚義理的學風帶到經訓中，從而拋棄了漢儒天人感應的神祕內容及煩瑣破碎的經訓形式，開出儒家重義理而略訓詁的魏晉新學風，朝向理性化的道路前進。此部份，後文將再詳述。

總之，儒家經說的玄理化，代表儒家經典義理在經歷過兩漢天人神學與五行讖緯介入後，再次的質變。魏晉時代這種經說玄理化的情況，尚屬局部；

﹝註24﹞道者，無之稱也。無不通也，無不由也，況之曰道。寂然無體，不可為象。是道不可體，故但志慕而已矣。（王弼《論語釋疑‧述而》注）

道者，虛通無擁，自然之謂也。（邢昺《論語正義》）

德者，得也。物得其所謂之德；寂然至無則謂之道。離無入有，是謂德。（邢昺《論語正義》）

道者何？無之稱也，無不通也，無不由也。況之曰道，寂然無體，不可為象；必有之用極，而無之功顯，故至乎神無方而易無體，而道可見矣。（韓康伯《易‧繫辭注》）

天地之道，不為無而善始，不勞而善成，故曰易簡。（韓康伯《易繫辭注》）

時至南朝,則對經學產生極大影響。根據程元敏先生之研究〔註25〕,南朝經說玄理化情形,大約如下:

1. 劉宋:

此代《易》學,據史傳所載,共存七家八部書。其中卜伯玉、徐爰、荀諺、關康之四人皆王弼《易》學餘裔。隱士沈道虔,亦治《易》,兼《老》、佛,當為王學一派。《詩》學八家十一書中,何偃、雷次宗、周續之皆治玄理。《論語》三家——宋明帝、孔澄之、張略,皆何晏《集解》支流。另有顏延之以玄釋儒;慧琳《論語義》,則為佛徒注《論語》之先。

2. 南齊:

治《易》學者,有11家14部書。其中11人兼治《老》《莊》,著作中明顯援用玄理者有五家(周顒、徐伯珍、祖沖之、沈驎士、顧懽);《論語》七家中,祖沖之、沈驎士義多玄理。

3. 蕭梁:

《易》學十家中,九家涉玄——嚴植之、卞華、梁元帝、賀瑒、何胤、朱异、孔子祛、梁武帝、伏曼容。不涉玄者,褚仲都而已。

4. 南陳:

《周易》三家中,周弘正、張譏頗用玄理。

大約學者染玄言者多,不雜《老》《莊》者反少蓋時代學術風尚使然。北朝則用鄭學,少涉玄言。

至於玄學家王弼《易經注》之流行及梁代皇侃《論語義疏》,對名物制度略而弗談,多以《老》《莊》之旨,發為駢驪之文,亦可見當時風尚。至於經說玄理化的詳細情況及著作,近人有專門研究〔註26〕,此處不再作介紹。可見玄學促成經說玄化、改變經學內涵之現象,影響到儒家教育之內容。

三、言性說道,擴充儒學範疇

荀粲曾批評六經,謂其不載性與天道,故為聖人之糠粃。事實上,孔子

〔註25〕以上資料參考程元敏先生《中國經學史講義》及筆記。
〔註26〕如:呂凱〈從周易略例與老子指略看王弼的思想〉,林麗真先生〈王弼論語釋疑中的老子義〉,簡淑慧〈從論語集解看何晏的玄學思想〉,周紹賢〈魏晉玄風興盛是否對儒學有影響〉,宋鼎宗〈魏晉經學質變說〉及溥傳真《南朝經說玄理化》(臺大碩士論文,民81)。

雖不語之，孟、荀及漢儒已有後續的發揮。不過整個兩漢儒學，卻是籠罩在一片讖緯神學的天道觀中，又以陰陽數術解釋宇宙化生過程及原理。

　　漢代儒家賦予天以人格神的屬性，將天視為宇宙萬物的最高主宰，經漢末思想家批判後，早已露出缺失。玄學家以無形無名的道，作為天地之根，萬物之宗，其思維方式對儒家來說，無疑是一種有益的啟迪。部分儒家即吸收道家天道自然無為思想，重新認識宇宙人生，成為理性發展的要件。簡單的說，魏晉玄學對儒家天道之轉變在於由宇宙生成論，轉為宇宙本體論。且對天人關係，展開新的論證，賦予新的意義。玄學不再著重探索世界由什麼成分構成，而講現象之上或現象之後，有沒有一個更根本的形上根本，從而開闢一代哲學新風。至宋明時，始能以新的形式，藉重玄學之思維方式，建構起心性論與天道觀，重新崛起。理學在這層意義上來說，可說是玄學的繼續，如程頤的《易傳》就是接著王弼講的。

　　在「性」方面，玄學家曾對「性情」問題加以討論。多半認為「性體情用」，以體用關係看待二者。性為體，本身雖無善無惡，然近性者善，故進一步有「性其情」說的提出。此外，與「性」有關的玄學主題尚有「才性」同異離合之爭辯及「保性全真」養生法二者。才性論的影響已在前面談過，在此僅說明養生論部分。

　　玄學家提出的養生方法，要點有五：（一）遠害存宜；（二）形神並養；（三）以情從理；（四）知足寡欲；（五）抱樸守靜。其影響由魏晉士人之熱衷於養生之術，可略知曉。而養生教育的提出，對於當時教育或後代教育，影響不小。而儒者用之，志不在延年益壽，而往往用於修身。有部分修身問題，因與治學方法相涉，待「教、學方法」部分，再予說明。「遠害存宜」重在息私去欲。本是道家主張，然而魏晉儒者及宋代理學家，往往也加提倡。如傅玄，雖一向站在維護名教禮樂的立場，但也主張去私心，立公道。這正與嵇康釋私之旨有偶合。他說：「有公心必有公道，有公道必有公制。」〔註27〕「私不去，則公道亡，公道亡，則禮教無所立。」〔註28〕

四、四館並立，教育新制形成

　　魏晉玄（佛）學之盛行，也帶動教育新制的形成。如劉宋文帝元嘉時，

〔註27〕《通志》引。
〔註28〕《傅子‧問政》。

京師開辦四所太學：研究佛老學說的玄學館；研究古今歷史的史學館；研究詞章的文學館及研究經學的儒學館。到了明帝時，在四學之外，又加陰陽學，並設總明觀來統轄，不過陰陽館雖立，卻無人員編制授業，故實存四學：

> 泰始六年九月戊寅，立總明觀。徵學士以充之，置東觀祭酒、訪舉各一人，學士二十人，分儒、道、文、史、陰陽五部學；言陰陽者，遂無其人。(《南史・宋明帝本紀》)

> 總明觀祭酒一人，太始六年，以國學廢，初置總明觀。玄、儒、文、史四科，科置學士各十人，正令史一人，書令史二人，幹一人，門吏一人，典觀史二人。(《南齊書・卷八十・百官志》)

這樣的分科制，打破儒家獨立於官學的教育體制，也是教育史上的一大改變。即使魏晉玄風熾盛時期，在太學仍以儒學為最主要的課程。因此四科並立的學制，顯示佛道二家勢力受到重視，已與儒家並雄，且受到當政者的認同。

我國的專科學學校，大概始自漢靈帝時所創設的鴻都門學。它以專門招收有寫作、辭賦能力及善書鳥篆文字的學生為主，可說是我國、也是世界最早的一所文藝專科學校，與當時太學學習經典相對抗。經過魏晉諸家學術的爭鳴，而有劉宋四學的設立，專科教育漸次發展。延及唐代，猶有玄學館之設，玄學之影響可見。〔註 29〕

第四節　教、學方法

　　兩漢經師多重在對教材——經書的研究上，對於教法，則少措意。學校中之教學，注重記憶及師承。教法上，多由口授，可說是一種注入式的講演教授法。魏晉時代，由於當時玄學（佛）盛行，其治學方法及講經風尚，也影響到儒家。

一、越師法家法，破門戶之見

　　經學自西漢以來，經歷了今古文、古文內部鄭王之爭，最後兩種爭執歸於消滅，出現魏晉經學這一嶄新的局面。它不再泥於章句訓詁之學，改重義

〔註 29〕唐代學制：中央直接設立的學校有國學、太學、四門學、律學、書學及算學，統監於國子監。另有玄學，隸於祠部，以研究《老》《莊》學說。(參考陳青之《中國教育史》頁 176～177，商務，民 52)

理；破除漢代師法、家法門戶之見，變為博採眾說，自立新意的治學態度。如此，魏晉經學的視野比以前開闊，思想也較前代自由。

不過，這種改變並非一時完成。如吳國虞翻與西晉庾峻，則仍謹守師說：

> 前人通講，多玩章句，雖有神說，於經疏闊。蒙先師之說，依經立注。……（《翻別傳》，《三國志‧吳書‧虞翻傳》注）

> 先儒所執，各有乖異，臣不足以定之……。臣奉尊師說，未喻大義，至於折中，裁之聖思……」（《三國志‧魏書‧高貴鄉公紀》）

虞翻本身兼學《老子》，已能跳脫章句之繁瑣與明辨讖緯神說之不經，然注經仍循先師之說；庾峻遇難，奉尊師說。仍代表學術上的一股保守力量。但是同一時代之中，也有博學兼綜之士，已能不拘師法，廣採眾說，或自抒己見。如何晏：

> 前世傳授，師說雖有異同，不為訓解。中間為之訓解，至于今多矣。所見不同，互有得失。今集諸家之善說，記其姓名，有不安者，頗為改易，名曰《論語集解》。（何晏《論語集解‧敘》）

原敘中何晏詳列《論語集解》參考之九家，並表明自己作注的態度。他不再陷於師說、門戶異同之拘，「善說」即採，義有不安，則為改易。又如范甯《穀梁集解‧敘》：「雖存舊說，而不專主一家」。再以王弼為例，他以玄理注《易》、《論語》，溝通儒、道兩家，不受師法框架之限，更已突破學門鴻溝，將儒道思想融通合觀。

魏晉玄學家之注經，多能破門戶之成見，兼採數家，故其著作在歷史上也有不錯的評價。〔註30〕這種由玄學家所帶起之學風，糾正兩漢經學家支離破碎、繁瑣寡要的治學講經方法。這種治學講經方法的改革，除了影響經學教育的內部，且影響後世教學方法的改進與發展，宋代諸儒教學皆以義理、性命為主要課題，魏晉此風的影響可知矣。

〔註30〕如孔穎達讚王弼《易注》：「獨冠古今」；朱彝尊〈王弼論〉謂：「漢儒言易、流入陰陽災異之說，弼始暢以義理」；錢大昕〈何晏論〉認為王弼、何晏之《周易注》、《論語注》「更數千載不廢，……魏晉說經之家，未能或之先也」；《四庫提要》亦指出王弼《易注》：「闡明義理，使易不雜於術數者，弼與康伯深為有功。」清末章炳麟贊揚王弼《易注》與皇侃《論語義疏》「近古莫能尚也。」（引用趙書廉《魏晉玄學探微》，頁 246～247。（河南人民，1992）

二、去繁瑣章句，主得意忘言

在治學方法方面，漢儒最為詬病者，乃為繁瑣章句之學。第一章中，已引述不少漢儒之批評。時至魏晉，此風猶存。如魏初徐幹就曾為此提出批評，他說：

> 凡學者，大義為先，物名為後，大名舉而物名從之。然鄙儒之博學也，務於物名，詳於器械，矜於詁訓，摘其章句，而不能統其大義之所極，以獲先王之心，此無異乎女史誦詩，內豎傳令也。故使學者勞思慮而不知道，費日月而無成功。（徐幹《中論‧治學》）

徐幹已將繁瑣章句之弊，一一道破，且指示出一條義理門徑，認為治學旨在「統其大義之所極」，所以正確方法當是「大義為先，物名為後」。徐幹已提出治學要道，然真正扭轉此風者，殆為玄學家。

玄學家多主「得意忘言」，一方面是針對漢儒之弊而提出，一方面也是玄學言意之辨的產品。若就現實效果而言，「得意忘言」的治學方法，對經學的影響頗大。漢人以章句解釋經籍，往往是一章一句。魏晉時用得意忘言之法解釋經籍，則比較自由，可求理義於言外，因此往往未必符合原意，但每有創見。〔註31〕

漢儒因蔽於天人交感之說與章句訓詁之習，故治經時多半集中於師法、家法之爭，專以析破文字之形體為務，對於孔子思想中的形上理論尚少發明。而王弼為矯漢學「廢大體、務碎義」的遠本作風，故不依漢儒皓首窮經的治學舊路，他對典章制度、人時地的考訂不再重視，轉而著意於形上義理的問題。王弼所開出的哲學命題，往往成為後來學者紛論不休的主題；他所開出的義理門徑，也成為魏晉宋明時期治學的主要方向。又如張湛注《列子》亦然，他在注書時，雖也解釋名物，考訂出處，但他所著重的還是義理的發揮，思想的分析，通過解釋《列子》本文，來闡明對宇宙間事物的看法。

這種治學方法，對魏晉人之治學、教學有很大啟發，且舉數例以明：

> 瞻字千里，夷任而少嗜欲。不修名行，自得於懷。讀書不甚研求，而識其要。（《名士傳》，見《世說新語‧賞譽29》注所引）

〔註31〕戴君仁先生嘗言：「做學問本有兩種態度：一種是客觀的，一種是主觀的。求真須用客觀，求善求美，則往往為主觀。只要他說得對，有價值，即使是曲解經文，我們當如朱子所說『自有用處，不可廢也。』」（民主評論）10：24，p.14～15）魏晉經注，當可如是待之。

> 好讀書，不求甚解，每有得，便欣然而忘食。（陶潛《五柳先生傳》）
>
> 顗不為辨析之談，而舉其旨要。太尉王夷輔雅重之也。（《名士傳》，見《世說新語·賞譽41》注引）
>
> （王）承言理辯物，但明其旨要，不為辭費，有識、伏其約而能通。太尉王夷甫，一世龍門，見而雅重之，以比南陽樂廣。（《世說新語·品藻10》引《江左名士傳》）
>
> 劉敏元……常謂同志曰：「頌書當味義根，何為費功於浮辭之文？」（《晉書·本傳》）

阮瞻、陶潛讀書，不鑽研字句，而重視領略要理，於己有得；庾顗、王承言理治學，舉其旨要。劉敏元治經，則直標義理，不費心於浮辭。在教學方面，且舉三例：

> 客問樂令「旨不至」者，樂亦不復剖析文句，直以麈尾柄几曰：至不？客曰：至。樂因又舉麈尾曰：若至者，那得去？於是客乃悟服。（《世說新語·文學16》）
>
> 遁每標舉會宗，而不留心象喻。解釋章句，或有所漏，文字之徒，多以為疑。謝安石聞而善之，曰：「此方九方之相馬也，略其玄黃，而取其雋逸。」（《支遁傳》，見《世說新語·輕詆24》注所引）
>
> 徐邈……雖不口傳章句，然開釋文義，標明旨趣，撰正《五經音訓》，學者宗之。（《晉書·儒林傳》）

樂令教人，不用繁辭，重在啟發；支遁講學，標舉會宗，不拘象喻。徐邈教人，不傳章句，唯在開釋文義，標明旨趣。以上諸人可謂善用「得意忘言」原則以教學。

　　自「得意忘言」之法提出，魏晉朝野上下、文士儒生論學，多重義理不重章句。儒者治學，可不復受章句所縛，直指義理，為宋代義理之學奠定基石。

三、改傳統教法，行清談論辯

　　自由論辯之法，雖古代早有，但甚少使用在教學上。孟子不得已而辯，知其不以論辯為上；漢儒雖辯，多學派之爭。直到魏晉，方予談辯一個較正面的肯定，且行於教學之上。故玄學家之於談辯，雖非新創，卻有倡導力行之功。

　　在魏晉人的觀念裡，清談論辯也確實成為一種教育、學習途徑：

> 殷中軍為起庾長史，下都，王丞相為之集，桓公、王長史、王藍田
> 謝鎮西並在。丞相自相解帳，帶麈尾，語殷曰：「身今日當與君共談
> 析理。」既共清言，遂達三更。丞相與殷共相往反，其餘諸賢，略
> 無所關。既彼我相盡，丞相乃歎曰：「向來語，乃竟未知理源所歸；
> 至於辭喻不相負。正始之音，正當爾耳。」（《世說新語·文學 22》）

清談的主要目的在於析理，原本「未知理源所歸」，透過清談，「彼我相盡」，
而能「辭喻不相負」。正說明情談論辯之作為一種學習法之效。也成為魏晉時
代一種相當普遍的教育方式。而下至家庭之中，上至帝前侍講，論辯已成為
一種探討學術時所常用的方式。且論辯是一種活動形式，主題不限於玄理，
儒家禮樂、軍國大事無不可談。如庾峻身為儒者，便長於論辯：

> 庾峻……常侍帝講《詩》，中庶子何劭論〈風〉〈雅〉正變之義，峻
> 起難往反，四坐莫能屈。（《晉書·本傳》）

可知魏晉清談在當時，也是一種儒者常用的學術探討方式。不過魏晉人更透
過這些論辯，鍛鍊思維，並完成各家思想的交流與會通。並在清談中，構築
未來理想社會教育的藍圖。由自然名教之爭及許多對傳統禮制的辯論可以證
明。〔註 32〕在魏晉，清談更成為個人文化修養的表徵，有時甚至成為取士用
人之憑藉，其在當時之重要性可知。〔註 33〕

清談論辯成為教、學法中的一環，對其後之教育亦甚有影響。首先以南
北朝儒者講經為例：

> 嘗因釋奠，帝親幸國子學，王公已下畢集。光升坐講《禮》，啟發章
> 門。已而諸儒生，以次論難者十餘，皆當時碩學。光剖析疑滯，雖
> 辭非俊辯，而《禮》義弘贍，論者莫測其淺深，咸共推服。（《北史·
> 儒林傳·馬光》）

> 尋復入京，與左僕射楊素，吏部尚書牛弘，國子祭酒蘇威、元善；
> 博士蕭該、何妥，太學博士房暉遠、崔宗德，晉王文學崔賾等，於
> 國子共論古今滯義。前賢所不通者，每升坐。論難鋒起，皆不能屈。
> （《北史·儒林傳·劉焯》）

〔註 32〕可參考林麗真先生〈魏晉人對傳統禮制與道德之反省〉一文。（臺大中文學報 4）
〔註 33〕如張憑即以清談晉升。湯用彤先生在〈讀人物志〉一文中提到談論風行的原
　　　　因，認為與察舉取士之制有關。他說：「蓋自以察舉取士，士人進身之途逼，
　　　　端在言行，而以言顯者尤易，故天下趨於談辯。論辯以立異，動聽取寵，亦
　　　　猶行事以異操蘄求人知。」（見《魏晉玄學論稿》頁 4）

嗣至宋代書院之教學，則將論辯視為常法，有由生徒向山長請教的「質疑問難」，平日教學重視師生之間的討論，提倡問難論辯的教學法，由宋儒的語錄、文集的記載中，即可明瞭其運用的實際情形；而同學之間，亦以往反論辯為進學之方。另有定期邀請不同學派學者到院講演的「會講」或「講會」，再行論辯之制，如張栻與朱熹會講於嶽麓書院，朱熹、陸九淵、呂祖謙等學者，會講於江西鉛山鵝湖寺〔註34〕。這種制度，允許不同學派同時自由講學，類似今日得學術討論會，頗能體現百家爭鳴精神，也與魏晉清談之不同學派學者，彼此論難交鋒、交流會通的景況相似。

清談論辯，不問系統師門，在既定的範圍內，甚至不問年輩長幼、官職高下、財富多寡、德望輕重，參加者都可自由探討、駁論。玄學家們舉行辯論，常常有通、有難、有勝、有屈。有主客之設，或有評判者在場，品評雙方優劣。此論題的理勝者，可以本人族姓來稱呼此理〔註35〕。這比起儒家的師道獨尊，實在是一種學術風氣上的解放。

四、重思辨方法，尚理致本體

一般而論，中國傳統的思維方式，由於本身文化關注於倫常道德、人生情趣的探究，相對的，便忽略於哲學層面上對抽象本體的探索。因此中國古代思想史上，往往明顯呈現偏於直觀感受之整體把握的認識軌跡。

然而，中國傳統的思維方式，也不絕對排斥細密嚴謹的理性思考，甚至也曾運用抽象概念，建構理論體系，且於思辨領域中，達到甚高的成就。經過前一章的介紹，我們得以了解魏晉玄學家在這一方面的努力成果。而一般名士們在傾慕自由無羈、投入情趣高雅的玄談中，就曾以得意忘言、統本舉末之法去治學清談，並進一步去建構自己對整個宇宙、社會及人生的總看法。

儘管在玄學的理性認識過程中，始終貫穿著感性直觀的成分，但就整個中國傳統文化思想的演進而論，玄學通過辨名析理的概念分析，而在理性思辨層面上所取得的成就，不僅在當時就予人耳目一新的感受，即便在今日，也向大多數中國文化的反思者透露出隱藏不住的文化異彩。

〔註34〕參考陳東原《中國教育史》及朱漢民《中國的書院》二書之例。
〔註35〕趙書廉《魏晉玄學探微》頁253～254。

　　「崇尚理致」的治學方法而言，為了對事物有真切的認識，魏晉玄學家們在治學時，皆注意到「理」、「致」之探求。如嵇康、何晏、王弼……等人都主張對事物背後的本體及體現在客體的理，進行深入的探討。如何得理？也多主張從事物本身去體會。這種治學方法，也影響後世之儒家教育。如南宋李延平，主張「為學之初，且當長存此心，勿為他物所勝。凡遇一事，即當且就此事反複推尋，以究其理。待此一事融釋脫落，然後循序少進，而別窮一事。如此既久，積累之多，胸中自然有灑然處，非文字語言之所及也」。〔註36〕與嵇康〈聲無哀樂論〉中所云「推類辨物，當先求之自然之理，理已足，然後借古義以明之耳。今未得於心，而多恃前言以為談證，自此以往，恐巧歷不能紀耳。」之崇尚理致的作法，如出一轍。

　　另外，玄學家「崇本舉末」的體用思維，使中國哲學進一步深入、細緻了。他們從現象中求本體，以此掌握、認識紛然現象物之本根，進而與自身內具之性渾然融通，體悟道理，超然物外。

　　在論證本體存在的過程中，玄學家注重邏輯分析，辨名析理，從哲理上剖釋微言大意。其結論往往是從概念範疇的分析推衍而來的。他們的論證清晰，條理嚴謹，思辨味道極濃。不是簡單的描繪外在因果關係，而是追求內在的根據，藉以尋找和建立理論思維。且以「體用」這對哲學範疇，作為建構本體、現象關係的依據。

　　若說先秦哲學中，尚無使用「體用」範疇來說明世界的存在，則魏晉以後，這種思維方式，就成為中國哲學用以說明世界狀態的一種方法與範疇。「體用」這種思維方式，在魏晉及後代形成若干中國哲學史中影響極大的新命題，如：「體用如一」、「本末不二」、「無因於有」、「崇本舉末」、「得意忘言」……等。自此大大提高了中國哲學中理論思維的能力。其後，不僅魏晉玄學廣泛使用，且魏晉南北朝以後的佛教、道教及宋明理學，都普遍的使用它，以之作為建立哲學體系的方法，則其重要性可知。

　　在佛儒的神滅、不滅之爭中，范縝曾用「形質神用」的原理來論證精神對形體的依賴關係，說明形、神各有自己的特點。但二者不是兩個不同東西的結合，而是統一體的兩個方面，卻又有主有從。其實「形質神用」也可稱為「形體神用」，在這一點上，顯然范縝是受到王弼的啟示的。

〔註36〕〈延平問答〉。

　　繼范縝之後，體用這對哲學範疇，也成為宋明理學構築哲學體系的基本方法〔註37〕。二程、朱子、陸九淵等大家，思維方式便帶有明顯的本體論特點。例如：二程的「體用一源，顯微無間」說〔註38〕，朱子的「聖人與天地同體」說〔註39〕，陸九淵的「宇宙便是吾心，吾心便是宇宙」說〔註40〕，皆是一種本體論的思維模式或以本體論為依托的政治倫理哲學〔註41〕。從這些例子可以說明，玄學之思辨方法，除了令當時人的思維因而得到鍛鍊，有益思想文化之發展；而其所提出「體用」這對哲學範疇，對後世哲學的發展，更有深遠的影響。

五、闢修養新徑，立不言之教

　　在修養方法與教學論方面，玄學與儒家之路數，相去甚遠，也更能凸顯玄學教育之特徵。綜合前文所述及的相關內容，玄學家所闢之修養新徑與教學方法，主要在於「否定之道，不言之教」這八個字上面。大抵前者講修養，後者講教學。否定之道主要指「損之」、「無之」的修養方式。如「性其情說」、「知足寡欲說」、「抱樸守靜說」及「直觀體悟法」等，也分別在當時及後代（特別是宋代）儒家教育產生極顯著的影響。

　　「性其情說」方面，如唐人李翱在「復性書」中，採取玄、佛觀點，討論情性問題；又宋人王安石，在其提出的「情性論」，認同「以情從理」之說，內容上與王弼的「性其情」說法，有明顯相似之處。他以性情為一體兩面，自存在內面而言，謂之性；自發而在外，謂之情。「性者，情之本；情者，性之用」，〔註42〕而情由性所生，情亦是人生所不免。「性」是一個渾然之體，無所

〔註37〕儒家自孔子起，其學說即建立於天人合一的思維模式基礎上。但是到了宋儒，此種情況慨始產生變化。宋儒之學，雖然所談仍不離天、人，但此時之天與人，已不是合，而是天人本無二，天人一體；宋人雖說天命、天道、天理，但宋儒所說之義蘊已與傳統儒家有異。若以前儒家所說的天命帶有人倫道德之立法者的色彩，則宋人之天理，則在相當程度上是心性、道心之異稱──二者體一而名二。即宋儒之學，雖也是一種政治、倫理學說，但所根據的哲學基礎，已不是天人合一，而是本體論的思維方式。我們可由宋儒之倫理哲學得到證明。

〔註38〕《易傳序》。

〔註39〕《中庸章句》。

〔註40〕〈雜說〉。

〔註41〕參考賴永海《佛學與儒學》。（浙江人民，1992）

〔註42〕〈情性論〉。

謂善惡。感應外面刺激，喜則喜，哀則哀，極其自然者，謂之「情」。可知善惡由情而成，與性無關，故「情生乎性，有情然後善惡形焉。而性不可以善惡言也」〔註43〕。情發合於善，且成習慣，性也就善了。情發時流於惡，且成了習慣，則性也就惡了。但善惡之名雖得於情，而所以合於善或流於惡的，其根本在於「性之不定」，所以君子貴養其性，能養性之善，則情亦善也〔註44〕。

「知足寡欲說」與「抱樸守靜說」方面，如：西晉傅玄，雖為儒者，但對於「知足寡欲」之法，似乎也有同感。他說：「天下之福，莫大於無欲；天下之禍，莫大於不知足。無欲則無求，無求者，所以成其儉也。不知足，則物莫能盈其欲矣；莫能盈其欲，則雖有天下，所求無已，所欲無極矣。海內之欲不益，萬民之利有盡，縱無已之求，以滅有盡之物；逞無極之欲，而役有盡之力，此殷士所以倒戈，秦民所以不期而周叛」〔註45〕。玄儒之交流，由處亦見。

周敦頤的教育思想中，主張「慎動」。要求慎動，莫如「主靜」，從靜中養心以去欲，才可以得其中正。此外，又主張「無欲主義」，他並不認同孟子的「寡欲說」，他認為：「養心不止於寡焉而存爾，蓋寡焉以至於無，無則誠立明通。」又說「聖可學」，其要在「一」，「一者，無欲也。無欲則靜虛動直，靜須則明，明則通。動直則公，公則溥。明通公溥，庶矣乎！」〔註46〕與老子「損之又損，以至於無為」、「常無欲以觀其妙」說法相似，顯示受《老》《莊》玄學影響。

「不言之教」，對於唐代禪宗的教學（如棒喝、頓悟）可能有所啟發，而後再對宋代理學家的教學產生影響。如宋人呂東萊曾對不言之教的必要性有所提示。他說：「講論形容之語，欲指得分明，卻恐緣指出分明，學者便有容易領略之病，而少涵泳玩索之功，其原殆不可不謹也。」〔註47〕至於羅從彥（豫章）之「自化主義」，李延平之「點化主義」，皆為主「靜」之教育理論，也發揮了不言之教之精神於其教學中。羅氏之教學，不尚口說，只給學生一個態度或暗示，令他們自化。此乃李延平所稱：「先生（羅豫章）不言，而飲人以和；與人並立，而使自化。如春風發物，亦莫知其所以然。」〔註48〕至

〔註43〕〈原性〉。
〔註44〕參考陳青之《中國教育史》頁248。
〔註45〕《傅子‧曲制》。
〔註46〕《通書‧聖學》。
〔註47〕〈與朱侍講書〉。
〔註48〕《豫章學案‧附錄》。

於羅氏之高徒李延平，在教學方面，也不是徒憑講說，必令學者反身自得；而教者只須用一番點化的功夫，所謂「自動主義」的教法。故其平日教學多以問答及討論方式，而不直接講授。〔註49〕

「直觀體悟法」方面，玄學家不將認識對象拘限於現象界，而將心靈指向無形無名，無始無終的道的體驗，而道無形無名，本身為無限性、整全性，所以感官經驗所得的偏執不全的認識，並無法應用於體道。因而玄學家們發展了所謂「直觀體悟」的認識方法。在「滌除邪飾」、「無欲空虛」、「精神凝靜」的心靈狀態下，使自己本有之「至明」、「神心」去獨運、體悟，則能「知」道。而認識途徑方面，不是是消極被動的順應外在客觀世界的自然規律或法則，而是順其自然之性，並能夠自覺的認識內具之道（自然）性。是一種「反身」「察己」以知之的唯心主義認識論。

後來這種認識論也影響到宋儒，如：程伊川將知識分為聞見之知與德性之知。而以德性之知為要。然而在認識方法上，則主張「聞見之知，非德性之知物。物交則知之非內也，今之所謂博學多能者是也。德性之知，不假見聞。」〔註50〕

總之，魏晉玄學是中國思想上，影響頗大的思潮。他同先秦諸子學、兩漢經學、隋唐佛學、宋明理學一樣，在中國思想史上居於承先啟後的重要地位。它是漢代經學的反動，給初傳的佛學以重大影響，且是理學的思想的源頭之一，魏晉玄學以其清新的氣息和精密的思辨方法，描繪了魏晉時代獨特的精神面貌，且對魏晉之學術教育產生極大影響。不管是教育目的、教育原理、教育內容、或教、學方法各方面，皆顯示其在於承先啟後、繼往開來任務上的成就，特別是「啟後」「開新」，也為兩漢以降，業已僵化的儒家教育，增添了新血及復興的憑藉，則玄學對於儒學之正面影響，恐怕不是「越名教、壞風俗」一條罪狀所可抹滅的。

第五節　玄學與佛教之過渡

一、魏晉玄談對佛理的研究和討論

魏晉時，以老莊思想為骨架的玄學本體論思想大為流行。玄學討論的中

〔註49〕參考陳青之《中國教育史》頁288之說法。
〔註50〕《伊川語錄》。

心問題為「本末有無」問題。東晉時代的玄學，在貴無、崇有、獨化諸論的陸續發展之後，內容、思想已趨貧乏，理論上也無多建樹〔註51〕。此時的名士們只得援引佛理以為談助。因此後期的魏晉清談，以佛理為主，而這後半段的玄學，亦可稱之為「佛教玄學」。〔註52〕

據唐翼民先生統計，《世說新語‧文學篇》中記錄東晉清談資料共45條，其中涉及清談內容32條中，與佛教有關者12條，約佔37.5%，東晉談佛之盛，由此可知。〔註53〕

佛理為何進入清談，而成為清談重要內容呢？這可以從佛理和清談兩方面來看。從佛理看，是佛理欲藉清談以傳播，尤其藉著清談來打進貴族學術圈；從清談一方看，是清談可以接受佛理，且需要佛理做自己新鮮的血液；使魏晉玄學成為由王弼→郭象→僧肇的玄學圓滿發展。〔註54〕然而另一項重要因素，在於沙門名僧的傳揚與兼修。

魏晉之名僧、名士對世事的看法往往相似。他們常以逍遙放達、超塵離世相標榜。名士據「三玄」發揮玄學，名僧也以「三玄」來解釋佛理。

佛教自東漢初年傳入中國，經過兩百五十年的傳播，到晉室南渡前後，已頗流行。由《世說新語》的記載可發現：東晉時，佛教已相當普遍，佛徒在社會上也很活躍。他們活動於貴族名流之間，與名士交往；或主動往教，或參與談座，藉此將佛教勢力打入社會。而此際，佛理也進入學術殿堂，成為玄學家研味的內容。他們不僅精通佛理，往往也是清談高手，而且熟悉玄理（表二十一）、儒學。凡此種種，除有助於佛教之傳揚外，亦有益於佛、玄、儒三家之會通。

表二十一 〈兼習老莊名僧舉例〉

名　僧	精通老莊之記載
竺法護	博覽六經，涉獵百家之言。

〔註51〕東晉玄學的代表者張湛，其哲學體系中同時容納了王弼的本無學說和郭象萬物自生思想，又企圖將本無論和元氣化生的宇宙論結合起來。體系雜而不純，企圖包容眾家，因而把魏晉玄學也引入絕境，不得不採取新的形式。恰好此時的般若學流行中國，使得「非有非無」的哲學，承繼討論「本末有無」的玄學而興起。

〔註52〕許抗生《魏晉玄學史》頁450。

〔註53〕唐翼明〈魏晉清談〉p.117。（東大，民81）

〔註54〕湯一介《郭象與魏晉玄學》頁102。（谷風，1987）

筑法蘭	體綜玄旨。
支孝龍	抱一以逍遙，唯寂以致滅。
竺道潛	優遊講學三十載，或暢方等，或解老莊。
支遁	雅尚老莊，注逍遙遊。
道安	以「可道」、「常道」與二諦相比。
慧觀	注法華經，探究老莊。
慧遠	博綜六經，尤善老莊。

二、魏晉玄學與佛學的滲透與互攝

正始以後，玄風大暢。般若學的性空理論和老莊玄學的思想相通，性空之學借助玄風而繁興。由於名士、名僧的往來、論辯，久之，玄佛之理也產生了滲透與互攝的情況。至於其詳細情形，深奧複雜。故綜合趙書廉〔註55〕、洪修平、吳永和〔註56〕等人之意見，得出要點，並引述於此。

儘管玄學和佛教般若學的理論體系、社會作用也不同，但二者在思辨方法、論證方式方面，仍有著相當關係。主要表現在幾個方面：

1. 有無之辨與性空之學

二者都認為世界萬物有統一的精神性本體。玄學以無（道）為本體，以現象界為末；而佛教般若學說以空本體。空就是真如、佛性，性空是講萬法虛假不實，空無自性，因而是假有；即抽象化了的和哲學化的宗教幻想和彼岸世界〔註57〕。

〔註55〕詳見趙書廉《魏晉玄學探微》第十三章〈玄學與佛教般若學〉所述。（河南人民，1992）

〔註56〕見洪修平、吳永和合著《禪學與玄學》第五章〈融攝與滲透〉。（浙江人民，1993）

〔註57〕般若性空之學，是東晉時流行的佛教理論。性空是講萬法虛假不實，空無自性，因而是假有。《小品般若經·薩陀波倫品》：「一切法性空。」《放光般若經·不可得三際品》：「‧諸法皆空，如夢如幻，如炎如響，如影如化。」由於受中國老莊思想影響，般若性空說，多以「有」「無」、「自然」等觀念來表達性空。如：《道行般若經》以本無來表達性空。將「諸法性空」譯為「諸法本無」，認為「一切皆本無」（《道行般若經·本無品》）。又《薩陀波倫菩薩品》云：本無所從來，去亦無所至，佛亦如是。經中還說：一切法「皆自然」，此處的自然也是指性空。道行般若經在玄學形成以前，就使用了「本末」這對哲學範疇，來強調一切皆空，提出「本末空無所有」（《難問品》）。本末、本無的同時使用，和玄學以無為本思想，有相通之處。

2. 虛靜返本與諸法不動

玄佛二家都認為：現象世界從其本體上來講，是沒有運動變化。玄學講抱樸守靜，佛教則講清淨寂滅。靜、寂皆是不尚動的主張。

3. 得意忘言與真俗二諦

玄學認為天道、聖人之義，不是語言所能表達，主張得意忘言；而般若學說認為：真諦是超言絕象的，但為了教化眾生，必須借助俗諦的有言之教來使人體會真諦。最後超離俗諦，而達到解脫之真諦〔註58〕。

4. 名教即自然與世間即涅槃

玄學主張名教反映自然，郭象進而主張名教即自然。而般若學說主張：菩薩以「善權方便」可以任何身份、方式出入眾生，隨機教化；從而取消世間與出世間、在家與出家的界限〔註59〕。

5. 獨化自生與因果報應

郭象的玄學理論認為：萬物天性自足，教人守本分、安性命；佛教主張因果報應的宿命論，般若學說除強調世間一切虛幻，亦教人安於現狀。

當然，這些是相似，而並非等同，他們的用語與命題的具體含意是不同的。儘管如此，由於魏晉玄學的盛行，使人們對般若學思想與玄學的關係，特別予以注意，寄予極大興趣，從而使般若學說得到迅速的傳播與發展。佛教般若學者利用玄學來擴大佛教的影響，有意的吸收玄學的理論來論證般若思想，使般若學說玄學化，且使佛學更易於為人們所接受〔註60〕。

〔註58〕安世高所譯的《安般守意經》和《陰持入經》，前者講習禪的方法，是講呼吸守意的書。後者解釋佛教名數，如漢人注經的章句之學。後來因為佛教般若學和玄學有相近之處，當時傳教僧在講教說法時，多用玄學解釋佛教教義。後來他們受了玄學方法論之影響，才漸由比附玄學的格義，進展到取用得意忘言的思辨辦法。

· 夫象以盡意，得意則象忘；言以詮理，入理則言息。自經典東流，譯人重阻，多守滯文，鮮見圓義；若忘筌取魚，始可以言道矣。(《高僧傳·卷七·竺道生》)

〔註59〕龍樹《中論·觀涅槃品》:「涅槃與世間，無有少分別；世間與涅槃，亦少有分別。涅槃之實際，及與世間際，如是二際者，無毫釐差別。」

〔註60〕這種文化背景，也為佛教的傳入，鋪設先路。因為從比較文化的角度來看，一種外來文化的移入，必須具備這種文化接觸的適應性土壤。道安說:「於十二部，毗目羅部最多。以斯邦人老莊教行，與方等經兼忘相似，故因風易行耳。」(道安〈毗奈耶序〉)

第六章　佛家之教育觀及其對儒家教育之影響

前文中已針對玄學家之教育觀及其對儒家教育的批評、影響，作過介紹，且略及玄學及佛學過渡的大致情況，若以稍微寬泛的尺度來看，佛學也可說是魏晉玄學的延續。最明顯的理由，即宋文帝立「四學」，正是以玄、佛二學合立「玄學館」。其次，若欲探究魏晉教育之實情，則除須將玄學教育列入外，東晉以後對世教人心有舉足輕重地位的佛「教」，也不容忽視。然而佛學淵深浩瀚，佛教教育之研究成果又少，非筆者門外之人所可登堂，故歸納有關佛教教育制度之史料、文獻，得其教育實況之粗坯；而將思想部分暫略；另外也參酌相關之說，期望對於了解魏晉教育特質之問題能有所助益，今粗論如下。

第一節　魏晉佛教概述

佛教大概在西漢末、東漢初傳入中國。當時社會較安定，儒家經學基本夠用，並未引起重視。隨著社會、學術文化風氣的轉變，直到漢桓帝時，佛教才在官方與知識份子的支持下，開展了以譯經為主，時兼講學的佛教教學活動。不過東漢時，佛教雖受到為政者的支持〔註1〕，但其活動範圍只限於寺院；且規定只有少數民族和外國人可以祠祀佛教，漢人皆不得出家為僧尼。

〔註1〕佛道自後漢明帝，法始東流。自此以來，其教稍廣，自帝王至於民庶，莫不歸心。經誥充積，訓義深遠，別為一家之學焉。（《宋書·卷97》）

〔註2〕信佛只是漢人之王公貴族與皇族之特權。

　　至於對於佛經的傳譯活動，東漢政府是既不贊助，也不制止，任其發展。佛教之教育活動則處於邊譯邊講解的初期狀態。桓、靈二朝，由西域、天竺來了一批義學僧人，翻譯介紹佛教學說，但譯文不合原意，且多根據黃老思想介紹佛教，故在社會上的影響不大。此期的佛教為了減少文化歧異所造成的格格不入，故依附中國道術而為「佛道」。

　　其後的曹魏政權，繼承漢代作法，仍不許漢人出家，「魏承漢制，亦循前軌。」〔註3〕對於外來僧人的活動並不禁止。所以曹魏時期，仍不斷有外國僧人到洛陽進行譯經和建立寺塔等宗教活動。

　　西晉統一的時期不長，在宗教政策上，無新的建樹，基本上仍承魏制而來。此期的佛教活動，仍以譯經為主，以便將佛教思想大量介紹進來。對於允許漢人出家之事，西晉政府略有放寬，經過政府特許者可以出家。〔註4〕《出三藏記集》曾載長安甲族依竺法護受五戒之事，並記載當時「僧徒千數，咸來宗奉」、「寺廟圖像崇於京邑」〔註5〕。如此看來，佛教規模已比曹魏時期有所擴展。

　　經過三國、西晉兩朝的陸續發展，至東晉，佛教勢力日盛一日。《續晉陽秋》云：「正始中，王弼、何晏好莊老玄勝之談，而世遂貴焉。至過江，佛理尤盛。」〔註6〕佛教在東晉的興盛，據《辯正論‧十代奉佛篇》所記：「東晉一百四載，合寺一千七百六十八所，僧尼二萬四千人。」可知晉室可南渡以後，佛教在民間勢力已盛。而上層的統治階級對於佛教又如何？

　　東晉諸帝或禮待法師，或延僧講經，或與沙門交游，或親臨開題〔註7〕，

─────────────

〔註2〕後越王度云：「佛出西域，外國之神，功不施民，非天子諸華所應祀奉。往漢明感夢，初傳其道，唯聽西域人得立寺都邑，以奉其神，其漢人皆不得出家。」（《高僧傳‧卷10‧佛圖澄傳》引）

〔註3〕同上。

〔註4〕見梁‧僧佑《出三藏記集‧卷13‧竺法護傳》。另外，《法苑珠林‧卷28》載：「太康中，禁晉人作沙門。」若無特准，漢人仍不得為僧。

〔註5〕同上。

〔註6〕《世說‧文學》注引。

〔註7〕東晉諸帝好佛之例：

　　晉元、名二帝，游心玄虛，託情道味，以賓友禮待法師。王公、庾公，傾心側席，好同臭味也。（同上之注引《高逸沙門傳》）

　　孝武好佛，太元六年正月，立精舍於殿內，引諸沙門以居之。此外修習經學，好尚詩文。（《晉書‧孝武紀》）

或親身禮佛，造寺受戒（表二十二），其熱衷可見。揆其目的，除了是對義理的喜好、來生之寄望外，還有一個重要因素——即教化之考量〔註8〕。

表二十二 〈東晉諸帝興佛行事表〉

帝　王	佛教活動	資料來源
晉元帝	1. 造瓦官、龍宮二寺。 2. 度丹陽、建業千僧。	辨正論卷三、釋迦方志卷下
晉明帝	1. 設齋興福。 2. 造皇興、道場二寺。 3. 集義學名稱百僧。	辨正論卷三、釋迦方志卷下
晉成帝	1. 造中興、野鹿二寺。 2. 集翻經義學千僧。	辨正論卷三、釋迦方志卷下
晉孝哀帝	1. 延問侍臣，迴心妙理；嘉賓切對，大啟龍光。	辨正論卷三、釋迦方志卷下
晉簡文帝	1. 造像、建齋、度僧。 2. 立寺於長干，故塔起木浮圖。	辨正論卷三、釋迦方志
晉孝武帝	1. 造皇泰寺本第。 2. 立本起勢。	釋迦方志卷下
	3. 受五戒。	晉書本紀
晉安帝	1. 篤信無怠。 2. 於育王塔立大石寺。	辨正論卷三、釋迦方志卷下
晉恭帝	1. 深信浮圖道，鑄貨千萬，造丈六金像，親於瓦官寺迎之，步重十許里。	晉書卷十本紀

東晉哀帝興寧二年十月，沙門竺法潛辭闕還剡山，詔遣繼講法於禁中。（《釋氏稽古略》卷二）

後來年少，多有道深公者。深公謂曰：黃吻年少，勿為評論宿士，昔嘗與元、明二帝，王、庾二公周旋。（《世說新語·方正45》）

汰下都止瓦官寺，晉太宗簡文皇帝深相敬重，請講《放光經》。開題大會，帝親臨幸，王侯公卿無不畢集。汰行解過人，流名四達，開講之日，黑白觀聽，士女成群。及諸稟門徒，以次駢席，三吳負袠至者千數。（《高僧傳·卷五》）

竺道壹，……晉太和中出都，止瓦官寺，從汰公學。數年之中，思徹淵深，講傾都邑。晉簡文帝深所知重。（同上）

〔註8〕元嘉十二年，丹陽尹蕭摩之奏曰：「佛化被于中國，已歷四代，形像塔寺，所在千數，進可以繫心，退可以招勸。」……（《宋書·卷97》）

－259－

　　至於貴族之好佛，則表現於與沙門的頻繁交往。晉朝名士范甯、王導、庾亮、周顗、謝鯤、桓彝、王羲之、珣、珉、許詢、習鑿齒、王濛、謝安、謝尚、郗超、王坦之、王恭、王謐、郭文、謝敷、戴逵、殷浩、孫綽、桓彥表、王敬仁、何充、袁彥伯……皆曾與佛徒交遊或臨講聽法〔註9〕。

　　魏晉時期的佛教，依附於玄學而為「佛玄」，因為當時的儒學稍衰，玄學當道於社會。更重要的是，在佛典初傳時期，人們無法掌握確切佛義，故以自己所熟悉的思想加以理解。如東晉般若學的六家七宗，即是用玄學以了解佛教般若學的。一直到鳩摩羅什譯出般若經論（如《大智度論》、《中論》、《百論》、《十二門論》）後，其理論才比較接近印度佛教空宗的原意，但主要傳揚者僧肇，也還是接續玄學來講論，再加以發展。

　　佛教流傳中國既久，宗派也漸多。從教義上看，大體可分為「小乘」（早期佛教）和「大乘」（後期佛教）兩大系統。大乘、小乘二學，二者皆以「緣起」為最根本依據，宣揚「精神不滅」和「因果報應」等宗教思想。但仍有差異：小乘以講輪迴報應、天堂地獄為主；大乘則除此之外，兼重哲理的剖析，

〔註9〕此處人名根據下面資料而來：

東晉之初，風教漸廣，王導、庾亮、周顗、謝鯤、桓彝之屬，皆嘗與梵僧尸利密多羅游。（《居士傳・卷一》）

謝安居東山，降心支遁。遁奉詔入禁中，講經會宗，遺言者陋之，安聞而歎守文者陋之，安聞而歎曰：此方九歎之相馬，略元黃、取神駿者也。（《居士傳・卷一》）

至如王羲之、坦之、珣、珉、許詢、習鑿齒，各與緇流，肆皆大率，名言相永，自標遠致而已。（《居士傳・卷一》）

咸康中，庾冰輔政，奏沙門應禮敬王者，下禮官議。何充等以為不宜壞其本法，執奏至三，冰議遂寢。充篤信佛法，飯僧造寺，所費不貲。阮裕嘗謂之曰：卿志大宇宙，勇邁終古，充問其故。裕曰：我圖數千戶郡未得，卿圖作佛，不亦大乎？蓋嘲之也。（《居士傳・卷一》）

充弟準，高尚寡欲，散帶衡門，日誦佛經。其他士大夫，信向雖眾，脩行軌則，罕有聞焉，不得而著也。迨至晉宋之交，始有東林之盛，應化神靈，繼此騰集矣。（《居士傳・卷一》）

渡江以來，則王導、周顗宰輔之冠蓋；王濛、謝尚人倫之羽儀；郗超、王坦之、王恭、王謐，或號絕倫，或稱獨步，韶氣貞情，又為物表；郭文、謝敷、戴逵等，皆置心天人之際，抗身煙霞之間。亡高祖兄弟以清識軌世；王元琳昆弟以才華冠朝，其餘范汪、孫綽、張玄、殷覬，略數十人，靡非時俊。（《弘明集・卷十一》）

東晉哀帝興寧二年十月，沙門竺法潛辭闕還剡山，詔遁繼講法於禁中。一時名士：殷浩、郗超、孫綽、桓彥表、王敬仁、何充、王坦之、袁彥伯並與結方外交，天下想見其其標致矣。（《釋氏稽古略》卷二）

尤其在東晉時期，採取了與玄學結合的形式，因而受到許多玄學家的歡迎和士人的擁護。

小乘流行於西漢至西晉時期，以安世高為始，偏於禪數之學，禪法主養神，目的在於息意去欲。其重要典籍如《安般守意經》、《陰持入經》、《法鏡經》、《六度集經》等；東晉以後則盛行大乘佛教，以東吳支讖為始，偏於般若之學。般若重智慧，主明本，乃能證體達本。重要典籍有《道行般若經》、《首楞嚴》、《維摩經》、《明度經》等。但晉世般若學之興，非僅為南方支謙學說之擴大，其中尤賴北方佛學家之繼續研究。

漢魏時期重要佛教人物多是翻譯家，而兩晉以後則湧現了批以中國學者為主的佛教理論家，即所謂義學沙門。兩晉佛教理論與當時中國流行的玄學相結合，形成頗具中國特色的般若學流派。在北方，以鳩摩羅什為代表的中觀學派，在關中也形成一個傳播中心，培養了一批佛教理論家，企圖呈現印度佛教的原貌，並揭示、分別佛學與魏晉玄學理論的差異。

在南方，由於社會略為安定，慧遠又善於交接官府，弟子遍天下，致使廬山僧團成為江南重要佛教中心，且在全國具有重要地位。更重要的是他的學說在面臨玄、儒衝擊與大小乘宗派矛盾所從事的調和貫通，使得佛教思想得被更多人所接受。

第二節　教育目標——成佛解脫

佛教以「緣起說」作為理論基礎，欲眾生體認人生現象的無常、不真與多苦。佛陀設教，旨在解脫。一則尋求人生的真實，了悟人生皆苦，二則將人生的理想立於斷除現實生活所帶來的種種痛苦，求得解脫。這是佛教各派共同教育目標，至於前一節中所提到大、小乘佛學在教義上的差異，可想而知，它們在教育目標的訂定上，自然也會稍有差異。

在追求的理想上，大乘佛教以成佛為目的；而小乘以「灰身滅智」、成就阿羅漢〔註10〕為最高目標。小乘佛教偏重於個人解脫，大乘佛教則宣揚普渡眾生，致力於一切眾生的解脫。認為每個信徒都是菩薩，必須上求佛道，下化眾生，努力修習菩薩行，以便自度度人，成為幫助芸芸眾生脫離現實苦難

〔註10〕所謂阿羅漢指煩惱已消除，生死已獲解脫，應當值得供養尊敬的聖者。（方立天《佛教哲學》，頁27）

的救世菩薩。小乘佛教則認為：學佛的目的主要在於通過必要的修持和磨鍊，讓個人從自身的苦難解脫出來，斷除煩惱，滅絕生死，成為一位在精神境界上超越現實生活的人。而大乘空宗，則認為應以菩提（覺悟、智慧）為目標。菩提是佛體，眾生只要去掉「無明」，即可進入究竟的世界——涅槃；而普渡眾生的理想，不在於寂滅，而在於永生。〔註11〕

綜合各派看法，儘管意見有異，然其教育的最高目標皆在於教導學生通過必要的修持而追求超脫生死輪迴的涅槃精神境界。這種人生價值的新看法，在中國算是首創。《高僧傳·卷六·慧遠傳》就有「先是中土未有泥洹常住之說，但言壽命長遠而已」的說明。「壽命長遠」當指先秦兩漢以來的神仙道家之說，將人生目的定於成仙延年。像佛教這種以體悟般若智慧，以至涅槃境界〔註12〕，免除輪迴死生，達到永遠解脫的教育目標，中國前此未有。

基於佛教這種特殊的教育目標，故其在探求宇宙人生真實過程中，必然有自成一套的教學方法與修習過程。以下分為教育原理、教育內容、教育方法、學習方法、教育制度等五方面說明。

第三節　教育原理

一、人性與佛性

佛教探求人生之真實，根本目的在於說明人為何能成佛，和如何成佛的問題。這就必然要探討到人是否有成佛的內在根據（佛性），人的本性是善是惡等問題。所以人性問題，是佛教所重視、討論的一個大問題。

魏晉時期，佛教界頗關心佛性問題。「佛性論」的提出，並受到思想界的廣泛重視，其實標誌著玄學本體論向縱深的發展。由本體到心性，是中國認識史上的深化。南北朝時，社會上盛行的佛典主要有：《維摩經》、《法華經》、《涅槃經》、《華嚴經》……，流行的經論則有《攝大乘論》、《十地經論》、

〔註11〕方立天《佛教哲學》，頁 27。
〔註12〕「涅槃之道也，蓋是三乘之所歸，方等之淵府，渺莽希夷，絕視聽之域；幽致虛玄，非群情之所測。……涅槃者，秦言無為，亦名滅度。無為者，取乎虛無寂寞，妙絕於有為；滅度者，言乎大患永滅，超度四流。斯蓋鏡像之所歸。」（僧肇《肇論·涅槃無名論》）

《大乘起信論》……。表面上眾說紛紜，但中心問題不出「心性論」範圍。
〔註 13〕

　　印度佛教普遍認為：人的心性是寂淨的，及所謂心性本寂，強調人有成佛的內在可能性，一般也傾向於人性是善的觀點〔註 14〕。但有的流派認為：有一種人（一闡提）不能成佛，有的流派則主張人人可以成佛。由於受到中國固有思想文化背景的影響，中國佛教特別重視人的本性的探討。中國佛教在晉宋之際，就曾為這個問題展開激烈的辯論。

　　這些佛教心性論中，對中國教育最具啟示作用的是道生的「佛性論」。道生的涅槃佛性說，主張佛性人人本有。他將般若學和涅槃學結合起來，宣揚萬物千差萬別，而本體只一個，且此本體無所不在，此本體即為佛性。

　　一切眾生悉有佛性，如來常住無有變易。（曇無讖譯《大涅槃經》）

　　本有佛性，即是慈念眾生也。（竺道生《大般涅槃經集解·如來性品》）

　　聞一切眾生，皆當作佛。（竺道生《妙法蓮華經疏·譬喻品》）

　　一切眾生莫不是佛，亦皆泥洹。（竺道生《妙法蓮華經疏·見寶塔品》）

　　佛性必生於諸佛。向云我即佛藏，今云佛性即我，互其辭耳。（竺道生《大般涅槃經集解·如來性品》）

佛性說強調眾生所固有的內在質素，佛性本有，故能成佛。並由此推論，一闡提是人，當然也有佛性，故云「一闡提人皆可成佛」。道生說：「雖復受身萬端，而佛性常存。若能計此得者，實為善也。」〔註 15〕佛性本有，為何有作惡多端之人，或無法成佛之情形，其原因何在？

　　若佛性不可得斷，便已有力用。而親在人體，理應可見，何故不自見耶？（竺道生《大般涅槃經集解·師子吼品》）

　　良由眾生，本有佛之見分，但為垢障不現耳。佛為開除，則得成之。（竺道生《妙法蓮華經疏·方便品》）

〔註 13〕余敦康《中國哲學發展史——魏晉南北朝》頁 8。（任繼愈主編，人民出版社，1985）

〔註 14〕《般若經》：「心性本淨，客塵所染。」

〔註 15〕竺道生《大般涅槃經集解·如來性品》。

> 夫真理自然，悟亦冥府；真則無差，悟豈容易？不易之體，為湛然
> 常照，但從迷乖之，事未在我耳。苟能涉求，便反迷歸極，歸極得
> 本。（竺道生《大般涅槃經集解‧序》）

道生認為：人的心性是本來覺悟的，人們只要向內心追求，顯示固有的覺悟，
就成為佛。只因「垢障」，故無法顯現。若欲開除此「垢障」，其憑藉仍然在佛
（法）。人人皆有佛性，成佛也不困難，只要去迷反本，就可以頓悟成佛。這
種人生觀頗具道德教育意義。如何達到？竺道生則從涅槃學說出發，提出
「信」、「悟」問題。

二、漸修與頓悟

關於人們如何把握、體證人生和宇宙的真實，有的佛教學者主張「漸修」，
認為一個人的煩惱障礙很多，必須經過逐漸的修行或甚至累世的修行，才能
證悟。有的佛教學者則主張「頓悟」，認為對真理是頓然覺悟，悟是一切悟。
而魏晉時代也曾為這個主題展開熱烈的爭論。

道生主「頓悟」之說，頓悟說的主旨，是闡發宗教解脫次第和證悟境界
的問題。其間涉及語言文字的作用、日常學習踐履和悟解的關係、真理的完
整性及其把握方式等等，都帶有明顯的認識論意義。當時應同者有謝靈運、
宋文帝等。和道生對立倡「漸悟」義者，有：慧觀、曇無成、僧弼等〔註16〕。
就教育而言，則「頓悟說」影響較大，乃魏晉時期之佛教學者及教育家的所
採行的重要教育原則與方法。

當時道生根據「一闡提人皆有佛性」、「人人皆可成佛」的涅槃學說，進
一步提出「頓悟」的學習原則和方法說。「佛性說」是「頓悟說」的前提與根
據，「頓悟說」則是「佛性說」的方法與步驟。關於此說，他著有〈頓悟成佛
論〉，可惜已失傳。現在我們只能由其經注，窺知大概：

> 夫從惑有身，身必起惑。何由能反？要從師乃悟。而受悟有解，惑則
> 冥伏。冥伏不起，亦名為滅……（道生《大般涅槃經集解‧純陀品》）

一切的煩惱、迷惑，來自擁有這個身軀。如何反其靈明，不起無明之惑？主
要方法在於遵從師傅之引領。能夠真正頓悟，便能解脫世間諸苦，疑惑也跟

〔註16〕道生主「頓悟」之說，應同者有謝靈運、宋文帝等。和道生對立倡「漸悟」
　　　 義者，有慧觀，作〈漸悟論〉；又有曇無成，作〈明漸論〉；還有僧弼等對所
　　　 述設巨難。

著沈冥伏沒，像這樣的境界，也可以稱作「滅」。這一段話，主要在說明頓悟的功用。

> 一念無不知者，始乎大悟時也。以向諸行，終得此事，故以名焉。
>
> 以直心為行初，義極一念而知一切法，不亦是得佛之處乎？（竺道生《妙法蓮華經疏・菩薩品》）
>
> 既悟其義，而據以自疑。以前為本，故云本不見聞也。從不見聞而悟之，則佛土為好淨悉現也。（竺道生《妙法蓮華經疏・佛國品》）

以上兩段則說明「悟」之狀態及其成為「頓」，而非「漸」。悟前、悟後有截然之別。悟是「義極一念」而成。悟前「不見聞佛土好淨」；悟後則「知一切法」、「一念無不知者」、「佛土為好淨悉現」。然而悟前的努力仍不可廢，道生說：「以向諸行，終得此事」，若無以往功夫之累積，就無今日之大悟。

慧達《肇論疏》曾對竺道生區別「漸」、「頓」之論述，加以解說：

> 竺道生法師「大頓悟」云：「夫稱頓者，明理不可分」，悟謂照極。以不二之悟，符不分之理，理智悉稱，謂之頓悟。（慧達《肇論疏》）
>
> 見解名悟，聞解名信。信解非真，悟發信謝。理數自然，如果就自零。悟不自生，必藉信漸。用信偽惑，悟以斷結。悟境停照，信成萬品。（慧達《肇論疏》）

可知「悟」是一種經過神秘直觀所得的覺悟；而「信」是聽來、學來的知識。唯有「信解」才能「伏惑」，二者是頓悟的準備和必要前提。悟發之後就完成認識的飛躍──頓，一次完成對佛性、真如最完備的理解，所以頓悟是「寂鑒微妙，不容階級，一悟頓了，與真理相契無間的豁然大悟」〔註17〕，此刻精神狀態也達到最圓滿的境界。

在此之前，中國傳統思想多認為聖人是不可能達到，也無法通過學習成聖。〔註18〕而中國傳統佛教，則認為佛是可以達到的，但須通過漸習而成〔註19〕。

〔註17〕《中國佛教人物與制度》頁53，黃懺華執筆〈道生〉部分。

〔註18〕孔子及大部分的玄學家，多認為聖人不可學而至。

〔註19〕印度佛教之作為解脫道，十分重視修行的階次。對於修道（踐履）與見道（悟解）都有詳細的規定，架構了一套嚴密的修行次第體系。大小乘各派對於修行次第之論說紛紜；然皆主張漸悟。如大乘佛教宣傳，從發「菩提心」（求道之心）到「初地」（開始進入聖位），要經歷若干大劫。即要經過極其漫長的歲月，循序漸進，不斷積累功德，最後才能成佛。舉具體例子來說，如東晉譯出的《華嚴經・十地品》，注重闡發大乘菩薩的「十地」問題，把成就法身菩薩的聖位

道生頓悟說對儒家之影響及其價值，可引湯用彤先生的一段話來說明：

> 自生公以後，超凡入聖，當下即是，不須遠求。因而玄遠之學乃轉
> 一新方向。由禪宗而下接宋明理學，此中雖經過久長，然生公立此
> 新意，實此變遷之大關鍵也。康樂（謝靈運）承生公之說，作〈辨
> 宗論〉，提示當時學說二大傳統不同，而指明新論乃二說之調和，其
> 作用不啻在宣告聖人之可至。而為伊川謂「學乃以至聖人」學說之
> 先河。則此論在歷史上，有甚重要之意義，亦可知矣。〔註20〕

雖然「頓悟」之法，帶有些許神秘性，但就教育上看，不失為一種具積極意義
的教學原則和方法。不管知識的累積或道德的培養，皆可透過「信」、「漸」到
「頓悟」的過程充分完成，對宋明理學的教學法的發展，貢獻實多。

第四節　教育內容——方外之教

從魏晉開始，佛教教育隨著其勢力的日益深固而日趨完備。從教法到教
材，皆有一定的發展。而且對傳統儒家教育產生相當的影響。教材方面：

佛家的教育內容，主要為三藏十二部經典。三藏，指佛典的經、律、論
而言；十二部，指佛經的內容而言，計有：契經、應頌、孤起、因緣、本事、
本生、無比法、譬喻、論議、自說、方廣（方等）和授記十二個項目〔註21〕。
簡言之，以其宗教經典為主。

佛教站在宗教教育之立場，對於方內儒教之治學方法與內容方面，也有
批評：

> 揩文之徒，……儒墨大道，欲定聖人。志局文句，詁教難權。謂崇
> 要以達諒，領統為傷宗；須徵驗以明實，效應則疑伏。……今不可
> 趣徵於一驗，目之為淳德；效喪於事實，謂之常人，而未達神化之
> 權。（支道林）

（初地）之後，又分為十種階次。對於十地的內容中國佛教學者的意見各有不
同，支道林認為十地是漸悟過程，持這種看法得還有道安、慧遠、僧肇等重要
僧人。並多主張修行者達到七地，就徹底悟證真如、實相的全體真理。像這種
主張，被後人稱之為「小頓悟」說。竺道生的「頓悟成佛說」，主要反對「漸悟
說」，也旁及批評小頓悟說，被稱為「大頓悟」說。成為當時佛教領域的驚世
駭俗之論，引起時人的強烈反響。（參考方立天《佛教哲學》，洪葉文化，民83）

〔註20〕湯用彤〈謝靈運辨宗書論後〉，《魏晉玄學論稿》頁124。

〔註21〕羅錦堂先生〈佛典中的觀與念〉注一，中國文哲研究集刊二。

徵驗、效應雖是一般世俗求真實之法，然而，對於「神化」之事，未可以儒墨聖人為一切真理標準，更不要為文句（儒家經典）所局限。因而對於佛之教化、權變（方便）加以詰難；一驗可徵，以為淳德；無事實之效驗，就否定神化之權，而視為凡常之人。這是支道林對於「一般認識」之批評。

> 《書》稱知遠，不出唐、虞；《春秋》屬辭，盡於王業；《禮》《樂》
> 之良敬；《詩》《易》之溫潔。今於無窮之中，煥三千日月以列照，
> 麗萬二千天下以貞觀。乃知周、孔所述，蓋於蠻觸之域，應求治之
> 粗感，且寧乏於一生之內耳。逸乎生表者，存而未論也。若不然也，
> 何其篤於為始形，而略於為神哉？登蒙山而小魯，登太山而小天下，
> 是其際矣。（宗炳〈明佛論〉）

宗炳歷舉六經長短，然而皆有圈限，《書》雖載事久遠，止於唐虞；《春秋》所記，皆為王業；《禮》《樂》《詩》《易》各有其用。今跳開時空，以無窮眼光來觀照，則可知「周、孔所述，蓋於蠻觸之域」，他們所論述的，只是為了因應當時之求治而提出的一些「粗感」，且所述只以一生為限。超乎一生之外，或逸於現實之事，分明實存之事，卻未加討論。所以周孔只是專力於始形而疏略為神。「登蒙山而小魯，登太山而小天下」的態度，大約是他們唯一所能領悟的邊際吧！（對於未知之事，始至之，方知向者之小拘）這是對於儒家教育內容的有限，提出批評。以為儒家教育之內容，只侷促在生表，為神之事，存而不論，實其短處。

> 且又墳、典已逸，俗儒所編，專在治跡。言有出於世表，或散沒於
> 史策，或絕滅於坑焚。若老子、莊子之道，松、喬、列、真之術，
> 信可以洗心養身，而亦接無取於六經。而學者唯守救粗之闕文，以
> 書、禮為限斷，聞窮神積劫之遠化，炫目前而永忽，不亦悲夫！（宗
> 炳〈明佛論〉）

宗炳知道儒者好以經典為立言行事根據，因而再針對六經之闕，加以說明。他認為今存墳典，為俗儒所編，故未載聖人精華，而僅錄其治跡。事實上，聖人之言，本有出於世表者，然「或散沒於史策，或絕滅於坑焚」，今存六經，實有殘損，不足以據之。他又舉老子、莊子之道，松、喬、列、真之術之佳處——可以洗心養身，然而非取於六經之內容。意即六經有限，天下之美，未必六經皆含，這是對當時儒者及一般人之盲信經典，尊崇六經所提出的批評。也只要推翻世事以六經為限的錯誤，佛教之超凡無時方有立足之處。

魏晉初傳的佛教，多運用中國文字、思想作為傳達佛教思想的工具，並不能算是真正屬於佛家的思想。若論中國佛教正式有本身獨立的思想，那是東晉以後的事。籠統來說，佛教對當時教育內容較具影響者，約有兩端：

一、般若出世理論──入世與出世

魏晉時代，我國流行的佛學有兩大系統：一為禪數學；一二為般若學。前者屬於小乘佛教，後者為大乘佛教。佛教初傳，小乘禪數之學較盛，至兩晉時期則盛行般若學說，其重要經典是《般若經》，屬佛教大乘空宗的中心內容。般若學說的傳播，對魏晉時期的教育，產生深刻影響。

漢末以降，由於儒家禮教對於亂世束手無策，使得人們對其效能產生質疑。相對的，對儒家長久以來所宣揚的「格致正誠、修齊治平」〔註22〕、「死生有命，富貴在天」〔註23〕，不可「犯上作亂」〔註24〕的說法，已普遍動搖。其時雖有玄學清談興起，但無法使人們心靈得到徹底的寄託〔註25〕，因此，以般若學為中心的大乘空宗佛教學說大行。

> 功託有無，度名所以立；照本靜末，慧目以之生。（僧叡《大品經序》）

「度」指智度，也就是般若。般若之名得以立，是因為把作用寄託在有無上。意即認識到現象是有，本性是無，就算得到般若智慧。由於認識到本是寂靜，從而認識到末的本性也是靜的，這就有了般若智慧。

> 如說我等，畢竟不生，但有假名，都無自性。諸法亦爾，但有假名，都無自性。何者是色？既不可取，亦不可生。何等是受、想、行、識？既不可取，亦不可生。（《大般若經·卷556》）

〔註22〕《大學》。

〔註23〕《論語·顏回》。

〔註24〕《論語·學而》。

〔註25〕魏晉時代，社會動亂，人民生活不得安寧，人們又無法擺脫這一困境。這樣的亂世現實背景，人民有寄心之需要。而玄學志在解決「本末有無」問題，人生問題皆以順世、安命、任其自然處之。如此並不能滿足人們心靈欲求。所以東晉玄學的代表作《列子》張湛，已不同於前面玄學著作，《列子》書作者（魏晉人）開始試圖解決生死超脫的問題，然亦是借佛家之說以立論。張湛《列子注·序》云：「然所明，往往佛經相參，大歸同於老莊，屬辭引類，特與莊子相似。」

般若空宗認為：人們皆執著認為「有我」，殊不知所謂我，只不過是色、受、想、行、識五蘊積聚而成。如果離開五蘊，我又何在？所以我不過是個假設的名稱，本無自性。不僅如此，萬法皆然：

> 眾因緣生法，我說即是空，亦為是假名，亦是中道義。（《中論・觀四諦品》）

一切事物都是因緣所生，所以無自性。就無自性說，故是「空」。但事物雖無自性，世界上畢竟有千差萬別的種種現象，所以方便起見，故給以假設的名稱。

般若學宣揚出世理論，論證具體物質世界的虛幻不真，要求人們看破紅塵，不要枉費精力追逐一切世俗的知識、了解現實的社會，而要做到四大皆空，徹底解脫的菩薩。

這種教育思想，與漢末、永嘉大動亂密切相關，從悲觀主義與混世主義二方面滿足了人們的精神需求，普遍形成人們出世的人生觀，對現實生活中的苦難和不合理，便較能逆來順受。

就哲學思想發展的角度來看：般若空宗作為一種思辨哲學，從思維水平來看（即對於「有無」關係的分析），它運用分析矛盾的方法，提出非有非無的思想。雖與王弼、郭象皆為唯心主義，但其理論思維水平，無疑有超出王、郭之處。僧肇的〈不真空論〉，雖是接著王、郭玄學講的，但確實比較符合般若空宗的原意。僧肇吸收了般若空宗的理論和方法，理論思維上確比王郭高明。湯一介先生說：

> 照我們看：中國傳統哲學中的唯心主義，經過般若學的洗禮之後，真正有影響、有意義的哲學體系——造物主（如天、帝或創造天地萬物的精神實體）等學說不再佔據重要地位。而抽象概念，比如：理、天理、道等等作為第一性，由他們來決定天地萬物的存在與生化；或將心作為第一性，認為心即裡、理具於心，天地萬物之理都在心中等等。這樣，唯心主義得到發展，成為中國傳統唯心主義哲學的基本形式，宋明理學，無論是程朱，還是陸王，皆是如此。（湯一介《郭象與魏晉玄學》，頁 103）

所以般若學對儒家教育的影響，主要有兩方面，一是人生觀方面；二是思辨方法的發展。

二、因果報應及三世輪迴說

　　原始儒家如孔子，在教學內容中，宗教成分極少，也不願意談論鬼神和死後的問題，顯示了他對宗教的冷淡態度。靈魂輪迴之說，中國並不發達。一般認為，死則死矣，無所謂轉世。如楊泉認為：「人含氣而生，精盡而死。死猶澌也，滅也。譬如火焉，薪盡而火滅，則無光矣。故滅火之餘，無遺炎矣。人死之後，無遺魂矣」〔註26〕。不過先秦諸子中，也有極少部分著作中，反映出近似輪迴觀念者，如《莊子·至樂篇》以氣之變化（如聚散）來解釋生死流轉現象；又文末一段「種有機？」的敘述中，粗具生命可在不同形軀流轉之觀念〔註27〕。

　　至於「因果報應說」，中國古籍似乎有片斷的記載，然未成體系。孫皓問「佛教善惡報應說」，康僧會回答：《易》稱積善餘慶，《詩》詠求福不回，雖儒典之格言，即佛教之明訓」〔註28〕。除了《易經》與《詩經》外，《老子》書也有「天道無親，常與善人」之說。然而恐怕是出於一種人格天（神）「賞善罰惡」的觀念及現實生活歸納所得。然而對於善人無善報，惡人卻福壽的情形，則無法解釋，像司馬遷就曾經為此質疑〔註29〕。

〔註26〕《物理論》。

〔註27〕「生也死之徒，死也生之始，孰知其紀！人之生，氣之聚也；聚則為生，散則為死。若死生為徒，吾又何患！故萬物一也，是其所美者為神奇，其所惡者為臭腐；臭腐復化為神奇，神奇復化為臭腐。故曰：『通天下一氣耳。』聖人故貴一。」（《莊子·知北游》）

「察其始而本無生，非徒無生也而本無形，非徒無形也而本無氣。雜乎芒芴之間，變而有氣，氣變而有形，形變而有生，今又變而之死，是相與為春秋冬夏四時行也。」（《莊子·至樂》）

「彼方且與造物者為人，而遊乎天地之一氣。彼以生為附贅縣疣，以死為決疣潰癰，夫若然者，又惡知死生先後之所在！假於異物，託於同體；忘其肝膽，遺其耳目；反覆終始，不知端倪；芒然彷徨乎塵垢之外，逍遙乎無為之業。」（《莊子·大宗師》）

「種有幾？得水則為㡭，得水土之際則為蛙蠙之衣，生於陵屯則為陵舄，陵舄得鬱棲則為烏足。烏足之根為蠐螬，其葉為蝴蝶。蝴蝶胥也化而為蟲，生於灶下，其狀若脫，其名為鴝掇。鴝掇千日為鳥，其名為乾餘骨。乾餘骨之沫為斯彌，斯彌為食醯。頤輅生乎食醯，黃軦生乎九猷，瞀芮生乎腐蠸。羊奚比乎不筍，久竹生青寧，青寧生程，程生馬，馬生人，人又反入於機。萬物皆出於機，皆入於機。」（《莊子·至樂》）

〔註28〕《高僧傳·卷一·康僧會》。

〔註29〕《史記·伯夷叔齊列傳》。

　　而佛教則提出所謂的「因果報應」及「三世輪迴」之說。因果報應是佛教關於人生本質、價值和命運的基本理論；也是佛教對民眾吸引力和影響力最大的理論，更是得以在民間廣泛而持久流傳的思想支柱。東晉時，慧遠曾作〈三報論〉和〈明報應論〉，把印度佛教業報輪迴思想和中國有關的傳統迷信結合起來，宣揚人有身（行動）、口（說話）、意（思想）三業；業有現報、生報（下世受報）和後報（在長遠的轉世中受報）三報；生有前生、今生和後生三生。

　　　　經說業有三報：一曰現報；二曰生報；三曰後報。現報者，善惡生
　　　　始此生，即此身受；生報者，來生便受；後報者，或經二生三生，
　　　　百生千生，然後乃受。受之無主，必由於心；心無定司，感事而應；
　　　　應有遲速，故報有先後。先後雖異，咸隨所遇而為對；對有強弱，
　　　　故輕重不同，斯乃自然之賞罰，三報之大略也。（慧遠〈三報論〉）

佛教將人生分為「三世」，即前世、今世、後世。人的不同善惡行為分別在三世中得到不同的報應。這就是所謂的「三報」。人的善惡行為早晚要得到報應，「善有善報，惡有惡報；不是不報，時候未到」。今生的果，是前世種下的因；今生種下的因，必定結下來世的果。因果相互聯繫，相互報應，構成輪迴。

　　因此，佛教否定儒家的「天命說」，不同意天命由外主宰人的命運，強調由自己的行為決定自己的命運。前世善惡，造成今日的貴賤窮達；今世行善，來世將不再受苦。所以平日即要樂善好施，諸惡莫作，以期來世善報。

　　漢魏佛教傳播地區有限，信仰人數也有限，多屬上層貴族。時人多以之與黃老並觀。西晉以後，戰爭連年，給百姓帶來無窮災難。佛教宣傳因果報應，戒殺生。對飽受苦難的下層群眾而言，也從中得到精神安慰與來世幸福的許諾，因此佛教漸漸滲入傳統教教育之中，成為社會教育之一部分，也對穩定當時的人心起過作用。

　　就佛家本身而言，他們也多將教化視為己分，致力風俗之澄善。道安曾謂徒眾：「教化之體，宜令廣布。」[註30] 慧遠說：「稱沙門者何耶？謂能發朦俗之幽昏，啟化表之玄路。方將以兼忘之道，與天下同往。使希高者，挹其遺風；漱流者，味其餘津。若然，雖大業未就，觀其超步之跡，所悟固以弘矣。」而在位者，對於佛教的教化作用，亦多持肯定立場。如劉宋・何尚之曾說：「慧遠法師嘗云：『釋氏之化，無所不可。適道固自教源，濟俗亦為要務。』

[註30]《高僧傳・卷五・釋道安》。

竊尋此說，有契理奧。若使家家持戒，則一國息刑。故佛澄適趙，二石減暴；
靈塔放光，苻健損虐。故神道助教，有自來矣」〔註31〕。至於佛教之化民，
〈表二十三〉可讓我們有一個粗略了解。

表二十三 〈名僧對社教之影響舉例〉

名 僧	對社教之影響	資料來源
釋道安	安後於太行恆山創立寺塔，改服從化者，中分河北。時武邑太守盧歆，聞安清秀，使沙門敏見苦要之。安辭不獲免，乃受請開講。名實既符，道俗欣恭。	高僧傳・釋道安
釋僧弼	後南居楚郢十有餘年，訓誘經戒，大化江表。河西王沮渠、蒙遜，遠挹風名，遣使通敬，親遺相續。後下都止彭城寺，文皇器重，每延講說。	高僧傳・釋僧弼
釋慧觀	釋慧觀……於彼（荊州）立高悝寺，使夫荊楚之民，迴邪歸正者，十有其半。	高僧傳・釋慧觀
釋寶雲	山多荒民，俗好草竊。雲說法教誘，多有改悟。禮事供養，十室而九。	高僧傳・釋寶雲
曇摩蜜多	東境舊俗，多趨巫祝，及妙化所移，比屋歸正，自西徂東，無思不服。	高僧傳・曇摩蜜多
釋道儒	凡所之造，皆勸人改惡修善。遠近宗奉，遂成導師。	高僧傳・釋道儒
竺法崇	終身寫譯，勞不告倦。經法所以廣流中華者，護之力也。……寺於長安青門外，精勤行道。於是德化遐布，聲蓋四遠，僧徒數千，咸所宗事。……護世居燉煌，而化道周給，時人咸謂「燉煌菩薩」。	高僧傳・竺法崇
曇摩耶舍	耶舍後南遊江陵，止於辛寺，大弘禪法。其有味靜之賓、披榛而至者，三百餘人。凡士庶造者，雖先無信心，見皆敬悅。	高僧傳・曇摩耶舍
竺僧輔	少持戒行，執志貞苦，學通諸論，兼善經法，道振伊洛，一都宗事。	高僧傳・竺僧輔

　　釋寶雲正民草竊之俗；釋道儒勸人改惡修善；釋慧觀使民迴邪歸正；曇
摩蜜多改民巫祝之俗……，可見其化民正善之功。而其影響之廣遠，更為亂
世擔起教化之任。道安之化，中分河北；僧弼大化江表；慧觀化民，十有其
四；寶雲教誘，十室而九；而曇摩蜜多所至之處，比室歸正……。足見亂世之
中，社會大眾的教育，遂漸為宗教家所分掌，南北朝尤然。

〔註31〕《高僧傳・卷七・釋慧嚴》。

三、佛儒之爭與融和

　　佛教初傳時期，往往被視為中國傳統神仙方術的一種，並未受到重視。後來則藉著依附玄學而慢慢發展起來。在漢魏之際及三國時期，儒佛之間的矛盾衝突並不明顯。至兩晉、南北朝時期，隨著佛教勢力的發展、僧徒組織的擴大、佛教寺院的激增，終於使儒佛之間發生排斥與論爭。

　　這種論爭乃起於兩家對於人生社會看法的根本不同。儒家重人事、重現實；佛教重解脫、重出世。佛教對人生社會的主張極其倫理道德觀念的流布，勢必對儒家的倫理觀念造成一種瓦解的作用，從而危及儒家的社會理想結構。所以儒家不斷從倫理道德角度發起對佛家的批評與攻擊。

　　最初的衝突較局限於政治、倫理和風俗習尚的爭論。如：「沙門不敬王者論」〔註32〕、「孝道論」〔註33〕、「袒服論」〔註34〕、「夷夏論」〔註35〕……；

〔註32〕參與這場論爭者有：何充、褚翌、諸葛恢、馮懷、謝廣、、庾冰等人；其後桓玄、慧遠、王謐又提出沙門應否禮敬王者問題。因此慧遠乃著《沙門不敬王者論》，凡有五篇：「一曰：在家奉法，則是順化之民。情未變俗，跡同方內。故有天屬之愛，奉主之禮；禮敬有本，遂因之以成教。二曰：出家。謂出家者，能遁世以求其志，變俗以達其道。變俗則服章不得與世同禮；遁世則宜高尚其跡。夫然，故能拯溺俗於沈流，拔玄根於重劫。遠通三乘之津，近開人天之路。如令一夫全德，則道洽六親，澤流天下。雖不處王侯之位，固已協契皇極，在宥生民矣。是故內乖天屬之重，而不違其孝；外闕奉主之恭，而不失其敬也。三曰：求宗不順化。謂反本求宗者，不以生累其神。超落塵封者，不以情累其生。不以情累其生，則其生可滅；不以生累其神，則其神可冥。冥神絕境，故謂之泥洹。故沙門雖禮抗萬乘，高尚其事，不爵王侯，而沾其惠者也。四曰：體極不兼應。謂如來之與周孔，發致雖殊，潛相影響；出處誠異，終期必同。故雖曰道殊，所歸一也。不兼應者，物不能兼愛也。五曰：形盡神不滅。謂識神馳騖，隨行東西也。此是論之大意。自是沙門得全方外之跡。」（《高僧傳‧卷六‧慧遠傳》）

〔註33〕儒者反對佛教削髮、不婚娶，認為違背孝道。牟子則從儒家典籍加以駁證：「先王有至德要道，而泰伯短髮紋身；自從吳越之俗，違於身體髮膚之義。然孔子稱之，其可謂至德矣。仲尼不以其短髮毀之也。苟有大德，不拘於小。沙門捐家財、棄妻子，不聽音，不視色，可謂讓之至也。何謂聖語不合孝乎？」另外，孫綽《喻道論》也曾討論過這個問題。

〔註34〕我國儒家禮制一向重視服飾，藉以體現等級差別。沙門袒服，與儒家禮制相異，被視為滅棄常理。遠在牟子時代，便作〈理惑論〉討論這個問題。後來，東晉時，何無忌撰〈難袒服論〉以非佛。慧遠則作〈沙門袒服論〉與〈答何鎮南書〉以答之。

〔註35〕牟子〈理惑論〉便已涉及，後來佛、道（教）二教分流，而夷夏之爭乃起。劉宋年間，顧歡站在道教立場，批判佛教為夷，僧佑又論證「華夷無別」。

後來逐漸深入到思想上面，如「佛道本末」〔註36〕、「神不滅」〔註37〕等問題。

　　佛儒之爭乃是儒家第一次和外來文化接觸所發生的矛盾和衝突，爭論的結果，似乎是佛教取得了勝利。但實質上，二者的每一次交鋒，都不同程度的導致佛儒在思想上的一步步融合。早在漢末之牟子，及三國時的康僧會以及東晉的慧遠，都在某種程度上，排除佛儒之對立。牟子《理惑論》說：「道之言，導也，導人至於無為……立事不失道德……人道法五常（仁、義、禮、智、信）。」康僧會《六度集經》說：「儒典之格言，即佛教之明訓也……以佛明法，正心治國。」另外，康僧會更援儒入佛，以孟子仁政附會佛教的仁道：「則天行仁，無殘民命；無苟貪，困黎庶；尊老若親，愛民若子；慎修佛戒，守道以死。諸佛以仁為三界上寶。吾寧殞軀命，不去仁道也。」〔註38〕而慧遠在〈沙門不敬王者論〉中，雖盡力保全方外之跡，然對儒家則不刻意與之對立。他說：「道法之與名教，如來之與周孔，發致雖殊，潛相影響；出處誠異，終期則同」〔註39〕，「內乖天屬之重而不違其孝，外缺奉主之恭而不失其敬」〔註40〕。

〔註36〕遠在牟子時代，便作〈理惑論〉討論這個問題，康僧會也有論點、此後，孫綽〈喻道論〉、《弘明集・卷1》的〈正誣論〉（撰者未詳）也針對佛儒本末，加以討論。也對中國士人造成影響，如王晞、謝靈運。
　　　　度答（妻）書曰：「夫事君以治一國，未若弘道以濟萬邦；事親以成一家，未若弘道以濟三界。」（《高僧傳・卷四・竺僧度（王晞）》）
　　　　范泰謝靈運常言：六經典文，本在濟俗為治；必求靈性真奧，豈得不以佛經為指南耶？（《高僧傳・釋慧嚴》）
〔註37〕為了肯定因果報應及三世輪迴，必然導致「靈魂不滅」的觀點，承認有一個可以永遠不滅、接受報應、進行輪迴的靈魂存在。此論在整個佛教學說中佔有非常重要的地位。中國古代已有「有神論」之說，然而與「神不滅論」並不相同。漢魏時代，佛教是作為當時的一種道術而傳播的。而道術在當時所包含之內容甚廣（如：黃老之學、方士之術等皆是）。當時佛教所講的主要內容是靈魂不死、因果報應之類。袁宏《後漢紀》說：「又以為人死，精神不滅，隨復受形。生時所行善惡，皆有報應。故所貴行善修道，以煉精神而不已。以至於無為，而得為佛也。」修佛者，多主「神不滅論」。而中國士人涉及此項論爭，而有著述者，如：鄭鮮之〈神不滅論〉、蕭琛〈難范縝神滅論〉、曹思文〈難范縝神滅論〉、〈大梁皇帝敕答臣下神滅論〉、反對者則以范縝最有名，作〈神滅論〉以拒眾人。
〔註38〕《六度集經》。
〔註39〕慧遠〈沙門不敬王者論〉。
〔註40〕慧遠〈答桓玄書〉。

由上可知：佛教教義中也滲入孝親、忠君的思想，只是表現形式不同而已，皆有助社會與名教的鞏固，且與儒家思想不悖。魏晉佛教經學實質上是一種儒道佛相混的經學。

由於佛學流傳廣遠，久之，乃進入中國學術之列。在教育內容方面，進入玄談，並列國學。南朝儒者，修習者眾，因而講經說教時，佛理亦列其間。趙翼《二十二史札記》說：「當時雖從事於經義，亦皆口耳之學，開堂升座，以才辯相爭勝；與晉人玄談無異，特所談者不同耳。況梁時所談，亦不專講五經。……《五經》之外，仍不廢《老》《莊》，且又增佛義。」〔註41〕

至於集中闡述二教一體思想是《顏氏家訓‧歸心篇》。佛儒兩家的矛盾，至隋朝之前已有明顯變化。出現了「以儒治國，以佛治心」的分工理論。上至帝王，下至黎民，都或多或少的利用佛教解脫內心的苦悶，認為佛教是醫治精神創傷的良藥。當時與顏之推相伯仲的還有蕭宣慈的《歸心論》三卷，又有李氏《歸心錄》等等〔註42〕。

第五節　教學方法

佛教成為一個獨立的宗教及學術團體，自有其一套教育系統。如何達到並發揮最佳教學效果，則有賴於施教者採行的教學方法。《高僧傳‧僧叡傳》載：「既蒙（鳩摩羅什）啟授，乃知學有成準，法有成條。……無師，道終不成。」又道生也說：「夫從惑有身，身必起惑。何由能反？要從師乃悟。」〔註43〕可知，佛教中，對於老師是相當敬重的。

佛家和儒家一樣，在最初講學過程中，大多採用口傳記誦的問學方式。但隨著兩家教育的各自發展，衍生出一些彼此相異或相似的作法。相異之處，為中國教育添入新血；相似之處，有儒家本有，繼之沒落，而後由佛家予以發揚復盛者；亦有魏晉時代社會習尚所染，而二家同採者。以下略論之。

一、譯經講學（宣譯）

口授佛經本是印度佛教教學的傳統方法，因為在西元前一世紀時，佛典尚未有成文的記載，全憑口頭傳誦。這與西漢太學從師口授的方法相契。

〔註41〕趙翼《二十二史札記‧卷八》。
〔註42〕《法苑珠林》卷63，119。
〔註43〕道生《大般涅槃經集解‧純陀品》。

佛教初傳時期，佛典未譯，故仍以口授為主。早期譯經工作是外來僧人、
居士與漢人合作完成。一般情形是外來僧人、居士擔任口授，由華人筆記。
如：

> 光和三年，於雒陽出《般若三昧》，讖為傳言；河南洛陽孟福、張蓮
> 筆受。（《高僧傳·卷一·支樓迦讖》）

> 玄與沙門嚴佛調，共出《法鏡經》。玄口譯梵文，佛調筆受。理得音
> 正，盡經微旨，郢匠之美，見述後代。安公稱佛調出經，省而不煩，
> 全本巧妙。（《高僧傳·卷一·安玄》）

> 即以弘始十二年譯出《四分律》，凡四十四卷，並出《長阿含》等。
> 涼州沙門竺佛念譯為秦言，道含筆受，至十五年解座。（《高僧傳·
> 卷二·佛陀耶舍》）

支讖將梵文口譯為漢文，孟福、張蓮則加以記錄；或者，口譯、筆受皆為沙
門，如上面安玄與嚴佛調例。這也是初期的譯經形式，規模較小，經義往往
只是一家之說。

但因佛經是口誦而出，辭約義博，又存著文化差異與語言的隔閡，故須
加以必要的解說，進而產生邊譯邊解說的方式；而後譯經，有多人共譯之情
況。若對經義有歧見疑義，則共同研討、論辯以徵決。譯經時，往往容許徒眾
聽講，亦成為中國佛教教育最初的教學形式：

> 先是沙門支法領於于闐得《華嚴》，前分三萬六千偈，未有宣譯。到
> 義熙十四年，吳郡孟顗、右衛將軍褚叔度，即請（覺）賢為譯匠。
> 乃手執梵文，共沙門法業、慧義、慧嚴等百有餘人，於道場譯出。
> 詮定文旨，會通華梵，妙得經意。（《高僧傳·卷二·佛陀跋陀羅（覺
> 賢）》）

> 於時羅什出《十住經》，一月餘日，疑難猶豫，尚未操筆。耶舍既至，
> 共相徵決，辭理方定。道俗三千餘人，皆歡其當要。（《高僧傳·卷
> 二·佛陀耶舍》）

覺賢譯經，規模盛大得多。同沙門百餘人共譯，並詮定文旨，故能妙得經意。
羅什譯經，疑難猶豫，幸有耶舍既至，共相徵決，辭理方定，知多人譯經之
長。「道俗三千餘人，皆歡其當要」，知其譯經，多有旁聽共與之生徒，是譯
經，也是講學。而諸生徒若有疑義，亦可在座下發問論難：

> 時沙門惠嵩、道朗獨步河西，值其宣出經藏，深相推重。轉易梵文，
> 嵩公筆受，道俗數百人。疑難縱橫，識臨機釋滯，清辯若流，兼富
> 於文藻，辭製高密。（《高僧傳・卷二・曇無讖》）

　　以上譯經，多從口授，譯經以講學，講學以譯經，這種口授的教學方法
和中國太學教學方式有部分相合，也形成「口授實錄」的中國早期佛教教育
的基本特徵。

　　新譯佛經，擴充了佛教教學內容；而宣講新譯佛經，也成為重要的佛教
活動，以廣教化。

> 大將軍常山公顯、左將軍安城侯嵩，並篤信緣業，屢請什於長安大
> 寺講說新經。續出《小品金剛般若》、《十住》、《法華》、《維摩》、《思
> 益》、《首楞》、《嚴持世》、《佛藏》、《菩薩藏》、《遺教》、《菩提無行》、
> 《呵欲自在王》、《因緣觀》、《小無量壽》、《新賢劫》、《禪經》、《禪
> 法要》、《禪要解》、《彌勒成佛》、《彌勒下生》、《十誦律》、《十誦戒
> 本》、《菩薩戒本》、《釋成實》、《中》、《百》、《十二門》諸論，凡三
> 百餘卷。並暢顯神源，揮發幽致，於時四方義士，萬里必集。（《高
> 僧傳・卷二・鳩摩羅什》）

> 興引見欣重，來入逍遙園，參正詳譯。因請什出菩薩戒本，今行於
> 世。後譯《中論》，始得兩卷，融便就講，預貫終始。……什又命融
> 講《新法華》。（《高僧傳・卷二・鳩摩羅什》）

> 竺叔蘭初譯《放光經》，龍既素樂無相，即得批閱，旬有餘日，便就
> 開講。（《高僧傳・卷四・支孝龍》）

> 羅什新出諸經，虔志存敷顯，宣揚德教，以遠公在山，足紐振玄風，
> 虔乃東遊吳越，矚地弘法。以晉義熙之初，投山陰嘉祥寺，克己導
> 物，苦身帥眾。……凡諸新經，皆書寫講說。（《高僧傳・卷五・釋
> 慧虔》）

以上諸例，皆在佛經譯出之後，公開宣講，以廣流傳；也可謂為譯經之後的
副產品。宣講新出佛經，則為正式之教學活動。至於講經過程，則有一套固
定之形式。

二、格義釋經

　　佛教初傳，未在本土生根，尤其未在上層及學術層生根。佛教若欲發展，

希望獲得貴族知識分子的承認，只有藉中國固有學術來詮釋，並藉當時流行的方式來傳播。比如在當時的佛教教學中，大量採用一種「格義」的方法來說經。

所謂格義即「以經中事數，擬配外書，為生解之例，謂之格義。」即用中國原有經典中的經義和典故來比配佛經中的道理，以便於中國信徒的理解與接受。就魏晉而言，格義，便是用中國傳統思想——主要是老莊玄學的概念、名詞及思想去比附、解釋佛經義理。

其實早在漢末，即有格義之法，只是無其名。漢末，佛教在道家思想影響下，佛經中的譯語往往借用其名義而成。如初譯佛經時，曾把「禪定」譯為「守一」。在嚴佛調譯《菩薩內習六波羅密經》，將「禪定波羅密」，譯為「守一得度」。另外支讖譯《道行般若》用「自然」來解釋「本無」、「性空」之一切自然。〈般若〉〈勸助品〉曰：「知佛功德，所生自然」。亦是借用道家語言以釋經。到了晉代為使佛教深入廣泛傳播及因應時代的要求（玄學），在道安時期，佛教講學使用格義之法，最為普遍。其中以竺法雅、康法朗、道安等人最善於以此法教學：

> 竺法雅少善外學，長通佛義，衣冠士子，咸附諮稟。時依雅門徒，並世典有功，未善佛理，雅乃與康法朗等，以經中事數，擬配外書，為生解之例，謂之格義。及毘浮曇相等，亦辯格義以訓門徒。雅風采灑落，善於樞機，外典佛經，遞相講說，與道安、法汰，每披釋湊疑，共盡經要。（《高僧傳·竺法雅》）

上面資料，首先提到竺法雅「少善外學」，長通佛義。若無外學基礎，則使用「格義」無從使力。像當時的佛師，為培養徒弟研讀佛經之能力，往往也從外典的學習開始。如釋道融「十二出家，厥師愛其神，先令外學。往村借《論語》，竟不齎歸，於彼已誦。師更借本覆之，不遺一字。既而嗟異之，於是恣其遊學。」〔註44〕即是一個明例。而法雅門徒，並世典有功，未善佛理。就法雅用他們熟悉的舊經驗來比配學生才剛接觸的佛義，這也是很自然的現象，也合乎教育學上所謂「類化」的原則。新經驗與舊經驗越近似，則理解越快也越深入。

不過外典與佛書，終究屬於兩個不同體系的思想。隨著對佛學的進一步深入研究，佛學和玄學才逐漸劃清了界限。當時道安便已對格義講經的方式提出反對，主要基於保持佛學思想的純正的立場而發：

〔註44〕《高僧傳·卷六·釋道融》。

> 安曰：「先舊格義，于理多違。」光曰：「且當分析逍遙，何容是非
> 先達？」安曰：「弘贊理教，宜令允愜。法鼓競鳴何先何後？（《高
> 僧傳・卷五・釋僧光》）

道安本來也是格義的使用者，然後來已有自覺。認為格義之法，「于理多違」，
「弘贊理教，宜令允愜」，不該使用外典之義令佛義多歧。另外鳩摩羅什也說
過：「自大法東被，始於漢明；涉歷魏晉，經論漸多，而支、竺所出，多滯文
格義。」格義與滯文並舉，表示皆為羅什所非。〔註45〕

不過，若不從義理研究角度看待，而純粹從教育教學立場來看，格義之
法並非無用。對於初學者使用之，可使生徒不至畏難，漸入佛理之中，待其
入門，則此法可免。像下面這個例子便是很好的說明：

> 年二十四，便就講說。嘗有客聽講，難「實相義」，往復移時，彌增
> 疑昧。遠乃引《莊子》義為連類，於惑者曉然。是後安公特聽慧遠
> 不廢俗書。（《高僧傳・卷六・釋慧遠》）

聽講之客，疑昧不解，經慧遠引外典以連類，惑者方曉，知格義連類在教學
上確有其作用。

佛家用格義比附的作法，後來對儒家也產生不少的影響。如竺法雅曾把
「五戒」比「五常」；而後有顏之推把「仁、義、禮、智、信」比作佛教「五
戒」，可為說明。也為會通儒佛者，提示一條道路。

三、宣講──設座唱導

此處的宣講，指佛家在講經時所進行整套教學程序而言。大約包括「上
座」、「發題」、「講經」、「論難」等步驟，至於宗教程序如禮拜、梵唄〔註46〕、
歌贊等，此處不論。

（一）行禮而上座

法師講學時，須升高座，並須禮敬三寶，此佛典中所規定。道安所定規
範「行香定座，上經上講之法」，是有佛典依據的。可惜其文已佚，不得其詳。
但可確定的是：中國佛教教學中有上座之舉，至晚始自道安。

〔註45〕《高僧傳・卷二・鳩摩羅什》。
〔註46〕然天竺方俗，凡是歌詠法言，皆稱為唄，至於此土，詠經則稱為轉讀；歌讚
　　　　則號為梵唄。（《高僧傳・卷十三・經師論》）

> 安既德為物宗，學兼三藏，所制僧尼軌範、佛法憲章，條為三例：
> 一曰行香定座上經上講之法；二曰常日六時行道飲食唱時法；三曰
> 布薩差使悔過等法。（《高僧傳・道安傳》）

「行香定座上經上講」，大約將宣講前之儀式說出：宣講前要先行香禮佛，然後法師上座。至於上經是由法師自誦或都講朗誦（轉讀）一段經文，法師再加以講解。以下資料或許可以令我們有更清楚的概念：

a. 行香禮佛

關於此儀，《法苑珠林・儀式部》有載：「上座讀經，有五事：一當先禮佛；二當禮經法上座……」，又《四分律・簡眾部》也有「法師升座，先須禮敬三寶」之說，知法師上座前，須先禮佛。

b. 定座上座

定座上座主要指法師而言，《法苑珠林・十住毗婆沙論》云：「法師處師子座，有四種法。何等為四？一者欲升高座，先應恭敬禮拜大眾，然後升座。」即法師除了禮佛之外，尚須恭敬禮拜大眾，然後升座。以下諸例，則載法師說法須上高座之事：

> 遠公在廬山中，雖老，講論不輟。弟子中或有墮者，遠公曰：「桑榆
> 之光，理無遠照；但願朝陽之暉，與時並明耳。執經登坐，諷誦，
> 詞色甚苦。高足之徒，皆肅然增敬也。」（《世說・規箴24》

> 高逸沙門傳曰：王濛尋遁，遇祇洹寺中講，正在高坐上。每舉塵尾，
> 常領數百言，而情理俱暢。與坐百餘人，皆結舌注耳。（《世說新語・
> 賞譽篇注引》）

> （鳩摩羅什）嘗講經於草堂寺，（姚）興及朝臣、大德、沙門千有餘
> 人，肅容觀聽。羅什忽下高坐，謂興曰……。（《晉書・卷九十五・
> 藝術傳》）

> 生既獲新經，尋即講說……於廬山精舍，升於法座。神色開朗，德
> 音俊發。議論數番，窮理盡妙；觀聽之眾，莫不悅悟。（《高僧傳・
> 卷七・竺道生》）

另外，升座的不僅是法師，都講也升高座：

> 光宅寺法雲於華林殿前，登東向高坐，為法師；瓦官寺慧明登西向
> 高坐，為都講。（梁武帝《斷酒肉文》）

嘗於夜中，忽聞叩戶云：「欲請法師九旬說法。」遶不許，固請乃赴
之，而猶是眠中；比覺已身在白馬塢神祠中，並一弟子。自爾日日
密往，餘無知者。後寺僧經祠前過，見有兩高座，遶在北，弟子在
南，如有講說聲；又聞有奇香之氣，於是道俗共傳，咸云神異。(《高
僧傳‧卷十二‧釋曇遶》)

釋僧導……僧叡見而奇之，問曰：「君於佛法，且欲何願？」導曰：
「且願為法師作都講。」叡曰：「君方當為萬人法王，豈肯對揚小師
乎？」(《高僧傳‧卷十三‧釋僧導》)

法師、都講皆上高座，兩座相對而立。「法雲登東向高坐，慧明登西向高坐」；
「有兩高座，遶在北，弟子在南」；「對揚小師」，表明法師、都講皆上高座，
且兩座對面而立。

c. 讀經為都講

至年二十五，能講《涅槃》、《法華》、《十住》、《淨名》、《雜心》等。
性強記不煩，為都講，而文句辯析，宣暢如流。《高僧傳‧卷八‧釋
僧慧》)

特稟自然之聲，故偏好轉讀。發聲合奇，製無定準，條章析句，綺
麗分明。《高僧傳‧卷十三‧釋道慧》)

宗則升座一轉，梵響干雲，莫不開神暢體，豁然醒悟。(《高僧傳‧
卷十三‧釋智宗》)

《高僧傳‧卷十三‧經師論》曰：「詠經則稱為轉讀。」而轉讀除了音色、語
言技巧外，尚須將佛經分章析句，以便法師講解。例中「文句辯析」、「條章析
句」之句，可為明證。

（二）開題以標宗

佛教講經時，由都講先唱題，然後由法師講解題意，即為「開題」或「發
題」。

後東安嚴公發講，（法）等作《三契經》竟，嚴徐動麈尾曰：「如此
讀經，亦不減發講，遂散席。明更開題，議者以為相成之道也。」
(《高僧傳‧卷十三‧釋法平傳附法等》)

汰下都，止瓦官寺。晉太宗簡文皇帝深相敬重，請講《放光經》。
開題大會，帝親臨幸。王侯公卿，莫不畢集。……汰形解過人，流

名四遠。開講之日，黑白觀聽，士庶成群。（《高僧傳‧卷五‧竺法
汰》）

中大通五年，二月癸未，行幸同泰寺。設四部大會，高祖升法座，
發《金字摩訶波若經》題。（《梁書‧武帝紀》）

由上諸例，知講經之前，先有發題。發題之前則有都講讀經。開題、發
題是針對所講經典先作題解。發題之後，多是另擇他日講說，或隔日（法等
之例），或數日（法汰之例）。

（三）講解尚理要

法師在講說佛法時，都注意到抓住要領，反對蕪雜。通常先將教義和盤
托出，講說清楚，再進一步分析，並提出自己的看法和見解。

澄身長八尺，風姿詳雅，妙解深經，傍通世論。講說之日，止標宗
致，使始末文言，昭然可了。……樊沔釋道安，中山竺法雅，並跨
越關河，聽澄講說，皆妙達精理，研測幽微。（《高僧傳‧佛圖澄傳》）

提婆既至，（王）珣即延請，仍其舍講《阿毗曇》，名僧畢集。……
提婆宗致既精，辭旨明析，振發義理，眾咸悅悟。時王僧珍亦在座
聽，後於別室自講，珣問法綱道人：「僧珍所得云何？」答曰：「大
略全是，小未精覈耳。」其敷析之明、易啟人心如此。（《高僧傳‧
卷一‧僧迦提婆》）

遠常謂《大智度論》，文句繁廣，初學難尋。乃抄其要文，撰為二十
卷。序致淵雅，使夫學者息過半之功矣。（《高僧傳‧慧遠傳》）

佛圖澄（232～348）在講說時，只標明大旨，便令首尾經義明白清楚。
但他之所以能夠如此，在於課前的充份準備——分判之功，使得學者坐聽，
皆能通曉。因之道安、竺法雅要不遠千里來聽講。慧遠（334～416）覺得《大
智度論》一百卷，文繁義隱，不易研習，所以加以刪節，約為二十卷，並為序
文，以便初學。

《三乘》佛家滯義，支道林分判，使三乘炳然；諸人在下坐聽，皆
云可通。（《世說新語‧文學 37 》）

頃之，南適江陵，於新寺夏坐，開講《十誦》。既通漢言，善相領納，
大闡當時。析文求理，其聚如林。明條知禁者，數亦殷矣。律藏大
弘，又之力也。（《高僧傳‧卷二‧卑摩羅叉》）

每至講肆，善標宗會，而章句或有所漏，時為守文者所陋。謝安聞而善之曰：「此方九歌之相馬也，略其玄黃，而取其駿逸。」(《高僧傳‧卷四‧支遁》)

釋法和……與安公同學，以恭讓出名，善能標明總論，解悟疑滯。(《高僧傳‧卷五‧釋法和》))

支道林分判滯義，使三乘〔註47〕炳然；鳩摩羅叉析文求理、明條知禁、禪數亦深；支遁善標宗會，而疏其章句；釋法和善標總論，解悟疑滯，皆為講解尚理要之例。

(四) 論辯以釋疑

佛學家在講述經文過程中，頗重視啟發，避免注入式教法。若有意見，也可以質疑，進行爭辯，以達到徹底的理解。

辯論教學法的制度化，以「都講」的設置最易窺出。〔註48〕佛教所謂都講，是指在教學過程中擔任誦唱經文及問難的角色，他與法師相輔為教，而法師職責則是主講經文，回答責難。佛教都講制起於學習佛經時的問答式：

〔註47〕《法華經》云：「三乘者，一曰聲聞乘，二曰緣覺乘，三曰菩薩乘。聲聞者，悟四諦而得道也；緣覺者，悟因緣而得道也；菩薩者，行六度而行道者也。然則羅漢得道，全由佛教，故以聲聞為名也。辟支佛得道，或聞因緣而解，或環佩而得悟，神能獨達，故以緣覺為名也。菩薩者，大道之人也。方便行六度，真教則通修萬善，功不為己，悉皆廣濟，故以大道為名也。」(《世說新語‧文學37》注引)

〔註48〕「都講」之名，亦見於中國歷史的記載，佛、儒二家所指的都講是否同義？兩者之間，是佛家受儒家影響，還是儒家受佛家影響？此問題常引起爭論。不過據學者研究結果：一、佛家都講之制，原出於佛典所記，與儒家無涉；二、佛家都講之制，起源於問答的教學方式，所以當是獨立發展後的偶合。儒家所謂「都講」，發生也很早，主要見於《後漢書》：
榮卒……除兄子二人補四百石，都講生八人補二百石，其餘門徒多至公卿。(《後漢書‧桓榮傳》)
成帝時，……師事九江太守房元。治《穀梁春秋》，為元都講。(《後漢書‧侯霸傳》)
鴻年十三，從桓榮受《歐陽尚書》，三年而明章句。善論難，為都講。(《後漢書‧丁鴻傳》)
據上史料可看出：儒家所謂都講，被稱為「都講生」，「生」即弟子。因此儒家的都講與教師之間是一種「師生」關係，而非同事關係。而佛家都講，或為同等學力之法師（前引梁武帝《斷酒肉文》兩法師例可證），或為主講法師之高足皆可。從上面材料看來，儒家的都講可能是比一般學生地位稍高的高徒。配合儒家歷來早存的升堂入室之制，都講可能便是入室弟子之類。

> 世尊初欲說斯經時，大千震動，人天易色。三日安般，無能質者。
> 于是世尊化為兩身，一白（曰）何等，一尊主演，于斯義出矣。大
> 士上人六雙十二輩，靡不執行。（康僧會《安般守意經序》）

> 佛經所行示教戒，皆在三部，為合行。何等為三？一為五陰，二為
> 六體，三為從所入。五陰為何等？一為色，二為痛，三為想，四為
> 行，五為識，是為五陰。（安世高譯《陰持入經》）

如此往復問答，以至終卷。此等條目分析之文體，自恰可用都講。若行文連
篇累牘，不分條款，如用都講，必較不便。講經有問答，而問答有都講，佛典
也有明文。

> 善業（指須菩提）于此清淨法中為都講；秋露子（謂舍利佛。于無
> 比法中為都講。（支謙譯《大明度無極經》第一品注）

佛教的講學，由於都講的唱難，使得法師的說經，使講堂上十分活躍：

> 晚出山陰，講《維摩經》。遁為法師，許詢為都講。遁通一義，眾人
> 咸謂詢無以厝難；詢每設一難，亦謂遁不復能通。如此至竟，兩家
> 不竭。凡在聽者，咸謂審得遁旨，迴令自說，得兩三反，便亂。（《高
> 僧傳·卷四·支遁傳》）

這種生動的講學方式，值得學習。尤其都講講經並非通篇照讀，而是分條析
目，更增強了講學的效果。另外，在教學過程中，辯難者不限都講一人，凡聽
學者皆可設問辯難：

> 遠神韻嚴肅，容止方稜，凡預瞻睹，莫不心形戰慄。……有慧義法
> 師，強正不憚，將欲造山。……至山，值遠講《法華》。每欲難問，
> 輒心悸流汗，竟不敢語。（《高僧傳·卷六·釋慧遠》）

> 依投僧賢法師為弟子，謙虛內敏，學與時競，至年二十二，博通經
> 論。嘗聽朗法師講《放光經》，屢有譏難。朗與賢有濠上之契，謂賢
> 曰：「叡此格難，吾累思不能通，可謂賢賢弟子也。」（《高僧傳·卷
> 六·釋僧叡》）

> 于法開……每與支道林爭即色空義，廬江何默申明開難；高平郗超
> 宣述林解，並傳於世。開有弟子法威，清悟有樞辯，……開嘗使威
> 出都，經過山陰，支遁正講小品。開語威言：道林講，比汝至，當
> 於某品中。示語攻難數十番，云此中舊難通。威既至郡，正值遁講，

果如開言。往後多番，遁遂屈。……孫綽為之目曰：「才辯縱橫，以
數弘教，其在開公乎！」（《高僧傳·于法開》）

慧義法師造山聽講，「每欲難問，竟不敢語」，表示法師講經，聽者可難，只
是慧義懾於慧遠威儀，不敢問難。僧叡後學，問難僧朗，毫不留情。僧叡不
以朗為其師僧賢之友而緘口；僧朗不以後學勝之而怨怒，且以僧叡為賢，由
此可知佛教論辯，志在義理，而佛教自由講學、為學問而學問的態度，值得
學習。甚至只要才思理解確實高人一等，便可取代原先的法師而自任講者：

東下京師，正值祇洹寺發講，法徒雲集，士庶駢席。苞既初至，人
未有識者，迺乘驢往看，衣服垢弊，貌有風塵。堂內既，坐驢韉於
戶外。高座舉題適竟，苞始欲厝言，法師便問客僧何人……迺致問
數番，皆是先達思力所不逮，高座無以抗其辭，遂遜退而止……住
祇洹寺，開講眾經，法化相續。（《高僧傳·卷七·僧苞傳》）

另外，不同的佛學見解，也在論辯之中，達到意見的交融統一：

時沙門道恆頗有才力，常執心無義，大行荊土。汰曰：「此是邪說，
應須破之。乃大集名僧，令弟子曇壹難之。據經引理，析○紛紜。
恆拔其口辯，不肯受屈。日色既暮，明旦更集慧遠，就席攻難數番。
關責鋒起，恆自覺義途差異，神色微動，麈尾叩案，未即有答。遠
曰：「不疾而速，杼軸何為？」坐者皆笑。心無之義，於此而息。（《高
僧傳·卷五·竺法汰》）

（道嵩與道安書，云：）敷公研微秀發，非吾等所及也。時異學之
徒咸謂心神有形，但少於萬物。隨其能言，互相摧壓。敷乃著《神
無形論》……時狀辯之徒，紛紜交諍，既理有所歸，愜然信服。（《高
僧傳·卷五·竺僧敷》）

法汰息「心無」之義，僧敷立「神無形論」，皆假論辯而行，亦見論辯學術之
破立，有舉足輕重地位，更關係到大法傳揚與否，所以論辯能力之訓練，亦
為佛徒重要課程內容。

佛家宣講對儒家的教學，曾產生極大的影響，以下分項說明：

a. 上座

由於受到魏晉佛教風氣的感染，魏晉以後的經學家也仿效佛家宣講之制，
通過開講座的方式來講學，上座講學也成為當時的一種教學形式（包括國學、

宮廷講學），不再如傳統教學之師生皆席地的教學形式〔註49〕：

> 時（宋）明帝不重儒術，曼容宅在瓦官寺，東施高座於聽事。有賓客輒升高座為講說，生徒常數十百人。（《南史·儒林傳·伏曼容》）
>
> 植之館在潮溝，生徒常百數，講說有區段次第，析理分明。每當登講，五館生畢至，聽者千餘人。（《南史·儒林傳·嚴植之》）
>
> 儒學冠於當時，京師士子貴游莫不下席受業。（《南齊書·劉瓛傳》）
>
> 時明帝不重儒書，曼容宅在瓦官寺東。施高座於聽事，有賓客，輒升高坐為講說，生徒常數百人。（《梁書·儒林傳》）
>
> 弘正嘗謂人曰：吾每登坐，見張譏在席，使人懍然。（《南史·儒林傳·張譏》）

以上諸人，皆南朝重要儒者，而他們講學，已採佛家宣講之制，足見南朝時，此風頗盛：

> 建德二年，帝升高坐，辯釋三教先後。（《周書·武帝本紀》）
>
> 嘗因釋奠，帝親幸國子學，王公已下畢集。光升坐講《禮》，啟發章門。已而諸儒生，以次論難者十餘，皆當時碩學。光剖析疑滯，雖辭非俊辯，而《禮》義弘贍，論者莫測其淺深，咸共推服。（《北史·儒林傳·馬光》）
>
> 尋復入京，與左僕射楊素，吏部尚書牛弘，國子祭酒蘇威、元善；博士蕭該、何妥，太學博士房暉遠、崔宗德，晉王文學崔賾等，於國子共論古今滯義。前賢所不通者，每升坐。論難鋒起，皆不能屈。（《北史·儒林傳·劉焯》）

b. 發題

儒家本無發題之制，然於南北朝也採行佛家作法：

> 張譏……遷士林館學士。簡文在東宮，出士林館，發《孝經》題。譏論之義往復，甚見嗟賞。（《陳書·儒林傳》）
>
> （馬樞）博極經史，尤善佛經及《老子》義。梁邵陵王綸為南徐州刺史，素聞其名，引為學士。綸時自講《大品經》，令樞講《維摩經》、《老子》、《周易》。同日發題，道俗聽者二千人。（《陳書·儒林傳》）
>
> 元規著《春秋發題辭》。（《南史·儒林傳·王元規》）

〔註49〕詳見牟潤孫〈論儒釋兩家之講經與義疏〉（新亞學報4：2）。

除了教學形式的影響，發題之制，也影響到儒家著述體式。據《隋書・經籍志》記載，南北朝時出現不少以「開題」、「講題」而發展為著述形式的作品。如梁蕃《周易開題義》五卷、梁武帝《毛詩發題序義》……等。此說明佛家的發題，已深刻的影響了儒家的教學，並在儒家手中又得到新的發展。

c. 論辯

辯難之法，漢代已有，又為魏晉清談主要方式，佛家亦以此作為各派間用以探討學理的方式。它可以激發智慧，最具百家爭鳴的精神，故足稱為一個良好的教學傳統。

然而漢儒講學雖有辯難，但多章句詁訓，不重義理。即使重在義理，也多為爭師法而已。〔註50〕南北朝時則真正成為教學形式，下面例子可證：「張譏……陳天嘉中為國子助教。時周弘正在國學發周易題，弘正第四弟弘直亦在講席。譏於弘正論議，弘正屈。弘直危坐厲聲助其申理。譏乃正色謂弘直曰：今日義集辯正名理，雖知兄弟急難，四公不得有助。弘直謂曰：僕助君師，何為不可？舉坐以為笑樂。」（《南史・儒林傳・張譏》）

另外，都講之制成為正式講經儀式，佛、儒全同的情況〔註51〕，大概出現於北魏：

> 瑩年八歲能誦《詩》、《書》；十二為中書學生；……時中書博士張天龍講《尚書》，選為都講。生徒悉集，瑩夜讀勞倦，不覺天曉。催講既切，遂誤持同房生越郡李孝怡《曲禮》卷上座。博士嚴毅，不敢還取，乃置《禮》於前，誦《尚書》三篇，不遺一字。講罷，孝怡異之，向博士說，舉學盡驚。（《魏書・祖瑩傳》）

整體而言，佛家的都講制與儒家名雖相同，然實質不同。兩者出現近似局面是在南北朝時。中國佛教的講學由問答法到法師與都講制度的確立，也構成魏晉南北朝佛教教學的一大特色，並對儒家教育產生了一定的影響。且置其宗教神學的教育性質不論，則佛教在教學方式上對儒家的啟示是有相當價值的。

〔註50〕漢儒辯難，重在章句詁訓，不重義理，且多為師法之爭而已。《漢書・魯丕傳》有例，本文第一章曾引。另外胡三省《資治通鑑・卷四十八》「和帝元十一年」注中云：「漢儒專門名家，各守師說。故發難者，必明其師之說以為據。答難者，亦必立大義，以申師說。」而魏晉時代，尚有遺風，如：「董景道……三禮之義，專遵鄭氏，著《禮通論》，非駁諸儒，演廣鄭旨。」（《晉書・儒林傳》）其論辯乃為師、家法之爭亦明矣。

〔註51〕詳見註32。

四、講義與義疏

佛教教育發展到一定程度，便對單純口授的教法感到不足。因此，有了讀本與書面教材的出現。而在中國佛教教育初期，讀本、教材的出現與佛經翻譯事業的興盛是密切相關的。

翻譯的佛典不僅成為佛教徒眾深入理解佛教思想的重要讀本，且對整個社會也產生廣泛的影響。如當時名士便有不少人研讀佛經，好之樂之。如殷浩：「始看佛經，初視《維摩詰》，疑「般若波羅密」太多。後看《小品》，恨此語太少。」〔註52〕正是一個典型的佛學愛好者。據任繼愈主編的《中國哲學發展史》所述，《維摩詰經》、《涅槃經》、《法華經》、《華嚴經》……廣受僧俗歡迎，另外《攝大乘論》、《十地經論》、《大乘起信論》……等經論，在魏晉南北朝時期都相當流行〔註53〕。

上面說明了這些譯本對擴大佛教教育的影響十分有利。不過這些譯本，終究是由原始資料翻譯而成，有著語言上的隔閡，加上佛教神學的深奧難懂，因此想深入學習佛理，還必須經由高僧的講解才行。於是伴隨佛經講經的過程，出現一些類似於講義的佛經義疏〔註54〕。

據丁鋼研究：當時的講經義疏，有兩種情況〔註55〕。一是先撰疏，後為講，如同預撰講義。如：

> 後（梁武帝）下詔令諸名德，各撰《成實》義疏，云乃經論合撰，有四十科，為四十二卷，俄尋究了。又敕於寺三遍敷講。」（《續高僧傳·法雲》）

可見佛教講學，自從有了疏本之後，使講者更易把握要點，學者易了其義，比起講說佛經原文，效果更為顯著。這是第一種情形。

二為隨講出疏，如同後世撰教材。善講說而後出疏，此情形，在《高僧傳·義解篇》的例子不少。另有：

> 時益州武擔寺僧實懸，最初請講。大眾雲集，聞所未聞，莫不歡

〔註52〕《世說新語·文學》。

〔註53〕詳見《中國哲學發展史——魏晉南北朝》頁536～614。（人民出版社，1985）

〔註54〕佛教經典的注疏，如：《大乘經疏》三百七十九卷、《小乘律講疏》二十三卷、《大乘論疏》四十七卷、《小乘論講疏》七十六卷、《雜論講疏》一百三十八卷等。（周大璞《訓詁學要略》頁21）

〔註55〕丁鋼《中國佛教教育——儒佛道教育比較研究》頁93～94。（四川教育出版社，1988）

悅。……後制《涅槃》、《法華》等疏，皆省繁易解，聽無遺密悶。
（《梁書·蕭紀傳》）

頃之，南適江陵，於新寺夏坐，開講《十誦》。……道場慧觀，深括
宗旨，記其所制內禁輕重，撰為二卷。送還京師，僧尼披習，競相
傳寫。（《高僧傳·卷二·卑摩羅叉》）

敷公研微秀發，非吾等所及也。後又著《放光》、《道行》等義疏。
（《高僧傳·卷五·竺僧敷》）

（北周·慧遠）自是長在講肆，伏聽千餘。意存宏講，隨講出疏。
（《續高傳·慧遠》）

武陵王（蕭紀）門師，大集摩訶堂，令講清觀音。初未綴心，本無
文疏。始役情思，抽扯句理，詞義洞合，聽者盈席。私記其言，因
有疏本，廣行於世。（《續高傳·寶象》）

見大集一經未宏蜀境，欲為之疏記，使後學有歸。（《梁書·蕭紀傳》）
以上皆為講後撰疏，以成教本之例。即佛師在講述時，可據自己的體會，獨
立發揮經義，令學生筆記，再整理成書，相遞傳授下去。便成了所謂的義疏。

　　前面提過佛家教授經典之事，多採邊譯邊講的方式，但翻譯之外，還要
加以注疏。東晉道安（312～385）便是一位善用注疏法教學的大師。

初經出已久，而舊譯時謬，致使深義隱沒未通；每至講說，唯敍大
意，轉讀而已。安窮覽經典，鈎深致遠；其所注《般若》、《道行》、
《密跡》、《安般》諸經，並尋文比句，為起盡之義，及析疑、甄解，
凡二十二卷。序致淵富，妙盡玄旨；條貫既序，文理會通。經義克
明，自安始也。（《出三藏記集》卷十五）

可知他先用「科判」〔註56〕的方法，將佛經內容分章分節標列好，再用「析
疑」、「甄解」的方法，對每一個名詞和句義詳盡分析，使文理會通，經義克
明。

　　佛教講疏的出現，正是佛教問答教學中以條目分析義的成果。在條理析
辨基礎上所形成的佛經講疏，不僅為佛教教育提供的必要的教材，且其內容
已經由法師所理解與發揮，形成中國佛教教育一個重要特色。其效果也可由

〔註56〕良賁《仁王經疏》：「昔有晉朝道安法師，科判諸經以為三分：序分、正宗、
　　　流通分。」

廣行於世及受到普遍歡迎，得到說明〔註57〕。

此種教學法，對儒家之採用講義、講疏、義疏講經，有很大的影響〔註58〕。如：宋代朱熹當侍講時，對寧宗講書，就編有講義。呂東萊也編有《麗澤講義》，每講四書五經之一章則，都挑選出有關於涵養及治道的數條，加以特別說明，編成短簡的文字。當亦襲自佛家講義之制。

此外，在訓詁學方面，也形成儒家經學中另一種新的訓詁新體──義疏〔註59〕。「義疏」除了兼有儒家傳統釋經、注的形式外，在內容上更包含某種程度的「義理」闡發。而不同於傳統經注、疏者有二──分科條與闡義理。分科條當是伴隨講經之分段落、科條而產生的形式；闡義理則不以訓詁、考據為主，特重義理之發抒。故經疏之衍成與佛教教育有相當密切關係。

魏晉南北朝時期，產生大量義疏：

易經方面：宋明帝《周易義疏》、梁武帝《周易講疏》、梁蕭子政《周易義
　　　　　疏》、陳周弘正《周易義疏》。

尚書方面：晉伊說《尚書義疏》、梁巢猗《尚書義》、梁顧彪《尚書義疏》

詩經方面：晉謝沈《毛詩義疏》、沈重《毛詩義疏》、舒援《毛詩義疏》。

三禮方面：沈重《周官禮義疏》、《儀禮義疏》、皇侃《禮記義疏》。

春秋方面：劉炫《春秋公羊疏》。

其他方面：蕭子顯《孝經義疏》、皇侃《論語義疏》。

另外，也有《老》《莊》義疏之作，如：魏何晏《老子講疏》、齊顧歡《老子義疏》、韋處玄《老子義疏》；宋李叔之《莊子義疏》、梁簡文帝《莊子義疏》等，佛家義疏影響之大可見。

〔註57〕如：宋・竺道生「更發新旨，顯暢新典及諸經義疏，世皆寶焉」；魏・懸度撰
　　　　《成實論義疏》八卷，盛行北土；梁
　　　　・慧集著《毗曇大義疏》十餘萬言，盛行於世等等，皆為明例。

〔註58〕要講經就得有個講經的稿子，上面所舉的講疏、義疏，就是講經的稿子。義
　　　　疏的興起也是受了玄學和佛學的影響的結果。當時儒佛道三家鼎立。魏晉之
　　　　後，道家變成了玄學家，崇尚清談。佛家也很重視講經，努力向儒家學習，
　　　　為佛經作了許多注疏；而儒家向他們學習，編出大量的義疏、講疏來。（周大
　　　　璞《訓詁學要略》）

〔註59〕關於這種經書的解說形式的衍成，各家有不同看法：有主張萌芽於漢末，而
　　　　盛行於六朝者。如：焦循、方東樹、周大璞等。他們認為這種兼釋經、注的
　　　　義疏形式，濫觴於鄭玄的《毛詩箋》，因為《鄭箋》既注釋經文，又申明毛意。
　　　　魏晉之後，這種兼釋經注的義疏就大量出現。也有人主張是受佛家義疏影響
　　　　而後產生的，如戴君仁先生、牟潤孫等。就其論證判斷，後者說法頗可採取。

五、復講與代講

　　佛師在講述典時，有時採由高足弟子把方才講述內容再重說一遍，即是復講。至於逕由高徒代師父教課之制，則為代講。這兩種教學法，一方面可藉以培養高材生，選拔頂尖好手；另一方面，在聽講人數眾多的情況下重講，可以加深印象，提高聽講效果。

> 因事澄為師。澄講，安每覆述，眾未之愜，咸言：「須待後次，當難
> 殺崑崙子」，即安後更覆講，疑難鋒起。安挫銳解紛，行有餘力。時
> 人與曰：「漆道人，驚四鄰」。（高僧傳・道安傳》）

佛圖澄講學，在講完某一段落後，有時就令高足弟子道安復講一遍；並由道安代講某些段落、代答學生提出的問題。道安才高，對其他同學的問題，都能解決，贏得了「漆道人，驚四鄰」的美譽。從此段記載中也可看出：「復講」除了是把老師所講的內容加子覆述，成為課堂講學的一種形式；另一方面，它不是單純一字一句的「ｃｏｐｙ」，而是針對種種疑難，在問答中加以自由發揮。

　　至於逕由高徒代師父教課之制，則為代講。弟子代講之制，董仲舒、馬融早有。佛家之力，亦在倡導之功。南朝私學，用之頗多，尤其學生眾多，數以千計，業師無法一一親授的情況下，常被採行。宋代書院亦偶採行。如《宋史・黃榦傳》熹作竹林精舍成，遺榦書，有「他時便可請直卿代即講席」之語。《宋元學案》另有一則資料記載傅子雲代象山講學之事：

> 傅子雲，字季魯，號琴山，金溪人。成童，登象山之門。以其少，
> 使先從鄧文範，尋晉弟子之位。應天山精舍成，學者坐以齒，先生
> 在末席。象山令設一席於旁，時命先生代講。或頗疑之，象山曰：
> 「子雲，天下英才也。」〔註60〕

　　綜上可知，南北朝之設座講經風尚與宋代理學家提倡自由爭辯、探求義理等教學方法，當與佛家所倡行之教學方法，有先後承襲的關係存在。

第六節　學習方法

　　佛教對於人生社會有不同於世俗的期許，而教育內容則以宗教典籍為主。在教學方法上，與儒家、玄學家已有不同；而在學習方法部分，佛教更有特色。學習方法萬端，在此僅舉與儒家教育較有關係者來介紹。

〔註60〕盛朗西《中國書院制度》頁51。

一、念誦精思

　　佛教學說傳播時，既重念誦經典，又重深思。在佛教瑜珈行派的學說裡，提到四種唸誦佛典的方法：出聲唸、合口默唸、心唸及如字修行四種。在《高僧傳》中，每每可見高僧們以念誦為其學習之法。如：竺法護「誦經日萬言」〔註61〕；鳩摩羅什「日誦千偈」〔註62〕；于法蘭「研諷經典，以夜兼日」〔註63〕；釋慧遠「精思諷持，以夜續晝」〔註64〕……等。

　　然而，念誦之作為學習方法，並不是熟讀成誦即可了事，相反的念誦是另一種學習方法——精思的前提。以下三個例子可資證明：

> 僧迦提婆……學通三藏，尤善《阿毗曇心》，洞其纖旨。常誦《三法度論》，晝夜嗟味，以為入道之府也。(《高僧傳・卷一・僧迦提婆》)

> 祖才……誦經日八、九千言，研味《方等》，妙入幽微，世俗墳索，多所該貫。(《高僧傳・卷五・釋慧持》)

> 誦《正法華經》，常一日一遍，又精達經旨，為人解說。(《高僧傳・卷十二・釋曇邃》)

僧迦提婆念誦《三法度論》外，更加上「晝夜嗟味」的功夫，如此念誦，方能使所讀之書，成為入道之府，有益進學。祖才「誦經日八、九千言」，但真正使他妙入幽微、多所該貫的主要原因，還是在於「研味」之功夫。釋曇邃誦《正法華經》，精達經旨，方能為人解說，弘揚大法。所以念誦須與精思相結合，才能發揮其用。

　　佛家學習，重在徹悟；既不求名利，乃能真正為自己而學問；為學問而學問。因而治學，特重精思義理：

> 值西晉饑亂，輔與釋道安等隱於濩。研精辯析，洞盡幽微。(《高僧傳・卷五・竺僧輔》)

> 安窮覽經典，鈎深致遠，其所注《般若》、《道行》、《密跡》、《安般》諸經，並尋文比義，為起盡之義，及析疑甄解，凡二十二卷，序致淵富，妙盡深旨，條貫既序，文理會通。經義克明，自安始也。(《高僧傳・卷五・釋道安》)

〔註61〕《高僧傳・卷一・竺法護》。
〔註62〕《高僧傳・卷二・鳩摩羅什》。
〔註63〕《高僧傳・卷四・于法蘭》。
〔註64〕《高僧傳・卷六・釋慧遠》。

竺僧輔與釋道安研精辯析，故能洞盡幽微；而道安治學之法，在引文中，尤可窺其精勤。「尋文比義，為起盡之義」，在此道安頗具斠讎觀念，他不在錯誤的譯文上白費思慮，因為他早有「經出已久，而舊譯時謬，致使深義隱沒未通」的認識，所以他找來各種譯本，加以「比義」，尋出異義之處，再由上下（起盡）文意之通貫一致來取捨。然而取捨之時，更著力於「析疑甄解」，所以道安注經，得以有「序致淵富，妙盡深旨，條貫既序，文理會通」之義。這段文字，可說是精思治學的最佳寫照。

　　道安深得治學之方，因此在其制定的僧尼規範三則中，其中一條即是「課誦」：

> 安既德為物宗，學兼三藏，所制僧尼軌範、佛法憲章，條為三例：
> 一曰行香定座上經上講之法；二曰常日六時行道飲食唱時法；三曰
> 布薩差使悔過等法。（《高僧傳・道安傳》）

內容中規定僧尼每日六時必須唸誦經文，後來形成宋明「朝暮課誦」（也叫「二時功課」或「早晚課」）的佛教教育制度。佛教學者力圖通過唸誦，使受教者熟記經文，其次才能在熟誦的基礎上，進行深思、充分了解經意。

> 然凡諭之者，考文以徵其理者，昏其趣者也；察句以驗其義者，迷
> 其旨者也。何則？考文則異從同每為辭，尋句則觸類每為旨。為辭
> 則喪其卒成之致，為旨則忽其始擬之義矣。若率初以要其終，或忘
> 文以全其旨者，則大智玄通，居可知也。（道安《道行經序》）

道安主張學習經典，不能只是「考文」、「察句」拘泥於文句而已，更重要的是在此基礎上，披開繁複文句，去體會它的精神實質。

　　另外慧遠在《念佛三昧詩集序》中，提到念佛的要妙：

> 夫稱三昧者何？專思寂想之謂也。思專，則志一不分；想寂，則氣
> 虛神明。氣虛，則智恬其照；神朗，則無幽不測。斯二者，是自然
> 之玄符，會一而致用也。（慧遠《念佛三昧詩集序》）

「三昧」是梵語，意為「正定」。正定者，屏絕諸緣，專一虛寂之謂也。所以慧遠說三昧即是「專思」「寂想」，並敘述二者之效〔註65〕。正定（禪定）之

〔註65〕又諸三昧，其名甚眾。功高易進，念佛為先。何者？窮玄極寂，尊號如來，
　　　　體神合變，應不以方。故令入斯定者，昧然忘知，即所緣以成鑒。鑒明則內
　　　　照交映而萬象生焉，非耳目之所暨而聞見行焉。於是睹夫淵凝虛鏡之體，則
　　　　悟靈相湛一，清明自然。察夫玄音之叩心聽，則塵累每消，滯情融朗。以此
　　　　覽眾篇之揮翰，豈徒文詠而已哉？（慧遠《念佛三昧詩集序》）

目的也在於專思寂想，足見佛家學習之重視自我思、想。

　　經過佛家對教法的提倡與發揚，使宋儒在教導學生時，也同時注意到開示讀書之法。而書院教學與一般官方教學最大區別正在於此——重視學生的自學能力及對學生的讀書指導。

　　如張載認為：讀書須能成誦。吾人讀書目的，在於借書中內容以解自己的疑難，開通自己的心思。若非潛心玩索，無法到達這一步。而潛心玩索時，又須離開書本。或於半夜中，或於靜坐時方能辦到。然所讀之書，若無法記憶、成誦，又如何離開書本前心玩索？所以凡關有益身心之書，皆須熟讀成誦。此外，讀書時，須以靜為主。靜時才能涵泳，才能了悟。蓋讀書務必到達了悟之境，否則只求解大義，未見於吾人有何益處。〔註66〕

　　另外朱子對於開示學生讀書之法，也甚為重視。朱子弟子黃榦曾對朱子講學時提示學生讀書要點得情形加以描述。他說：

> 其於讀書也，必使之辨其音釋，正其章句，玩其辭，求其義。研精覃思，以究其所難知。平心易氣，以聽其所自得。然為己務實，辨別義利，毋自欺其謹獨之戒，未嘗不三致意焉。蓋亦欲學者窮理反身，而持之以敬也。

　　除此，朱子也曾根據自己的治學經驗，將讀書分為幾個程序：（1）循序漸進；（2）熟讀精思；（3）虛心涵泳；（4）切己體察；（5）吃緊用力；（6）居敬持志。〔註67〕這些讀書法，對提高後學者的自學能力，起了良好的效果。

二、戒、定、慧三學的修行

　　前面，探討過「佛性論」的問題，知道魏晉時期的佛家對此問題相當注重。基於佛性人人本有的前提下。佛教的修持重點便在於自心自性。佛家認為自性本自具一切，不假外求，只要認真向內在努力開發，便能獲致真如。佛教的修行法中，有所謂的「六度」〔註68〕與「八正道」。

〔註66〕參考陳青之《中國教育史》頁256之說法。

〔註67〕引自程端禮《程氏家塾讀書分年日程》卷三〈集慶路江東書院講義〉。

〔註68〕六度，六波羅密也。波羅密，即到彼岸之意。度，即由自度度人進至菩提涅槃之彼岸也。其法凡六：一檀那，言佈施；二尸羅，言持戒；三○提，言忍辱；四昆梨耶，言精進；五禪，即思維敬應；六般若，言智慧。菩薩從初發心以來，修此六波羅密，破魔軍與諸煩惱，得入一切智門，入無解涅槃也。（楊勇《世說新語校箋》頁174）。

　　六度指使眾生由生死彼岸，渡到涅槃彼岸的六種途徑和方法，是大乘佛教修習的主要內容方法、菩薩行的大綱。其具體內容有：布施度、持戒度、忍辱度、精進度、禪定度、智慧度。至於八正道則為八種合乎正道的成佛途徑，包含正見、正思維、正語、正業、正命、正精進、正念、正定。其實可以歸結為戒、定、慧三學。〔註69〕如：正語、正業、正命屬於「戒」；正念、正定屬於「定」；正見、正思維屬於「慧」；正精進則是就學佛態度而言。

　　簡單來說，三學分別為紀律、功夫和智慧。依止於戒，心乃得定；依止於定，智慧才生。具體來說，就是以種種戒律約束邪心妄行；精修禪定以提昇本能，開發智慧，廣學多聞以打通理路，明白正見；另有慷慨佈施一項，乃是以財物、力量、正法救渡眾生。在此，因其屬於人與人之間的關係，與此處我們所要談的自我學習之法關係較不密切，故此處不予討論。

　　關於戒、定、慧的修行法，在魏晉時代，有不少佛師提倡這種教學方法和原則。道安說：

> 世尊立教法有三焉：一者戒律也；二者禪定者也；三者智慧也。斯三者，至道之由戶，泥洹之關要也。戒者，斷三惡之干將也；禪者，絕分散之利器也；慧者，齊藥病之妙醫也。具此三者，於取道乎何有也！（《比丘尼大戒序》）

> 至道不弘，淳風日緬，自非定慧兼足，無以鎮立風猷。（《高僧傳·卷七·釋僧弼》）

道安認為戒、定、慧三者是得道之法。戒，指戒除一切惡、妄、雜念，以安心性。定，禪定也，指由靜坐而入定。慧，指由定而生的大智慧（即所謂「般若」，一種可以持以成佛的特殊智慧）。道安認為三者在修行時尚有先後之別。以下分論之：

1. 戒

　　修行須以守戒開始，守戒目的在於防非止惡，從是作善。又分成「止持戒」和「作持戒」。前者意指防非止惡的各種戒；作持戒指修習善行，意指奉持一切善行的戒。二者相輔相成。戒律雖然是對外在行為的規束，但外在行止的不正，會動搖內心之正，所以是修行的始基。道安解釋說：

> 夫然用之有次，在家出家莫不始戒以為基址也。何者？戒雖檢形，

〔註69〕方立天《佛教哲學》頁100～102，116～118。（洪葉文化，民83）

－295－

> 形乃百行舟輿也，須臾不矜不莊，則傷戒之心入矣。傷戒之心入，
> 而後欲求不入三惡道，未所前聞也。故如來舉為三藏之首也。（《比
> 丘尼大戒序》）

因此，魏晉不少高僧，即以守戒著稱。如：竺法崇「少入道，以戒節見
稱」〔註70〕、竺僧顯「貞苦善戒節，蔬食誦經，業禪為務」〔註71〕即是。

不過佛教初傳時期，戒律並不齊全〔註72〕，曇柯迦羅是首先將印度佛教
戒律進譯出之人〔註73〕。此前，只是節譯戒節，或摘錄，或梵僧記誦所得。
而戒律之學，一直到鳩摩羅什入長安譯經，始臻完備。

2. 定

定指禪定。禪的全名是「禪那」，是梵文的音譯，意即靜慮。佛家認為經
過坐禪，即可領悟佛性，從而超脫虛幻不實的現實世界，進入「涅槃」世界。
道安說：「‧定有三義焉：禪也、等也、空也……是以三乘之大路，何莫由斯
定也。由始發跡，逮于無漏，靡不周而復始。習茲定也行者欲崇德廣業，而不
進斯法者，其猶無柯而求伐，不飯而徇飽，難以獲矣。」（道安《十二門經序》）
僧睿《關中出禪經序》也說：「禪法者，問道之初門，泥洹之律經也。」足見
禪定在修持上的重要性。

因此修習禪定，為佛徒重要教育項目及方法：

> 釋慧通初從涼州禪師慧紹，諮受禪業。法門觀行，多所遊刃。常祈
> 心安養，而欲棲神彼國。《高僧傳‧釋慧通》）

> 止壽春石澗寺，誦《法華》、《首楞嚴》，常謂非禪不智，於是專志禪
> 那。靈鳩寺慧高，從受禪業，乃請審還寺，別立禪房（《高僧傳‧釋
> 僧審》）

> 止長安大寺，戒行澄潔。多棲處山谷，修禪定之業。（《高僧傳‧釋
> 慧嵬》）

〔註70〕《高僧傳‧卷四‧竺法崇》。

〔註71〕《高僧傳‧竺僧顯》。

〔註72〕此土先出《修行》、《大小十二門》，又無受法，學者之戒，蓋闕如也。（僧睿
《關中出禪經序》）

〔註73〕時魏境雖有佛法，而道風訛替；亦有眾僧，未稟歸戒，正以剪落殊俗耳。設
復齋識，事法祠祀。迦羅既至，大行佛法。時諸僧共請迦羅譯出戒律。迦羅
以律部曲制，文言繁廣，佛教未昌，必不承用，乃譯出《僧祇戒》，止備朝夕。
更請梵僧立《羯磨法》，中夏戒律，始自乎此。（《高僧傳‧卷一‧曇柯迦羅》）

　　由上三例可看出禪定的相關事宜。首先，可知禪定的目的在於：致解脫、入涅槃，如釋慧通「欲棲神彼國」。另有一種目的為得神通〔註74〕，《高僧傳》有〈神異篇〉專門介紹高僧禪定後的各種神異功能。不過「得神通」，只能說是禪定的附帶目的，不應刻意求之。如道安就說：「禪定不愆，於神變乎何有也」〔註75〕。其次，禪定為進入「智慧」的必經要道，所以釋僧審說「非禪不智」。另外，進行禪定，多選擇於僻靜之所，或棲處山谷，或別立禪房，對後來禪林制度的形成，有很大影響。

　　早期流行在中國的佛教，盛行禪數之學。因此對禪定自然頗為講究。（吳）康僧會曾對禪定四種境界及習禪方法作過介紹：

> 是以行寂，繫念著息，「數」一至十，十數不誤，意定在之。小定三日，大定七日，寂無他念，泊然若死，謂之「一禪」。（康僧會《安般守意經序》）

> 禪，棄也。棄十三億穢念之意，已獲數定，轉念著「隨」，躡除其八，正有二意。意定在隨，由在數矣。垢濁消滅，心稍清淨，謂之「二禪」也。（同上）

> 若自閒處，心思寂寞，志無邪欲，側耳靖聽，萬句不失，片言斯著，心靖意清之所由也。行寂止意，懸之鼻頭，謂之「三禪」也。（同上）

> 還觀其身，自頭至足，反覆微察，內體污露，森楚毛豎，猶睹膿涕；於斯具照，天地人物，其盛若衰，無存不亡，信佛三寶，眾冥皆明，謂之「四禪」也。（同上）

安般，通譯為「息」；守意，意即「念」。佛家講入佛法門有二門：一不淨觀，二持息念。僧會在此講習禪之法，即著重於持「息」「念」的方法。經過「安般」功夫，歷經四禪境界後，則「攝心還念，諸陰皆滅，謂之「還」也。穢欲寂盡，其心無想，謂之「淨」也。得安般行者，厥心即明，舉眼所觀，無幽不睹。」〔註76〕

〔註74〕漢魏禪家重神通，疑受道家成仙說之影響。湯用彤《漢魏晉南北朝佛教史》駱駝民76與魏晉玄學》頁144。

〔註75〕明乎匪禪無以統乎無方而不留，匪定無以周乎萬形而不礙，禪定不愆，於神變乎何有也。（道安《大十二門經序》）

〔註76〕康僧會《安般守意經序》。

後來，鳩摩羅什曾特意綜合各家禪法，為僧睿編譯了三卷《禪祕要法經》，其中專講「五門對治」，即視學者情況而在教學上各有偏重，與儒家因材施教之法，頗有異曲同工之處。其內容如下：一、貪重之人，應修習不淨觀；二、瞋重之人，應修習慈悲觀；三、痴重之人，應修習十二因緣淨觀；四、尋思重之人，應修習安般念息；五、平等之人，應修習念佛觀。〔註77〕

經過禪定之功夫，則意念可高度集中，無任何雜念。若禪定達到高深境界，即可由定入慧。

3. 慧

慧即智慧，謂能通達事理，決斷疑念，觀達真理，斷除妄惑，從而根絕無明煩惱，獲得解脫。如道安《十二門經序》便說：「為設方便，防萌塞漸，闢茲慧定，令自澣滌，挫銳解紛，返神玄路。」慧學之目的，正在於「返神玄路」——進入涅槃境界，徹底解脫。至於其重要性：

> 癡則無往而非徵，終日言盡物也，故為八萬四千塵垢門也；慧則無
> 往而非妙，終日言盡道也，故為八萬四千度無極也。所謂執大淨而
> 萬行正，正而不害妙乎大也。（道安《合放光光贊略解序》）

道安認為沒有智慧則無往不生窒礙，終日所言皆不合理。有了智慧則所往皆發良好作用，終日所言皆合道理，所行亦皆得正。

戒定慧三學是成佛的梯航，而這種教學方法，對日後宋明理學教育原則和方法的產生，具深遠影響，至今亦有可資取鑒之處。此部分，待後文再與教育制度一起討論。

第七節　教育行政

一、寺宇、道場、精舍、禪林

佛教除了在教材、教法上影響魏晉教育，事實上，還對日後的教育組織形式、教學地點選擇等方面，產生先導作用。如佛教多在風景秀麗的寺宇、道場、精舍、禪林進行教育活動，此對於我國以後的私人教學，特別是書院教學之選於風景優美處進行，起極大的啟發作用：

〔註77〕方立天《佛教哲學》頁112～113，262～264。

　　遠創造精舍，洞盡山美，卻負香爐之峰，傍帶瀑布之壑；仍石疊基，
　　即松栽構，清泉環階，白雲滿室。復於室內別置禪林，森樹澄凝，
　　石逕苔合。凡在瞻履，皆神清而氣肅焉。（《高僧傳・慧遠傳》）

　　康僧淵在豫章去郭數十里立精舍。旁連嶺，帶長川，芳林列於軒庭，
　　清流激於堂宇。乃閒居研講，希心理味。（《世說新語・棲逸》）

　　後於豫章山立寺，去邑數十里。帶江傍嶺，松竹鬱茂。名僧勝達，
　　響附成群。常以持心《梵天經》，空理幽遠，故偏加說。尚學之徒，
　　往還填委。（《高僧傳・卷四・康僧淵》）

　　至隆安元年，來遊京師，晉朝王公及風流名士，莫不造席致敬。時
　　衛軍東亭侯、瑯琊王珣，淵懿有深信，扶持正法，建立精舍，廣招
　　學眾……（《高僧傳・僧伽提婆傳》）

　　朗乃於金輿谷崑崙山中，別立精舍，猶是太山西北之巖也。峰岫高險，
　　水石宏壯。朗創築房屋，製窮山美，內外屋宇數十餘區。聞風而造者，
　　百有餘人。朗孜孜訓誘，勞不告倦。（《高僧傳・卷四・竺僧朗》）

由上可知：佛教精舍多設於山林勝地，風景殊麗之處，這是因為佛教教育重
視禪定，以便清靜潛修。慧遠曾云：「是故靖恭閒宇，而感物通靈；御心惟
正，動必入微。此假修以凝神，積習以移性。」說明外在環境對修行的影響。
〔註78〕以下資料，更清楚說明山水勝景之效：

　　光受戒以後，屬行精苦，學通經論。值石氏之亂，隱於飛龍山。遊
　　想巖壑，得志禪慧。（《高僧傳・卷五・釋僧光》）

　　欲依巖傍嶺，棲困養志。（《高僧傳・卷五・竺法曠》）

　　赤城山有孤嶺獨立，秀出干雲。猷搆石作梯，升巖宴坐，接竹水，
　　以供常用。禪學造者，十有餘人。（《高僧傳・卷六・竺曇猷》）

　　止壽春石澗寺，誦《法華》、《首楞嚴》，常謂非禪不智，於是專志禪
　　那。靈鳩寺慧高，從受禪業，乃請審還寺，別立禪房。（《高僧傳・
　　釋僧審》）

此外，佛徒之立精舍、禪林，非隱居獨修之用而已，往往也成為傳授禪法、講
論佛義、精研學術之處。如上文中的〈竺曇猷傳〉「禪學造者，十有餘人」；

〔註78〕慧遠《念佛三昧詩集序》。

〈康僧淵傳〉「閒居研講」;〈康僧淵傳〉「尚學之徒,往還填委」;〈僧伽提婆傳〉「建立精舍,廣招學眾」;〈竺僧朗傳〉「聞風而造者,百有餘人。朗孜孜訓誘,勞不告倦」等。

　　魏晉以降,中國各地寺宇紛立,僧侶激增。一般較大寺院都有集徒講學、傳經授道的情形,學僧多者可至二、三千人。其為了方便管理,建立一定的叢林制度,便有其必要性。寺院講學漸次地發展,其後在殿堂格局、講經、藏書、供祀等,終成定制,形成所謂的叢林制度。叢林也稱禪林,通常指禪宗寺院而言,創制於唐百丈山懷海,對宋代書院的教育組織、人事行政及講學方式有直接影響。以下略論之。

二、書院教育的先聲

　　關於宋代的儒家書院制度的形成,多數學者主張乃是受到魏晉時代佛教寺院制度極大啟發所形成的。佛教精舍多設於山林勝地,風景殊麗之處,這是因為佛教教育重視禪定,以便清靜潛修。然而也有人主張與唐代士子讀書山林寺院之風尚有直接關係,但事實上,實與書院性質大異,後者僅為士子私人肄業之所,並無學校性質。

　　書院不自宋始,但宋時始盛。宋初的書院,多為私人聚徒講習之所,故與漢魏私學相似。其不同者,漢魏私學教學地點往往在老師住所,未必擇取山林勝處作教肄之所。而書院雖也是私學的一種,但與漢魏晉私學與書院分別代表私學的不同發展階段。書院是傳統私學的高極階段,且書院總是和「書」緊密聯繫。不僅藏書,尚有教師著書、講書;士子讀書;此外,書院還刻書、印書。而漢魏私學不必然具備以上特質,因而不能與漢魏精舍等同。

　　魏晉以後,隨著受佛家山林寺院講學影響,則私學亦往往另擇勝地為群居講學之所。

> 予惟前代庠序之教不修,士病無所於學,往往擇勝地,立精舍,以為群居講習之所。而為政者,乃或就而褒表之,若此山、若嶽麓、若白鹿洞之類。(朱熹〈重修石鼓書院記〉)

> 竊嘗聞之諸公長者,國初,斯民新脫五季鋒鏑之阨,學者尚寡。海內向平,文風日起,儒生往往依山林,即閒曠以講授。大率多至數十百人。嵩陽、嶽麓、睢陽及是洞為尤者,天下所謂四書院者也。(呂祖謙〈白鹿洞書院記〉)

宋代書院為了反對科舉，提倡為教育而教育，要求潛思進學，故也選擇優美寧靜之環境，以陶冶性情。如嶽麓書院建於嶽麓山下；白鹿洞書院建於廬山五老峰之下；嵩陽書院址於嵩山的太室山腳；石鼓書院立於衡陽石鼓山回雁峰下。其他人茅山書院、象山書院、武夷精舍、南嶽書院等亦皆擇址於風景秀麗的名勝之區。

上面只是就地點的選擇，探討佛家對儒家教育場所之選擇的影響。然而，真正成為一種學制，與佛家寺院講學制度有直接承襲關係者，在於組織形式、講學形式、管理辦法等等。此處且引朱漢民先生的研究以簡介〔註79〕：

在書院組織方面：

禪林佛寺的禪師、長老、方丈、住持等，大多是知識淵博的高僧，又是佛寺內部的事務管理者。與此相仿，書院也專門聘請德高望重、學識淵博者擔任山長，主持書院的講席與院務。書院的「山長」，即有山中「長老」之意，還有學者，以方丈自居（如陸九淵），這些都是明顯受到佛教影響。

管理方面：

佛教寺廟對於僧侶的生活、講經、坐禪等都制定好一整套制度、戒律。主持書院的儒者也仿效這種作法，制定出種種學規、教條、章程、規約等等。如朱熹制定「白鹿洞書院市揭示」，呂祖謙訂「麗澤堂學約」、湛若水定「大科訓規」……等。

教學形式：

佛教禪林實行講經（由禪師主講）、普說（普通的討論集會），入室請益（學者個人向長老問道）等多種傳道論法之方式。書院在講學形式上，也受其影響。既有山長主持的傳授經典講學，也有集會討論性的講會，還有生徒向山長請教的質疑問難。而也有些書院在開講時，專門制定一套開講儀式，如升座講說之儀，皆借用、模仿佛教而來。

總之，佛教教育思想的重心，不在於如何獲得具體的知識，掌握處理現實事務的能力，其所重視的是個人在其學習、修行過程中的思想方法程序，及其心理活動的深入分析，注重對事物整體的把握——儘管其對象是虛幻的。佛教教育的這些基本特徵，對於糾纏於煩瑣章句之學、備受經學束縛的儒家

〔註79〕朱漢民《中國的書院》頁11～13。（商務，1994）

教育，無異是吹進了一些新鮮的氣息。因此佛教在宗教觀點立場上所提倡之教育主張及作法，深化了儒家教育的內容，活化了儒家的教學形式，分擔部分教化任務，提供亂世人們心靈寄託，更影響後世教育制度，因此其對於中國古代教育的影響不容忽視，故附論如上。

結　語

　　經過本文之探討，對於魏晉教育可獲致三方面之了解：第一「魏晉教育之概況」；第二「魏晉教育之特徵」；第三「魏晉玄佛教育思潮之評價與歷史意義」，以下分述，並總結全文。

一、魏晉教育之概況

　　兩漢儒家，由於獨尊過久，缺乏與其他學派競爭、觀摩機會，於是故步自封，但知承襲，不知創新，更脫離時勢現狀，趨於僵化，流於浮華，在教育上漸漸產生四方面的弊病：以祿利為教育之目的，教育內容中雜以神學讖緯，以繁瑣章句為教育方法，治學態度上則墨守師法、家法。這些缺失的出現，加上黨錮之禍對學者的戕害等因素，終使漢代經學趨於衰敝。

　　魏晉是個亂世，因為國家多事，主權者無不希望吸取人才、培養人才以鞏固自我勢力。因此藉著「尊儒重學」以培養封建制度所需人才，便成為國家主要文教方針。然由於「選士失公、得人非才」，「品課不彰、師資粗疏」，「祖述玄虛、擯避儒典」，「國家多故、訓業不終」等原因，魏晉官學難以振揚，也造成兩漢以來憑藉官學而昌盛的儒家教育，聲勢減弱不少。在地方上，少數有識官長，但憑己力興復鄉學，延師講授，造福一方，可惜影響止於一時一地。所以，總括來說，魏晉官學，不論中央或地方，成效不彰。兩代人才，多非官學出身。

　　不過，國家求才若渴，求賢之令屢下；社會人倫識鑒盛行，才性論爭此起彼落；呈顯著一股重視人才的風氣。加上門第家業之維繫需賴佳子弟的前提下，儘管學校教育衰微不振，人們仍有受教學習的需要與自覺，因而轉往

私學、家學，甚至清談講座上去求取學習機會。教育史上，這種廓然擺落儒家官學為唯一的拘限，轉向私學、家學、社會談座上蓬勃發展的教育景況，誠為殊異。

私學教育，不受政治干涉，在課程設計上擁有較多空間；又學生自由擇師，故私學教師多學有所長，素質較優。魏晉時代的私學教育，以儒家經典為主。在官方儒學因戰亂遭到嚴重破壞之際，此期的私學，有負起承續儒學的作用。私學除講授儒學之外，也有小部分私學兼授天文、曆算諸學；而南北朝時，教師們兼修情況更為普遍，除了教授儒學，兼授《老》《莊》、佛學的情形外，甚至有專授道家經典而擺脫儒家經典為教材的情形，可見私學課程的自由性和多樣化及玄、佛二家對教育內容的影響。

自漢氏學校制度廢弛，博士傳授之風止息以後，學術中心移於家族。家傳是門第教育的重要形式，父兄是家庭教育的主要教授者。教育內容上，也以儒學為依歸。在家族中，門第子弟多能修習經書以備見用；修養德行以自立；練習清談以顯才。大體說來，魏晉亂世之中的國家典章、社會禮教、儒學傳承多賴門第之保有而持續，故門第之家學實有功於文化。

魏晉的儒家教育，大約循此四大途徑——官學、私學、家學、游學，或顯或隱的傳承下去。而魏晉人也經由這四種途徑去完成教育。時人有多種教育途徑得以選擇，或擇其一，或兼行數種。過去教育史論述，對於魏晉教育史，總以學校教育不振，簡單略過。事實上，若能撇開以學校教育為單一教育的狹隘概念，魏晉時代之教育實未衰歇。繁盛的私學、家學皆為魏晉的儒家教育的延續傳承擔負起重責大任，且成為培育人才的主要途徑。除此之外，因應學術潮流及清談盛行而產生的游學、請益新途，也發揮其深究學術、風度養成之教育功效。魏晉文化之輝煌繁盛，本非偶然：多重選擇的學習途徑，各家精深的教育內容，讓魏晉學子有機會接觸到性質相異的學術，故視野更寬闊，觀念更開通，文化創發的活力也越強，而此則非僵化學制、單一教材所能促成。

二、魏晉教育之特徵

關於魏晉教育之特徵，配合本文所述，可由兩個角度論述：一是與前代教育特徵對照；二是就魏晉教育本身特質加以察考。

（一）與前代教育對照

　　第一章中，介紹過漢代儒家教育的六項特色，分別為：（一）教育從屬於政治；（二）道德培養居於首位；（三）六經為教學主要內容；（六）學校為社會教育的組成部分；（五）培養人才和選拔人才緊密結合；（四）肯定學習效能，強調積、漸的學習方式。以下，即從此六方面來分析魏晉教育的特色：

1. 教育自主性增強，私學、家學發達

　　兩漢教育以儒家經學為主，且與封建政治間關係密切。國家訂定明確的教材、考課辦法，自主性較低，教育目的在於為封建政治服務。就教育途徑而言，官學為主，私學次之。魏晉時代，國家多事，官學廢弛，故教育的重心，脫離封建政治控制的官學，而轉移到廣大民間，私學、家學及游學。在課程內容設計上、教學方法上、學生入學資格上，擁有更多自主的空間。所以玄、佛可入教材；清談論辯甚為普遍，上座講經之教學法出現南朝。學生不別尊卑，不論貴富，提供欲學之眾民以受教機會。不似官學，既別尊卑，人數有限。

2. 才能德性分離，尚智人才觀形成

　　傳統儒家教育內容之設計，兼重才德。在初期，學、行尚得以雙修與兼顧，兩漢經學大盛之後，讀經重學的比重慢慢增加。而選士任官，「有才無德」或「有德無才」的情形不少，使得儒家「才性同」的人才觀，在魏晉受到質疑，且引起熱烈討論。才性論的興起，本與政治需要有密切關係，不過其知人、用人、教人的理論，也為教育領域擴展新界，連帶影響到教學法的應用。

　　就才德（性）問題來看，魏晉頗有「尚才」的傾向，與傳統儒家教育偏重道德有極大不同，其中以主張才性離、合之學者為最重要。這牽涉到魏晉人的才性觀念，有不少人認為品德只是眾材之一，與專才地位無高下之分，所以有這樣的意見被提出。

　　尚智愛才之風，使得魏晉人的人生目標與道德標準，有了新的認知。道德的內容，已與傳統儒家禮教所要求的有所出入。大致而言：漢儒守禮重節，拘於君臣父子之道及禮制形式；魏晉士人得意忘言，不拘名教，重視抒情，強調任性，追求個人的放達。具體來說，他們尋求個人風格的展現，以自我的覺醒為基礎，傳統的禮儀名教，無法維繫其心，人生目標紛歧：或嚮往超脫世務的體道聖人；或清靜寂滅，努力修行以成佛；當然，也有不少人仍以

傳統儒家的君子自期〔註1〕。總之,這是一個價值多元化的時代,人人各有面貌。因而在教學上,特別重視因材施教與適性原理,個人主義、自然主義的教育思想盛行。

3. 分科教育確立,儒玄佛並列官學

兩漢時代由於利祿所趨,天下靡然研習儒家經學,儒典為單一的教育內容。魏晉時代,官、私學的教授,固然也以儒家經典為主;但社會上,玄、佛之書和儒家經典並行,不少士子儒道雙修,甚至儒、道、佛三家兼治〔註2〕,這種情形也促成玄、佛、儒三家學術的交流與融和。如玄學化的儒家經說、儒家化的佛教戒律及借用玄學觀念、詞語的佛教格義講學等。玄學是中國固有學術所產生,而佛學則來自外域。因而儒家在魏晉時代,面臨著不同學派的挑戰及異國文化的衝擊,這是中國前所未有的學術現況。而漢代儒學獨尊情況,在魏晉時代,則為玄、儒、佛、道並行的局面所代替。

玄學討論的是天地萬物存在根據的問題,較不直接涉及現實政治,因而整個知識階層的思想,比以往自由奔放、開闊豁達。不論老莊或五經,皆可為我所用,而並不獨此一家。各種觀點,即使互相矛盾,也不妨並存。突破傳統儒家對師法家法的拘執,博學兼綜。

值得注意的是,玄理派學者與佛家之教育內容,較傾向道德方面,追求一種超然敬或解脫的精神境界,因而教育內容之性質,與儒家習經,花費心力於書本的目標,差距極大。二家所討論的「學」,多指精神層面──道、涅槃境界而言。認識對象不同,在教學法上,也有許多歧異存在。玄學影響下,儒學也產生如下的改變:一是經說玄化,改變經學內涵;二是言性說道,擴充儒學範疇。也開啟宋明理學對「性」「理」之學的研究路徑。

除此之外,玄佛之盛,也促成後世新學制的產生。宋文帝的「四學」──玄、儒、文、史四館之立,唐代「玄學」教育機構之設,乃是分科教育的具體煥現。此外,玄佛二學也打破儒家獨列官學的優勢,可見玄佛對教育體制的

〔註1〕以儒自我期許之例,如《世說·言語21》:「諸葛靚在吳,於朝堂大會,孫皓問:卿字仲思,為何所思?對曰:在家思孝;事君思忠;朋友思信,如斯而已。」又《世說·政事1》:「陳仲弓為太丘長,時吏有詐稱母病求假,事覺收之,令吏殺焉。主簿請付獄,考眾姦。仲弓曰:「欺君不忠,病母不孝;不忠不孝,其罪莫大。考求眾姦,豈復過此。」明顯的,是以儒家忠孝觀念為行事依據。

〔註2〕詳見本文第二章〈魏晉兼治數家人士表〉所列資料,此處從略。

重要影響。本文乃著力於儒家教育本身變化與玄學互動關係之探討，至於其他學術之間的交流，且待後人研究。

4. 教、學新法提出，強調性分、頓悟

魏晉時，許多教、學新法被提出，雖然這些方法未必魏晉才有，但此際成為一種風尚。就論辯教學為例：漢代儒家教學的論辯不過在於章句訓詁、師法家法之爭，這種論爭，反而窒息了儒家教育的發展，引起儒家的衰敗。魏晉玄學論辯的興起，從積極意義看，正是對煩瑣章句及沉重師法、家法束縛的批判與反動。也為儒學復興提供一條治學新路——重義理不重章句、重辯論不重師承。教學理論方面，玄學家提出「順性」及「不言」原則，明顯表現了尊重個性及啟悟式的教學精神來。

另外，佛教對於教學法的貢獻更大。不但將論辯教學納入「宣講」之中，成為一種教學定制，又反過來影響儒家，倡導之功不可沒。此外，佛家講經所用的開題法、注疏法與復講、代講法，也直接影響儒家之教學與著述。

治學方法上，傳統儒家教育強調積、習的工夫，鼓勵人們多念書。魏晉時代的玄學家主張得意忘言，掌握書籍大旨，不作繁瑣章句，不憑恃前言為據，但求理致曉然。崇尚理致、統本舉末思辯性很強，使人們的思維能力，得到極大的鍛鍊，益於思想文化的發展。

值得注意的是玄學家提出的「直觀體悟法」及佛家的「頓悟學習法」，皆否定感官經驗所得，強調反身而求，滌除邪飾，虛靜此心，以「直觀」之法，體悟本體及本心。這種治學法，強調內心真正透徹的悟解，給予後世儒家道德教育極大啟發，積學、漸修之目的在於求頓悟，宋代理學家之教學，受其啟發良多。

5. 人才培養與人才選拔分途

漢代教育，以官學為主，私學為次，人才培育也以官學為主要機構。人才養成之後，有明文規定任用辦法，依令即可出仕，所以人才培養與人才選拔結合得相當緊密。

魏晉時代，選拔人才以「九品中正」為制，與學校教育無直接關連，學校培養出的人才，並無直接任用的辦法。加上官學教學品質不佳，培養出來的人才，素質不定。所以國家所用之人，多由家學或私學出身為多。所以人才培養與人才選拔明顯分途。

6. 學校社教功能動搖，玄佛後來居上

隨著玄、佛之學的隆盛，儒家教育不再是社會教化的唯一內容。超脫物外，不以世務經懷的道家境界，是士人們心靈普遍的依歸；東晉以後，社會上有更多民眾轉向佛、道等宗教，尋求寄託，接受宗教規範的約束──深信因果，趨善避惡；也成為安定社會民心的新力量。

（二）就魏晉教育特質考察

傳統儒家教育以培養才德兼具、經世濟民的君子為目標，聖人雖然是最高的人格典型，卻非常人所能企及，故孔子許人，止於仁人、君子。此與魏晉玄學家「聖人不可學而至」觀點近似。玄學家在教育目標方面，雖以聖人為自己立身處世的楷模，然不同於儒家者在於：已對聖人特質加以轉化──體道無為的至人，純然追求一種精神上的逍遙，超脫物外，不以世務經懷。在法聖之，重其實質，不追其跡。而佛家主出世之人生觀，故以成佛解脫為其教育目標。

在教育原理方面，儒家主張「性近」之說，並強調學習可以改變個人特質；魏晉玄學家，則以為才性人人不同，無所謂善惡，天賦而成，不可更革；後天學習只有在性分之內，才有影響。佛家則主「佛性」之說，「心性本淨」，人人皆有成佛之可能性，唯被「客塵所染」，故偽惑無明；若能「頓悟」，即能成佛。

教育內容方面，傳統儒家以道德培養與經籍學習為主要內容。兼重德、智的教育，基本上，以六經作為教育之主要內容。而玄學家則針對六經之失，提出修正。並進而提出以三玄、三理、四本及養生為內容的一系列玄學教育內容。佛家教育內容為「三藏」，以其宗教經典為主。

在教育方法方面，除了儒家常用的講授法外，玄佛二家將「論辯法」發揚光大，直是魏晉各家的基本教育方法。

由上可知：玄佛二家與儒家之間的差異，極為明顯，然而隨著玄、佛、儒之交流會通，魏晉教育（特別是儒家教育），已融合玄、佛特質於其間，成為獨具特色的魏晉教育。

本文針對玄佛二家對儒家的影響加以探討，發現其中包含許多正面因子，且不少為宋代理學所採行。簡言之，玄學對儒家教育的影響，主要在教育內容及治學方法方面；而佛家對於儒家教育的影響，則以教學方法最為顯著。本文主旨正在於探討二家對於傳統儒家教育修正及影響。

　　玄學家對於儒家修正之意見有：儒家六籍，未載聖人精華；儒家的教育方法，違反自然，抑引情性；過分崇拜古代權威，古聖已亡，其道不存，儒者卻仍以之作為處事立身關鍵，不敢逾越；儒家主張愛譽有為，分處至道，是崇末作法。而在教育部分，更多是針對兩漢儒學之弊而提出的：

　　1. 教育目標方面：由祿利之圖轉為魏晉教育的「清」——玄虛超脫，不經世務的人生觀。

　　2. 教育內容方面：由陰陽讖緯的兩漢經學，轉為魏晉教育的「通」——儒道佛融和，博學兼綜。

　　3. 治學方法方面：由墨守師法轉為魏晉教育的「要」——崇尚理致、直觀體悟。

　　4. 教育方法方面：由繁瑣章句轉為魏晉教育的「簡」——得意忘言、否定之道。〔註3〕

　　整體而言，魏晉儒家教育雖在聲勢上不如兩漢繁盛，但在實質上卻有長足的進展——不管在教學內容、教學方法或教育行政上皆是如此，則文化整合、思潮相激的現實，對教育的影響未必負面。隋朝儒者王通提出調和儒佛道三教的主張，宋代理學家吸收玄學的本體論思維方式，建構其性理之學。又汲取佛教的心性說和修身法，使儒學得到新的發展。正由於儒家能夠不斷地將其他學說精華，納入自己的思想體系，故儒家在往後時代中，能長久保持其學派優勢地位。

　　各種思想相互吸收融合，是學術發展的自然趨勢。此乃因為一種思想，或多或少存在著真理的分子，存在著為別的學說所吸收的合理因素。推尋玄儒二家會通的演變軌跡，即可看到：固守一家學說而對異家理論採取「為反對而反對」、「不容水火」的態度，不僅使自家思想難以弘揚，且對整個學術的發展，只是弊多利少。如兩漢學術定於一尊，終於導致文化進展的遲緩與僵化。一種理論的生命力如何，能否當時社會所採，取決條件除了要反映社會的存在以外，對異家思想的能否合理繼承與吸收，也是一個重要條件。孫盛早有：「堯孔之學，隨時設教……所以道通百代。」的看法提出。〔註4〕有衝擊、有反省、有吸收，才有進步，儒家學說能在不同歷史環境下作經常性

〔註3〕此處且借用《世說·文學14》的說法：「褚季野語孫安國云：『北人學問，淵綜廣博。』孫答曰：『南人學問，清通簡要。』」

〔註4〕〈老聃非大聖論〉。

的自我改造，來適應現實又不失其本然，故得以綿延千載，成為中國傳統教育的主流。則本文所探討之魏晉儒家教育變遷改造的經驗，適可給予我們一個啟示與驗證。

三、魏晉玄佛教育思潮之評價與歷史意義

　　評述一種思想體系、一種社會思想的歷史地位，應該把它放在歷史的長河中，看他沒有比前代提出新的東西，看他對後代產生了怎樣的影響。既要做鳥瞰式的概觀，又要作深入的具體分析。這樣才可識其底蘊，作出公正的評價。

　　然而清代以前各家對玄學的負面評價〔註5〕，有一點是共同的：即多不究其學術內容，而將之與所謂內憂外患相繫在一起，以明因果。其根據亦多據從史傳上某些人的評價而來。事實上，學派相爭，必多「溢惡」之辭，負面評價又往往出自學派對立者之口，其客觀性值得深察。至於玄學的學術功過如何，古今已有不少學者深入討論過，此處不在贅語，只想從玄學之作為一種教育思潮的角度，加以論評。

　　玄學教育的評價問題，有不少教育史學者，仍難擺脫如上面所言的論斷缺失。時至今日我們對魏晉時代的教育，可不必因襲前人成見，存鄙棄心理，以為風衰道缺，不足稱說〔註6〕。而應該靜下心，老老實實看看玄學家到底主張些什麼樣的教育內容，有何切實影響，而後再下評斷，可能是比較合情理的作法。

　　余書麟《中國教育史》評論曰：「當時玄學、佛學與儒學較量，具有發揮自由思想，促使學術界出現爭鳴氣象的作用。而清談之風，仍包含有批評人物的民主精神。這些都是對漢代教育界獨尊儒術、嚴守師法和家法的方針，進行無聲的批判，所以從這一方面說，不能全盤抹殺它的歷史作用和意義。」又說：「玄學家雖未直接從事教育事業，憚心教育著述，但其中之先知先覺，開數百年之新學風，吾人似亦不妨以教育家目之。……王弼何晏等祖述老莊，具有卓識，對於宇宙之肇始，人生之究竟，人我之關係，心物之離合，哀樂之

〔註5〕明清以降學者，正面聲音已見發出。肯定玄學之學術教化功能之學者。如明·楊慎，清·朱彝尊〈王弼論〉、章炳麟〈五朝學〉，劉師培《左盦外集·卷9》，李澤厚〈美的歷程〉等皆是。近來魏晉玄學研究風氣已啟，也較能給予玄學家一個客觀公允的論斷。
〔註6〕詳見〈前言〉註11。

情感，種種學術上最根本之問題，皆思有以解決之，以為後之學者安身立命之道。」〔註7〕韋政通先生則認為：「漢代儒家最大的貢獻是在促成儒學的制度化與宗教化，廣泛的影響了社會的風教；魏晉道家的貢獻，則在促使老莊哲學的生活化、世俗化，深透到知識分子生活的各面」〔註8〕。經過這篇論文的撰作，我以余先生之語為然。

　　魏晉玄學教育的歷史意義在於「承先」「立新」與「啟後」。一方面對漢代經學提出反面承繼——反省檢討，獨創思辨哲學、從事社會名教的改革批判，並開啟後世隋唐、宋代學術之先路。因而其貢獻不可忽視。而放眼近代，玄學教育思潮又與西方自然主義教育思潮有同聲相應之處〔註9〕，則玄學之進步成分，值得珍視。

　　至於佛學教育思潮，在魏晉南北朝之時，即已受到當政者支持，認為有助於「治化」，肯定其教育內容方面的作用，故佛學聲勢在後來甚至凌越玄學。而現代教育史學者，則不在教育內容上肯定，轉向教學方法方面予以正面評價。如毛禮銳評論：「佛教的流行對為魏晉南北朝時期教育內容的影響，其主

〔註7〕《中國教育史》頁113～114，407～408。(師大，民46)
〔註8〕韋政通《中國思想史》頁600。(水牛，民77)另外他還提出玄學對當時及後世之影響兩端：一方面是為佛學初入中土在接納上提供方便；另一方面是對中國的文學產生極深遠的影響。原創力雖嫌不足，歷史的意義卻十分重大。它不但奠定了中國社會和生活的基本型態，也是中國傳統中互相矛盾，同時又互相調協的兩股巨大力量。」
〔註9〕且舉數例以明：
盧梭（1712～1778）是法國的自然主義哲學家，其教育主張見於《愛彌兒》一書。因為崇尚自然，無形中就有反對人為的傾向。他認為：「凡出於自然之物，一切皆善；一經人手，便成為惡。」人的教育即含於人的環境之中，而以自然環境為上。離開了自然環境，人可能泯滅了原有的善性。」
裴斯泰洛齊（1746～1827）主張：
教育在於發展人性、發展人的潛能。以為人有共同的性質，與家世無關。人只是在找一條通到真理的道路，這條道路就在人性中所以知識的探所，要從認識自己開始……人是生活在自然之中，因而還要從自然中探索存在於人性中的真理。這項真理，並存於所有的人；所以人該是和諧而統一的，如是人才能得到幸福。
福祿貝爾（1782～1852）認為：
教育工作在指導人趨向思考而智慧長成，有意識而有純潔，發展內外和諧的意識。主張依照生長階段，教導兒童不同的材料，強調人與自然的和諧，最高的統一者是上帝。教育思想上，強調個性的發展。且以不離開自然為原則。
以上資料參考賈馥茗《教育哲學》一書。(三民，民72)

導方面是消極的；但在教育、教學的原則和方法方面，卻有不少積極的因素。佛教在宣傳教育活動過程中，累積了豐富的教育、教學經驗，形成一系列的教育、教學原則和方法，這對我國後世教育原則和方法的發展具有重大意義。」〔註10〕除了在教育內容的影響上，見仁見智外，對於教育方法的肯定，則為眾家所同。經由本文之探討，知其評論大致公允。

黃武雄先生曾說：「臺灣的教育並沒有培養學生分析問題的能力，在創造力的成長上，更只有壓抑。怎樣使學習者從自身的生活、工作與思維中得來的直接體驗，能與書本所記載的他人經驗相互印證、相互結合，事實上才是教育的根本課題。」反觀魏晉教育思想中，即已十分強調個性、理性之發揮；重視獨立思考、剖析事理能力之訓練；教育方法上，主張順性之自然，反對壓抑，必要時，還以「不言之教」來避免「有措」的教學情境。反身而求的直觀替體悟方法，更是要求學子從自己日常的生活、工作與思維中直接體驗，去體認道體的存在，而佛教也時時要求學子，就經書所習及人生進萬象進行精思體悟，就此方面而言，玄、佛教育思潮，自有其現代意義。

另外，黃先生又建議「臺灣正來到現代化的關口，我們應藉著各種不同的教育途徑（社會教育），使眾人在接觸現代知識的過程中，能夠主動參與自身世界的形成，並共同解構與建構社會的秩序與價值，這是刻不容緩的事。」〔註11〕魏晉談座上對自然名教調和問題的論辯，也可說是一種「主動參與自身世界的形成，並共同解構與建構社會的秩序與價值」的表現〔註12〕。

〔註10〕詳見毛禮銳等人合著之《中國教育通史》p.384。（山東教育出版社，1983）
另外程舜英、王鳳喈等人，亦持類似看法：
魏晉南北朝時期佛教的理論、禪法和戒律，在教育上有著深遠的影響。對於教育思想、教學內容和方法、教學組織形式等方面都可以看到這種影響，特別是道德教育、修養方法方面的影響，尤其引人注意。」（程舜英《魏晉南北朝教育制度史資料》p.232）
佛教對於教育的影響，可分善惡兩方面。惡的方面在養成人生消極的態度；善的方面在引起哲理的研究，為宋明理學之先驅。當時的文學界亦受其影響不少。如陶潛、謝靈運等，均與僧徒來往，他們領會佛學旨趣，胸懷灑落，故其作品，每有一種特殊風格。」（王鳳喈《中國教育史大綱》p.111）
〔註11〕黃武雄〈成人教育與社區大學〉。（中國時報，1994.12.21，十一版）
〔註12〕玄學作為一種意識形態，一方面是現實社會的反映；一方面也是為肯定或否定現實社會作理論上的論證。雖然從其表現形式上看，它是遠離事物的，因此並不直接對現實社會肯定或否定，而是取討論「理想的社會是如何」、「聖人人格應怎樣」，而事實上，正是對現實的一種消極的否定。（侯外盧）

　　魏晉士人對傳統學術反省、質疑、批判及清談論辯對經史子學多方探究
所引起的激盪和融合，與今日社會頗有相應之處——中外文化交流頻繁，社
會價值體系多元發展，個人意識普遍覺醒，座談論辯此起彼落，則魏晉文化
整合與教育活動之經驗，或有助於檢討、反省、並關照我們現今之時代問題。
則魏晉玄學除了在教育史上，開發出一塊與傳統教育相異的園地，加深了中
國教育理論的深度，影響後世教育策略、教育方法甚鉅，更可作為現代教育
文化整合的借鑑，則魏晉玄學教育的成就，應可給予一個正面的肯定吧！

參考資料

一、古籍

（一）經、史

1. 史記會注考證，司馬遷著，瀧川資言考證，天工，1989。

2. 漢書，班固，宋景祐百納本，商務，1988。

3. 後漢書，范曄著，洪氏，1984。

4. 三國志，陳壽著，裴松之注，洪氏，1984。

5. 晉書，房玄齡，百納本，商務，1988。

6. 宋書，沈約，宋蜀大字本，商務，1988。

7. 南齊書，蕭子顯著，洪氏，1984。

8. 梁書，姚思廉著，洪氏，1984。

9. 陳書，姚思廉著，洪氏，1984。

10. 魏書，魏收著，洪氏，1984。

11. 北齊書，李百藥著，洪氏，1984。

12. 北周書，令狐德棻著，洪氏，1984。

13. 南史，李延壽著，洪氏，1984。

14. 北史，李延壽著，洪氏，1984。

15. 隋書，魏徵等，洪氏，1984。

16. 資治通鑑，司馬光，洪氏，1984。

17. 華陽國志，常璩，四庫全書版，商務，1972。

18. 文獻通考，馬端臨，商務，1972。

19. 通志，鄭樵，新興。

20. 補三國藝文志，清．侯康，二十五史補編，開明。

21. 補晉書藝文志，清．丁國鈞、丁辰，二十五史補編，開明。

22. 補晉書藝文志，清．文廷式，二十五史補編，開明。

23. 日知錄，顧炎武，世界，1991。

24. 讀通鑑論，王夫之，里仁，1986。

25. 二十二史箚記，趙翼，世界，民1986。

26. 三國會要，清．楊晨，世界，民1960。

27. 經學歷史，皮錫瑞，鳴宇，1980。

28. 兩漢三國學案，清．唐晏著，吳東民點校，仰哲，1987。

（二）子、集、文選

1. 論衡集解，王充撰，劉盼遂集解，世界，1990。

2. 申鑒，荀悅，漢魏叢書版，商務。

3. 中論，徐幹，漢魏叢書版，商務。

4. 人物志，魏．劉劭，世界。

5. 王弼集校釋，樓宇烈校釋，華正，1992。

6. 抱朴子，葛洪，中華，1992。

7. 莊子集釋，清．郭慶藩輯，華正，1987。

8. 列子集釋，楊伯峻輯，華正，1987。

9. 列子讀本，莊萬壽，三民，1979。

10. 世說新語校箋，劉義慶，楊勇校箋，正文，1992。

11. 世說新與箋疏，劉義慶，余嘉錫箋疏，華正。

12. 出三藏記集，梁．僧佑，大正藏本，中國佛教文化館，1957。

13. 高僧傳，梁．釋慧皎，大正藏本，中國佛教文化館，1957。

14. 弘明集，梁．僧佑，宋磧砂本，新文豐。

15. 廣弘明集，唐．釋道世，宋磧砂本，新文豐。

16. 顏氏家訓集解，北齊．顏之推，王利器注，漢京，1983。

17. 法苑珠林，唐．釋道世，佛陀教育基金會，1987。

18. 全上古三代秦漢三國六朝文，清‧嚴可均，中文。

19. 魏晉南北朝教育論著選，馬秋帆主編，人民教育出版社，1988。

20. 中國哲學史資料選輯——魏晉隋唐之部，中國社科院，中華1990。

21. 歷代哲學文選——兩漢隋唐，木鐸。

22. 中國佛教思想資料選編，龍田，1982。

二、近人論著

（一）教育類

1. 中國書院制度，盛朗西，上海中華，1934。

2. 三國兩晉學校教育與選士制度，楊吉仁，正中，1968。

3. 秦漢魏晉南北朝教育制度，楊承彬，商務，1978。

4. 中國古代教育史料繫年，熊承滌，人民教育出版社，1985。

5. 魏晉南北朝教育制度史資料，程舜英，北京師範大學，1988。

6. 中國古代學校，郭齊家，商務，1994。

7. 中國的書院，朱漢民，商務，1994。

8. 中國古代家庭教育，畢誠，商務，1994。

9. 中國教育史，陳東原，商務，1936。

10. 中國教育史大綱，王鳳喈，正中，1951。

11. 中國教育史，余書麟，師大，1957。

12. 中國教育史，陳青之，商務，1966。

13. 中國教育史，胡美琦，三民，1990。

14. 中國教育通史，毛禮銳等，山東教育出版社，1983。

15. 中國封建教育史，楊榮春，廣東人民出版社，1985。

16. 中國大學教育發展史，曲士培，山西教育出版社，1993。

17. 中國女子教育史，雷良波、陳陽鳳、熊賢軍著，武漢，1993。

18. 中國教育思想史，任時先，商務，1964。

19. 中國教育思想史，郭齊家，北京教育科學出版社，1987，及五南，1990。

20. 中國德育思想史，江萬芳、李春秋著，湖南教育出版社，1992。

21. 中國教學法史，余書麟，國立編譯館，1987。

22. 漢唐教學思想，王雲五，商務，1970。

23. 宋元教學思想，王雲五，商務，1971。

24. 宋代教育，苗春德，河南大學，1992。

25. 唐代東亞教育圈的形成，高明士，國立編譯館，1984。

26. 教育哲學，賈馥茗，三民，1983。

27. 教育心理學，張春興，東華，1987。

28. 大學通識教育，清大研討會論文集，1987。

29. 臺灣教育面貌 40 年，林玉体，自立晚報，1988。

30. 教育概論，黃光雄主編，師大書苑，1990。

31. 教育社會學，陳奎憙，三民。

32. 民主社會中教育上的衝突，赫欽斯（Robert M. Hutchins）著，陸有銓譯，桂冠，1994。

33. 中國大百科──教育，董純才等，中國大百科全書出版社，1992。

（二）儒學類

1. 經典釋文序錄疏證，吳承仕，臺聯國風，1974。

2. 先秦兩漢儒家教育，俞啟定，齊魯書社，1987。

3. 中國儒學史，趙吉惠等，中州古籍，1991。

4. 中國經學史，馬宗霍，商務，1992。

5. 隋唐五代的儒學，程方平，雲南教育，1991。

6. 早期儒家學習範疇研究，杜成憲，文津，1994。

（三）玄學類

1. 才性與玄理，牟宗三，學生，1993。

2. 魏晉玄學史，許抗生，陝西師大，1989。

3. 魏晉玄學探微，趙書廉，河南人民，1992。

4. 魏晉思想甲編五種，賀昌群等，里仁，1984。

5. 兩漢魏晉之道家思想，陶建國，文津，1986。

6. 郭象與魏晉玄學，湯一介，谷風，1987。

7. 王弼老易論語三注分析，林麗真，東大，1988。

8. 抱朴子內外篇思想析論，林麗雪，學生，1980。

9. 抱朴子研究，藍秀隆，文津，1989。

10. 魏晉清談，唐翼明，東大，1992。

11. 魏晉思想與談風，何啟民，學生，1976。

12. 玄學與魏晉士人心態，羅宗強，文史哲，1992。

（四）佛學類

1. 中國佛教教育——儒佛道教育比較研究，丁鋼，四川教育出版社，1988。

2. 中國佛教史，任繼愈，中國社會科學出版社，1985。

3. 中國佛教通史，鎌田茂雄著，關世謙譯，佛光，1985。

4. 漢魏晉南北朝佛教史，湯用彤，駱駝，1987。

5. 中國佛教人物與制度，呂澂等，彙文堂，1987。

6. 中國佛教的特質與宗派，張曼濤主編，大乘文化，1978。

7. 佛典翻譯史論，張曼濤主編，大乘文化，1978。

8. 中國古代寺院生活，王景琳，陝西人民，1991。

9. 漢唐佛教社會史論，謝重光，國際文化，1990。

10. 中國佛學思想概論，呂澂，天華，1982。

11. 佛教哲學，方立天，洪葉文化，1994。

12. 中國佛教心性論之研究，馬定波，正中，1978。

13. 中國佛性論，賴永海，上海人民，1988。

14. 慧遠及其佛學，方立天，中國人民大學，1984。

15. 慧遠，區結成，東大，1987。

16. 竺道生思想之研究，劉貴傑，商務，1984。

17. 佛學基礎，楊卓，北京・書目文獻出版社，1992。

18. 中國佛教與傳統文化，方立天，桂冠，1994。

19. 佛教與中國文化，趙樸初、任繼愈等，國文天地，1988。

20. 魏晉南北朝宗教政策研究，李剛，四川大學出版社，1994。

（五）其他

1. 中國思想通史，第三卷，侯外廬，中國史學社，1957。

2. 中國哲學發展史——兩漢、魏晉南北朝，任繼愈主編，人民出版社，1985。

3. 中國哲學史（二），勞思光，三民，1987。

4. 中國哲學問題史，宇同，彙文堂，1987。

5. 中古文學史論，王瑤，長安，1986。

6. 中古學術論略，張蓓蓓，大安，1991。

7. 中國人之思維方法，日‧中村元，徐復觀譯，學生，1991。

8. 中國哲學原論——原道篇，唐君毅，學生，1989。

9. 中國哲學原論——原性篇，唐君毅，學生，1989。

10. 中國人性論史，徐復觀，正中。

11. 中國心性論，蒙培元，學生，1990。

12. 魏晉六朝心理思想研究，燕國材，谷風，1987。

13. 中國人的性格，李亦園、楊國樞編，中研院民族所，1972。

14. 文化‧哲學與方法，何秀煌，東大，1988。

15. 儒佛二家倫常觀比較，侯秋東，東益，1974。

16. 佛學與儒學，賴永海，浙江人民，1992。

17. 禪學與玄學，洪修平、吳永和，浙江人民，1993。

18. 理學‧佛學‧玄學，湯用彤，北京大學，1992。

19. 理，張立文，中國人民大學，1991。

20. 魏晉南北朝文學與思想研討會論文集，成大中文系主編，文史哲，1991。

21. 魏晉南北朝文學與思想研討會論文集（第二輯）成大中文系主編，文津，1993。

22. 中國大百科——哲學，胡繩等，中國大百科全書出版社，1992。

23. 魏晉南北朝史，王仲犖，谷風，1987。

24. 兩晉南北朝史，呂思勉，上海古籍，1983。

25. 魏晉南北朝史，林瑞翰，五南，民1990。

26. 魏晉南北朝文化史，萬繩南，黃山書社，1989。

27. 中國通史，呂思勉。

28. 讀史札記，呂思勉，木鐸，1983。

29. 中國社會史論，周谷城，齊魯，1988。

30. 魏晉南北朝史論叢，唐長孺。

31. 魏晉南北朝研究論集，廓士元，里仁。

32. 漢晉學術編年，劉汝霖，大安，1979。

33. 東晉南北朝學術編年，劉汝霖，大安，1979。

34. 中國知識份子階層史論——古代篇，余英時，聯經，1980。

35. 兩晉南北朝士族政治之研究，毛漢光，商務，1966。

36. 兩晉南北朝的士族，蘇紹興，聯經，1987。

37. 中古文學史論，王瑤，長安，1986。

38. 世說新語研究，王能憲，江蘇古籍，1992。

39. 中國史研究指南 2，高明士，聯經，1979。

40. 中國歷史大事年表，華世，1986。

41. 九朝律考，程樹德，商務。

42. 中國人才史，李樹喜主編，北京國際廣播，1992。

43. 中國人才史稿，李樹喜編，河北人民出版社，1983。

44. 中國人才思想史，雷禎孝，中國展望，1986，北京。

45. 人才述古，唐溥生，安徽人 19 出版社，1984。

46. 諸子百家論人才，朱耀廷，北大，1988。

47. 章太炎先生全集，上海古籍。

48. 海寧王靜安先生遺書，商務。

49. 陳寅恪先生全集，里仁，1979。

50. 梅園論學續集，戴君仁，藝文，1974。

51. 中國學術思想史論叢（三），錢穆，東大，1977。

52. 論學雜著，余嘉錫，河洛，1976。

53. 訓詁學要略，周大璞，新文豐，1984。

三、學位論文

1. 王弼及其易學，林麗真先生，臺大中文所碩士論文，1973。

2. 兩漢儒學研究，夏長樸先生，臺大中文所碩士論文，1974。

3. 兩漢尚書學及其對當時政治的影響，李偉泰先生，臺大中文所碩士論文，1967。

4. 東漢士風及其轉變，張蓓蓓，臺大中文所碩士論文，1978。

5. 魏晉清談主題之研究，林麗真先生，臺大中文所博士論文，1978。

6. 魏晉清談及其主題之研究，林顯庭，文化哲學所博士論文，1978。

7. 魏晉人性論研究，錢國盈，師大國文研究所集刊 36，1987。

8. 魏晉玄理與玄風之研究，江建俊，文化中文所博士論文，1987。

9. 人物志在人性學上的價值，顏承繁，師大國文所碩士論文，1978。

10. 魏晉儒道會通思想之研究，顏國明，師大國文研究所集刊 32，1988。

11. 魏晉任誕士風研究，栗子菁，臺大中文所碩士論文，1988。

12. 兩晉佛學之流傳與傳統文化之交流，楊俊誠，師大國文所碩士論文，1991。

13. 六朝人才觀念與文學，林童照，文化中文所碩士論文，1991。

14. 魏晉名士人格研究，李清筠，師大中文所碩士論文，1991。

15. 王弼與郭象聖人論，盧桂珍，臺大中文所碩士論文，1992。

16. 南朝經說玄理化，溥傳真，臺大中文所碩士論文，1992。

17. 王弼的言意理論與玄學方法，蔡振豐，臺大中文所碩士論文，1993。

四、期刊、論文

1. 略論魏晉南北朝學術文化與當時門第之關係，錢穆，中國學術思想史論叢（三），p.134～199，1958。

2. 魏晉南北朝教育文化之特色，劉詠嫻，教育與文化 339，p.25～28。

3. 南北朝以前之大學，余倫先，教育與文化 238，p.31～49。

4. 論漢代太學教材的特色，李偉泰先生，臺大歷史系與中華民國通識教育學會、行政院國科會科教處、教育部聯合主辦「傳統中國教育與現代大學通識教育」宣讀論文，1995.3.20～21。

5. 魏晉社會哲學之研究，鄔昆如，哲學評論 10。

6. 晉史試析，林瑞翰，文史哲學報 32，p.56～100，1983。

7. 魏晉對歷史人物評論標準的改變，逯耀東，勒馬長城，p.141～152，時報，1987。

8. 魏晉史學的思想與社會基礎，逯耀東，勒馬長城，p.161～172，時報，1987。

9. 晉會要（一），逯耀東、林瑞翰，臺大歷史學報 4，1977。

10. 晉會要（三），逯耀東、林瑞翰，臺大歷史學報 7，1980。

11. 晉會要（二） 林瑞翰，臺大歷史學報 14，1988。

12. 晉辟庸碑考證，余嘉錫，論學雜著，河洛，1976。

13. 魏晉才性四本論之辨述略，劉學智、田文崇，陝西師範學報，哲社版第三期，1989。

14. 魏晉時代與才性四本論，林顯庭，東海哲學研究學刊 1，p.117～146，1991。

15. 才性四本論新詮，謝大寧，魏晉南北朝文學與思想研討會論文集第二輯，p.823～844，文津，1994。

16. 書世說新語文學類「鍾會撰四本論始畢」條後，陳寅恪，陳寅恪先生全集，p.1299～1305。

17. 魏晉才性論的政治意義，唐長孺，魏晉南北朝史論叢，p.298～310。

18. 讀人物志，湯用彤，魏晉玄學論稿——魏晉思想甲編五種，p.1～23。

19. 讀人物志，林麗真先生，書目季刊，9：2，1975。

20. 老莊教育哲學理念，鄔昆如，臺大哲學論評 16，p.1～18，1993。

21. 嵇康反現實主義教育論述評，李軍，哲學與文化，18：11，p.1030～1039。

22. 嵇康明膽論測義，馮承基，書目季刊 8：4，1975。

23. 探嵇康的養生論及其人生價值觀，曾春海，魏晉南北朝文學與思想研討會論文集，p.451～471，文史哲，1991。

24. 魏晉玄學與個人意識省覺的關係，逯耀東，史原 2。

25. 論魏晉名士的雅量，廖蔚卿先生，臺大中文學報 4。

26. 魏晉人品的一種考察——說器識，張蓓蓓，國立編譯館刊 18：111989。

27. 從世說新語探魏晉之思想社會與亡國，楊美愛，弘光護專學報 6，1978。

28. 魏晉人對傳統禮制與道德之反省，林麗真先生，臺大中文學報 4。

29. 西晉名教之治與放達之風，蜀景慧，中國文化月刊 142，p.16～28，1991。

30. 魏晉自然與名教之爭探義，曾春海，國立政治大學學報 61，p.45～74，1990。

31. 越名教而任自然——嵇康釋私論的道德超越論，周大興，鵝湖 17：5=197，p.29～35，1991。

32. 世說新語的孝道思想，曾文樑，王靜芝先生七十壽慶論文集，1986。

33. 魏晉任誕人物的分類與行為的探究，古苔光，淡江學報，p.287～319。

34. 略談魏晉玄學的自然主義思想，許抗生，魏晉南北朝文學與思想研討會論文集第二輯，p.749～768，文津，1993。

35. 大人理境與無君思想的關係，江建俊，魏晉南北朝文學與思想研討會論文集第二輯，p.529～574，文津，1993。

36. 論魏晉玄學中的內在性與超越性的問題，湯一介，魏晉南北朝文學與思想研討會論文集，p.415～430，文史哲，1991。

37. 從周易略例與老子指略看王弼的思想，呂凱，魏晉南北朝文學與思想研討會論文集，p.431～450，文史哲，1991。

38. 王弼論語釋疑中的老子義，林麗真先生，書目季刊 22：3。

39. 王弼「性其情」說析論，林麗真先生，王叔岷先生八十壽慶論文集，p.599～609，1993。

40. 從論語集解看何晏的玄學思想，簡淑慧，孔孟月刊，26：9=309，p.37-45，1988。

41. 莊子郭象注參用儒義之分析，戴景賢，國立中山大學學報 2，p.19～29，1985。

42. 王弼郭象注易老莊用理字條錄，錢穆，莊老通辨，頁 341～377，三民書局，新亞學報 4：2。

43. 裴頠崇有論探微，江建俊，中華文化復興月刊 21：1=238，p.64～71 1988。

44. 顏氏家訓思想研究——論讀書、文學、避諱觀，姚振黎，國立中央大學人文學報 8，p.37～59，1990。

45. 魏晉清談名士之類型及談風盛況，林麗真先生，書目季刊 17：3。

46. 魏晉清談論辯及其現代啟示，林麗真先生，臺大歷史系與中華民國通識教育學會、行政院國科會科教處、教育部聯合主辦「傳統中國教育與現代大學通識教育」宣讀論文，1995.3.20～21。

47. 從世說新語看魏晉清談的內容，康韻梅，中國文學研究 4，1990。

48. 從隋志之著錄看魏晉清談及學術之跡象，林麗真先生，國立編譯館刊，14：2。

49. 魏晉清談之形式諸要素，唐翼民，東方雜誌復刊，23：6。

50. 試論魏晉清談的形式和語言，唐翼民，東方雜誌，2：11、2：12。

51. 世說新語名士言談中的用典技巧，梅家玲，臺大中文學報 2。

52. 世說新語所記錄之休閒活動及其意義探究，尤雅姿，魏晉南朝文學與思想研討會論文集第二輯，p.23～76，文津，1993。

53. 論孔子的君子概念，林義正，文史哲學報 33，p.139～187，1984。

54. 四書的智慧──論語論教育，王開府，國文天地，10：5，p.60～71，1994。

55. 季漢荊州經學，程元敏先生，中國文哲所集刊 1、2。

56. 魏晉玄風興盛是否對儒學有影響，周紹賢，哲學與文化，12：10=137。

57. 南北朝經學之消長與統一，董忠天，孔孟月刊，30：8=356 1992。

58. 漢晉間對經書解釋的轉變，逯耀東，勒馬長城，p.173～184，時報，1987。

59. 魏晉時期經學之轉化，浦忠成，鵝湖，16：5=185。

60. 魏晉經學質變說，宋鼎宗，魏晉南北朝文學與思想研討會論文集，p.373～398，文史哲，1991。

61. 論性與天道，張岱年，河北大學學報，1994：2，p.1～6，1994。

62. 中國寺院生活研究，王景琳，陝西人 19，1991。

63. 論中國佛教譯場之譯經方式與程序，佛典翻譯史論，大乘文化，1986。

64. 晉──唐僧官制度考略，謝重光，漢唐佛教社會史論，p.255～291，國際文化，1990。

65. 從歷史與文化背景看佛教戒律在華消沈的原因，曹仕邦，中國佛學學報，p.55～69。

66. 戒律與禪定，釋惠敏，中國佛學學報，p.31～54。

67. 中國思想與大乘佛教，許洋主，東方宗教研究 2。

68. 東晉慧遠法師法性論義學的還原，賴鵬舉，東方宗教研究 3。

69. 中國古代儒家歷史思維的方法及其運用，黃俊傑先生，中國文哲研究集刊 3，1993，p.361～390。

70. 中國傳統思維模式：名家 vs 墨辯，陳榮灼，國科會「中國古代思維方法大型研究」，1992。

71. Modes of Thinking in Classical Confucianism -- A Cultural Hermaneutic，吳光明，漢學研究，10：2，1992。

72. 玄學主體思維散論，蒙培元，魏晉南北朝文學與思想研討會論文集，p.395～414，文史哲，1991。

73. 魏晉言意之辨的發展與意象思維方式的形成，王保玹，中國文化月刊 166，p.63～73，1978。

74. 中國佛教的思維發展，張曼濤，華岡佛學學報，p.133～195。

75. 論儒釋兩家之講經與義疏，牟潤孫，新亞學報，4：2。

76. 儒玄合流與陸德明之南學思想，黃坤堯，孔孟月刊，29：12=238，p.32～38，1991。

77. 六朝儒經注疏中之佛學影響，張恆壽，中國經學史論文選集，p.483～503，文史哲。

78. 唐代以前儒佛兩家之關係，高觀如，佛教與中國文化，大乘文化出版社，1977。

79. 說般若思想以及其與魏晉老莊學關係的探討，鄭琳，國立中央大學，人文學報，p.11～27。

80. 論竺道生的佛性思想與玄學的關係，余敦康，魏晉南北朝文學與思想研討會論文集第二輯，p.645～666，文津，1993。

81. 中古佛教寺院為社會文化中心說，謝重光，漢唐佛教社會史論，p.348～371。

82. 讀開業寺碑——論晉唐時期士族與佛教寺院的關係，謝重光，漢唐佛教社會史論，p.139～160，國際文化，1990。

83. 論墨子的教育，周富美先生，臺靜農先生八十壽慶論文集。

84. 先秦思想中兩種對語言的省察，張亨先生，思與言8：6。

85. 通識教育的意義，牟宗三，鵝湖11：6=126，1985。

86. 人文研究與思想教育——兼論人文教育的幾點建議，李振清中國論壇，18：11=215。

87. 人才教育是教育的根，林玉体，中國論壇，18：11=215。

88. 成人教育與社區大學，黃武雄，中國時報，1994.12.21，十一版。